U1012203

财政部规划教材
全国高等院校财经类专业规划教材
中国轻工业“十四五”规划立项教材

数智创新与创业管理案例分析

严子淳　王凯　梁馨月　编著

中国财经出版传媒集团
中国财政经济出版社
·北京·

图书在版编目（CIP）数据

数智创新与创业管理案例分析 / 严子淳，王凯，梁馨月编著. -- 北京：中国财政经济出版社，2023. 11
财政部规划教材　全国高等院校财经类专业规划教材
ISBN 978-7-5223-2575-0

Ⅰ. ①数…　Ⅱ. ①严…　②王…　③梁…　Ⅲ. ①大学生—创业—高等学校—教材　Ⅳ. ①G647. 38

中国国家版本馆 CIP 数据核字（2023）第 209242 号

责任编辑：苏小珺　　　　责任校对：胡永立
封面设计：北京兰卡绘世　　责任印制：党　辉

数智创新与创业管理案例分析
SHUZHI CHUANGXIN YU CHUANGYE GUANLI ANLI FENXI

中国财政经济出版社 出版
URL：http：//www. cfeph. cn
E-mail：cfeph@ cfeph. cn

社址：北京市海淀区阜成路甲 28 号　邮政编码：100142
营销中心电话：010-88191522
天猫网店：中国财政经济出版社旗舰店
网址：https：//zgczjjcbs. tmall. com
北京富生印刷厂印刷　各地新华书店经销
成品尺寸：185mm×260mm　16 开　20 印张　388 000 字
2023 年 11 月第 1 版　2023 年 11 月北京第 1 次印刷
定价：78. 00 元
ISBN 978-7-5223-2575-0
（图书出现印装问题，本社负责调换，电话：010-88190548）
本社质量投诉电话：010-88190744
打击盗版举报热线：010-88191661　QQ：2242791300

序　一

习近平总书记在中共中央政治局第三十四次集体学习时强调："数字经济发展速度之快、辐射范围之广、影响程度之深前所未有，正在成为重组全球要素资源、重塑全球经济结构、改变全球竞争格局的关键力量。"因此，应不断做强做优做大我国数字经济，使之更好地服务和融入新发展格局，彰显其在经济发展中的战略地位。在以习近平同志为核心的党中央的高度重视下，我国数字经济发展取得积极成效。根据2022全球数字经济大会的数据，2021年，全球47个主要国家数字经济增加值规模达到38.1万亿美元，其中，中国数字经济规模达到7.1万亿美元，占47个国家总量的18.5%，仅次于美国，位居世界第二。"十四五"时期，我国数字经济转向深化应用、规范发展、普惠共享的新阶段。面对新时期新形势新挑战，数字经济将继续在培育发展新动能、提升经济质量效益方面发挥关键作用。

数字经济的发展离不开数字技术的支撑。近年来，我国聚焦数字前沿技术，加大科研攻关力度，在移动互联网、云计算、大数据、人工智能、物联网、区块链等方面取得一系列发展成就。例如，人工智能发展迅猛，正在经历由深度学习引发的第三次浪潮，在数据、算法、算力和终端平台四个方面取得长足进展。未来，我国需要继续发展6G、算力网络及元宇宙等数字核心技术。这些数字技术的开发既需要企业参与，同时其应用也会给企业的治理、管理及运营带来一系列变化。作为推动经济高质量发展的主体，企业唯有不断地创新创业才能有效适应数字技术带来的变化。企业应如何通过商业模式、组织结构、生产运营等方面的调整实现数智化时代的创新创业呢？对此，亟待进行理论解析，挖掘数智化时代企业创新创业的内在机制，同时，也亟待对先进企业的数智创新与创业实践进行归纳总结，从而为其他企业提供参考借鉴。随着数字技术与企业发展的融合，亟须一本关于数智化时代创新创业的教材。

由北京邮电大学经济管理学院严子淳副教授担任主编的这本《数智创新与创业管理案例分析》正是对这一实践需求的积极响应。本教材内容丰富，在对数智创新与创业相关理论进行分析的基础上，向读者呈现了9个实践中数智创新与创业的鲜活案例。本教材的编写团队在企业数字化转型、创新创业等研究领域耕耘多年，形成了一系列数智创新与创业的研究成果，保证了理论分析部分的广度与深度。同时，教材中选取的案例均取材自编写团队扎根一线的调研访谈，是各行各业最新涌现出来的数智创新与创业的典型代表，体现了实践的前沿性。此外，本教材并未止步于对案例企业优秀实践的介绍，还在案例分析篇中为读者提供了如何分析案例的具体思路，有助于读者将案例企业的实践进行复制、升级，提高了案例的可用性。综上所述，隆重向大家推荐这本教材！

本教材既适合开设创新创业相关课程的高校教师选用，也可以作为企业家、管理者进行数智创新与创业的参考书。相信教材中的理论与案例分析能够为数智化时代的创新与创业提供科学指导，也期待更多企业开展数智创新与创业实践，共同为中国数字经济的发展贡献力量。

中国工程院院士，北京邮电大学教授

序　二

习近平总书记在党的二十大报告中指出："加快发展数字经济，促进数字经济和实体经济深度融合，打造具有国际竞争力的数字产业集群。"数字经济时代，企业管理者面临的共同挑战是：企业如何在当前数字经济不断挑战传统经济的大背景下，借助数字化转型保持领先地位。所谓数字化转型，是指企业借助数字化解决方案，将物联网、云计算、大数据、移动化、智能化技术等应用于企业，通过规划及实施商业模式转型、管理运营转型，为客户、企业和员工带来全新的数字化价值提升，不断提升企业数字经济环境下的新型核心竞争能力。这是一种基于数字技术和数据要素开发产品服务、调整组织模式、变革商业模式的数字创新创业，是数字经济时代企业获得持续竞争优势的关键。尤其是在后疫情时代经济复苏和高质量发展的双重要求下，数字创新创业成为新形势下构建新发展格局的核心议题。

企业创新创业研究是一个相对成熟的研究领域，现有研究成果十分丰富。然而，数字化情境下的创新创业研究决不能以"旧瓶装新酒"。作为继土地、资本、人力、技术之外的又一新的核心生产要素，数据资源无论是从外部环境还是从内部组织运行上均给企业带来了新的机会与挑战，需要企业家充分发挥企业家精神以有效应对。不仅创业企业需要有效利用数据资源，大企业也要通过基于数字技术的创新驱动内部创业。欣喜的是，我们看到一些行业领军企业率先通过实施数字创新创业打造了可持续竞争能力。对实践中涌现出的这些数字创新创业案例进行系统梳理与分析，既有助于归纳、提炼数字化情境下的创新创业理论，也对其他企业有效开展基于数字技术和数据要素的创新创业具有重要参考价值。

由北京邮电大学经济管理学院严子淳副教授等人编著的这本教材《数智创新与创业管理案例分析》正是承担了这一职能，对9个优秀案例企业如何开展数字创新或创业进行了生动还原。教材编写团队不仅对案例企业数字创新创业的具体过程进行了详细梳理，同时还基于多年来丰富的研究和教学经验，提供了分析每个案例的具体思路。这种案例描述与分析的结合既便于开设创新创业相关课程的高校教师在课堂上灵活使用，更有助于企业家、管理者沿循编者给出的分析思路深入理解案例企业开展数字创新创业的过程，进而更好地借鉴案例企业的成功经验。同时，本教材还对数字化情境下的创新与创业理论进行了梳理分析，为相关领域的学者开展学术研究提供了重要基础。有鉴于此，隆重向大家推荐本教材，也期待更多企业家在学习了本教材的理论与案例后，能够利用所学内容积极推动数字化情境下的创新创业，助力中国经济高质量发展。

南开大学创新创业学院院长
教育部科技委学部管理学部委员
全国普通高校毕业生就业创业指导委员会委员

前　言

随着互联网、物联网、云计算、大数据、人工智能等新技术应用的不断扩展，大量的新产品、新服务、新模式涌现，深刻改变了社会经济发展方式和人们生活的消费方式。数字化、智能化的技术领袖变得越来越重要，数智技术驱动的创新改变了传统创业的价值逻辑体系，也正在成为企业发展的原动力。《数智创新与创业管理案例分析》正是数字化、智能化技术背景下，商科创新创业教育的通识性课程教材。本教材既适合开设创新创业相关课程的高校师生选用，也可以作为经管类专业硕士生或 MBA 专业硕士相关专业课程的案例分析辅助教材，还可以作为企业家、管理者在数字化、智能化的技术环境下，进行创新与创业的参考书。本教材适用于理论性与实践性兼备的课程，在使用过程中采用讲授和分组讨论相结合、教学与实验相结合的教学方法，应用于实践课、讨论课，以培养学生理论联系实际的能力和应用所学理论解决实际问题的能力。通过学习本教材，学生可在互联网、物联网、云计算、大数据、人工智能等新技术应用不断扩展的情境下，掌握创新创业、技术创业的基本概念，提高对创新及创业管理的理解，增强对商业及企业的整体认识，为今后的创新创业活动或企业管理提供理论指导。

本教材在对数智创新与创业相关理论进行分析的基础上，呈现了 9 个生动案例，使学生在掌握创新创业、技术创业理论知识的基础上，提高对数智时代下创新创业和创业管理实践的认识，增强创新和创业管理的能力，今后能够运用创新创业精神、创新创业能力和创新创业方法更好地从事相关工作。此外，本教材并未止步于对案例企业实践过程的介绍，还在案例分析篇中为读者提供了如何分析案例的具体思路，有助于读者将案例企业的实践进行复制、升级，提高了案例的可用性，也能够为进行案例教学的教师们提供一定的教学思路，帮助教师们在教学过程中更好地进行课堂引导，把握课堂中的案例教学节奏。

本教材的编写团队在企业数字化转型、创新创业等研究领域耕耘多年，形成了一系列数智创新与创业的研究成果，保证了理论分析部分的广度与深度。教材中选取的案例均取材自编写团队扎根一线的调研访谈，是各行各业最新涌现出来的数智创新与创业的典型代表，体现了实践的前沿性。同时，在编写过程中，我们坚持“立德树人”的原则，充分发掘和运用创新与创业管理蕴含的思想政治教育资源，把创新思想价值引领贯穿课程教学全过程和各环节，正确引导学生感知技术创新促进我国经济结果的转型升级与商业模式重塑的重要性。在教学内容的传播过程中，坚持用马克思主义的立场、观点和方法进行分析，紧密联系中国特色社会主义实践。

在此也感谢乔丽莎、赵宁、那辉三位同学对本书的校稿及整理工作的支持。

作　者

2023 年 8 月

目录
Contents

案例分析篇

基础理论篇

1. 数智创新[①]

“十四五”时期，经济发展的主题是高质量发展，由规模扩张模式全面转向更加注重质量、效率、效益的发展模式。那么，如何实现经济高质量发展呢？首先，要把重点放在推动产业转型升级上，而实现产业转型升级，则需要培育新动能。从培育新动能的维度看，科技创新是重要突破点，以信息技术为基础的科技创新正成为驱动产业发展和变革的新兴力量；从全球产业环境的视角分析，伴随着移动互联、大数据、云计算、人工智能、区块链、5G 等智能技术的发展，尤其是这些技术的叠加与融合，我们正迎来新一轮科技革命；从新一轮科技革命的角度看，数字化、网络化、智能化是突出特征，也是新一代信息技术的核心。其次，新一轮科技革命给产业融合发展带来了新的契机，信息技术与经济社会的深度融合，是未来十年的发展主线，也是数字经济发展的基础。最后，以移动互联、大数据、云计算、人工智能、区块链、5G 为代表的新一轮信息技术正推动全球产业进入数智化时代，各领域企业均开始布局数智化转型升级。

数字经济已然成为当今国家经济发展的主要形态。习近平总书记在党的二十大报告中强调：“加快发展数字经济，促进数字经济和实体经济深度融合，打造具有国际竞争力的数字产业集群。”数字经济有望步入发展快车道，释放更强劲动能。数字经济从萌芽到快速发展，以“数字化”驱动为代表的 1.0 时代早已成为过去式，如今，我们正处于 2.0 时代过渡至 3.0 时代的阶段，即社会经济发展的驱动力正在由“数据化”转向“智能化”。具体来说，1.0 时代是以信息技术为基础，大型企业借此初步接触数字化，走上企业转型与改革发展的时代；2.0 时代是通过创造数据化平台，发展平台化经济的时代；随着人工智能等新兴技术的发展，以智能化技术为核心动力的 3.0 时代必将到来，为下一经济发展

① 严子淳、李欣、王伟楠：《数字化转型研究：演化和未来展望》，《科研管理》，2021 年第 4 期。

阶段注入新活力，智能化是数字经济进阶发展的必然趋势。

目前，国内外学者对智能化的定义相对统一，认为智能化以人工智能技术为核心，能够提高企业生产率，满足人们的消费需求。以往的技术革命往往是对人类体力劳动的替代，而智能化技术能模拟人类的思维和行为，实现对人类脑力劳动的替代。实现工作任务自动化是智能化初期的主要表现形式，随着智能化不断发展，智能化能节约生产要素的投入，优化投入要素配置。智能化也能够通过促进技术进步、深入挖掘数据等方式提高投入生产要素的回报率。同时，智能化具有广泛渗透性，能渗透到各个领域，对经济产生全面而深刻的影响。

在 2016 年人工智能 Alpha Go 与韩国棋手李世石进行人机对战并获胜之后，国内外的大量资本开始流向人工智能领域，相关研究和具体应用也迅速兴起，人工智能从学界和业界快速扩散到了社会各界，成为全社会共同关注的热门话题。国务院于 2017 年发布的《新一代人工智能发展规划》认为“人工智能是影响面广的颠覆性技术”，将作为“引领未来的战略性技术”深刻地改变人类的社会生活。

国内学者张彦坤和刘锋在《全球人工智能发展动态浅析》中指出，人工智能领域的全球投资总额在 2016 年已达到 50 多亿美元，与 2012 年相比增长了 10 倍。市场预测数据显示，预计到 2023 年，全球范围内人工智能的市场规模将达到 30802 亿元；同一时期中国的人工智能市场规模将达 5298 亿元。可见国内外已有大量资本流入人工智能研究领域，智能技术将会越来越贴近人们的日常生活。

1.1 数字化转型的内涵

1.1.1 数字化转型研究背景

为什么要研究数字化转型？要回答这个问题，首先需要思考数字化转型的研究背景。随着人工智能、5G、大数据、云计算、区块链等新技术的迅猛发展，以数字技术为媒介的数字经济快速崛起。依靠信息技术驱动的企业，通过数字化转型迎来突破性发展与创新。2020 年《政府工作报告》指出，“电商网购、在线服务等新业态在抗疫中发挥了重要作用，要继续出台支持政策，全面推进‘互联网 +’，打造数字经济新优势”，可见企业数字化、产业智能化的经济转型之路仍然任重道远。2023 年 3 月 5 日，国务院总理李克强在《政府工作报告》中指出，“加快传统产业和中小企业数字化转型，着力提升高端化、智能化、绿色化水平。加快前沿技术研发和应用推广，促进科技成果转化。建立高效顺畅的物流体系。大力发展数字经济，提升常态化监管水平，支持平台经济发展”。这意味着数字经济发展进入了全面总动员的阶段。数字化转型是企业建立在基于数字技术驱动基础上的转型行为（Nwankpa，2016）。由于数字技术的迅速发展，世界变化的速度在范围和规模上都持续增长，数字技术不仅为企业的创新与变革带来了新的机遇，还对企业的价值创造和价值获取产生了更广泛的影响（Nudurupati，2015）。例如，连接物联网的新型数字技术正在催生一波新的制造业创新浪潮，依托数字技术的智能化工厂可以通过降低生产成本、提高质量和灵活性，以及缩短上市时间来增加价值创造。

信息技术的创新与发展改变了组织的边界，推动了组织的变革。关于开拓性的研究认为，有效地实施信息技术必将引发企业根本性的转变（Morton，1991）。因此，关于信息技术对于组织变革的研究被看作数字化转型研究的开端（Nadkarni，2020）。之后，随着信息技术在企业的广泛应用，理论界对于信息技术本身与管理和组织问题的探索与讨论不断加深。关于互联网医疗商业模式的研究中创新性地提炼出“数字化转型”一词（Coile，2000）。同年，有学者首次从电子商务的视角对数字化转型进行了梳理，认为数字化转型是电子商务领导力构成的关键要素（Patel 和 McCarthy，2020）。也有学者认为，数字化转型意味着企业运营结构的深刻变革，并将数字化转型定义为公司实施变革并获得电子商务能力的过程（Demark 和 Harcourt，2004）。目前，从宏观层面，数字化转型可以看作利用数字技术使社会和行业发生深刻的变化（Agarwal 和 Majchrzak，2010）；从微观层面，可以看作利用数字技术给公司商业模式带来变化，并从根本上提高企业的绩效（Westerman，2011）。

随着数字技术在社会生活中的广泛应用，学者们对于数字化转型的关注和讨论愈加激烈。目前，关于数字化转型的议题更多集中在数字鸿沟、数字创新、移动互联等方面，关注商业模式创新与变革。随着实时决策、人工智能、物联网、移动网络等先进数字技术的出现，第四次工业革命（也称为工业 4.0）带来的产业升级与商业模式变革正改变着社会的方方面面。因此，对于数字化转型研究从理论和实践层面进行系统性回顾，探究新技术应用场景视角下数字化转型领域的研究议题和演化趋势就显得尤为重要。

1.1.2 数字化转型研究现状

如果读者想要了解当前数字化转型现状，那么回顾顶级期刊的相关文献是开始学习的基础。数字化转型领域文献池涌现了以 YooY 与 Henfridsson O 的研究成果为核心的知识网络，基于文献被引的数量标准，在信息管理类国际顶级期刊《信息系统研究》（*Information Systems Research*）上，论文《数字创新的新组织逻辑：信息系统研究》（The New Organizing Logic of Digital Innovation：An Agenda for Information Systems Research）最受关注，其开发了一个概念性的框架来描述数字创新的新兴组织逻辑，奠定了组织管理对数字化转型研究的基础（Yoo，Henfridsson，2010）。在此基础上，一些学者从服务主导逻辑视角探究服务创新（Lusch）、研究数字时代的服务创新（Barrett）、关注数字基础设施的演进机制（Henfridsson）、探究数字创新管理（Nambisan）、关注数字平台（Reuver）、关注平台生态系统（Parker）等视角拓展了数字化转型研究。

在众多研究角度中，某一研究领域的高被引论文能够反映这一领域的发展动态，可以从中汲取知识基础和创新点。梳理在数字化转型领域被引频次排名前十的文献（见表 1－1），可以得出如图 1－1 所示的高被引论文共引网络。数字技术催生了一种新型的产品体系结构——分层模块化体系结构，即物理产品的模块化体系结构和数字技术的分层体系结构的结合：Yoo 等（2010）认为分层模块化架构的出现对企业的组织逻辑和创新产生了深刻的影响，为后续学者研究数字创新的新兴组织逻辑奠定了基础，并对企业制定数字战略和信息技术基础设施的建设有重要意义。Tiwana 等（2010）研究平台架构、治理和环境动态的共同演进过程，对信息系统文献以及战略、经济学和软件工程等学科有独特的理论贡献。Yoo 等（2012）通过研究数字创新的特征及其对组织研究的影响，认为数字创新的特征包括数字技术平台的重要性、分布式创新的出现和组合创新的流行，为其他学者研究数字创新奠定了基础。在此基础上，有学者研究外部知识和信息技术如何共同影响过程创新绩效（Trantopoulos 等，2017）；有学者探讨如何通过数字创新迅速扩大数字企业的用户基础（Huang 等，2017）；有学者基于资源基础理论视角来研究企业系统和数字平台如何实现创新（Sedera 等，2016）；有学者从客户参与视角出发，研究 IT 能力如何利用客户参与推动企业创新（Saldanha 等，2017）。

表 1－1　　高被引论文排名

序号	题目	年份	作者	被引频次
1	数字创新的新组织逻辑：信息系统研究（The New Organizing Logic of Digital Innovation：An Agenda for Information Systems Research）	2010	Yoo Y 等	37
2	平台演化：平台架构、治理和环境动态的共同演化（Platform Evolution：Coevolution of Platform Architecture，Governance，and Environmental Dynamics）	2010	Tiwana A 等	29
3	数字化世界中的组织创新（Organizing for Innovation in the Digitized World）	2012	Yoo Y 等	27

续表

序号	题目	年份	作者	被引频次
4	数字基础设施：缺失的信息系统研究（Digital Infrastructures：The Missing IS Research Agenda）	2010	Tilson D 等	26
5	数字基础设施演进的生成机制（The Generative Mechanisms of Digital Infrastructure Evolution）	2013	Henfridsson 和 Bygstad	19
6	平台生态系统中的价值共创：以企业软件为例（Cocreation of Value in a Platform Ecosystem：The Case of Enterprise Software）	2012	Ceccagnoli M 等	17
7	开放平台战略与创新：授权访问和下放权限（Open Platform Strategies and Innovation：Granting Access vs. Devolving Control）	2010	Boudreau KJ	17
8	创新生态系统中的价值创造在新技术时代，技术相互依存结构如何影响企业绩效（Value Creation in Innovation Ecosystems：How the Structure of Technological Interdependence Affects Firm Performance in New Technology Generations）	2010	Adner R 和 Kapoor R	15
9	百花齐放？对大量软件开发人员和创新模式的早期观察（Let a Thousand Flowers Bloom? An Early Look at Large Numbers of Software Developers and Patterns of Innovation）	2012	Boudreau 和 Kevin J	15
10	平衡第三方开发中的平台控制与外部贡献：边界资源模型（Balancing platform control and external contribution in third - party development：the boundary resources model）	2013	Ghazawneh A 等	15

资料来源：https：//www. x - mol. com/。

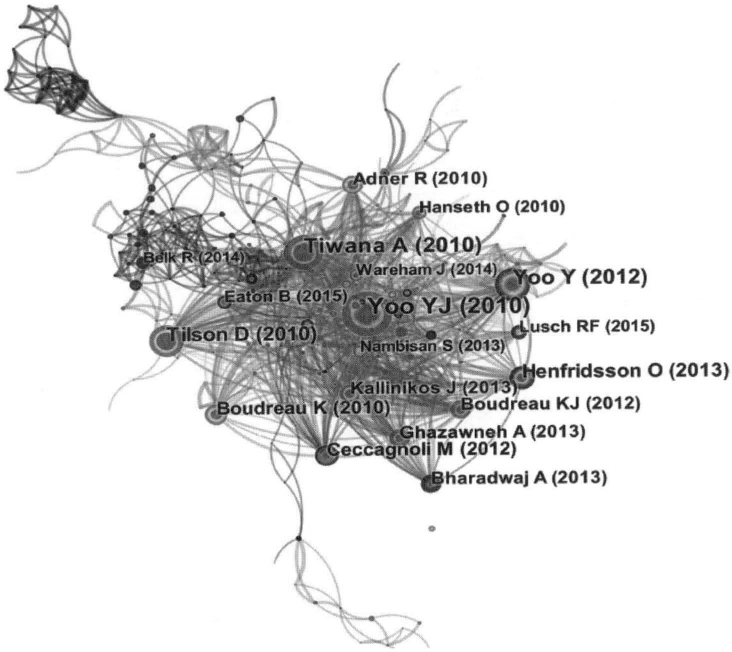

图 1－1　高被引论文共引网络

资料来源：中国学术期刊网。

由此可见，高被引的数字化转型研究大多数是数字创新的理论逻辑和特征，这为学者后续的研究奠定了理论基础。其次分别是不同学者从各自的理论视角，聚焦数字平台如何实现创新，以及数字创新如何推动企业绩效提升而展开的研究。

1.1.3 数字化转型研究焦点

利用数字化转型研究知识图谱中的共现网络来分析该研究领域的热点主题和历年的研究方向，得到如图1-2所示的关键词共现图谱和表1-2所示的关键词及聚类分布。

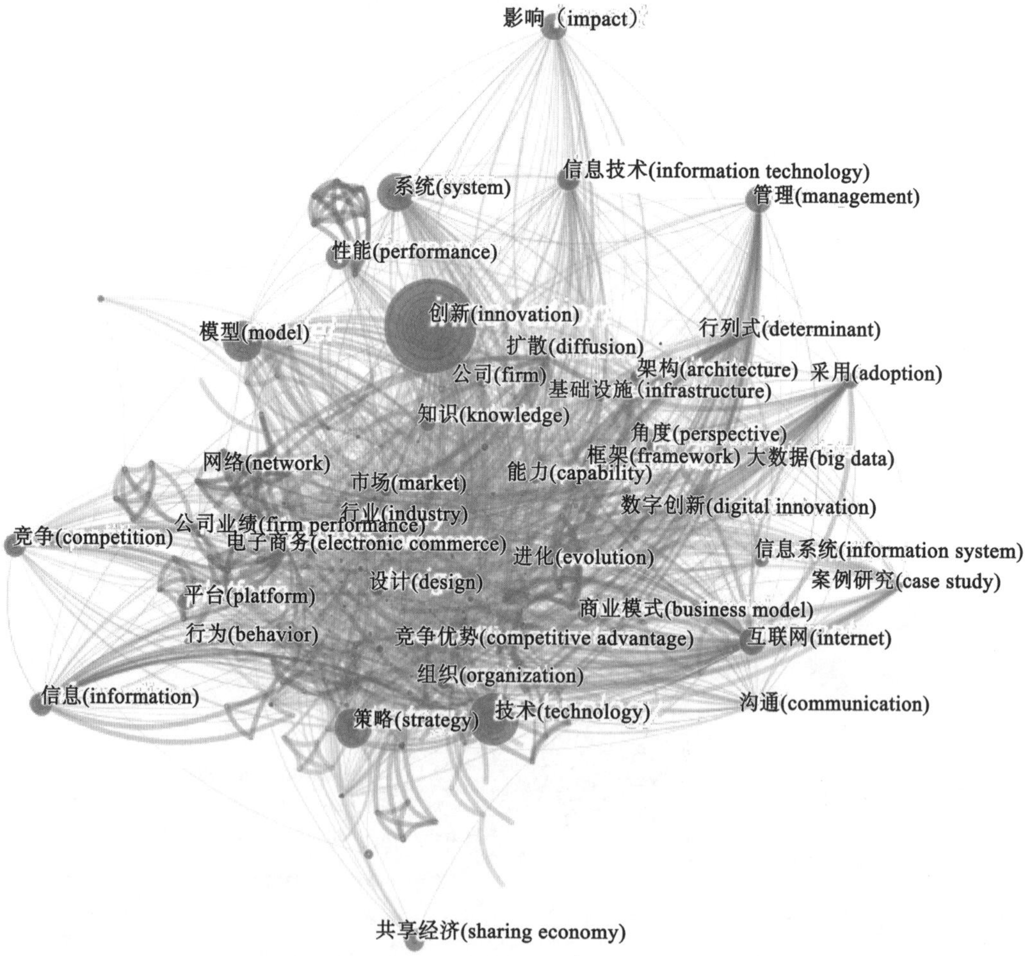

图1-2 数字化转型领域关键词分布

这里需要注意的是，该知识图谱中每个节点代表一个关键词，节点越大表示该关键词出现的频次越高。排在第一位的是“创新”（innovation），聚类标签为“数字化服务创新”

(digital service innovation)，这说明在数字化转型的研究中，信息技术与创新一直是学术界讨论较多的话题，许多研究都对技术在促进创新方面的作用持高度积极的态度（McAfee，2008）。数字创新是产品或服务的数字、物理组件通过新的组合以产生新产品或提供新服务的过程。数字创新带来的一个新趋势是产品和服务创新的融合程度大幅度提升，可以实现用户价值的场景化实时满足，研究热点与产业实践高度契合。在数字化转型时代，信息技术通过创造新的数字技术产品和服务来改变产业，企业必须采用更加开放的商业模式来开展企业活动，例如可以通过开放式创新网络平台，促进产品和服务的创新，实现个人与企业的协作。

表 1－2　　关键词及聚类分布

排名	关键词	数量	聚类	聚类标签
1	创新（innovation）	97	#1	数字化服务创新（digital service innovation）
2	技术（technology）	53	#2	先进制造技术（advanced manufacturing technology）
3	模型（model）	47	#3	模块化（modularity）
4	策略（strategy）	41	#4	信息基础设施（information infrastructure）
5	系统（system）	39	#5	共享经济（sharing economy）
6	信息技术（information technology）	34	#6	数字基础设施（digital infrastructures）
7	互联网（internet）	33	#7	电子商务（electronic commerce）
8	管理（management）	30	#8	技术生活化（technology adaptation）
9	影响（impact）	30	#9	企业资源规划实施（ERP implementation）

资料来源：笔者整理。

对关键词进行聚类分析，得到数字化转型领域的关键词聚类分析图，如图 1－3 所示。该研究领域近 21 年的研究主要有 9 个聚类主题，依次为数字在服务创新（digital service innovation），先进制造技术（advanced manufacturing technology），模块化（modularity），信息基础设施（information infrastructure），共享经济（sharing economy），数字基础设施（digital infrastructures），电子商务（electronic commerce），技术生活化（technology adaptation），企业资源规划实施（ERP implementation）。

接下来，我们将其具体归纳为 4 个方向的研究：

（1）关于服务创新的研究。Lusch（2015）首次以服务主导逻辑理论为基础来研究服务创新，提出了服务创新的三方框架——服务生态系统、服务平台和价值共创，突破了以往服务创新研究过度依赖以商品为主导逻辑视角下的理论问题，为数字化服务创新的研究提供了新的理论视角。大数据对创新的影响不仅是由技术和分析驱动的，还包括对支撑创新过程的组织文化、结构、过程、角色和能力的转变。Troilo 等（2017）将服务创新和信

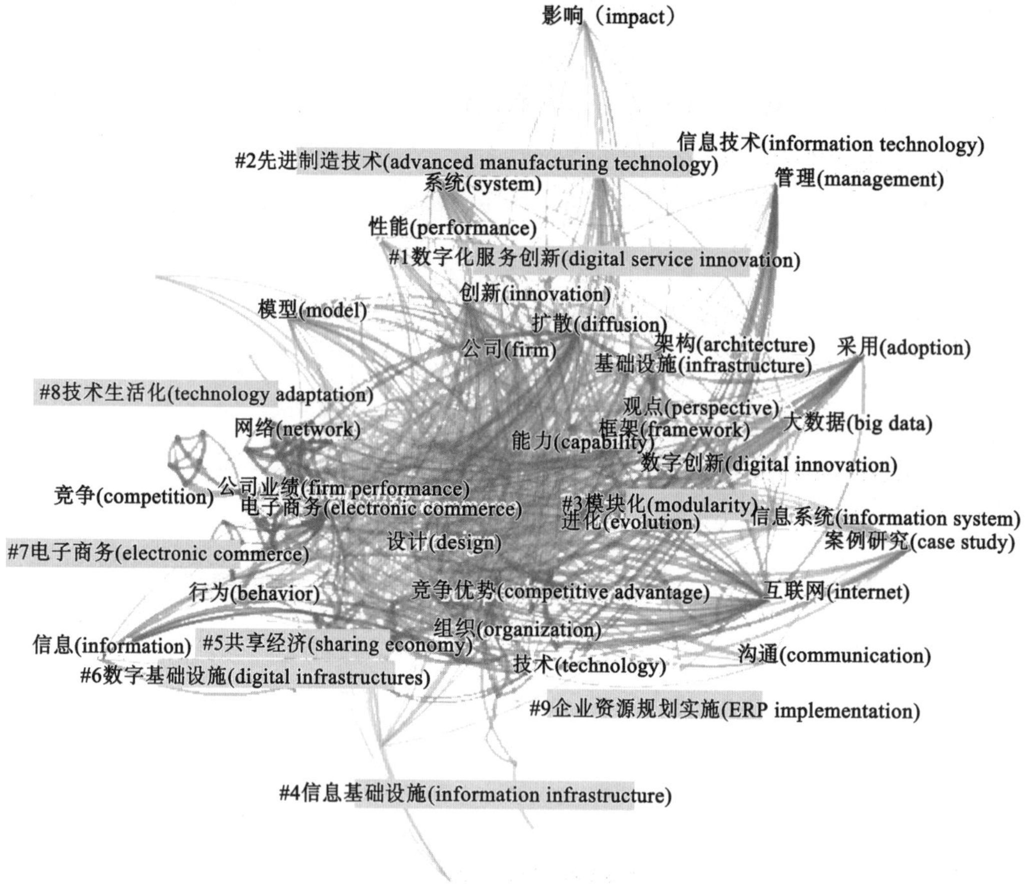

图 1-3　数字化转型领域关键词聚类分析

息系统文献整合在一个统一的概念框架中，从组织的角度阐明了大数据与服务创新之间的关系，研究结果解决了现有企业在大数据环境下与服务创新之间联系过程的理论差距，并为非数字原生服务公司的管理者提供了大量关于如何将大数据环境的巨大潜力转化为服务创新的见解。

（2）关于技术生活化和信息基础设施的研究。信息和通信技术（ICT）的发展加速了全球经济的增长，促进了企业商业模式的转变。Kohler 等（2009）通过理论分析和多案例研究，将新兴的虚拟世界技术与以客户为中心的开放式创新视角相结合，认为数字环境有利于开展创新和创造性的任务，以客户为中心的开放创新视角需要虚拟世界的新兴技术，为利用用户的创新潜力和知识提供了创造性机会。Lyytinen 等（2003）基于美国、芬兰前沿系统开发组织的多重案例研究，关注颠覆性信息技术创新模式所带来的变化，认为信息技术从根本上影响了产品研发流程和后续服务的创新。此外，城市基础设施与信息和通信技术的结合能够发展新的业务模式，Li 等（2016）探讨了智慧城市如何促进新运营模式的发展，以及如何对这些模式进行评估，研究结果不但有助于理解智慧城市转变运营模式的方式，也为数字经济下智慧城市的运营管理打开了新的研究思路。

（3）关于企业资源规划实施的研究。Karim 等（2009）研究发现，企业采用 ERP 实施数字化的意愿受数字资源准备程度的影响，该研究为 ERP 实施在实现数字化中的作用提供了理论论证。

（4）关于共享经济的研究。数字平台正在改变几乎每一个行业，并作为重要的多边市场迅速扩散。像脸书（Facebook）这样的社交媒体平台已经改变了人们互动和分享体验的方式，安卓（Android）和 iOS 等操作系统平台已经成为移动通信行业的重心，贝宝（PayPal）、乐付通（LePay）和方块支付（Square）等支付平台正在颠覆传统金融业，优步（Uber）、爱彼迎（Airbnb）和任务兔子（TaskRabbit）等个人对个人（P2P）数字信息平台的出现，催生了共享经济。Kung 等（2017）通过具有网络外部性和共享经济的博弈论研究来探讨平台交付中的定价策略。Jiang 和 Tian（2016）基于消费者对消费者（C2C）产品共享，认为共享经济中的协同消费有快速增长的趋势。Zuo 等（2019）以公共关系网络为研究视角，探究共享经济下的网约车服务质量管理，为共享经济平台建立数据驱动的运营管理策略提供实践启示。Hawlitschek 等（2018）探讨了区块链技术在解决共享经济中的信任问题方面的潜力。Hong 等（2019）从风险优化管理的角度，研究了共享经济中的服务质量等问题。

随着通信和信息技术、大数据等新技术的不断发展而出现的如共享经济等新型业态、模式，驱动着企业的商业模式创新，促进数字基础设施的建设。

1.1.4 数字化转型研究趋势

在厘清数字化转型领域的关键词聚类后，我们接下来将介绍数字化转型的研究趋势。其中，突变性关键词表示待考察的关键词在短时间内跃迁的现象，强调突变性。通过对关键词突变性的考察，可知特定时间内的研究热点，图 1－4 为引用次数最多的前 14 个关键词。在数字化转型研究中，互联网技术和企业的创新管理等研究是热点问题，其突变性持续了 21 年。随着时间推移，数字化转型研究呈现多样化的趋势，主要研究热点包括电子商务（electronic commerce）、扩散（diffusion）、互联网（internet）、数字鸿沟（digital divide）、创新（innovation）、采用（adoption）、企业（firm）、架构（architecture）、组织（organization）、演化（evolution）、平台（platform）、商业模式（business mode）、数字创新（digital innovation）、结构（framework）等，其中扩散和互联网开始时间较早且突现强度较高，分别为 5.2035 和 4.2326。以互联网（internet）为例，20 世纪 90 年代中后期，国际互联网迅速走向普及化，基于互联网的电子商务活动突破了传统商业时空限制，使服务更趋于灵活、实时和全球化。电子商务成为互联网领域的研究热点（Lee，2001）。之后，随着信息通信技术（ICT）的发展，缩小了国家之间的社会经济差距，数字鸿沟（digital divide）成为新的研究焦点。Forman（2005）通过实证研究，探讨组织、技术和环境因素是如何影响企业采用互联网技术进行决策的，认为互联网的应用是企业出现数字鸿沟的决定性影响因素。Doong（2012）通过研究不同国家的ICT发展路径，探讨了其对全球数字鸿沟的影响。

关键词	年份	突现强度	开始年份	结束年份
电子商务	1998	3.0947	1998	2004
扩散	1998	5.2035	1998	2012
互联网	1998	4.2326	2001	2005
数字鸿沟	1998	3.0122	2007	2011
创新	1998	3.3057	2008	2009
采用	1998	3.8716	2009	2011
企业	1998	2.8757	2011	2013
架构	1998	3.2339	2012	2015
组织	1998	4.718	2013	2015
演化	1998	2.9675	2015	2019
平台	1998	2.8758	2017	2019
商业模式	1998	3.753	2017	2019
数字创新	1998	3.1333	2017	2019
结构	1998	2.87	2017	2019

图1-4　数字化转型领域相关文献突变性关键词

商业模式（business model）相关议题虽然持续研究了仅三年时间，但其突现强度高达3.753，是未来学者研究的热点议题。读者可以思考其中原因，在“互联网+”时代背景下，涌现了如网约车、共享单车、在线支付、在线订餐、在线教育等各类新业态新模式。Salvatore（2017）运用契约理论分析开放式协同创新策略与数字平台之间的关系，证实了企业利用数字平台进行开放式创新能够降低交易成本，表明数字平台必将成为协同创新的突出技术和商业模式。Hughes等（2008）通过文献分析方法，构建了一个评估P2P商业模式的分析框架。Zott等（2011）从多学科视角研究商业模式的概念，发现学者已将研究重点从价值获取转移到价值创造，为未来研究提供了方向。

此外，随着全球移动互联网的迅速普及，出现了众多虚拟社区平台，如脸书（Facebook）、YouTube、推特（Twitter）等，它们改变了人们沟通交流的方式，促使企业商业模式发生改变，数字创新和数字化转型的商业模式变革等议题已经成为新的研究趋势。

数字化转型指通过整合使用信息技术、计算技术、沟通技术和连接技术，提升产品质量、改善生产流程（Alexandre 等，2015）、增强用户体验（Agrifoglio 等，2017；Lilliemay 等，2018）和创建新的商业模式的过程（Alexandre 等，2020）。数字化转型可以对企业经营活动的各个方面产生影响。首先，企业通过数字化转型，可以打破企业边界获取资源（Vial，2019）；其次，数字化转型可以通过创造新的分销渠道和新的方式，改变企业与客户的交流方式，为客户创造和传递价值（Matarazzo 等，2021）；最后，企业可以利用数字技术对自身的流程和组织结构进行改革（Svahn 等，2017）。

1.2 数智赋能创新研究

在理解数字化转型的相关内容后，读者可以开始深入学习数智化知识。在经济领域中，企业作为我国市场经济主体最主要的组成部分，在推动产品和技术创新、突破企业创新惯性和发掘经济发展新创新点等方面有着十分重要的力量（杨超，2015）。因此，深入研究企业创新行为对实施创新推动经济发展战略十分必要。我国数字经济规模不断扩张，中国信息通信研究院发布的《中国数字经济发展白皮书（2020 年）》显示，2019 年我国数字经济增加值规模达到 35.8 万亿元，占国内生产总值比重为 36.2%。大数据、物联网、云计算、机器学习和人工智能等第四次工业革命中的数智化技术与网络平台引发了企业产品运营和管理的深刻变化，如知识管理系统、产品生命周期管理系统和进入量产阶段产品管理的变革，这为企业创新绩效的提升开辟了新的增长空间（Andrea，2020）。同时，数智技术的广泛应用加强了创新主体之间的开放式创新联系，进而打破了传统的企业封闭式边界，使创新在外部环境和公司内部创新活动之间流动（Andy，2018）。因此，抓住数智化革命带来的机会，利用数智赋能企业创新行为具有重要意义。

关于数智化的概念，许多国内的学者提出了不同的看法：有观点认为，数智化是指数字化、智能化相结合创造的新增长方式，通过对传统生产要素进行有机组合，实现对传统要素价值的放大，而数智化能力将成为企业发展壮大的一种必需的关键能力（薛峰，2020）。也有观点认为，商业生态全链路数智化价值重构的内容主要包括品牌数智化、商品数智化、制造数智化、营销数智化和物流数智化五大部分（季凌昊，2020）。此外，数智化转型有五部曲，分别指基础设施云化、触点数字化、业务在线化、运营数据化、决策智能化（肖利华，2020）。

基于创新的不同目标，将数智化转型领域的研究分为“技术—产业—融合”3 个演化阶段：（1）萌芽期——数字技术创新：1998 年以来出现的经济与管理类的数字化转型文献多聚焦于组织的信息化场景；（2）发展期——数字产业创新：提出开放式创新的概念及相关理论，拉开了开放式创新研究的序幕（Chesbrough，2003）。这一时期的研究受开放式创新理论的影响，偏重聚焦产业合作与商业价值创造场景；（3）高速增长期——产业数字化融合创新：首次从服务主导逻辑视角来研究服务创新，提供了服务创新的三方框架——服务生态系统、服务平台和价值共创，为数字化服务创新的研究奠定了理论基础，推动了学术界与产业界聚焦平台与生态场景（Lusch，2015）。

1.2.1 第一阶段：萌芽期——数字技术创新（1998—2002 年）

随着互联网的不断发展，越来越多的学者开始关注信息技术、信息系统、软件、电子商务和创新等问题。该阶段处于互联网发展的初期，商业模式的变革成为推动这一时期经济发展的重要动力，并集中在信息技术和信息系统（IS）给企业商业模式和消费者需求带来的影响。有观点认为，开放源码软件公司有七种数字化转型商业模式（Raymond，1999）；有观点认为，电子商务是一种“颠覆性”创新的表现，是数字化转型的重要实践，并构建了制定电子商务商业模式和战略时进行评估的分析框架（Lee，2001）；有学者使用市场需求异质性理论，探讨了创新选择和消费者需求在技术发展过程中的相互作用（Adner，2001）；有学者研究表明信息技术（IT）对美国经济体的产出量有积极影响（Jorgenson，2001）。另外，有学者关注消费电子行业，以三家革命性产品制造商（索尼、夏普和东芝）为例研究产品创新如何产生，发现产品创新是由创造新产品概念引起的（Orihata，2000）。

研究发达国家为弥合数字鸿沟所做的努力，能够同时为我国如何填平数字鸿沟提出有效的政策建议（苏震，2002）。数字鸿沟是国家综合经济实力的映射，有学者就我国弥合地区间数字鸿沟、发展数字经济提出政策启示等（唐建强，2002）。2000 年，恰逢中国加入 WTO 的历史契机，中国企业面临全新的竞争环境。以数字移动通信技术行业为例，学者就手机市场进行了系统分析，面对国际市场的激烈竞争，我国自主开发的 GSM 手机问世，厦华、东信、国威、科健四家自主品牌手机获入网证（张玉芬，2000）。此外，这一阶段中国出现了第一次的互联网浪潮，腾讯公司、阿里巴巴集团和百度（BAT）先后成立，成为中国最大的三家互联网公司，拉开中国产业数字化转型的序幕，为后续学者提供了范例。

在数字化转型时代，信息技术通过创造新的数字产品改变产业，产品的价值既能满足用户需求，又能创造用户价值。经济合作与发展组织（以下简称经合组织，OECD）2017

年发布的《数字经济展望》报告指出，数字创新和新兴商业模式推动了多个领域的变革，新的商业模式和数字应用正在改变医疗卫生、农业生产、政府、城市治理等多个部门的工作，最大限度地发挥数字变革为创新、增长和社会繁荣带来的益处。有研究总结了数字时代商业模式应用的三种典型场景，并聚焦电子商务和组织中信息技术的使用；战略问题，如价值创造、竞争优势和企业绩效；创新和技术管理。研究表明，互联网的普及和通信成本的迅速下降，使企业创造和交付价值整体更加聚焦用户，商业模式的变化也会对企业的竞争优势和企业绩效产生影响（Zott，2011）。可见，新技术对数字化转型时代企业的商业模式创新产生了深刻影响，商业模式创新代表了超越产品或服务创新的新领域（北京艾瑞咨询研究院，2020）。不同产业利用新一代信息技术进行跨界融合，实现产业的数字化渗透、交叉和重组，依靠数字产品横向延伸价值链和数字技术纵向衍生产业链而衍生出新产品、新服务和新商业模式，将改变产业原有的价值创造方式（黄新焕和张宝英，2018）。

在数字化转型的研究中，信息技术与创新管理一直是学术界讨论较多的话题，其突变性持续了 21 年，未来预计将进一步促进关于数字平台对技术创新影响的研究的发展。2019 年，经合组织发布的《在数字时代发展创新思想》报告进一步呼吁变革和创新。文献计量可视化分析的结果反映出数字创新议题一直是学者研究数字化转型领域的热点，形成了以 Yoo Y 等学者为主的核心研究群，重点关注数字化服务创新、数字平台、平台生态系统等细分议题。

引领数字技术的研发，解决“卡脖子”技术问题。“十四五”期间，全球价值链将面临剧烈调整与重构，全球化由经济福利为主要逻辑的经贸关系紧密相互依存向更加现实的国家主义路径转变，数字化、智能化技术重塑商业模式和经济发展。以技术创新为驱动，以信息网络为基础的“新基建”，将为数字转型、智能升级、融合创新等服务提供基础设施体系，也为实现关键技术和关键产品的自主创新提供了有利条件。

引导企业抓住新一轮科技革命和产业革命带来的产业结构转型机遇，加强数字技术研发，掌握更多具有自主知识产权的关键核心技术，做好经济内外循环联动，从而促进国内国际“双循环”新发展格局。

在数字经济发展大背景的驱动下，数字技术赋能创业活动，多种新业态新模式层出不穷，在线教育、互联网医疗、远程办公、政企数字化、虚拟园区、基于新技术的无人经济等新业态新模式不断涌现，多级政府为支持企业进行数字化转型，都建立了“政府—金融机构—平台—中小微企业”的联动机制，降低了传统企业数字化转型技术门槛。在数字经济快速发展的背景下，数字创业将数字技术与创业活动融合在一起，能够在后疫情时代充分调动市场主体创新积极性，尤其是激发中小微企业的市场活力。未来研究可进一步探讨在数字化时代，企业如何通过基于数字技术、数字创新等实现数字创业，以消除疫情对于经济与市场的影响，拉动社会就业。

从技术属性上看，数字技术存在多层级的模块化技术结构，数字化转型研究不能像传统产业那样过于强调个人和组织层面，而需要更多关注数字平台、平台生态系统等宏观层面，并与微观层面研究相结合，才能更好地理解数字化转型。

关于技术生活化和信息基础设施的研究。信息和通信技术（ICT）的发展加速了全球经济的增长，促进了企业商业模式的变化。Kohler（2009）通过理论分析和多案例研究，将新兴的虚拟世界技术与以客户为中心的开放式创新视角相结合，研究表明数字环境有利于开展创新和创造性的任务，以客户为中心的开放创新视角需要虚拟世界的新兴技术，为利用用户的创新潜力和知识提供创造性机会。Lyytinen（2003）基于美国、芬兰前沿系统开发组织的多重案例研究，关注颠覆性信息技术创新模式所带来的变化，研究表明信息技术从根本上影响了产品研发流程和后续服务的创新。此外，城市基础设施与信息和通信技术的结合能够发展新的业务模式，Li（2016）探讨了智慧城市如何促进新运营模式的发展，以及如何对这些模式进行评估，研究结果不但有助于理解智慧城市转变运营模式的方式，也为数字经济下的智慧城市运营管理展开了新的研究议程。

首先，数字技术的应用使企业所面临的内外部环境（市场环境和治理环境）更加透明，从而可以更快速地扫描市场环境、更有效地搜集市场信息，降低企业的搜寻交易成本，助力企业在波诡云谲的竞争市场上准确识别投资机会（张玉芬，2000）。其次，数字技术在企业管理流程中的嵌入，一方面使企业内部不同部门、不同环节之间的联系更为密切，在降低企业信息交换成本的同时促进了信息沟通，加速了企业内部人员、资本、技术等生产要素的流动，提高了企业的资源配置效率；另一方面，数字化转型赋予企业对自身所拥有的要素资源精确把控的能力，这有利于企业合理调配自身资源，将企业重要资源与市场资源深度融合并快速高效地应用于其所捕捉到的市场机会，从而提升企业资源配置效率。最后，根据经合组织在2015年的研究，企业数字化转型可以帮助重塑企业的经营模式，通过渗透作用提高企业经济效率，同时对企业的劳动生产率也起到较强的正向促进作用，并且随着企业数字化进程逐步加深，这种作用将更为明显。总体上，数字化转型能够优化资源配置。根据研究表明，企业的资源配置效率越低，其投资效率也相应较低（Karimi，2015）。

1.2.2 第二阶段：发展期——数字产业创新（2003—2014年）

2004年，面向大学生开放的脸书推出。2005年YouTube推出，大众可以免费分享网络在线视频。2006年，推特诞生。2007年1月9日，第一代iPhone由苹果CEO史蒂夫·

乔布斯发布，并在2007年6月29日正式发售，引发销售狂潮，标志着用户在数字平台上实时共享和传递信息的典型工具诞生，使虚拟社区成员之间的交流更加便捷。这一时期，全球宽带市场不断扩展，无线宽带用户持续增长，到2013年已接近10亿。随着光纤和4G网络的部署带动通信网络性能提升，促进网络与移动业务价格下降，为后续迎接移动互联网时代的颠覆性变革打下基础。这一阶段，各国都开始大力发展数字经济，截至2014年，全球已有27个国家编制了数字化战略，支持ICT部门关于物联网、云计算、大数据分析等新兴技术领域的研发计划，引导产业发展，不将数字经济仅局限在通信技术领域，而是从战略的角度通过国家数字议程来促进经济与社会发展。相应地，理论界研究出现了企业绩效、数字创新、商业战略和平台生态系统等新主题，并突出了创新理论在数字化转型研究过程中的重要作用。

进入技术带动的数字化产业创新发展阶段，学者开始聚焦以颠覆式创新、渐进式创新等理论为基础的企业研究，多采用案例分析、实地研究、实证分析等方法。Lucas（2013）通过扩展Christensen的颠覆性创新理论，以柯达公司为个案研究基础，分析了企业绩效与技术转型挑战之间的关系。Karimi和Walter（2015）利用颠覆性创新理论，通过对美国报刊产业的实证研究，确定了动态能力在应对数字化转型的颠覆性作用，研究结果表明，通过改变、扩展或调整企业现有资源、流程和价值而创建的一阶动态能力与构建数字平台能力呈正相关，该研究为企业数字基础设施建设和数字创新奠定了理论基础。Pagani（2013）基于一场实地研究，探究了渐进式创新如何将价值网络从静态的、垂直整合的网络转移到更松散的耦合网络，以及跨界行业如何将其转移到双边市场的重要问题。

数字化技术的应用及颠覆性风险的激增，推动学术界和产业界更多地开始进行战略性思考，尝试为用户创造新价值，挖掘新的发展机会。Lyytinen和Rose（2003）使用多重案例研究的方法，调查互联网计算对美国和芬兰8个前沿系统开发组织的影响，以此探究IT颠覆性创新模式所带来的变化，提出了数字化商业战略研究和实践的见解和启示。Woodard（2013）利用4个公司的案例研究，开发了一个概念框架，将数字业务策略概念化并作用在已经设计好的战略上，为数字商业战略的发展奠定了理论基础，并为企业将IT和业务能力融合以实现价值创造提供了新的见解。Bharadwaj（2013）通过文献回顾梳理了数字商业战略的范围、规模、速度以及商业价值创造和获取的来源，定义了一个概念框架，为研究人员探讨数字商业战略对企业绩效的影响提供了理论指导。Mithas（2013）通过实证分析，研究了产业竞争环境、数字战略环境与影响企业实现数字化商业战略之间的关系。

在充满不确定性和复杂多变的动态环境中，企业为增强竞争优势，更多地开始选择构建自身的商业生态系统，相应地，学术界也开始聚焦以企业为核心的平台生态系统相关议题的研究。Ceccagnoli（2012）通过实证分析，发现企业参与平台生态系统是可行的数字创新商业化战略，企业能够从中获得显著的收益。Sambamurthy（2003）通过梳理关于战略、创业和信息管理的文献，运用多理论视角，论证了信息技术投资和能力通过组织能力（敏捷性、数字化选择和创业机敏性）和战略过程（能力建设、创业行动和共同进化适应）来影响企业绩效，为企业通过构建平台生态系统实现数字化转型提供了理论基础。Gawer（2013）通过英特尔和其他公司的案例，讨论了内部和外部平台如何影响产品和服务创新，为企业管理平台竞争和平台创新提供了新的观点。Adner（2010）使用实地研究和专家访谈法，研究了外部的创新挑战是如何影响生态系统中的技术领导者，并从创新中获得利益的。

从国内发展进程来看，2003 年淘宝网上线并在随后发展成为全球最大的 C2C 电商平台，以及阿里巴巴推出支付宝成为我国企业数字化转型的标志性事件。有学者提出电子商务生态系统的概念，并以阿里巴巴集团为核心的电子商务生态系统为例，分析其协调机制及阿里巴巴作为核心企业在平台型组织中的作用（胡岚岚，2009）。通过研究企业商业生态系统中合作伙伴关系的构建，我们可以解析有利企业技术创新和业务成功的内在逻辑，并在此指引下，展开针对企业绩效及竞争力提升的相关研究。

在数字经济高速发展的现今社会，国家出台相关政策支持新业态新模式，对加快发展数字经济的新业态新模式重点方向提出 19 项创新支持政策，要求有效发挥数字化转型对实体经济提质增效的带动作用，培育壮大新动能，实现经济高质量发展。数据作为一种新的生产要素，不仅是企业稳固核心业务的基础，更是企业加速转型的驱动力。数据的价值不只体现在销售、生产、财务管理等单一环节，更体现在对全业务、全流程信息网和价值链的联通。未来研究可聚焦如何实现数据要素交换内外部协同的无缝衔接，聚焦数据作为要素参与分配的价值、意义与实现过程。企业应该抓住数字技术带来的红利（如低进入门槛、低创新成本），利用数字技术的可编程性、开放性、可扩展性等特性，不断创新企业的产品或服务，不断提升企业的创新能力，以保持自身的核心竞争力，在市场中建立竞争优势。

1.2.3 第三阶段：高速增长期——产业数字化融合创新（2015 年至今）

从 2015 年开始，全球数字技术全面融入产业端，线上企业开始挪到线下赋能传统产业，进一步促进产业数字化与数字产业化的融合。一方面，数字创新成为促进企业数字化转型商业模式创新和新业态形成的重要动力，推动研究的深入展开，成为产业数字化的重要基础；另一方面，数字化时代企业核心竞争力不在于满足客户的基本需求，而在于能不能够为顾客实现价值创造的需求，进而催生了基于数字技术、数字创新的创业研究，并逐步成为新的研究热点，成为数字产业化的核心理论。

Urbinati（2019）通过对基于大数据的供应商公司进行多案例分析，探讨了提供商如何从大数据中创造和获取价值，研究结果给出了一个基于大数据的价值创造和价值获取理论框架，并确定了两种创新服务商业模式，对涉及利益相关者网络如何影响创新服务战略的设计和实施提供了有价值的见解。Nambisan（2017）以新的理论逻辑为数字创新管理的研究提出建议，探究了数字创新对创新管理研究更广泛的影响，为在数字化世界中重塑创新管理研究及其对商业模式的发展影响提供了理论基础。Huang（2017）通过访谈和参与观察的方法研究数字化企业——闪银（Wecash），解释了企业数字化转型过程中数据驱动操作、即时发布和快速转型三种机制，以及它们如何在数字企业的快速扩张中相互作用，该研究解析了企业基于数字创新的规模化发展新模式。Chanias（2019）使用案例研究讨论了一家欧洲金融服务提供商如何制定和实施数字化转型商业模式，Lokuge（2019）使用实证方法衡量了组织对数字创新的准备程度，为数字创新的商业价值作出了解释。而同时期国内学者对数字化技术驱动的商业模式研究和数字产品的创新研究，则更多关注演化机制、创新机制及其对企业绩效影响。

新技术的应用、新模式的涌现和新常态的变化等，不但给传统产业创新带来新的挑战，也促使产业创新理论和实践的转型。例如，信息和通信技术（ICT）在电子商务领域的应用，基于移动互联网和智能终端的移动支付模式，基于共享经济平台在住宿、交通、就业、零售等行业的应用等，这些充分证明了以数字创新为基础的数字化转型能够推动产业间的相互融合并影响产业结构的改变，为新产业的运行业态和发展模式带来了新的挑战与机遇（Stiakakis，2011）。在数字技术的驱动下，数字创业将数字技术与创业活动融合在一起，为价值创造带来无限的想象空间。有学者整合了信息系统和创业领域的优势，提出数字创业的理论构想——数字技术与创业的结合（Nambisan，2017）。也有学者通过研究数字产品对创业过程的影响，为未来研究创业环境内外的数字产品奠定了基础（Briel，2018）。还有学者指出，数字技术使企业的创业活动更加有效和多产，揭示了对创业过程和创新成果进行区分的必要性，以及数字技术如何影响企业创业的整个过程（Arvidsson，2018）。同时期，国内学者蔡莉等通过梳理数字技术与创业活动之间关系的文献，探究数字技术对创业活动的影响；余江等通过深入分析数字技术对创业的影响机制，进一步探析我国数字创业未来发展趋势与战略路径。

如今，数字化革命为克服技术障碍、促进合作提供了有价值的途径，伴随数字创新、数字创业等研究的深入，数字平台成为协同创新的突出技术和商业模式，未来值得学者们关注。有学者从资源基础理论的视角出发，使用数据样本观测了数字平台和企业系统平台对创新的贡献，研究结果显示，数字平台通过企业系统平台的调节作用影响组织创新，企业系统平台质量的高水平或中等水平导致数字平台与组织创新之间呈正相关关系（Sedera，2016）。也有学者运用了契约理论分析开放式协同创新策略与数字平台之间的关系，研究表明数字平台和协同创新的结合可以促进创新过程，并成为协同运作的驱动力，采用数字平台进行协同创新降低了交易成本，扩展了开放式创新领域的知识（Salvatore，2017）。还有学者从价值创造和价值获取的角度研究了不同数字平台（应用程序端和用户端）上的跨边网络效应如何受平台治理策略的影响（Song，2018）。数字平台的快速发展，以及数字技术的广泛应用使企业获取价值的方式更加多样化，利润的来源也更为隐蔽，有学者开始关注数字经济中的信任和风险等问题，为数字化转型领域的理论发展提供了高价值的研究成果和新的观察视角（Hawlitschek 等，2018；Hong 等，2019）。同时期，国内学者也逐渐开始聚焦数字平台的相关议题，通过案例研究和实地访谈的方法，解释了在中国情境下企业利用平台实现数字化创业的内在逻辑（王伟楠等，2020）。

我们建议读者在上述介绍的指引下，尝试绘制数字化转型研究演进过程图，如图 1－5 所示。在萌芽期的数字技术创新阶段，由于信息技术和互联网技术的发展，研究焦点多集中在信息系统领域，学者试图使用颠覆式创新理论、渐进式创新理论研究数字技术的发展及应用过程，这一阶段的研究方法多集中在质性研究；在发展期的数字产业创新阶段，企业绩效提升、数字商业战略设计和平台生态系统构建成为新的研究热点，该阶段质性研究、量化研究等多元化的研究方式涌现；在产业数字化融合创新的高速增长期阶段，数字创新成为企业商业模式变化的重要动力，数字创业成为企业实现价值创造的重要手段，学术界则相对应涌现了众包平台、零工经济平台、共享经济平台等数字创业新形式，激发学者对于企业数字化转型重要业态“数字平台”的研究兴趣。

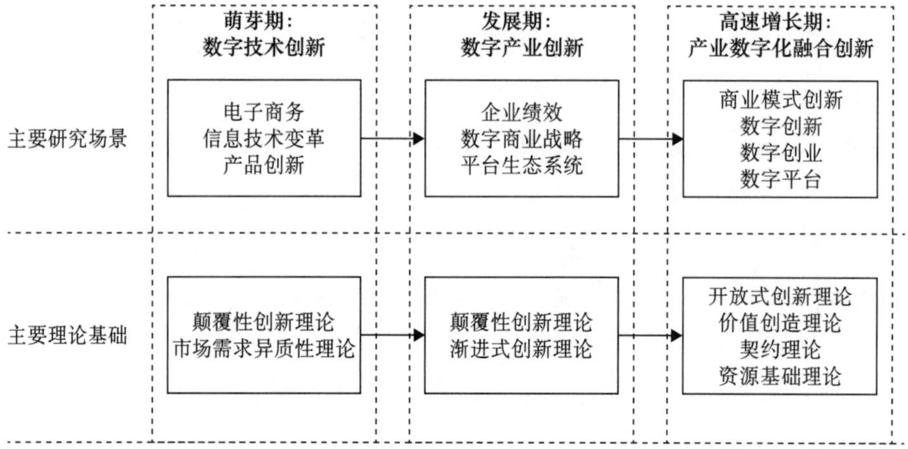

图 1－5　数字化转型研究演进过程

1.3 数智赋能驱动创新的场景

1.3.1 数字化转型协同双元创新

1.3.1.1 双元创新的含义

“双元”的概念最早由 Duncan（1976）提出，March（1991）则将创新分为探索型创新和利用型创新两类。利用型创新关注企业当前的业务，通过整合、更新现有知识，改善现有能力，目的是迎合既有的市场和顾客；探索型创新聚焦于企业未来的发展，通过寻找新知识、新资源和新技能，培养新的能力，目的是迎合正在形成的市场和顾客（Fourné 等，2019；Benner 和 Tushman，2003）。相关研究表明，双元创新会对企业的创新绩效产生影响（Li 等，2020；Atuahene 和 Murray，2007），在动态环境下，企业更应该进行双元创新（Lee 等，2013）。诸多学者对利用型创新和探索型创新之间的区别和关系进行了研究。探索型创新以企业的长远发展为出发点，具有较高的不确定性，而利用型创新基于现有市场和顾客进行优化改进，承担的不确定风险低于探索型创新。不论是探索型创新还是利用型创新，都需要企业投入相应资源（Barney，1991），但企业拥有的资源是有限的，如何平衡利用型创新和探索型创新变得尤为重要（He，2004；March，1991）。如果关注探索型创新超过利用型创新，企业能获取更多的新知识，却可能出现能力不足、难以吸收的情况（Volberda 和 Lewin，2010）；如果关注利用型创新超过探索型创新，可能会使企业出现短视的情况，并有可能使企业能力僵化、形成路径依赖（À Dasí 等，2015；Ting Wu 等，2021）。

1.3.1.2 数字化与双元创新的关系

（1）数字化转型对利用型创新有显著正向影响。数字化转型使企业内部各方之间的交流更加便捷、流畅，也使内部资源的联系更紧密，能够形成企业的资源网络，更便于企业利用现有资源展开利用型创新。

（2）环境动态性强化了数字化转型对两种类型创新的影响。环境的动态性较高时，企业一方面要通过利用型创新整合现有资源，对原有产品进行更新完善，以维持已有的客户；另一方面，要通过探索型创新寻求新的机会，避免被不断变化的环境淘汰。高环境动态性下，技术、知识等资源的变化更加迅速，不可预测程度也会提高（Zhao 等，2018），而数字化转型可以帮助企业降低环境动态性所带来的不确定性，进而促进两类创新的进行，所以环境动态性能够强化数字化转型对于两类创新的影响。

（3）企业资源的丰富程度弱化了数字化转型对于利用型创新的影响。企业资源丰富对于数字化转型对探索型创新影响的弱化作用不明显，可能是因为探索型创新需要向企业外部寻求资源，当外部资源比较丰富时，甄别资源的难度也随之增加，此时更需要数字化技术的帮助。而利用型创新注重对于已有资源的整合、再创新，企业内部资源属于已被筛选过的资源，相对于外部资源甄别难度降低，当企业内部资源比较丰富时，企业可利用的现有资源较多，不需要数字化技术也可以较好地获取利用型创新所需资源，所以数字化转型对于利用型创新的影响在资源丰富程度较高时会被弱化。

（4）数字化转型是开发数字技术和支持功能以创建强大的新数字业务模型的过程。数字化转型是利用数字化技术（大数据、人工智能、机器学习、物联网、云计算、区块链等）推动企业组织、业务模式、组织架构、IT 技术、生产方式、收入来源、企业文化等的变革重塑，以客户需求为价值核心，将数据作为驱动企业发展的核心生产力因素，实现从供应端到客户端，端到端的实时业务链路闭环，适应数字时代下环境的变化。对于企业来讲，数字化转型分为连接重构组织外部的前端数字化转型和组织内部连接重构的后端数字化转型两个部分。对于企业，由于各自的行业、业务特点、发展现状、资源特点等环境因素和自身特点各不相同，因此数字化转型目标、路径也千差万别，即“千企千面”。通过研究数字化转型前后端差异和企业性质差异可以发现：与前端数字化转型相比，后端数字化转型对两种类型创新的影响更强。这可能是因为目前大多数企业处于数字化转型的初期，更倾向于首先在企业内部进行数字化转型，由此加强对后端的管理与运营的数字化转型，进而对于两类创新的影响更强。在企业性质分组分析中，我们发现与国有企业相比，非国有企业数字化转型对两种类型创新的影响更强。国有企业和非国有企业拥有的资源具有异质性，非国有企业在获取资源、融资等方面都难于国有企业，如在融资方面，国有企业更易获得银行贷款，非国有企业可能因为政府干预而不能如愿获得银行贷款，转而通过其他成本更高的信贷渠道进行融资（Loren 和 Li，2003）。当数字化转型对于创新产生影响时，非国有企业会更加重视、更愿意对此加以利用以促进创新，因为非国有企业受市场的影响更大，更倾向于根据市场变化展开创新以抓住市场机会，故非国有企业数字化转型对利用型创新和探索型创新的影响更强。

1.3.2 数字化与企业投资创新

1.3.2.1 数字化变革对企业未来发展的影响

数字化变革已经成为企业不可忽视、不可简单跨越的市场大环境，对企业的高质量发展具有极为重要的意义。当前学术界对于数字化大多持积极态度，但仍有少数学者提出了不同观点，如管理者对待数字化的态度应该以适应为主，而不是打破重塑（Furr 和 Shipilov，2019）。从研究内容来看，现有研究主要集中在数字化的过程、影响因素、对传统行业的颠覆式改变以及结果等方面。数字化的过程会随着时间的推移而发生变化（Pentland，2020），而在这个不断变化的转型过程中，企业动态能力、企业内部创业计划、企业文化、技术溢出和技术冲击等都会对其产生深刻影响。当前，数字化转型已不再是高新技术企业的专利，产业数字化对传统行业的颠覆尤其值得探讨，如医疗保健行业、传媒业等。基于数字化转型所带来的巨大不确定性和复杂性，学者们还就其带来的结果进行了深入分析。有学者从企业战略管理和组织变革的视角出发，研究其所产生的影响（Davis 等，2021），也有学者关注数字经济对中低技能劳动者权益的影响（柏培文和张云，2021），还有学者通过研究数字化转型对企业绩效的影响，认为企业应当通过与初创公司结盟的方式打破公司边界，以寻求数字化转型背景下的企业绩效提升（Prugl 和 Spitzley，2021）。此外，研究发现，数字技术的引入会给企业带来技术相关的参与问题、门槛问题、“搭便车”等一系列结果（Kellogg，2021）。

1.3.2.2 企业数字化转型对投资效率的影响

企业数字化转型可以有效提升信息透明度与信息可达性，缓解信息不对称性问题，降低代理成本，从而提升投资效率。根据代理理论，由于企业管理者通常不是企业所有者，在信息不对称情形下，企业所有者与管理者可能存在利益冲突，从而使管理者做出偏离股东财富最大化目标的决策，产生代理问题。在企业进行数字化转型之前，管理者可能会因自身“企业帝国”建立的“宏图”而盲目扩张，造成企业投资过度；当然管理者可能会因偷懒、规避风险等原因而拒绝投资净现值为正的项目，造成企业投资不足。在代理成本较高的时候，企业的投资效率通常更低。而当企业积极推进以数字技术为基础的数字化转型进程后，企业便可以更好地处理内外部的各种信息，简化企业各环节流程，使组织结构趋于网络化、扁平化，从而可以用更低的成本对管理层进行强有力的监督和控制，抑制其投机和偷懒行为。与此同时，数字化转型所带来的强网络效应能提高信息披露质量和信息透明度，这能够提高外部治理主体对管理者的监督作用，使管理者迫于压力而自觉约束自身不道德行为，降低代理成本。由此看来，企业数字化转型可以有效减少由于过度投资或投资不足所引起的投资非效率问题，从而使企业投资效率得到改善，并得出以下结论：

（1）数字化转型对企业投资效率具有显著提升作用，企业的产权性质对这一影响作用表现出明显的非对称效果：数字化转型通过降低国有企业的过度投资行为而提升其投资效率；但对于非国有企业投资效率的提升却并不表现在抑制过度投资上。

（2）数字化转型能改善信息不对称问题，降低代理成本，进而改善企业的投资效率。数字化转型带来的信息不对称程度的降低，使管理层必须自觉规范自身行为，谨慎、负责地做出有益于企业总体绩效的投资决策。

（3）数字化转型能优化企业的资源配置，使企业的资源得到更有效的使用，进而有助于企业投资效率的提升。

（4）企业的数字化转型在数字化运营、数字化管理、数字化营销三个场景能显著提升企业投资效率。

【参考文献】

［1］蔡莉，杨亚倩，卢珊等．数字技术对创业活动影响研究回顾与展望［J］．科学学研究，2019，37（10）：1816－1824＋1835.

［2］陈菊红，张睿君，张雅琪．服务化战略对企业绩效的影响——基于商业模式创新的中介作用［J］．科研管理，2020，41（4）：131－139.

［3］胡保亮．商业模式、创新双元性与企业绩效的关系研究［J］．科研管理，2015，36（11）：29－36.

［4］胡岗岚，卢向华，黄丽华．电子商务生态系统及其协调机制研究——以阿里巴巴集团为例［J］．软科学，2009，23（9）：5－10.

［5］康建强，唐曙南．弥合数字鸿沟 发展数字经济［J］．情报杂志，2002（7）：14－15.

［6］李靖华，林莉，李倩岚．制造业服务化商业模式创新：基于资源基础观［J］．科研管理，2019，40（3）：74－83.

［7］邵鹏，胡平．电子商务平台商业模式创新与演变的案例研究［J］．科研管理，2016，37（7）：81－88.

［8］苏震．中国如何填平数字鸿沟［J］．情报科学，2002，20（7）：766－768.

［9］王伟楠，严子淳，梅亮，陈劲．基于数据资源的平台型企业演化——飞友科技的启示［J］．经济管理，2020，42（06）：96－115.

［10］王云，马丽，刘毅．城镇化研究进展与趋势：基于 CiteSpace 和 HistCite 的图谱量化分析［J］．地理科学进展，2018，37（2）：239－254.

［11］余江，孟庆时，张越等．数字创业：数字化时代创业理论和实践的新趋势［J］．科学学研究，2018，36（10）：1801－1808.

［12］严子淳，李欣，王伟楠．数字化转型研究：演化和未来展望［J］．科研管理，2021，42（4）：21－34.

［13］张新香，胡立君．商业模式动态演化机制：基于互联网业的多案例内容分析［J］．科研管理，2018，39（3）：110－121.

［14］张玉芬．数字移动通信技术及手机的发展现状［J］．微电子技术，2000，28（5）：18－28.

［15］Adner R，Kapoor R. Value creation in innovation ecosystems：How the structure of technological interdependence affects firm performance in new technology generations［J］．Strategic Management Journal，2010，31（3）：306－333.

［16］Adner R，Levinthal D. Demand heterogeneity and technology evolution：Implications for product and process innovation［J］．Management Science，2001，47（5）：611－628.

［17］Agarwal R，Guodong G，DesRoches C，et al. The digital transformation of healthcare：Current status and the road ahead［J］．Information System Research，2010，21（4）：796－809.

［18］Arvidsson V，Monsted T. Generating innovation potential：How digital entrepreneurs conceal，sequence，anchor，and propagate new technology［J］．The Journal of Strategic Information Systems，2018，27（4）：369－383.

［19］Barrett M，Davidson E，Prabhu J，et al. Service innovation in the digital age：Key contributions and directions［J］．MIS Quarterly，2015，39（1）：135－154.

［20］Bharadwaj A，Sawy O A E，Pavlou PA，et al. Digital business strategy：Toward a next generation of insights［J］．MIS Quarterly，2013，37（2）：471－482.

［21］Briel F V，Recker J，Davidsson P. Not all digital venture ideas are created equal：Implications for venture creation processes［J］．The Journal of Strategic Information Systems，2018，27（4）：278－295.

［22］Burtch G，Carnahan S，Greenwood B N. Can you gig it？An empirical examination of the gig economy and entrepreneurial activity［J］．Management Science，2018，64（12）：

5497 –5520.

[23] Ceccagnoli M, Forman C, Huang P, et al. Cocreation of value in a platform ecosystem: The case of enterprise software [J]. MIS Quarterly, 2012, 36 (1): 263 –290.

[24] Chanias S, Myers M D, Hess T. Digital transformation strategy making in pre-digital organizations: The case of a financial services provider [J]. The Journal of Strategic Information Systems, 2019, 28 (1): 17 –33.

[25] Chesbrough H W. Open Innovation: The New Imperative for Creating and Profiting from Technology [M]. Boston: Harvard Business School Press, 2003.

[26] Clohessy T, Acton T, Morgan L. The impact of cloud – based digital transformation on ICT service providers' strategies [C]. In: Bled eConference, Bled, Slovenia, 2017, 111 –126.

[27] Coile R C. The digital transformation of health care [J]. Physician executive, 2000, 26 (1): 8 –15.

[28] Demark E F, Harcourt R R. Companies must adapt to the internet to survive [J]. CPA Journal, 2004, 74 (4): 9.

[29] Doong S H, Ho S C. The impact of ICT development on the global digital divide [J]. Electronic Commerce Research and Applications, 2012, 11 (5): 518 –533.

[30] Forman C. The corporate digital divide: Determinants of internet adoption [J]. Management Science, 2005, 51 (4): 641 –654.

[31] Gawer A, Cusumano M A. Industry platforms and ecosystem innovation [J]. Journal of Product Innovation Management, 2013, 31 (3): 417 –433.

[32] Gol E S, Stein M K, Avital M. Crowdwork platform governance toward organizational value creation [J]. The Journal of Strategic Information Systems, 2019, 28 (2): 175 –195.

[33] Guo Y, Xin F, Barnes S J, et al. Opportunities or threats: The rise of Online Collaborative Consumption (OCC) and its impact on new car sales [J]. Electronic Commerce Research and Applications, 2018, 29: 133 –141.

[34] Hawlitschek F, Notheisen B, Teubner T. The limits of trust-free systems: A literature review on blockchain technology and trust in the sharing economy [J]. Electronic Commerce Research and Applications, 2018, 29: 50 –63.

[35] Henfridsson O, Bygstad B. The generative mechanisms of digital infrastructure evolution [J]. Management Information Systems Research Center, 2013, 37 (3): 907 –931.

[36] Hong J H, Kim B C, Park K S. Optimal risk management for the sharing economy with stranger danger and service quality [J]. European Journal of Operational Research, 2019,

279 (3): 1024 - 1035.

[37] Huang J, Henfridsson O, Liu M J, et al. Growing on steroids: Rapidly scaling the user base of digital ventures through digital innovation [J]. MIS Quarterly, 2017, 41 (1): 301 - 314.

[38] Hughes J, Lang K R, Vragov R. An analytical framework for evaluating peer-to-peer business models [J]. Electronic Commerce Research and Applications, 2008, 7 (1): 105 - 118.

[39] Jiang B, Tian L. Collaborative consumption: Strategic and economic implications of product sharing [J]. Management Science, 2016, 64 (3): 1171 - 1188.

[40] Jorgenson Dale W. Information technology and the U. S. economy [J]. American Economic Review, 2001, 91 (1): 1 - 32.

[41] Karimi J, Bhattacherjee S A. The role of information systems resources in ERP capability building and business process outcomes [J]. Journal of Management Information Systems, 2007, 24 (2): 221 - 260.

[42] Karimi J, Walter Z. The role of dynamic capabilities in responding to digital disruption: A factor-based study of the newspaper industry [J]. Journal of Management Information Systems, 2015, 32 (1): 39 - 81.

[43] Kohler T, Matzler K, Johann Füller. Avatar-based innovation: Using virtual worlds for real-world innovation [J]. Technovation, 2009, 29 (6 - 7): 395 - 407.

[44] Kung L C, Zhong G Y. The optimal pricing strategy for two-sided platform delivery in the sharing economy [J]. Transportation Research Part E: Logistics and Transportation Review, 2017, 101: 1 - 12.

[45] Lee C S. An analytical framework for evaluating e-commerce business models and strategies [J]. Internet Research, 2001, 11 (4): 349 - 359.

[46] Lenox D M J. When do incumbents learn from entrepreneurial ventures? Corporate venture capital and investing firm innovation rates [J]. Research Policy, 2005, 34 (5): 615 - 639.

[47] Li F, Nucciarelli A, Roden S, et al. How smart cities transform operations models: A new research agenda for operations management in the digital economy [J]. Production Planning & Control, 2016, 27 (6): 514 - 528.

[48] Lokuge S, Sedera D, Grover V, et al. Organizational readiness for digital innovation: Development and empirical calibration of a construct [J]. Information & Management, 2019, 56 (3): 445 - 461.

[49] Lucas H, Goh J. Disruptive technology: How Kodak missed the digital photography

revolution [J]. IEEE Engineering Management Review, 2013, 41 (4): 81-93.

[50] Lusch Robert F. Service innovation: A service-dominant logic perspective [J]. MIS Quarterly, 2015, 39 (1): 155-175.

[51] Lyytinen K, Rose G M. The disruptive nature of information technology innovations: The case of internet computing in systems development organizations [J]. MIS Quarterly, 2003, 27 (4): 557-596.

[52] Majchrzak A, Markus M L, Wareham J. Designing for digital transformation: Lessons for in-formation systems research from the study of ICT and societal challenges [J]. MIS Quarterly, 2016, 40 (2): 267-277.

[53] McAfee A, Brynjolfsson E. Investing in the IT that makes a competitive difference [J]. Harvard Business Review, 2008, 33 (7): 98-107.

[54] Mithas S, Tafti A, Mitchell W. How a firm's competitive environment and digital strategic posture influence digital business strategy [J]. MIS Quarterly, 2013, 37 (2): 511-536.

[55] Morton M S. The corporation of the 1990s: Information technology and organizational transformation [M]. New York: Oxford University Press, 1991.

[56] Nadkarni S, Prügl R. Digital transformation: A review, synthesis and opportunities for future research [J]. Management Review Quarterly, 2021, 71: 233-341.

[57] Nambisan S, Lyytinen K, Majchrzak A, et al. Digital innovation management: Reinventing innovation management research in a digital world [J]. MIS Quarterly, 2017, 41 (1): 223-238.

[58] Nambisan S, Wright M, Feldman M. The digital transformation of innovation and entrepreneurship: Progress, challenges and key themes [J]. Research Policy, 2019, 48 (8): 103773.

[59] Nudurupati S S, Tebboune S, Hardman J. Contemporary performance measurement and management (PMM) in digital economies [J]. Production Planning & Control, 2015, 27 (3): 226-235.

[60] Nwankpa J K, Roumani Y. IT capability and digital transformation: A firm performance perspective [C]. Dublin, Ireland: International Conference of Information Systems, 2016.

[61] OECD. OECD Digital Economy Outlook 2015 [R]. Paris: OECD Publishing, 2015.

[62] Orihata M, Watanabe C. Evolutional dynamics of product innovation: The case of consumer Electronics [J]. Technovation, 2000, 20 (8): 437-449.

[63] Pagani M. Digital business strategy and value creation: Farming the dynamic cycle of

control points [J]. MIS Quarterly, 2013, 37 (2): 617 –632.

[64] Parker G, Alstyne M V, Jiang X. Platform ecosystems: How developers invert the firm [J]. MIS Quarterly, 2017, 41 (1): 255 –266.

[65] Patel K, McCarthy M P. Digital Transformation: The Essentials of E-Business Leadership [M]. New York: Mcgraw – Hill, 2000.

[66] Raymond E S. The Cathedral and the Bazaar: Musing on Linux and Open Source by an Accidental Revolutionary [M]. Cambridge: O'Reilly, 1999.

[67] Reuver M D, Srensen C, Basole R C. The digital platform: A research agenda [J]. Journal of Information Technology, 2017, 33 (2): 124 – 135.

[68] Saldanha T, Mithas S, Krishnan M. Leveraging customer involvement for fueling innovation: The role of relational and analytical information processing capabilities [J]. MIS Quarterly, 2017, 41 (1): 267 –286.

[69] Salvatore E D F, Renzi A, Orlando B, et al. Open collaborative innovation and digital platforms [J]. Production Planning & Control, 2017, 28 (16): 1344 – 1353.

[70] Sambamurthy V, Grover B V. Shaping agility through digital options: Reconceptualizing the role of information [J]. MIS Quarterly, 2003, 27 (2): 237 –263.

[71] Sedera D, Lokuge S, Grover V, et al. Innovating with enterprise systems and digital platforms: A contingent resource-based theory view [J]. Information & Management, 2016, 53 (3): 366 –379.

[72] Song P, Xue L, Rai A, et al. The ecosystem of software platform: A Study of asymmetric cross-side network effects and platform governance [J]. MIS Quarterly, 2018, 42 (1): 121 – 142.

[73] Stiakakis E, Georgiadis C K. Drivers of a tourism e-business strategy: The impact of information and communication technologies [J]. Operational Research, 2011, 11 (2): 149 – 169.

[74] Adner R, Kapoor R. Value creation in innovation ecosystems: How the structure of technological interdependence affects firm performance in new technology generations [J]. Strategic Management Journal, 2010, 31 (3): 306 –333.

[75] Tien J M. Toward the fourth industrial revolution on real-time customization [J]. Journal of Systems Science and Systems Engineering, 2020, 29 (2): 127 – 142.

[76] Tiwana A, Konsynski B, Bush A A. Platform evolution: Coevolution of platform architecture, governance, and environmental dynamics [J]. Information Systems Research,

2010, 21 (4): 675 - 687.

[77] Trabucchi D, Muzellec L, Ronteau S. Sharing economy: Seeing through the fog [J]. Internet Research, 2019, 29 (5): 996 - 1013.

[78] Trantopoulos K, von Krogh G, Wallin, MW et al. External knowledge and information technology: Implications for process innovation performance [J]. MIS Quarterly, 2017, 41 (1): 287 - 300.

[79] Troilo G, De Luca L M, Guenzi P. Linking data-rich environments with service innovation in incumbent firms: A conceptual framework and research propositions [J]. Journal of Product Innovation Management, 2017, 34 (5): 617 - 639.

[80] Urbinati A, Bogers M, Chiesa V, et al. Creating and capturing value from big data: A multiple - case study analysis of provider companies [J]. Technovation, 2019 (84 - 85): 21 - 36.

[81] Westerman G, Bonnet D, McAfee A. The nine elements of digital transformation [J]. MIT Salon Managem-ent Review, 2014, 55 (3): 1 - 6.

[82] Westerman G, Calméjane C, Bonnet D, et al. Digital transformation: A roadmap for billiondollar organizations [R]. In: MIT Center for Digital Business and Capgemini Consulting, 2011: 1 - 68.

[83] Woodard C J, Ramasubbu N, Tschang F T. Design capital and design moves: The logic of digital business strategy [J]. MIS Quarterly, 2013, 37 (2): 537 - 564.

[84] Yoo Y, Henfridsson O, Lyytinen K. The new organizing logic of digital innovation: An agenda for information systems research [J]. Information Systems Research, 2010, 21 (4): 724 - 735.

[85] Zott C, Amit R', Massa L. The business model: Recent developments and future research [J]. Journal of Management, 2011, 37 (4), 1019 - 1042.

[86] Zuo W, Zhu W, Chen S, et al. Service quality management of online car-hailing based on PCN in the sharing economy [J]. Electronic Commerce Research and Applications, 2019, 34. DOI: 10. 1016/j. elerap. 2019. 100827.

2. 数字创业①

2.1 数字创业内涵

创业是创业者识别机会利用资源的过程，而创业者是创业过程中的重要参与主体（Timmons，2017）。学术界对数字创业的定义有较多不同层面的表述。首先，从个体层面来看，数字创业指利用数字技术识别创业机会的过程（DavidsonVaast 和 Arvidsson，2010）。其次，基于组织层面，认为数字创业是公司内部创业的过程（McMullen，2013；Edison，2018；Zaheer，2019）。最后，基于生态系统层面，通过整合数字生态系统和创业生态系统的文献，首次提出了“数字创业生态系统（DEE）”的新框架（Sussan 和 Acs，2017）。本节主要从个体、组织和生态系统 3 个研究层面分别阐述对数字创业内涵的界定以及数字创业的过程机制。

2.1.1 个体层面的数字创业

对于个体层面创业主体的数字创业研究，有观点认为数字创业是使用数字媒体和互联网技术寻求创业机会（Davidson 和 Vaast，2010）；有观点认为数字技术下的企业创业被定义为组织成员识别机会并通过重组资源来追求机会，从而开发和扩展新的应用程序，为进一步行动创造基础的创业行为（Arvidsson 和 Monsted，2018）；有观点认为数字创业是指

① 严子淳、薛有志、李欣：《数字创业研究：创新视角的理论框架与未来展望》，《国外社会科学》2022 第 3 期。

利用社交媒体及新兴信息通信技术等数字化技术进行创业机会的识别、发展、实现和改进的过程（余江，2018）。因此，笔者认为个体层面的数字创业指数字创业者利用数字技术进行创业机会的识别和开发的活动过程。

对于个体层面的创业过程而言，创业机会是创业研究领域的中心问题，创业者识别创业机会产生创业动机后，必须采取实际行为才能创造出一个新企业或新组织。创业者行为是为了开创或生成新组织，而需要实施的具体任务或活动组合。数字经济时代，数字创业者通过识别和开发数字创业机会创造数字产品和数字服务，以适应数字变革时代。其中，在线平台可以为创业者提供开发新产品或服务的环境，数字基础设施能够让创业者与潜在的合作伙伴、供应商、客户和投资者建立联系，并在全球范围内获取各种资源，使创业者有机会进入新市场。关于数字创业的纵向案例研究，研究发现数字创业者通过协同整合许多应用程序来传播新技术进而产生创新潜力，揭示了数字创业者产生创新潜力过程中资源利用的价值（Arvidsson 和 Mønsted，2018）。尽管学者对数字创业的定义各有不同，但数字创业的特征均强调了利用数字技术的重要性。创业主体在创业过程中必须学会利用信息系统的多样性，利用数字技术创新驱动创业，以识别机会并获取资源，更好地管理创业活动。

2.1.1.1 基于个体层面的数字创业前因

（1）数字技术创新驱动个体创业。数字技术在创业领域以数字组件、数字平台和数字基础设施的形式存在。数字技术是嵌入信息通信技术中或由信息通信技术赋能的产品或服务，信息技术的发展为创业组织提供了可利用的大量机会。数字创业者能够利用区块链、大数据、人工智能、3D 打印、云计算等数字技术带来的新机遇，通过识别和创造数字创业机会、数字产品和数字服务，以适应数字变革时代。

（2）数字平台创新赋能个体创业。平台是一种新的商业模式，其内部的互动和关系成为创业者知识溢出的重要渠道。平台利用技术连接人、组织和资源，形成互补者生态，创造和交换价值。数字平台的出现和快速发展则为创业者提供了新的创业机会，例如，社交媒体技术改变了创业者之间、创业者与客户之间的互动方式，让消费者成为共同生产者和设计师，为创业者提供开发新产品或服务的环境，推动在线社交社区与客户进行更积极的合作和互动，使企业更好地了解市场，为用户提供个性化的服务。

由此可见，技术变革的浪潮和信息技术的发展创造了大量的新机会，使数字化进程成为新创业机会的源泉，从多个角度影响个体的创业活动，因此，数字技术创新成为推动数字创业的重要驱动力。数字技术的创新发展催生数字平台的出现，进一步又为创业者提供大量的创业机会，为个体层面的数字创业提供了重要的支撑。

2.1.1.2 基于个体层面的数字创业后果

数字技术创新为创业者提供了大量机会，通过诸如数字平台等形式，帮助创业者更好地了解用户的需求，深刻影响创业资源的获取、利用与开发，成为向利益相关者提供可信价值的基础。数字技术的普及和创新从根本上改变了产品和服务创新的性质，使初创企业能够为用户提供新的价值主张，成为提供可信价值及其创造机制的重要基础。基于先进的数字技术、通过平台等工具了解用户的需求成为数字初创企业价值创造的两个关键驱动因素，推动数字技术成为产生创新机会的原动力，成为实施创业企业商业模式的关键能力和资源。

2.1.2 组织层面的数字创业

随着研究层面从个体推进到组织，企业创业逐渐成为创业研究的一个重要方面。基于组织层面的数字创业内涵与相关研究者提出的温和型数字创业的观点相符，是利用数字技术对传统模式的补充（Hull，2013）。有观点认为，产生于组织内部的数字创业是传统企业利用数字技术的内部创业形式，内部创业者通过追求与传统活动不同的新活动，在组织中进行创新（Antoncic 和 Hislich，2003）；有观点认为，数字创业是作为一项新业务或在一家老牌公司内创建数字创业公司的过程（McMullen 和 Dimov，2013）；有观点认为，数字创业公司的目标是利用数字创新开发新产品和服务，以满足未被满足或新发现的客户需求（Edison，2018）；有观点认为，数字初创企业是一家公司或一家老牌公司内部的组织，其中数字技术是以某种方式支持的商业模式（Zaheer，2019）。因此，笔者认为组织层面的数字创业指内部创业者利用数字内部创业平台在组织范围内进行创新，是公司内部进行创业活动的过程。

数字化转型为组织提供了内部创业者的参与机会，即员工作为内部创业者能够通过产生新想法在组织范围内进行创新进而使公司开发创新产品和服务，满足用户的需求，推动公司的内部创业。内部创业者与创业者的不同之处在于，内部创业者能够在创新过程中获取母公司的资源。而互联网、数字化和大数据等技术快速迭代造成了复杂多变的外部环境，企业的关键资源、竞争优势和生存能力也随之迅速变化，使企业内部数字创业面临极高的不确定性和复杂性。相关研究讨论了内部创业者如何利用数字技术的潜力应对不确定性的过程，并提出了有效的数字创业策略的过程模型，以探究不确定性、数字化策略和组织创新性之间的动态关系（Vassilakopoulou 和 Grisot，2020）。进行内部数字创业的企业，其创新方式主要集中在新产品开发（NPD）和商业模式创新。其中，商业模式是初创企业整合资源和开发机会的关键。企业对商业模式的创新意味着企业围绕自己的价值主张制定全面的价值体系和相关机制，为目标客户创造价值。可见，基于组织层面的数字创业主体的数字创业过程即企业内部创业者利用数字技术或通过数字创新开发新产品和服务，创新公司内部的商业模式，以获取新的市场资源，从而实现新的价值创造。

2.1.2.1 基于组织层面的数字创业前因

（1）数字创新驱动组织创业。数字创新促进组织商业模式创新和新业态涌现，为创业者提供了新机遇，推动组织开展创业活动。数字创新指在分层、模块化架构中重组数字组件，为用户或潜在用户创造新的价值。由于组织缺乏所必需的物力、人力和财力资源将新技术或新产品推向市场，所以新创企业成功的关键是保持开放的经营心态，以便获取外部所需资源。当前，越来越多的组织寻求、获取和分析各种消费者数据，如网上购物、社交媒体和网页浏览行为，以更好地了解消费者，满足消费者的需求，使用户与组织的互动关系发生变化，有益于创建和保持与企业的客户关系，正向影响组织的创业导向。

（2）新产品开发（NPD）与商业模式创新推动组织创业。数字创业公司的创新方式主要有新产品开发和商业模式创新。其中，新产品开发的过程指公司进行创新以改进其产品、服务和价值主张，从而适应不断变化的公司内部环境和外部市场环境。在产品或服务创新的研究中，数字化被视为商业模式、价值创造和价值获取的重要驱动因素。商业模式创新是用一种新的商业模式取代旧的商业模式，提供以前没有的产品或服务，要求公司探索现有经营方式的替代方案，并了解如何以不同的方式满足用户需求、为目标客户创造价值，是初创企业整合资源和开发机会的关键。

（3）数字平台创新驱动组织内部创业。数字技术催生的数字平台因其灵活性、开放性、可供性已逐渐成为许多公司创新活动的中心，包括企业、知识团体和用户等多种创新主体。数字化转型为组织提供了让内部创业者参与的机会，即员工作为创业者可以通过产生新想法在组织范围内进行创新，使用内部创业平台有助于提高员工进行创新的动机和承诺，可以有效降低成本。

数字创业组织通过数字技术创新来开发新产品和服务，形成新的商业模式，以应对经营环境的变化，对于公司内部开展创业活动的意义重大，也逐渐成为组织层面进行数字创业研究的关键。

2.1.2.2 基于组织层面的数字创业后果

快速变化的动态环境和日益激烈的全球竞争，给现有企业和初创企业带来了压力，推动企业内部创业成为重要的组织活动。员工是新创企业和组织进行内部创业的关键，是研究组织内部创业活动的重要对象。员工作为内部创业者能够通过产生新想法在组织范围内进行创新，向利益相关者提供可信的价值，并获取创业过程中需要的能力和资源。数字经济背景下，商业模式创新的新途径体现在使用信息技术创造和捕捉商业价值上，组织可以通过创建新的团队、新产品和服务或合并新的资源，扩展其能力和增加商业机会，这是涌现全新商业模式的重要路径。

2.1.3 生态层面的数字创业

数字经济引发创新型平台生态系统的出现，使数字创业生态系统的研究主题逐渐被学者关注。Sussan 和 Acs（2017）基于数字技术在创业中的作用，以及用户和代理人在数字创业中的作用，一方面从代理人制度的角度整合了创业生态系统文献；另一方面从数字基础设施和用户的角度梳理了数字生态系统文献，首次提出数字创业生态系统的定义：由数字基础设施治理、数字用户公民权、数字创业和数字市场这四个概念组成。随后，Song（2019）通过加入数字用户公民的广义概念，提出并使用数字多边平台的概念替代数字市场，重构了数字创业生态系统的框架，进一步奠定了数字创业生态系统的研究基础。Elia（2019）从集体智慧的视角，提出新的数字创业生态系统模型：即“数字—输出（digital - output）”和“数字—环境”的生态系统，强调了数字技术和集体智慧对数字技术创业及其过程的影响，并指出在这一过程中如何利用基于平台的创新生态系统。国内学者刘志铭和邹文进一步研究认为：数字创业生态系统主要由数字多边平台、非平台型数字创业、数字用户、数字基础设施、正式制度、非正式制度、融资环境、人才环境等要素构成，通过网络信任机制、分享机制和多方协同机制，推动数字创业生态系统实现可持续发展。综上，笔者认为生态系统层面的数字创业是由数字基础设施、数字用户、数字创业企业和数字市场等主体构成，通过主体之间的交互作用集聚创业机会和优势资源，使数字创业生态系统与外部环境要素实现协同发展。

数字技术在创业生态系统中也发挥着关键作用，数字技术的采用、吸纳和扩散影响着数字创业生态系统的发展规模。数字创业生态系统以数字创业企业为核心，大量集聚了数字用户、数字孵化器、政府、高校及科研机构、中介或金融机构等多主体，通过“抱团取暖”，实现数字创业企业的规模集聚效应，汇集创业机会和优势资源，以便实现系统内部资源共享和协作的自组织系统，使数字创业生态系统与外界进行创业要素的交换。Guerrero（2021）通过探索不同国家、区域的企业每个创业阶段外部环境（政策、支持项目、资金、文化、专业基础设施、机构支持、劳动力市场、研发和市场动态）的变化，发现外部环境因素影响创业过程的技术因素。因此，数字创业生态系统也受外部环境要素的驱动影响。数字基础设施可看作数字创业生态系统的环境因素，能够为相关产业的发展提供数字化、信息化和智能化的服务，数字平台和数字基础设施作为数字创业生态系统的关键要素，为企业提供了新的机会，并聚集了丰富的资源，以更快的速度和更大的规模推动数字创业过程的发展。

综上所述，通过横向对比个体、组织、生态系统三个不同层面创业主体识别机会与利用资源的数字创业过程（见表2-1），更清晰地梳理出不同层次创业主体的数字创业内涵及过程机制，并且有必要进一步揭示不同层次主体间数字创业过程的前因后果，以得到更科学、系统的数字创业理论框架。

表2-1　　不同创业主体的数字创业过程机制比较

过程机制			主要学者观点	内涵聚焦
创业主体	创业机会	创业资源		
个体	数字技术的利用	外部广泛的资源重组	Zaheer等，2019；余江等，2018	利用数字技术的识别和开发创业机会
组织	数字化转型下的产品、服务、商业模式创新	内部资源的整合	Hull，2007；Antoncic和Hisrich，2003；McMullen和Dimov，2013；Edison等，2018；Ghezzi和Cavallo，2020	利用数字内部创业平台、组织内创新
生态系统	系统主体之间的交互作用集聚	外部、内部多主体资源集聚	Sussan和Acs，2017；Guerrero等，2020；Huang等，2017	系统主体间的交互作用、集聚创业机会和优势资源，系统与外部环境协同发展

2.1.3.1　基于生态系统层面的数字创业前因

（1）数字技术创新驱动创业生态系统。由相互关联的创业者、组织、机构、环境和创业过程组成的创业生态系统对新企业的成功至关重要。数字技术在创业生态系统中发挥着关键作用，数字创业生态系统的规模取决于数字技术的采用、吸纳和扩散。例如，在高校、科研机构的创业生态系统中，数字化可能会彻底颠覆学术研究商业化的传统使命，数字技术正在为创业者们提供吸引人的创新机会。

（2）数字基础设施支撑数字创业生态系统的构建。在数字经济创新发展过程中，数字基础设施是关键的连接和转换平台，是一组提供沟通、协作和计算能力的数字技术工具和系统，数字基础设施利用是数字化技术的扩散过程。数字基础设施可以通过全新的创新路径带来新的服务和产品，凸显其作为创新活动基础的作用。作为数字创业生态系统的关键要素，数字基础设施可看作是数字创业生态系统的环境因素，数字基础设施治理是数字创业生态系统的重要组成部分。数字基础设施治理的关键作用是保持互联网空间对企业的开放、透明和免费，可以促进用户深入参与数字创业过程及各主体协同发展。同时，数字基础设施作为创业过程中的外部驱动因素，能够为相关产业的发展提供数字化、信息化和智能化的服务，帮助初创企业以惊人的速度扩大企业规模，为产业引领和生态系统创新奠定了新的基础。

数字技术和数字基础设施作为数字创业生态系统的关键要素，可以有效汇聚用户、数字孵化器、政府、高校及科研机构、中介或金融机构等主体，实现数字创业企业的规模集聚效应，推动数字创业活动的发生，加快数字创业活动的进程。

2.1.3.2 基于生态系统层面的数字创业后果

数字经济背景下的创业是一个嵌入生态系统完成的活动，推动创新型平台生态系统的出现，连接并整合了平台所有者、平台互补产品生产商和平台用户的活动。通过生态系统的构建和完善，能够有效促进政府、企业、科研机构和数字消费者等多主体协同创新，形成数字创业生态系统，让创业企业具有更多的机会和更大的资源集聚优势，向利益相关者提供可信的价值，涌现全新商业模式，获取创业过程中需要的能力和资源。

2.1.4 数字创业的研究展望

以往研究仅局限于单一研究层面或单个领域，而本书从个体、组织和生态系统三个研究层面以及工商管理、经济学和信息系统管理领域的融合视角系统地回顾了数字创业的主题文献。通过文献计量与理论溯源的双重手段对数字创业的主题文献进行了系统梳理和研究分析，构建了数字创业的基本理论框架（见图2-1）。

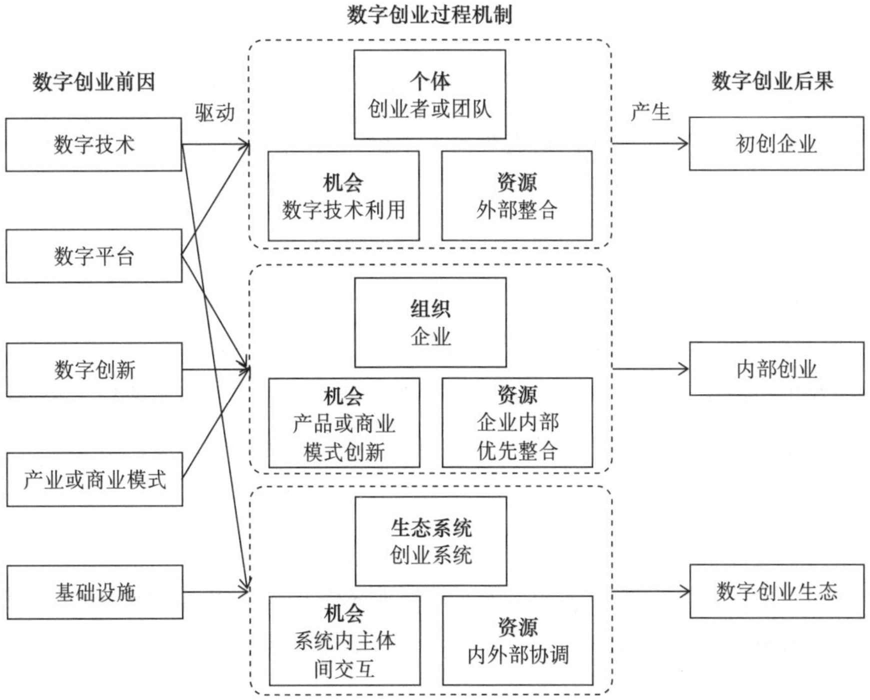

图2-1 数字创业理论框架

本节基于创业主体确定了数字创业研究的三个研究层面，即个体、组织和生态系统，总结归纳了数字创业各个研究层面的特点，并对数字创业各研究层面的内涵进行了界定。个体层面的数字创业活动中，创业机会的识别与资源利用均来自对外部市场环境的有效反应，并在这一过程中强调了创业主体利用数字技术的能力；组织层面的数字创业活动多来自企业数字化转型过程中，创业主体对产品、服务或商业模式的创新过程中机会的识别，可被看作是一种企业内部创业的行为，资源多来自企业的内部，这一过程着重突出了数字创新的价值；生态系统层面的数字创业活动，创业机会的识别与资源利用多来自系统主体间通过交互聚集以及与外部环境协同的"群体力量"，在这一过程中，发挥聚集效应的数字基础设施和数字平台的重要性尤为突出。

在厘清各研究层面数字创业的内涵与过程机制的基础上，本节进一步探究了数字创业的前因及后果。个体层面的数字创业，是创业主体在数字技术创新驱动与数字平台创新赋能的条件下，催生大量数字初创企业建立的过程。组织层面的数字创业是创业主体充分利用数字创新驱动企业变革以实现公司内部创业的过程：一方面，创业主体利用原有企业的数字创新进行产品、服务及商业模式创新，推动企业的数字化转型与升级；另一方面，数字平台创新为内部创业者提供创新机会，推动公司的内部创业进程。在生态系统层面的数字创业过程中，数字技术创新与数字基础设施发挥了重要的驱动与支撑作用，依赖于系统内部各关键要素之间的积极良性互动，进而构建和发展开放、共生和动态的数字创业生态系统。

在数字技术不断发展的今天，以信息技术为核心的新一轮科技革命正在孕育兴起，人工智能、大数据、云计算、5G、区块链等新技术融入各行各业，正在加快传统行业的创新与变革。在数字创新的驱动下，不仅给诸多创业者提供了创业机会，涌现出许多基于数字技术赋能的初创公司，也使数字创业的主阵地从以往的个体创业导向逐渐转移到组织层面。随着新一轮科技革命和产业变革的加速演进，面对新情境带来的挑战，更多的企业走上创新驱动创业之路。信息科技时代许多产品真正实现了边际成本趋近于零，因此在数字创业过程中共生协同的"群体力量"更加重要。基于生态系统的交互聚集、资源协同和价值共创，进一步促使数字创业依赖数字基础设施与数字平台，产生数字创业聚集效应，呈现出创新驱动数字创业的新范式。

至此，本节以数字创业的研究主体（即个体、组织和生态系统）、前因及后果构建了数字创业的理论框架，基于以上分析，笔者呼吁未来研究从个体、组织和生态系统层面探究中国情境下数字创业的研究议题。

第一，数字创业的新创企业面临的机会和威胁。创业机会是创业的核心要素，发现和开发机会是新创企业的关键构成要素。当今时代，区块链、物联网、云计算、大数据、人工智能等领域收获了大量的创新成果，数字技术为创业者提供了大量的创业机会，那么创业者应如何把握及利用好数字技术创造的机会进行创业活动？创业不仅能为创业者，也能为所有的参与者和利益相关者创造、提高和实现价值或使价值再生，这就要求创业者具备识别创业机会的能力。此外，初创企业在创建之初，往往受到内外部资源的限制，会面临新创弱性的问题，导致创业失败，数字创业新创企业如何在数字创业过程中获取资源并进行合理配置，以面临不断变化的动态竞争的市场环境也是亟待研究的重点问题。

第二，传统企业的数字内部创业活动。在企业的数字内部创业过程中，员工与创业者同样有着创新与创业的动力和热情，能够为组织创造新想法。数字技术的出现使公司创建了数字内部创业平台，以供内部创业员工发挥其创新潜力，根据公司的资金、技术和人才资源等在组织范围内进行创新。如何设计企业的数字内部创业平台，使之成为驱动员工创新的加速器和催化剂，对于企业可持续发展十分重要。在创业平台的构建过程中，如何鼓励参与、如何保持创意的产生和运行，以及如何衡量创意的价值都是数字创新驱动内部数字创业过程的关键要素。此外，传统企业内部如何利用数字化转型、数字创新进行创业活动以实现转型升级也是企业面临的一大挑战。

2.2 数字创业的驱动因素

2.2.1 数字技术赋能数字创业

数字创业作为新兴研究领域，数字技术赋能创业是创业理论和创业实践的重要研究议题。数字技术的发展创造了大量的新机会，成为新创业机会的源泉。同时，数字技术的发展催生了共享经济平台、社交媒体平台等数字平台的出现，为企业提供了创新机会，使创业者有机会进入新市场。例如，社交媒体技术改变了商业人士和创业者之间的互动方式，能够为创业者识别新的创业机会，并与外部生态系统建立联系，社交媒体技术的应用促使社交媒体平台的出现和发展，为创业者提供开发新产品或服务的环境，使企业更好地了解市场，从而利用数字平台开发创新新产品，为用户提供个性化的服务。可见，数字技术为创业者提供新的创业机会，有利于个体创业行为的数字创业，同时，数字技术促使数字平台的涌现和发展，有助于公司内部创业。

2.2.2 数字创新驱动数字创业

数字创业是公司内部创业的过程，数字创新促进企业商业模式创新和新业态涌现，驱动着数字创业的发展。数字创业公司的创新方式主要有新产品开发（NPD）和商业模式创新。新产品开发的过程是指公司进行创新以改进其产品、服务和价值主张，从而适应不断变化的公司内部环境和外部市场环境；商业模式是初创企业整合资源和开发机会的关键，创新公司的商业模式意味着公司围绕自己的价值主张制定全面的价值体系和相关机制，为目标客户创造价值。有学者提出共享经济是新商业模式的主要来源，共享经济平台能够利用移动互联网和智能终端等技术为创业者提供许多机会，开发新的商业模式从而促使企业转型（Richter，2017）。因此，数字创业公司利用数字创新开发新产品和服务，创新公司内部的商业模式，以获取新的市场资源，从而实现企业的价值创造。

2.2.3 数字基础设施支持数字创业

数字基础设施是一组提供沟通、协作和计算能力的数字技术工具和系统，有学者认为使用数字基础设施是一个数字化的社会技术过程（Tilson，2010）。数字基础设施作为创业过程中的外部驱动因素，能够为相关产业的发展提供数字化、信息化和智能化的服务，通过利用和增加数字基础设施而成长起来的初创企业，能以惊人的速度扩大企业规模。而数字基础设施及其治理又是数字创业生态系统的重要组成部分，能够为创业者及相关主体提供沟通、协作和计算能力，良好的数字基础设施及其治理状况能够促进数字用户深入参与数字创业互动。总之，良好的数字基础设施条件促进了数字创业的涌现，数字基础设施的开放发展有利于数字创业公司的成长，同时，数字基础设施作为数字创业生态系统的环境要素，促进了生态系统层面的数字创业的相关研究。

2.3 数字创业的联动机制

2.3.1 数字技术、数字平台与数字创新之间的相互作用对数字创业的影响

2.3.1.1 数字技术驱动数字创新

数字技术驱动数字创新以满足用户需求，为数字初创企业创造价值。数字技术不仅为创业者提供了许多创业机会，有利于个体层面的创业行为研究，也使初创企业能够与用户建立密切的互动关系，以更好地了解用户的需求。数字技术的普及和创新从根本上改变了产品和服务创新的性质，使初创企业能够为用户提供新的价值主张，因此，先进的技术和用户的需求成为数字初创企业创造价值的两个关键驱动因素。数字创新基于数字技术的高度灵活性在产品中不断嵌入新的功能，使公司开发创新产品和服务，以满足用户的需求，推动公司的内部创业。在数字初创公司的创业活动中，商业模式创新发挥着重要作用。数字商业模式创新体现在使用信息技术创造和捕捉商业价值的新途径，因此，数字技术是产生创新机会的原动力。

2.3.1.2 数字技术催生数字平台

有学者提出，随着数字技术的广泛应用，涌现了大量的数字平台，为企业提供了创新机会（Parker，2016）。学者将平台定义为一种新的商业模式，这种商业模式利用数字技术在一个互动的生态系统中连接人、组织和资源，在生态系统中可以创造和交换价值。平台所有者的目标是鼓励形成互补者生态系统，在平台上建立业务，从而为用户创造价值。数字平台不仅促进消费者在线社区的发展，使用户与组织的互动关系发生变化，还促使相关产业进行转型，并为产业引领和生态系统创新奠定了新的基础。例如，共享经济平台降低了人们之间的交易成本，为创业者提供了许多机会，并开发了新的商业模式。

2.3.2 数字创新、数字技术与数字基础设施之间的相互作用对数字创业的影响

2.3.2.1 数字创新以数字基础设施为基础，以数字平台为中心，以数据为驱动要素，包括企业、知识团体和用户等多种创新主体

工业互联网连续五年被写入《政府工作报告》。2023 年《政府工作报告》对过去五年工作进行回顾：工业增加值突破 40 万亿元；数字经济不断壮大，新产业新业态新模式增加值占国内生产总值的比重达到 17% 以上；支持工业互联网发展，有力促进了制造业数字化、智能化。在数字创新网络中，数字基础设施是关键的连接和转换平台，基础设施对数字创新影响的研究已逐渐成为学术界的热点议题。由于数字基础设施是一个开放的、无边界的系统，它允许参与者自由地活动。利用数字基础设施的灵活性和反馈回路能力，硅谷的互联网企业家通过创造创新路径来展示新的学习形式，而新的创新路径创造带来了新的服务和产品，这些服务和产品加强了数字基础设施作为创新活动基础的作用。因此，数字基础设施就成为个体企业家创新的推动力。

2.3.2.2 数字技术促进数字基础设施发展，数字基础设施是数字技术的重要组成部分

新型数字基础设施就是在互联网发展的基础上由第五代固网（F5G）、5G、人工智能、工业互联网、物联网等高度交叉融合所形成的新基础设施。数字基础设施中的一个必要元素是技术，技术在结构层面和行为层面都发挥着积极的作用，社会要素和技术要素之间的相互作用是数字基础设施机制的生成过程。数字基础设施越开放越有利于数字创业，由于数字基础设施及其治理情况对于保障相关主体协同合作具有重要作用，因此需要不断加大数字基础设施研发和建设力度，完善数字技术相关规范，促进数字创业生态系统中各主体协同发展。

通过对数字创业的理论框架进行分析，这里将数字创业的研究主体分为个体创业行为、公司内部创业和创业生态系统三个层面，总结归纳了数字创业的三个驱动因素：数字技术、数字创新和数字基础设施，并分析了三者之间的相互作用对数字创业的影响。在对数字创业的理论框架进行分析和研究的基础之上，提出了数字创业的驱动因素和研究主体之间的连接机制，见图 2－2。

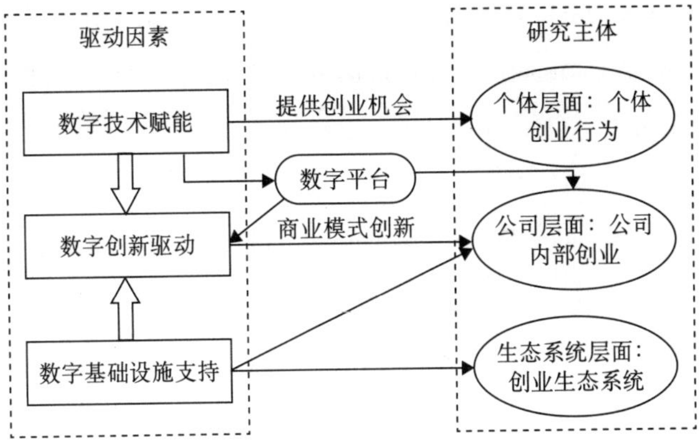

图 2－2　数字创业的联动机制

【参考文献】

［1］钞小静，薛志欣，孙艺鸣．新型数字基础设施如何影响对外贸易升级——来自中国地级及以上城市的经验证据［J］．经济科学，2020（3）：46－59.

［2］钞小静．新型数字基础设施促进我国高质量发展的路径［J］．西安财经大学学报，2020，33（2）：15－19.

［3］陈凯华，冯泽，孙茜．创新大数据、创新治理效能和数字化转型［J］．研究与发展管理，2020，32（6）：01－12.

［4］刘志铭，邹文．数字创业生态系统：理论框架与政策思考［J］．广东社会科学，2020（4）：5－14.

［5］王伟楠，吴欣桐，梅亮．创新生态系统：一个情境视角的系统性评述［J］．科研管理．2019，40（9）：25－36.

［6］严子淳，李欣，王伟楠．数字化转型研究：演化和未来展望［J］．科研管理，2021，42（4）：21－34.

［7］余江，孟庆时，张越等．数字创新：创新研究新视角的探索及启示［J］．科学学研究，2017，35（7）：1103－1111.

［8］Adner R. Ecosystem as structure：An actionable construct for strategy［J］．Journal of Management，2017，43（1）：39－58.

[9] Amit R, Han X. Value creation through novel resource configurations in a digitally enabled world [J]. Strategic Entrepreneurship Journal, 2017, 11 (3): 228 - 242.

[10] Amit R, Zott C. Value creation in E-business [J]. Strategic Management Journal, 2001, 22 (6 - 7): 493 - 520.

[11] Brown S L, Eisenhardt K M. Product development: Past research, present findings, and future directions [J]. Academy of Management Review, 1995, 20 (2): 343 - 378.

[12] Constantinides P, Henfridsson O, Parker G G. Platforms and infrastructures in the digital age [J]. Information Systems Research, 2018, 29 (2): 381 - 400.

[13] De Reuver M, Sørensen C, Basole R C. The digital platform: A research agenda [J]. Journal of Information Technology, 2018, 33 (2): 124 - 135.

[14] Elia G, Margherita A, Passiante G. Digital entrepreneurship ecosystem: How digital technologies and collective intelligence are reshaping the entrepreneurial process [J]. Technological Forecasting and Social Change, 2020, 150: 119791. doi: 10. 1016/j. techfore. 2019. 119791.

[15] Gawer A, Cusumano M A. Industry platforms and ecosystem innovation [J]. Journal of Product Innovation Management, 2014, 31 (3): 417 - 433.

[16] Ghezzi A, Cavallo A. Agile business model innovation in digital entrepreneurship: Lean startup approaches [J]. Journal of Business Research, 2020, 110: 519 - 537.

[17] Guo H, Wang C, Su Z, et al. Technology Push or market pull? Strategic orientation in business model design and digital start-up performance* [J]. Journal of Product Innovation Management, 2020, 37 (4): 352 - 372.

[18] Hanseth, O., Lyytinen, K. Design theory for dynamic complexity in information infrastructures: The case of building internet [J]. Journal of Information Technology, 2010, 25 (1): 1 - 19.

[19] Henfridsson O, Bygstad B. The generative mechanisms of digital infrastructure evolution [J]. MIS Quarterly, 2013, 37 (3): 907 - 931.

[20] Huang J, Henfridsson O, Liu M J, et al. Growing on steroids: Rapidly scaling the user base of digital ventures through digital innovation [J]. Mis Quarterly, 2017, 41 (1): 301 - 314.

[21] Jacobides M, Cennamo C, Gawer A. Towards a theory of ecosystems [J]. Strategic Management Journal, 2018, 39 (8): 2255 - 2276.

[22] Kannan P K, Li H A. Digital marketing: A framework, review and research Agenda [J]. International Journal of Research in Marketing, 2017, 34 (1): 22 - 45.

[23] Krishnan V, Ulrich K T. Product development decisions: A review of the literature [J]. Management Science, 2001, 47 (1): 1-21.

[24] Lanzolla G, Pesce D, Tucci C L. The digital transformation of search and recombination in the innovation function: Tensions and an integrative framework [J]. Journal of Product Innovation Management, 2020 (1): 01-24.

[25] Li L, Su F, Zhang W, et al. Digital transformation by SME entrepreneurs: A capability perspective [J]. Information Systems Journal, 2018, 28 (6): 1129-1157.

[26] Moron M S. The corporation of the 1990s: Information technology and organizational transformation [M]. New York: Oxford University Press, 1991.

[27] Nambisan S, Sawhney M. Orchestration processes in networkcentric innovation: Evidence from the field [J]. The Academy of Management Perspectives, 2011, 25 (3): 40-57.

[28] Nambisan S. Information technology and product/service innovation: A brief assessment and some suggestions for future research [J]. Journal of the Association for Information Systems, 2013, 14 (4): 215-226.

[29] Nwankpa J K, Roumani Y. IT capability and digital transformation: A firm performance perspective [C]. Dublin, Ireland: International Conference of Information Systems, 2016.

[30] OECD, The Digitalisation of science, technology and innovation: Key developments and policies [J]. Paris: OECD Publishing, 2020.

[31] Parker G G, Van Alstyne M W, Choudary S P. Platform revolution: How networked markets are transforming the economy and how to make them work for you [M]. New York: WW Norton & Company, 2016.

[32] Paulin A A. Informating public governance: Towards a basis for a digital ecosystem [J]. International Journal of Public Administration in the Digital Age, 2017, 4 (2): 14-32.

[33] Priem R L, Wenzel M, Koch J. Demandside strategy and business models: Putting value creation for consumers center stage [J]. Long Range Planning, 2018, 51 (1): 21-31.

[34] Richter C, Kraus S, Brem A, et al. Digital entrepreneurship: Innovative business models for the sharing economy [J]. Creativity and Innovation Management, 2017, 26 (3): 300-310.

[35] Shah S, Tripsas M. The accidental entrepreneur: The emergent and collective process of user entrepreneurship [J]. Strategic Entrepreneurship Journal, 2007, 1 (1-2): 123-140.

[36] Spagnoletti P, Resca A, Lee G. A design theory for digital platforms supporting online communities: A multiple case study [J]. Journal of Information Technology, 2015, 30 (4):

364 – 380.

[37] Sundararajan A. The sharing economy: The end of employment and the rise of crowd – based capitalism [M]. Cambridge: MIT Press, 2016.

[38] Sussan F, Acs Z J. The digital entrepreneurial ecosystem [J]. Small Business Economics, 2017, 49 (1): 55 – 73.

[39] Teece D J, Linden G. Business models, value capture, and the digital enterprise [J]. Journal of Organization Design, 2017, 6 (1): 1 – 14.

[40] Teece D J. Business models and dynamic capabilities [J]. Long Range Planning, 2018, 51 (1): 40 – 49.

[41] Teece D J. Business models, business strategy and innovation [J]. Long Range Planning, 2010, 43 (2 – 3): 172 – 194.

[42] Tien J M. Toward the fourth industrial revolution on real – time customization [J]. Journal of Systems Science and Systems Engineering, 2020, 29 (2): 127 – 142.

[43] Tilson D, Lyytinen K, Sørensen C. Research commentary digital infrastructures: The missing IS research agenda [J]. Information Systems Research, 2010, 21 (4): 748 – 759.

[44] Timmers P. Business models for electronic markets [J]. Electronic Markets, 1998, 8 (2): 3 – 8.

[45] Wang C, Medagli A, Zheng L. Towards a typology of adaptive governance in the digital government context: The role of decision-making and accountability [J]. Government Information Quarterly, 2018, 35 (2): 306 – 322.

[46] Wirtz B W, Schilke O, Ullrich S. Strategic development of business models: Implications of the Web 2.0 for creating value on the internet [J]. Long Range Planning, 2010, 43 (2 – 3): 272 – 290.

[47] Yoo Y, Boland R J, Lyytinen K, et al. Organizing for innovation in the digitized world [J]. Organization Science, 2012, 23 (5): 1398 – 1408.

[48] Yoo Y, Lyytinen K J, Boland R J, et al. The next wave of digital innovation: Opportunities and challenges: A report on the research workshop' digital challenges in innovation research [R]. SSRN Electronic Journal, 2010.

[49] Zott C, Amit R, Massa L. The business model: Recent developments and future research [J]. Journal of Management, 2011, 37 (4): 1019 – 1042.

[50] Zott C, Amit R. Business model design: An activity system perspective [J]. Long Range Planning, 2010, 43 (2 – 3): 216 – 226.

[51] Wang Weinan, Wu Xintong, Mei Liang. Innovation ecosystem: A systematic review from the contextual perspective [J]. Science Research Management, 2019, 40 (9): 25-36.

[52] Chen Kaihua, Feng Ze, Sun Qian. Big data of innovation, innovation governance efficacy and digital transformation [J]. R&D Management, 2020, 32 (6): 1-12.

案例启发篇

3. 案例一：从数字平台到数智生态：泛华建设集团探索智能管控新模式①

3.1 案例介绍

在一个寒风凛冽的冬日，泛华建设集团（以下简称泛华或泛华集团）总部与各分公司在年度大会上和谐共融、喜气洋洋。这种场面让杨天举董事长喜笑颜开，但是就在几个月前的述职会议上却不是这番好景。那次会议上，南京分公司对总部管理部门的冲撞让他觉得不能再维持现状、放任自流，如果这样继续下去，不仅是南京分公司，其他分公司可能也会自立山头，这样就会导致泛华成为一盘散沙，前进的脚步会变得更加缓慢。由于现阶段的平台管控模式已不能有效地平衡集团内外部之间的关系，泛华人通过昼夜思考，决定打造一个生态系统体系下的集团管控模式，即对内为分公司提供全方位公共服务，对外为合作伙伴提供全面赋能的全新模式。今日的泛华是如此"美丽"，作为泛华集团的掌舵人，杨董事长早已把泛华当作自己的"孩子"，回看泛华集团管控之路的风风雨雨，杨董事长为我们细细讲述……

对于我们共同的家园——泛华集团，我们都是永远的守望者，守的是我们共同的精神信仰，望的是泛华和谐成长的美好前景。——杨天举

3.1.1 卓尔不凡，泛华演绎

"1992 年，又是一个春天，有一位老人在中国的南海边写下诗篇。"1992 年，一位老

① 本案例改编自：王凯、沈亚娟、吴三林、武立东、雷超兵：《泛华集团管控模式的探索之路：从平台到生态》，中国管理案例共享中心，编号 STR - 1050。

人不同寻常的南方之行，为泱泱中国写就了一部永载史册的春天故事。南方谈话，推动中国改革开放的车轮滚滚向前。置身于改革开放的时代背景下，中国建筑业也迎来了前所未有的发展机遇。但是，中国建筑业及相关产业仍然面临着一些突出问题，如收益水平低下、资金运作能力不强、技术和管理水平不高、国际建筑市场占有率过低、建筑市场有待进一步规范……调整建筑业产业结构、深化改革已如春潮滚滚，势不可挡。

泛华正是为探索中国建筑业改革，诞生在那个播种希望、春暖潮涌的春天。杨天举也正是此时被授予了神圣的使命，被任命为泛华集团董事长。从此，泛华和杨天举的故事拉开序幕。泛华的诞生标志着城市建设创新的开始，随着不断地发展，泛华逐渐壮大。到目前为止，泛华集团拥有分公司、子公司、专业公司、控股公司及成员企业 100 余家，遍及全国 20 多个大中城市以及非洲、东南亚、西亚等地区。集团业务范围涵盖策划、咨询、规划、设计、投资开发、建设、运营等全过程或阶段性服务，主要分为四大业务模块，即城市发展板块、城市建设板块、城市投资运营板块和海外发展板块。泛华历经多年的积累和发展，获得了众多相关荣誉和资质，创建了城市发展和建设领域独树一帜的泛华品牌，在城市发展经营理念、运营模式创新和建设领域系统整合等方面都具有相当规模和优势，成为不断提升、持续发展的大型投资建设集团。

3.1.2 纵身一跃，顺势而上

3.1.2.1 改革关头，勇者必胜（1992—2008 年）

在泛华发展的最初时期，当时的中国市场一个工程项目是由不同的部委管理，即工程项目的不同阶段由不同的政府部门来监管。如果以一个项目来看的话，相当于将其分成不同的阶段。在当时的情况下，泛华仅可以涉足建设项目的一个阶段，并且一直处于乙方地位，实施工程总承包几乎是走不通的，所以当时的一些政策限制了泛华的发展脚步。因此，泛华人都在思索如何让泛华摆脱乙方的地位，如何让泛华不再处于被动的地位。直到 1997 年，住建部颁布的《中华人民共和国建筑法》提倡对建筑行业进行总承包政策，该政策的推行促进了泛华的战略转型，使泛华从单纯做工程项目向前端规划设计项目转型，开始发展各种建筑设计项目以及成立设计院和分支机构。但是好景不长，泛华人发现转向设计业务仍有局限，依旧没有改变泛华乙方的地位。

泛华到底该何去何从？如何才能完全突破乙方的角色与身份呢？这个问题困扰着每一位泛华人，董事长杨天举也陷入沉思。杨董事长曾经在改革初期赴日本、美国等国家的企业进行调研学习，在国外学习的日子，他发现做规划项目可以使企业处于产业链的上游和前端。于是，他连夜召集集团会议，经历了日夜的讨论最终达成一致意见，大家决定开展规划业务。通过这次探索，泛华开始转向规划业务，并开展一些辅助规划业务发展的项目，如泛华智库的成立，最终改变了泛华乙方地位，成为丙方的角色。2006 年，泛华对深圳国检大厦进行建筑工程施工总承包服务，开展规划、设计、咨询、施工等项目。原来的泛华只是承担项目的一部分，而在此项目中，泛华提供的是全方位的服务，从原来单纯的乙方变成丙方。该项目的成功使泛华得到了实质性的蜕变，受到了政府的支持与认可，最终获得国家优质工程“鲁班奖”。在探索与突破之后，泛华集团将建筑设计、勘察、施工、装饰、监理等每一个局部产业点联结起来，实现产业联动，并形成一条完整的建筑产业链。与原本单一、独立存在的各个建筑产业相比较，这条传统的建筑产业链所带来的联动作用已经是一个很大的进步，但这条产业链还是过于传统且单一，并没有取得更大的突破与创新，也没有具备超前性与引领性，只是暂时解决短期内泛华所出现的业务问题。所以，泛华人继续探索新模式，直到 2009 年，泛华又迎来新一次完善与转型。

3.1.2.2 闯关突破，王者亮剑（2009 年至今）

从 2008 年金融危机的阴影中走出来，世界经济复苏已在 2009 年日渐显现，而中国经济也绽放出异彩，中国正在经历着人类历史上影响最广泛、最深远的城市化浪潮。在这伟大的洪流中，泛华迈着铿锵有力的前进步伐，感受着城市化进程赋予它的责任和机遇。但是，泛华该如何去承担这个责任？怎样去面对挑战？泛华人陷入深深的思索中……

“山重水复疑无路，柳暗花明又一村。”当泛华人正感迷茫的时候，他们在 2009 年迎来了新的机遇。2009 年，由住建部批准立项并纳入部级科研计划的“中国城市发展创新模式研究”——城市系统规划与城市投融资模式创新研究课题正式启动，该课题研究的神圣使命交给了泛华集团，杨董事长是该课题的负责人。杨董事长说：“这项课题研究源于泛华集团在多年的理论研究和实践探索中逐渐摸索出的一套城市建设发展思路，又有幸得到住建部的指导，才得以在行业推广，该课题的成功立项推动了城市化进程和谐发展的新模式。”中国城镇发展创新模式主要是指以打造城市聚集力为着眼点，研究在最短的时间内，如何通过区域要素资源的集聚带动城市竞争力的提升，实现城市跨越式可持续发展。它的推广标志着泛华实现了重大的理论突破，在行业内形成了理论高地，并极大提升了实践工作成效，从此泛华又开始新的城市建设之路。2009 年，泛华与辽源市政府合作打造新的城市发展模式。针对这座城市的情况，杨董事长等泛华人不再迷茫。首先进行前期的可行性报告，报告表明这座城市适合运用城市发展创新模式，然后泛华就运用此模式为辽源市确定城市系统规划，并且通过调整城市空间结构，聚集该区域的要素资源，重塑辽源的城市发展模式，进而实现这座资源枯竭城市的转型。辽源的靓丽转身，成为东北老工业基地振兴和资源型城市重新崛起的缩影，泛华给它带来的不仅是创新的城市发展模式，更为这座城市带来了源源不竭的动力。从此，泛华从单纯做工程建筑项目向城市项目转变，开始做城市的系统服务商。

伴随着业务的进一步转型，泛华人继续思考泛华该如何定位自身，应该提出什么样的战略理念。根据反复的思考与分析，泛华人提出了新的战略理念——两商战略，即把泛华定位于为城市发展提供系统解决方案的投资运营商和建设服务商。投资运营商主要是以数字、科技、文化、旅游、健康、商贸物流和特色产业为主导产业，为城市创造价值；建设服务商主要是为业主提供规划、设计、咨询、技术、施工、产业、金融及管理运营等一站式的系统服务。随后，泛华集团积极实践“两商战略”，并响应国家“走出去”发展战略，在非洲地区的安哥拉开展项目。在安哥拉，泛华总承包了47亿美元的城市建设项目来打造人居、环境和谐发展的生态新城，更重要的是泛华采用中国的设计和施工运营规范对安哥拉进行城市建设，这个项目的完成得到了中非政府和建筑业界的赞许。另外，安哥拉物产丰富、资源发达，但是因为该国家自身技术的局限性不能去开发一些重要资源，泛华抓住机会在安哥拉对一些资源进行投资。例如，泛华在安哥拉进行养殖、木材等投资，首先从中国运送一些物资到泛华驻外事业部，然后把在安哥拉投资的资源再输送到中国进行产品的加工与销售，泛华通过销售加工产品来获得盈利。所以，泛华在安哥拉的项目中不仅是城市的服务商，更扮演着投资运营商的角色，切实实践了“两商战略”，打造出极具亮点的企业标志性名片“泛华建设”。凭借这一成功经验及随着“一带一路”倡议的推进，泛华“走出去”已形成一定规模，海外投资领域和投资区域不断拓展，投资形式和投资途径也日益丰富。泛华进一步加大海外市场的开拓力度，探索城市建设的发展模式。通过开展发展中国家培训和咨询，推广中国城镇化发展的先进经验，以系统咨询服务和综合投资为主导，参与发展中国家的区域战略谋划、城市系统规划、产业园区开发和基础设施建设等，共同推进中国主导全球价值链体系的重构。同时，引入国外技术、管理、人才等优势资源，提高企业的国际竞争力，为企业拓展更广阔的发展空间，输出泛华方案。

以“泛华智造”为墨，挥毫泛华梦想，画就“美丽世界”，泛华人永远用一股正能量，指引画笔不停不倦，向着光明和成功，为城市创造价值！泛华在业务模式转型的同时，集团管控模式也在业务转变的路上进行着动态调整。

3.1.3 管控之路，欣欣向荣

3.1.3.1 开基创业，外强中干——平台管控模式

在泛华蹒跚学步的创业初期，“设计养家、工程树家、房地产发家”是最初的经营方

针，泛华人以高水平、高起点定位泛华，充分运用各种特许资质，采取各种灵活手段拓宽经营领域。泛华集团的资产规模虽然逐步增大，但是集团成立时间短，集团成员单位来自不同的地域，做着不同的业务。所以，在集团最初运用的平台管控模式中，平台上有很多分公司，但是总部对分公司没有行使太多的管理权，并且权力下放的程度太大。例如，总部任命某人担任该公司总经理之后，就对他（她）充分授权，让总经理去控制分公司的财务、人事、经营、生产管理等，总部不再对该公司进行任何干预与管控。

然而，如今的泛华已从求生存壮大的萌芽期，顺利过渡到成长期，并保持着良性可持续的成长态势。但还来不及享受成长的快乐，泛华人便开始感觉到成长的烦恼。一方面，随着集团平台不断做大，泛华虽然对一部分管理权逐渐地进行回收，但是本质上还没有发生太大的变化，分公司还是掌握过多的权力。战略发展部的副总谈道："泛华的业务模式是一种非常先进的模式，但是与基于这种业务模式相对应的管控模式仍然有所落后。"第一，近些年整个行业里面推广的协同生产、智慧工地等信息化手段，泛华始终没有推行运用到集团管控中。这就导致先进的业务模式与现今的集团管控模式不匹配，管控模式的落后便会直接阻碍生产能力和经营能力的发展。第二，随着集团分公司的数量越来越多，业务也越来越广泛，进而导致总部和分公司之间存在着一些矛盾，主要表现在集团总部获取下属企业信息的渠道越来越不通畅，信息也缺乏真实性。如图 3 - 1 所示，以前总部跟分支机构的信息沟通主要是通过相关负责人来进行传递，所以总部和分支机构之间的信息交互都集中在这位负责人身上，相当于总部是一个大漏斗，分公司是一个大平台，这位负责人在总部和分公司的中间相当于一个很窄的管道，所有的信息都从这个狭窄的管道通过，阻碍了信息的交流与互动，降低了信息输送效率。此外，总部对于分公司的调研工作开展不到位，调研内容不充分，导致信息失真，不能使总部获取分公司有效的信息。

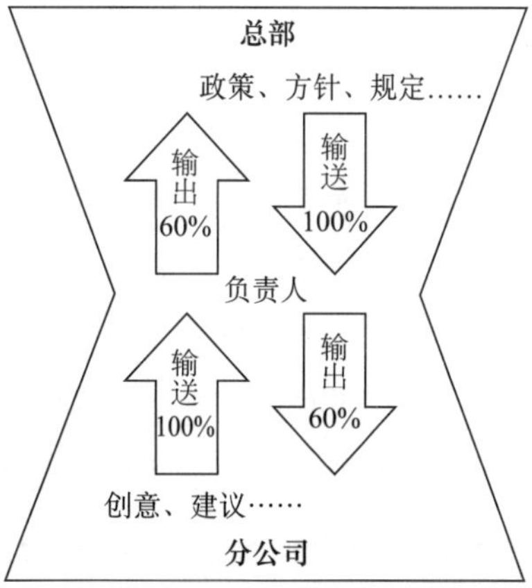

图 3 - 1　总部和分公司信息流通

另一方面，全产业链的业务范围扩展使集团有了更多的外部合作伙伴，如图 3-2 所示。如何对外更好地与合作伙伴相处？以什么样的姿态去相处？在这种情况下，原有的平台管控模式不能有效地平衡集团的内外部关系。因此，泛华开始探索新的集团管控模式，致力于打造一个生态系，对内为下属企业提供全方位服务，对外为合作伙伴赋能。泛华的集团管控之路又要起航了！

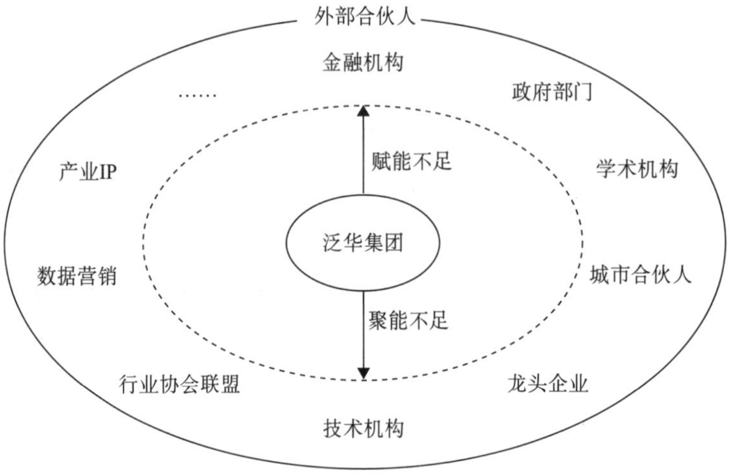

图 3-2 外部合伙人

3.1.3.2 脱胎换骨，势如破竹——生态管控模式

(1) 推陈出新，别具匠心。

泛华集团以全新业务方式颠覆着传统建筑行业的同时，更颠覆了传统的集团管控模式。在本阶段，泛华在业务、运营等方面取得了一定的成绩，成为行业上一流企业，泛华的“肌肉”已经发达，身体需要快速新陈代谢，业务模式倒逼管控模式变革，催生了泛华集团生态管控模式。

总体上看，生态管控模式通过统筹集团信息化建设需求，实现各系统的无缝集成，以达到各个专业系统间的数据共享及数字化运营，完善信息化对集团业务的支撑，进而构建泛华生态系统全景图，主要是对外为合作伙伴赋能，对内为下属企业提供全方位服务。泛华对外为合作伙伴赋能主要是通过在集团总部搭建一个桥梁，而不再是主导平台，促使各种资源要素向这个桥梁聚集，形成人才高地、资金洼地，使信息流、人才流、资金流、项目流、知识流等要素资源汇聚于此，实现该桥梁的聚能。然后通过商业模式、品牌、资质、信用等来吸引中小企业、金融机构、政府等外部合作伙伴的参与，进而打造生态化的组织，为外部合作伙伴的知识管理、生产、经营、大数据运营赋能，为它们提供需求，促进共赢。泛华的内部管控也越来越精细化。总部通过生产、智库、科创、资本、人才等为分公司提供数据支撑及全方位的服务。泛华为了解决总部与分公司之间的信息不通畅以及信息缺乏真实性的问题，总部开始实行大调研措施。首先，给调研组设计一个调研表，并且要求所有的调研组必须去分公司现场调研，调研内容基于现场调研填写，同时要有分公司负责人签字确认。其次，所有的调研报告必须由调研组全员参与撰写，泛华的大调研工作整整持续了半年。最后，总部根据调研报告对分公司进行分析并给出指导建议，而且为每个分公司出具一份管理评审报告，分公司对这份报告赞不绝口，都认为该报告对本公司的发展有利。具体地，总部会给分公司的每个维度进行评分，然后给出一个综合评分，根据综合评分确定 A、B、C、D 不同的等级。不同的等级意味着总部给它的优惠政策不同，同时，也会对它的每个维度进行态势分析，并给出指导建议和发展方向。

针对分公司权力过大，总部也采取了相关措施。第一，总部回收分公司的合同签订权，要求不能以分公司名义签订合同。第二，控制分公司的财务权，总部要求分公司签订的所有项目的收款必须进到总部账户，付款也必须由总部账户支付。同时，对财务经理实行双向考核，即财务经理由分公司和集团总部对其进行考核，若财务经理在总部财务部考核中不合格，那么总部可以直接解聘该公司的财务经理。第三，总部收回部分人事权，主要是指所有分公司副总经理级别以上的管理者必须由总部审批任命，分公司只有提名的权利，没有任命权。第四，针对分公司的经营权，总部没有过多干预，只是在经营上为分公司提供全方位的服务和各类资源，让总部和分公司的关系更加紧密。第五，总部为了防止分公司权力寻租，通过标准化和信息化，建立监察机制，实行信用积分制度，针对每个维度来进行评分，同时在年底大会发布每个单位的综合积分，综合积分和每个单位的评级、优惠程度有关，这种监督机制为总部了解分公司并为分公司做好服务提供了保障。

泛华所承接的上海国际研发总部基地园区项目（见图 3－3）运营过程中充分体现了生态管控模式的优越性。据上海分公司负责人回忆，当时该园区的现状与科技创新和智能化建设水平要求之间存在着巨大的差距，该园区面临着定位、产业链园区综合管理、园区的企业发展、园区持续经营等方面的问题，已明显落后于园区升级换代的要求。所以，在政府主导和企业内在需求双重因素的牵引下，泛华集团上海创作中心在总部的协助下通过分析园区问题，运用泛华的生态商业模式，从顶层设计入手，采用数字化、网络化、智能化等新经济手段，聚集产业、科技、人才、生态等要素，通过三个阶段来为该园区赋能。第一阶段进行智慧安防建设，根据进程逐步分期实施。例如，在园区主入口增加人脸识别和车辆识别、云端收费等功能，通过智慧化升级实现监控系统、门禁、访客系统、停车系统的业务联动，最终实现车辆和人员出入的全程追踪。这一阶段是该分公司在总部高新技术的支持下完成的，同时总部还为它提供其他方面的服务。第二阶段主要是与外部伙伴合作，为该园区提供公共服务和智慧物业等项目。该阶段通过与外部伙伴合作，不仅使泛华更好地完成项目要求，还可以为合作伙伴提供机会，实现共赢。第三阶段是信息化的设计，引入第三方软件服务厂商进行合作运营，向园区企业提供租用模式的信息化管理应用及服务。泛华通过自身资质能力和外部合作伙伴共同努力，为该园区提供新鲜的血液，使园区正式进入全方位优质服务阶段，实现全面智慧化及管理到服务的动能转换，促进园区的转型升级，提升园区的产业聚集力，将其打造成为新旧动能转换的示范园区。

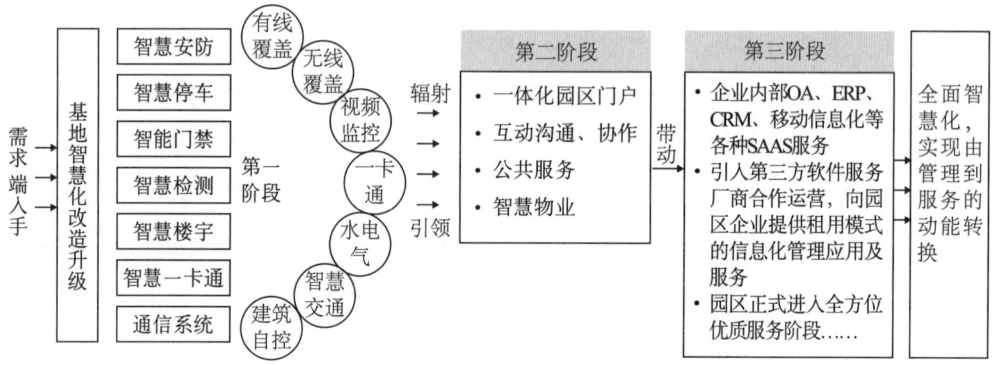

图 3-3　上海国际研发总部基地园区项目阶段规划

（2）画龙点睛，自强不息。

生态管控模式促进了集团总部的变革。一方面，总部开始打造 T 形大运营模式（见图 3-4）。首先，在原有各专业组基础上组建一个代表总部的大运营组，这是一个横向的运营组，代表“T”的横，主要包括资质管理、信用管理、税务管理、战略人才开发等运营职能。运营组的人员主要由各个部门高能力、高潜力的人才组成，运营组就是一个复合型管理组，要求每个成员具备每一个专业组的基本技能和知识素养，如果某一个专业组出现岗位空缺，不管该人员是否曾在该专业组任职，运营组里的人员应该可以随时进行替补。同样，当分公司的高层管理人员出现空缺，运营组人员也应该有能力去任职。针对运营组人员，总部对他们进行一系列培训，如从外部聘请商学院教授以及内部推荐优秀业务讲师来为他们授课，提升他们的学习力。其次，保留原有按职能划分的各专业组，比如人事组、财务组、生产组等，代表“T”的竖。这个模式有很多优点，第一，在整个总部有一个横向贯穿于所有专业组的运营组去进行统筹和协调工作；第二，专业组用更多的精力做更专业的事，提高专业能力。当专业组做好了，运营组的能力也会随之变强。当运营组的效率足够高的时候，下面的专业组效率肯定也是最高的。但是运营组和专业组无领导关系，而是相互促进与发展，可以有效地服务下属企业以及为外部合作伙伴赋能。

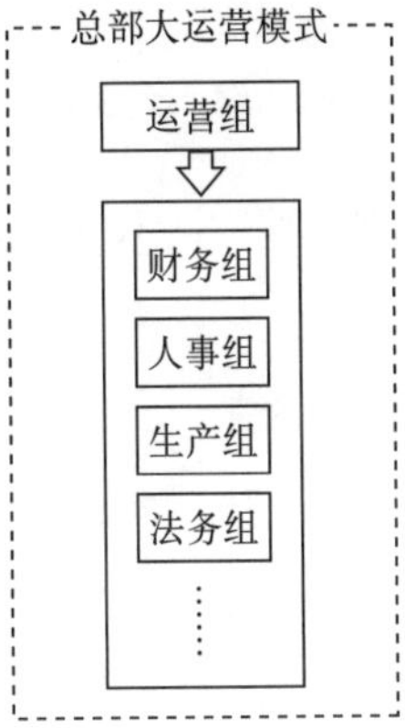

图 3－4　总部大运营模式

另一方面，在生态管控模式中，总部通过党建工作来增强集团内部的凝聚力。当前，大量的“90 后”青年进入职场，他们是伴随着全球化到来、改革开放深化、互联网兴起不断成长起来的一代，生活在多元化、多样化的社会。“90 后”年轻、充满活力，敢于接受新鲜事物，审美观和价值观也与前人大为不同，会在职场上表现出与前人不相同的一些特点。“90 后”相对于“80 后”而言，责任感偏低、工作热情不稳定，针对这个问题，对“90 后”员工的管理可以以党建为抓手。例如，泛华近年来通过组织“90 后”党员开展红歌会、科技助老、红色之旅、志愿服务等活动来树立“90 后”党员的荣誉感，增强他们的社会责任感，进而增强他们的职业使命感，激发他们的工作热情、提高工作积极性。

3.1.4　尾声

生态管控模式是管理与技术的结合，是泛华集团管控模式的一条新道路，但是这条道路也并非一帆风顺。例如，该模式的实现需要将信息技术和数字技术进行战略性应用，所以该模式还需要不断地去改进、去探索、去完善。世界潮流，浩浩荡荡，纵有迂回或湍流，终难挡一江春水。一个新时代的开启，也是全新发展机遇的开启，将重新定义世界。未来不可预测，泛华必须重新开始，找到自己的“存在感”，才能拥有更多的价值属于泛华的未来。不忘过去，不畏将来，泛华一直在为城市创造价值的路上奔跑前行……

3.2 背景信息

3.2.1 泛华集团简介

泛华集团作为全国第一家股份制试点企业于1992年建立，是为探索城市建设和建筑业改革，并为实践城市建设、工程总承包和建设项目全过程管理而设立的现代化企业。它是一家传统行业的平台化转型企业。同时，泛华集团致力于为城市提供“平台+智库+资本+产业孵化器+系统解决方案”的系统服务，构建“甲乙丙丁+政府”的战略联盟，与政府共谋城市发展，致力于智慧城市的发展、建设和运营，为客户提供全方位、一站式服务。作为中国新型城镇化的创新领跑者，以打造城镇化投资和服务全产业链集团为发展使命，以成为国内外领先的城市系统解决方案的投资商、开发商、建设商、服务商为企业愿景，形成了城市发展、城市建设、城市投资运营和海外发展四大主营业务板块。泛华集团顺应中国城市化进程的趋势，深入研究中国城市的可持续发展路径，创造性提出“中国城市发展创新模式”，将城市的战略规划、产业规划、空间规划、重大项目规划、投融资规划系统集成，运用创新金融工具，打造城市造血机能，加快城市基础设施开发建设，推动中国城市科学发展。泛华历经多年的发展和累积，创建了城市发展和建设领域独树一帜的泛华品牌，在城市发展经营理念、运营模式创新和建设领域系统整合等都具有相当规模和比较优势，成为不断提升、持续发展的大型投资建设集团。

泛华也正是以工程总承包模式为基础进行相关业务、战略等方面的拓展与延伸。1992年，国家明确总承包资质，颁布《工程总承包企业资质管理暂行规定》（试行），第一次通过行政法规把工程总承包企业规定为建筑业的一种企业类型。所以，泛华集团所从事的业务主要属于建筑业。建筑业是专门从事土木工程、房屋建设和设备安装以及工程勘察设计等工作的生产部门，其产品是各种工厂、矿井、铁路、桥梁、港口、道路、管线、住宅以及公共设施的建筑物、构筑物和设施。它是国民经济各物质生产部门和交通运输部门进行生产的手段，是人民生活的重要物质基础。

3.2.2 集团历史

1992 年，经建设部等相关部门研究决定，成立中国泛华工程有限公司，聘请杨天举同志担任总经理一职。

1994 年 4 月 26 日，建设部同意成立泛华装饰工程公司，作为泛华工程有限公司的子公司，经营范围进一步扩大。

1995 年，成立泛华工程有限公司设计工程公司，从事工民建工程设计、市政设计等相关业务。

1996 年，建设部批准泛华工程有限公司与美国投资股份有限公司、瑞纳国际工程营建公司合作，在我国居民住宅方面进行大兴安居工程住宅开发。

1997 年，经中国建筑装饰协会研究决定，同意泛华工程有限公司为中国建筑装饰协会会员单位。

1998 年，经北京市建设监理协会评定，泛华工程有限公司被评为“北京市一九九八年度建设监理行业先进集体”。

1999 年，经北京市迎接建国五十周年重大工程建设领导小组认定，泛华工程有限公司被评为“迎接建国五十周年重大工程建设贡献单位”。

2000 年，经北京质量管理协会用户委员会评定，泛华工程有限公司被评为“用户满意企业”。

2002 年，泛华工程有限公司设计的“元隆大厦”“安贞大厦”被北京市规划委员会评为“北京市第十届优秀工程设计三等奖”。

2003 年 8 月，建设部专家委员会组建工作完成，建设部副部长郑一军任建设部建筑工程技术专家委员会主任委员，建设部总工程师金德钧、建设部质量安全与行业发展司司长王素卿任常务副主任委员，办公地点设立于泛华建设集团。

2004 年，在中国建筑业协会企业经营管理委员会第一次会长扩大会议上，杨天举总裁当选中国建筑业协会企业经营管理委员会副会长。

2005 年，参加建设部课题《建筑工程项目管理体系文件》研究，并出版第一部分业主分册《建筑工程项目管理服务指南》。

2006 年，商务部正式批准泛华工程有限公司开展对外承包业务。

2007 年，2006—2007 年度中国民用建筑设计市场排行榜总榜上，泛华集团有限公司名列总榜第 10 名，国营榜第 8 名。这是泛华建设集团在设计行业（2004 年位列第 5 名，2005 年位列第 6 名）连续三年保持全国排名前十的地位。

2008 年，泛华集团等五家单位主编的国家科技支撑技术课题《农村住宅规划设计与建设标准研究》获科技部批准。

2009 年，泛华集团取得对外援助成套项目实施企业 A 级资格，为集团拓展海外业务、承接政府间大型经济合作项目开辟了广阔前景。

2010 年，泛华集团荣获“中国城市建设 60 年十大贡献企业”称号。

2011 年，平安信托投资有限责任公司与深圳泛华置业有限公司签署了关于合作开发商业地产项目的战略合作协议，并就首批北京、南宁、玉溪和荆州 4 个商业地产项目的合作达成一致，涉及投资近 10 亿元。

2012 年，泛华建设集团有限公司连续三年入选 ENR 全球最大 225 家国际承包商。

2013 年，泛华集团官方网站获得商务部信用工作办公室核准的 AAA 级行业信用企业资质。

2014 年，泛华集团荣获“2013—2014 年度十大最具影响力设计机构”荣誉称号。

2015 年，泛华集团荣获“2015 全国优秀市政工程设计企业”称号。

2016 年，泛华集团获得对外援助成套项目管理企业资格。

2017 年，泛华集团荣获 2017 年度行业贡献先进监理单位。

2018 年，泛华荣获“优秀智慧城市合作伙伴奖”。

随着泛华分公司、子公司、研究院、设计院等分支机构的不断发展，泛华最终成为不断提升、持续发展的大型投资建设集团。

3.3 思考题

1. 泛华集团采取了什么样的战略模式？
2. 在采取该战略之后，泛华是如何调整集团管控模式的？
3. 为了保障生态管控模式的实施，泛华还采取了哪些措施？
4. 你认为泛华集团生态管控模式还有哪些值得改进的地方？

4. 案例二：数智技术的负责任创新：海神安防机器人的技术进阶

4.1 案例介绍

宁波海神机器人科技有限公司（以下简称海神）是费舍尔控股集团旗下负责“人工智能 AI”板块的控股子公司，2017 年 11 月 7 日由于明坤（Elon）成立于中国宁波，致力于人工智能 AI 全产业链合作，建设“海神智链”共享机器人云平台，整合优质的机器人产品，打造人工智能产业生态共同体。经过最初 4 年的艰难探索，搭载着 5G 通信、无人驾驶控制器、LOT 物联网芯片、AI 算法芯片等的移动安防机器人被越来越多的客户接受，逐渐应用于电力、医院、工厂园区等行业。海神首创了“无人机 + 无人车”一体的立体安防机器人，作为智能整车制造专家，领先于机器人行业。身处智能 AI 行业，持续创新对于海神保持行业竞争力至关重要。

2021 年 4 月 26 日，海神成功赢得中国知名汽车厂商吉利的安防机器人订单，这令创始人兼董事长于明坤感到非常振奋，但是在产品交付后吉利提出机器人需要具备绕障功能令其深感苦恼。一旦增加这一功能，海神将在经营中潜在地承担巨大的法律风险。因为自动驾驶技术目前在中国还没有出台正式的法律制度，一旦室外机器人在行驶过程中引发人身伤亡问题，公司将面临中国政府严厉的问责。面对强势的客户，在企业经营风险和满足客户需求之间于总该如何应对？

4.2 背景信息

4.2.1 中国智能机器人发展情况

党的十九大明确提出建设科技强国、数字中国、智慧社会的宏伟目标。习近平总书记在2014年两院院士大会上指出："国际上有舆论认为，机器人是'制造业皇冠顶端的明珠'，其研发、制造、应用是衡量一个国家科技创新和高端制造业水平的重要标志。"在国家政策的大力支持下，目前我国机器人及智能系统技术正得到飞速发展。2020年，中国机器人产业规模已突破千亿元。其中，中国工业机器人市场连续八年稳居全球第一。2020年装机量占全球的44%。国家统计局数据显示，2016—2020年，中国工业机器人产量从7.2万套快速增长到21.2万套，年均增长31%。随着医疗、养老、教育等行业智能化需求的持续释放，服务机器人、特种机器人蕴藏巨大的发展潜力。2020年，全国规模以上服务机器人、特种机器人制造企业营业收入529亿元，同比增长41%。可以看到，中国智能机器人行业正飞速发展，越来越多的企业也看好机器人领域的发展前景，积极投身于机器人产业创新发展的浪潮中。

4.2.2 智能移动机器人

智能移动机器人融合了计算机技术、信息技术、通信技术、微电子技术和机器人技术等，是一种在复杂环境下工作的，具有自行组织、自主运行、自主规划的智能机器人。随着机器人性能不断地完善，移动机器人的应用范围大为扩展，不仅在工业、农业、医疗、服务等行业中得到广泛的应用，还在城市安全、国防和空间探测领域等有害与危险场合得到很好的应用。

从工作环境来分，移动机器人可分为室内移动机器人和室外移动机器人。室内机器人主要依靠激光扫描（SLAM导航技术）进行精准定位，基本原理是机器人一边走动一边向外照射激光，照到障碍物时激光会反弹回来，然后机器人通过计算就可以找到自己的精准位置。由于室内空间有限，因此一般的激光雷达照出去都有反馈。室内机器人的研究重点主要在于AI算法，以及开发一些跟人交互的各种系统，比如如何根据人的表情进行判断、人机对话等。如果到户外，像工厂园区面积很大，很有可能周边没有建筑物，而是一个大草坪，它如果要发射激光，没有收到反馈，机器人就无法找到自己的位置，激光定位方式就没法发挥作用。这也是室内和室外机器人最明显的区别。室外机器人除了配有激光雷达外，一般都装有GPS、北斗的卫星导航定位模块、户外自动驾驶技术等，所以室外机器人其实更多是一个车辆的概念，比如无人环卫车、售卖车、无人快递车等。自动驾驶又分为很多个级别，L1、L2、L3、L4是真正的自动驾驶。在一定的区域同时有人有车的情况下，机器人该怎么避让是个很大的技术难题，这里面的技术门槛很高，技术价格也很昂贵，很多做室内机器人的企业碍于自动驾驶的技术壁垒和高成本，都不做室外机器人。因此，移动机器人行业中，绝大多数企业都是做室内机器人的，且竞争非常激烈。

4.2.3 中国智慧安防行业

在新兴技术迭代更新的推动下，智慧化也成为安防行业发展的主流形式，智慧安防逐渐成为安防企业转型升级的方向，在安防行业的占比越来越大。智慧安防在中国的市场规模也逐渐扩大，2013—2019年，智慧安防的市场规模由1101亿元增长至2591亿元，见图4－1。

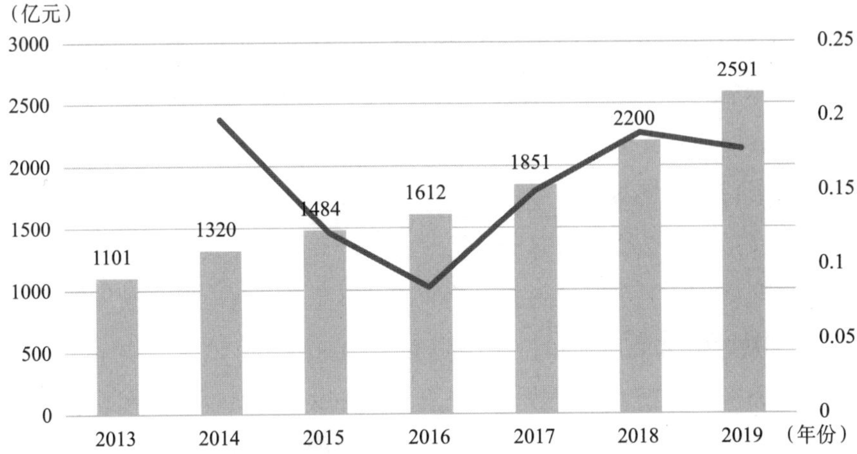

图4－1　中国智慧安防市场规模及增速

数据来源：2021年中国智慧安防行业分析报告。

根据亿欧（EqualOcean Analysis）提供的数据，目前国内市场上约有20家智能安防机器人相关的公司，且第一批安全机器人已正式推出。中国的安全机器人在2015年左右诞生，2016年底开始有少量商业着陆。2018年，中国智能安防机器人的总出货量为3000—

4000 台。2019 年，领先企业的安防机器人出货量超过 1078 台，总销售收入约 8.3 亿元。

4.2.4 安防机器人的应用领域

随着 5G 通信、AI 技术的普及和自动驾驶技术的发展，融合了多种技术，实现多传感器数据融合、决策规划、车辆动态控制等核心功能的安防机器人是近 5 年来人工智能技术落地应用较为领先的领域，应用市场涉及园区、监狱、学校、社区等。作为一个刚刚处于幼稚期的行业，由于初期市场容量有限，导致单一安防机器人的销售价格很高，且已在中国市场上销售的绝大多数安防机器人都应用在电力行业。

目前，现有的愿意为安防机器人买单的客户的购买理由主要有两种：第一种是形象工程，通过购买和使用安防机器人来显示自身企业的智能化水平，塑造和提升企业形象。第二种是确实能满足需求。例如，电力供应的现场很多是偏远地方，属于高寒、冰冻环境，一线巡线人员工作条件非常艰苦，也很危险，使用安防机器人替代现场巡线工人可以保护员工免受伤害。电力行业在中国真正引领了整个安防巡检的潮流。此外，很多化工企业、物流园区非常害怕发生火灾，一旦起火，损失很大，后果很严重。安防机器人可以识别车牌、火、烟等，在定点巡逻的过程中，一旦发现哪里冒烟，就会将问题立即以图片形式上传到保安处或消防队。保安或消防员可以远程操控安防机器人，瞄准着火的地方打消防弹。在住宅小区里，一个安防机器人可以 24 小时巡逻，如果有人躲在灌木丛中或从围墙闯入都可以看到，对小区安全的提升是有帮助的。学校门口也可以配备安防机器人，如果看到有人有持刀等危险动作就能识别出来，摄像头一看到，且算法评估认为是危险动作时，就可以打捕捉网、麻醉针之类的。安防永远是朝阳行业，安防机器人也不是昙花一现的产品，但是整个行业要想发展起来，需要有经济实力的大企业来引领需求，更需要时间积累。

4.2.5 海神安防机器人

海神机器人科技有限公司的创始人兼董事长于明坤曾在全球 Top3 的系统集成公司大福（Daifuku）、德马泰克（Dematic）工作超过 10 年，拥有 17 年自动化装备研发与实施经验，主导了华为、烟草、医药等 100 多个智慧物流项目后，2014 年开始创业，成立费舍尔控股集团，布局人工智能与跨境新零售产业。2017 年与清华大学汽车工程学院产学研合作成功孵化出海神机器人，并于同年在中国宁波成立了海神机器人科技有限公司。2018 年初，公司就已创下 2000 万元营业额，申报 3 项发明专利，同时取得了 5 项软件著作权、6

本 AAA 级证书。此外，海神还获得了首届机器人应用大赛二等奖、中国智慧物流最佳科技创新奖、2017 年度最具投资价值电商智慧物流企业称号等荣誉。经过 3 年研发，掌握自动驾驶核心技术，于 2020 年在全球首创“无人车 + 无人机”立体安防机器人整体解决方案，致力于成为立体安防机器人第一品牌，目前筹划于 3 年内上市成为中国立体安防机器人第一股。

在如何给公司产品研发进行定位时，于总认同并采纳了小米公司的模式，也就是用极致的性价比撬动市场。因为市场上移动机器人的系统集成商非常多，竞争对手数不胜数，所以公司一定要有自己的特色，并向市场传导一个清晰的定位，这个定位就是安防机器人，海神可提供 30 多款不同类型的安防机器人。

在商业模式方面，智慧安防行业的商业模式目前有三种。安防 1.0 以硬件产品为主、软件为辅。这种模式下，一家公司不能完全生产和制造一个系统所需要的所有类型的产品，产品的技术核心仅限于某些局部的创新或发明。企业所生产的产品容易被仿造或者跟进，显然安防 1.0 商业模式不适合海神机器人。

安防 2.0 主要提供解决方案。其中，专注于产品解决方案的企业提供产品的核心元部件，以开发出标准的产品；专注于系统解决方案的企业提供一个系统所需的全部产品，从而形成一个完整的系统，针对一个需求能够提供对应的所有产品；专注于行业解决方案的企业针对垂直市场开发产品，典型的垂直市场包括机场、码头、港口、加油站、银行、地铁等，不管有什么样的应用和需求，一家公司就可以提供具有针对性的全部产品。集成解决方案是可以将安防的三个系统（监控、门禁和报警系统）集成在一起的方案，是集成度最高的解决方案，对企业的要求较高。海神机器人目前可以参考行业解决方案的商业模式，为不同的垂直市场提供具有针对性的一体化产品服务。

安防 3.0 以一体化的视频服务为主，把 AI 算力注入边缘，通过在网络摄像头上添加人工智能芯片，前端摄像头可以实时对视频数据进行结构化处理。海神机器人在有关无人驾驶的政策得到完善后，进一步扩大自身生态系统，重构产业链流程后可以考虑转变商业模式。

海神研发的这些安防机器人拥有环境感知算法、多传感融合算法、组合定位算法、决策规划算法、车辆动态控制算法等自动驾驶领域核心算法，核心部件包括自动驾驶决策规划系统、自动驾驶核心控制器、车规级底盘、激光雷达相干微脉冲系统、RTK 差分卫星定位、INS 惯性导航系统、5G 通信、热成像高清云台、超声波传感器、无线充电、360°环视摄像头等（见图 4 -2 和图 4 -3）。聚焦战略非常有效，因为很多客户就是想要安防机器人的解决方案，海神公司专门做这个，它就有显著的竞争优势。

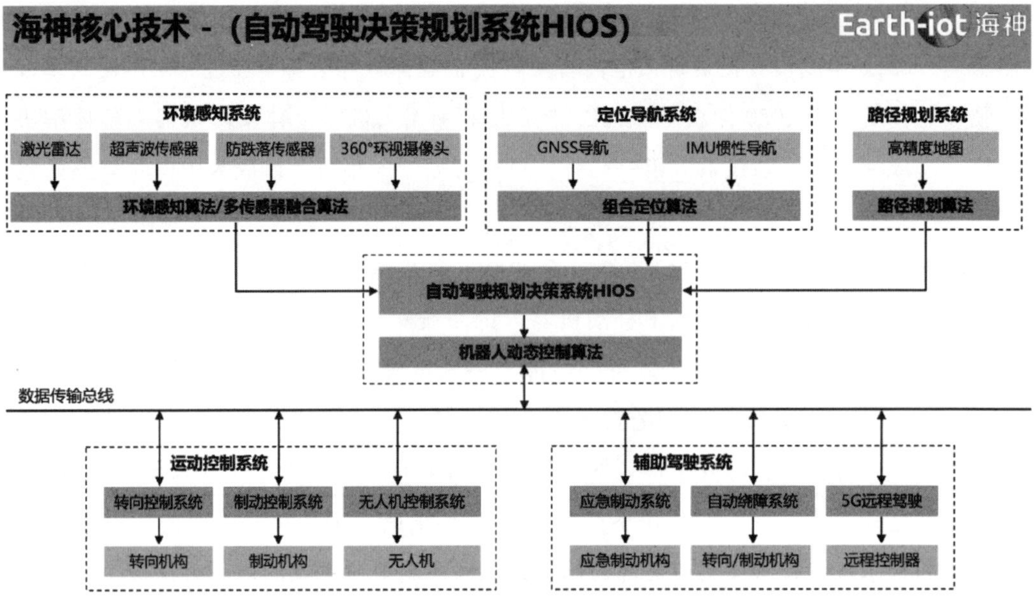

图 4－2　海神核心技术

图 4－3　海神机器人

4.2.6　赢得关键客户吉利订单

海神接洽的客户都是一些比较知名的大企业，如富士康（Foxconn）、艾斯集团（Ase-group）、飞利浦（Philips）等。于总总结了一些它们的共性特征：第一，这些企业有钱购买机器人；第二，他们需要提升企业形象；第三，这些大企业因为用人较多，确实也想探索和尝试一下，看看机器人能不能帮企业节省人力。于总认为这些需求现在可能不是企业的刚需，但是一定是趋势，所以海神也需要宣传一些自己成功营销的客户案例来为自己做背书，让更多潜在的客户信服并尝试海神机器人。

吉利控股集团是一家拥有吉利汽车、领克汽车、沃尔沃汽车、极星（Polestar）等众多国际知名品牌的汽车公司。2021 年 4 月初，于总获知吉利想为其位于眉山、占地 1800 平方米的大工厂采购一批安防机器人。因为厂区比较大，招聘保安难，平时每班保安有 20 个人，但仍然人手不足，因为他们需要一直骑着电动车到处去看、去打卡。由于南方雨水多，楼顶可能会有积水，他们还要到楼顶检查排水是否通畅，巡视一圈就需要 1.5 小时。另外，吉利也希望安保的能力更强一些，不是单纯地依靠保安，因为保安定时巡逻的规律很容易被掌握，而且，虽然员工的照片都在吉利系统里有备案，但是如果外人带上工牌保安可能分辨不出，但是机器人能识别出来。因此，吉利希望用这种高科技的手段检测是否有陌生人翻越围墙、车子是否停在停车位上、地面是否有垃圾、门窗是否关闭，甚至白天路灯是否打开等，这些工作安防机器人都可以完成。

吉利自己也是做企业汽车的，它们也是在研发自动驾驶的企业，所以他们希望从安保的角度，一是提升企业形象，二是让安保更加安全，防止核心机密外泄。于总觉得吉利提的需求非常务实，而他的安防机器人也确实能够帮助企业改善管理，提高效率。经过 20 多轮激烈的竞标，海神的报价和技术评分都明显优于其他竞标者，最后成功赢得吉利的订单，海神与其他竞标者运营模式对比见表 4－1。这让于总很振奋，侧面证实产品在市场上有竞争力，且得到了大客户的认可。

表 4－1　　海神与其他竞标者运营模式对比

企业	运营模式	盈利模式	硬件能力	软件能力	集成能力	行业布局	未来发展空间
广州高新兴	智慧城市运营商高新兴旗下机器人品牌；聚焦安保巡逻机器人，构建了整套机器人管理平台，打造开放机器人应用赋能平台，打造“机器人＋安防”的动静融合型立体巡防系统	销售安防巡逻机器人软件、硬件，其他行业的安防机器人没有涉足	●	●	◑	◕	◕
杭州申昊科技	专业从事智能电网相关技术产品的研究，在电力设备在线监测、配网自动化、清洁能源接入、节能环保、机器人智能巡检系统等方面进行了大量的技术研发和推广；市值 58 亿 A 股上市公司	销售电力巡检等机器人软件、硬件，其他行业的安防机器人没有涉足	●	●	◑	◑	◑
深圳煜禾森	特种机器人底盘、排爆机器人、巡检机器人、无人物流智能小车的产品设计、研发、生产加工，能为客户提供从产品设计到原型验证、从模具制造到产品批量生产的整体解决方案	销售移动安防机器人底盘，机器人控制以及平台和集成没有涉足	●	◑	◔	◑	◑

续表

企业	运营模式	盈利模式	硬件能力	软件能力	集成能力	行业布局	未来发展空间
苏州中德睿博	机器人导航定位系统解决方案供应商，专注于机器人导航定位技术、移动机器人三维建图系统、机器视觉技术、传感器数据处理技术及相关机器人智能系统的研发	销售移动安防机器人控制为主，机器人底盘以及平台和集成没有涉足	◑	◑	◔	◑	◑
海神	打造“移动安防集成服务平台＋无人车＋无人机”的立体巡防服务体系，为城市和企业提供移动立体安防云服务	第一阶段销售安防机器人“软件＋硬件＋集成”；第二阶段硬件免费，收取年服务费模式	●	●	●	●	●

4.2.7　双方在绕障功能上的分歧

在顺利向吉利供货之后，吉利在使用过程中向于总提出，海神机器人能否实现绕障功能。当汽车在室外行驶时，假如遇到障碍物，正常的逻辑还是要绕开。在行业内，绕障功能是指当传感器感知到其规划路线上存在静态或动态障碍物时，按照一定的算法实时更新路径，绕过障碍物，最后到达目标点。之前海神机器人都是按照固定线路行驶，当发现问题的时候，会及时将情况上传平台，并联系保安来现场解决问题。吉利希望海神安防机器人在发现问题时，可以拍个照上传，然后再绕开走。但是于总认为，安防机器人的主要功能就是发现异物并实时通过平台告知保安，然后人为干预处理，现阶段全部实现自动化可能会过于超前，人机协同防范才是最主要的手段。就这一点，双方争论了很久。

吉利向海神提出的这个绕障功能需求里面隐含的最大的问题在于，假如出了安全事故，比如海神机器人正在路上行驶，遇到了障碍物要绕行时肯定会自动打方向盘，这时如果旁边有个司机没注意，一下撞到了机器人，那么海神要承担全部法律责任。因为现在还没有相关法律法规允许自动驾驶的车上路，更没有关于安防机器人造成损害或者发生意外时应当如何界定侵权或违法责任、适用怎样的归责原则以及如何划分具体责任等。这意味着，如果发生人身意外事故，极有可能导致恶劣的社会影响，引发政府对海神的严厉追责。

2021 年 3 月 4 日，公安部发布的《道路交通安全法（修订建议稿）》首次在法律层面明确了具有自动驾驶功能的车辆进行道路测试和通行的相关要求，以及违法和事故责任分担规定。2015—2020 年 AI 安防相关政策汇总见表 4－2。

表 4－2　　2015—2020 年 AI 安防相关政策汇总

时间	发布机关	政策文件名称	内容
2015. 4	中共中央办公厅、国务院	《关于加强社会治安防控体系建设的意见》	将社会治安信息化纳入智慧城市建设总体规划，充分运用新一代互联网、物联网、大数据、云计算和智能传感、遥感、卫星定位、地理信息系统等技术，创新社会治安防控手段，提升公共安全管理数字化、网络化、智能化水平
2015. 5	国家发改委等九部门	《关于加强公共安全视频监控建设联网应用工作的若干意见》	提出 2020 年实现公共安全视频监控领域的全域覆盖和全网共享；结合智慧城市和网格化服务管理系统建设，推动公共安全视频监控建设集约化、联网规范化、应用智能化
2016. 6	国家发改委等四部门	《“互联网＋”人工智能三年行动实施方案》	将智能安防作为人工智能产品创新的重点应用推广领域：提出实施智能安防推广工程，鼓励安防企业与互联网企业展开合作，研发集成图像与视频精准识别、生物特征识别等多种技术 AI 安防产品，推动安防产品智能化、集约化、网络化
2016. 12	国务院	《“十三五”国家战略性新兴产业发展规划》	提出重点推进智能家居、智能汽车、智慧农业、智能安防、智慧健康、智能机器人、智能可穿戴设备等研发和产业化发展
2018. 1	中共中央办公厅、国务院办公厅	《关于推进城市安全发展的意见》	提出强化安全科技创新和应用，加快实现城市安全管理的系统化、智能化
2018. 7	工信部等四部委	《关于加快安全产业发展的指导意见》	提出加快先进安全产品研发和产业化，“城市安全领域、重点发展智能化巡检、集成式建筑施工平台、智能安防系统等安全防控产品”
2019. 12	交通运输部	《推进综合交通运输大数据发展行动纲要（2020—2025）》	推进 5G、卫星通信信息网络等在交通运输各领域的研发应用。开展综合交通运输体系下大数据关键技术研发应用
2020. 3	公安部等	《居家安防智能管理系统技术要求》（GB/T 37845—2019）	规定了居家安防智能管理系统的组成与接口分类、功能要求、性能要求、实验方法和检验规则

资料来源：中共中央、国务院、发改委、工信部等。

在自动驾驶事故处理方面，《道路交通安全法（修改建议稿）》要求，发生道路交通安全违法行为或交通事故的，应依法确定驾驶人、自动驾驶系统开发单位的责任，并依照有关法律、法规确定损害赔偿责任，构成犯罪的依法追究刑事责任。如果安防机器人具有绕障功能，在绕障的过程中发生任何的意外情况（如有人驾驶汽车主动撞击绕障中的安防机器人），责任都将由自动驾驶系统开发单位来承担。

虽然海神对于研发绕障功能技术充满信心，但是对于是否在机器人上开放绕障功能权限持非常慎重的态度。毕竟海神还要计划上市，法律风险控制得非常严格，不能为了市场销量就不考虑企业经营风险的问题。然而，吉利这样的大公司经常会提出很多超越行业认知的需求和要求，一旦海神放弃订单或直接告诉客户技术实现不了，客户可能会觉得是海神的技术实力不够。

在这新生行业里，当企业经营风险与用户需求之间存在矛盾的时候，如果你是于总，该如何抉择？

4.2.8 北京证券交易所成立[①]

北京证券交易所（以下简称北交所）于 2021 年 9 月 3 日注册成立，是经国务院批准设立的我国第一家公司制证券交易所，受中国证监会监督管理。经营范围为依法为证券集中交易提供场所和设施、组织和监督证券交易以及证券市场管理服务等业务。

2021 年 9 月 2 日，习近平总书记在 2021 年中国国际服务贸易交易会全球服务贸易峰会上致辞："我们将继续支持中小企业创新发展，深化新三板改革，设立北京证券交易所，打造服务创新型中小企业主阵地。"这是对资本市场更好地服务构建新发展格局、推动高质量发展做出的新的重大战略部署，是实施国家创新驱动发展战略、持续培育发展新动能的重要举措，也是深化金融供给侧结构性改革、完善多层次资本市场体系的重要内容，对于更好发挥资本市场功能作用、促进科技与资本融合、支持中小企业创新发展具有重要意义。北交所建设的重点在于：

坚守"一个定位"。北交所将牢牢坚持服务创新型中小企业的市场定位，尊重创新型中小企业发展规律和成长阶段，提升制度包容性和精准性。

处理好"两个关系"。一是北交所与沪深交易所、区域性股权市场坚持错位发展与互联互通，发挥好转板上市功能。二是北交所与新三板现有创新层、基础层坚持统筹协调与制度联动，维护市场结构平衡。

实现"三个目标"。一是构建一套契合创新型中小企业特点的涵盖发行上市、交易、退市、持续监管、投资者适当性管理等基础制度安排，提升多层次资本市场发展普惠金融的能力。二是畅通北京证券交易所在多层次资本市场的纽带作用，形成相互补充、相互促进的中小企业直接融资成长路径。三是培育一批专精特新中小企业，形成创新创业热情高涨、合格投资者踊跃参与、中介机构归位尽责的良性市场生态。

---

① 资料来源：北京证券交易所网站，http：//www. bse. cn/index. html。

4.2.9 智慧安防行业的商业模式①

4.2.9.1 安防 1.0：产品（security 1.0：product）

以硬件产品为核心。这类企业以大规模制造安防产品为主、软件为辅，整个产品线硬件所占的比重远高于软件系统，甚至有部分企业以免费提供软件服务的方式来提高硬件销售量。这种模式下，产品分散，一家公司不能完全生产和制造一个系统所需要的所有类型的产品，各家公司各有侧重点，核心技术没有掌握在某家公司手中，一家产品的技术核心仅限于某些局部创新或发明。某家公司所生产的产品，其他公司也可以生产、仿造或者跟进。

4.2.9.2 安防 2.0：解决方案（seurity 2.0：solution）

（1）产品解决方案：指企业提供产品的核心元部件，基于这种核心元部件，可以开发出标准的产品。提供核心元器件的厂家能够掌握安防市场最源头的产品，能够获取最大的利润、掌握行业的动向和影响产业的发展。

（2）系统解决方案：即一家企业可以提供一个系统所需的全部产品，并能够形成一个完整的系统。针对一个需求，能够提供对应的所有产品，这就是系统解决方案提供商。尽管部分企业不能完全提供一个系统所需要的全部产品，但少量的产品可以借助第三方提供。

（3）行业解决方案：针对某种特定的场所或应用而开发的产品，也可以说是垂直市场。典型的垂直市场包括机场、码头、港口、加油站、银行、地铁等，不管有什么样的应用和需求，一家公司就可以提供所需要的全部产品，而且是很有针对性的产品。

（4）集成解决方案：可以将安防的三个系统（监控、门禁和报警系统）集成在一起的方案，是集成度最高的解决方案，相对比较复杂。同时，对企业的要求较高，需要企业同时从事这三个系统服务和拥有相对应的产品，而且三个系统之间还能协同互补。例如，门禁系统在集成监控系统图像、控制摄像机的同时，也能够集成报警系统，并进行联动。

4.2.9.3 安防 3.0：一体化的视频服务（seurity 3.0：video service）

AI 在视频监控领域的落地首先从云端开始，即在后端产品加入 AI 计算功能，实现视

① 资料来源：智慧安防行业研究报告—优联资本。

频数据的智能化分析。

智慧安防一体化的视频服务即把AI算法注入边缘，通过在网络摄像头上添加人工智能芯片，前端摄像头可以实时对视频数据进行结构化处理，提升AI服务器的响应速度，降低网络运营成本，这也叫“云+边缘”的边缘计算解决方案。根据智能化程度的不同，智能摄像机大体可以分为三个层次：

（1）智能网络摄像机（smart IPC）：在传统的IPC基础上，增加了一些特定的识别功能（如行为分析、异常侦测、识别检测、统计功能等），不需要额外增加AI处理器。智能网络摄像机有望率先在市场上大规模使用。

（2）结构化分析摄像机：以北京君正的T20+T01方案为例，在工控机芯片（IPC SoC）基础上加入了简单的NPU浅层处理器，能够从视频数据中提取一些特定信息，比如车牌、车辆信息等。

（3）深度学习摄像机：有单独的AI芯片（GPU/FPGA/SIC），采用深度学习算法，对视频数据进行结构化处理，并做不同维度的分析，提高目标的识别准确性。

4.3 思考题

1. 海神如何定位自己的产品？它的战略目标是什么？和其他竞争对手相比，海神有哪些优势和劣势？

2. 智能安防机器人处于行业发展的什么阶段？海神面临哪些机遇和挑战？

3. 吉利想购买海神安防机器人的动机有哪些？海神在与吉利合作过程中产生分歧的根本原因是什么？分析他们各自的立场和考虑。

4. 海神该如何应对吉利要求海神安防机器人具备绕障功能技术？每种备选行动方案的优缺点是什么？

5. 案例三：传统制造业的数智化转型创新：威猛集团的知识逆向转移历程

5.1 案例介绍

随着互联网技术与传统制造业的融合发展，将数字化解决方案和服务融入企业的各个环节中，成为企业转型创新的重要推动力之一。在这种背景下，中国跨国公司转型创新必须要抓住数字化契机，以创新为本，利用本公司知识转移手段达到逐步提升。威猛集团（WITTMANN，以下简称威猛）近年来在中国市场上围绕知识转移，通过管理战略、人才培养、生产工序、文化整合等多维度的创新实现自身发展这一事例就是一个典型的跨国公司在数字化背景下实现转型与创新，促进提质增效的战略拓展案例。本章以知识逆向转移理论为支撑，对威猛中国分公司进行的创新管理措施进行深度剖析，为跨国企业提升绩效和国际竞争力提供创新发展思路。

威猛是全球最大的注塑自动化设备供应商之一，总部位于奥地利首都维也纳，旗下共有 8 家生产厂和 33 家分公司，产品遍布全球各大塑料市场。威猛将自己定义为一家覆盖与注塑机有关的各个环节生产的制造业公司，核心事业包括汽车行业、医疗技术、包装行业和高精密注塑成型技术行业四大领域。威猛在中国的市场和品牌影响力不断发展壮大，已分别成立了两家独资公司：威猛巴顿菲尔机械设备（上海）有限公司和威猛工业自动化系统（昆山）有限公司。

5.2 背景信息

5.2.1 全球注塑行业发展现状

从全球角度看，注塑机市场增速相对较为平稳，从2016年的84.82亿欧元预估到2024年将稳步上升至115.57亿欧元，年复合增长率接近3.94%。图5-1为全球主要地区注塑机械产值及增长率。

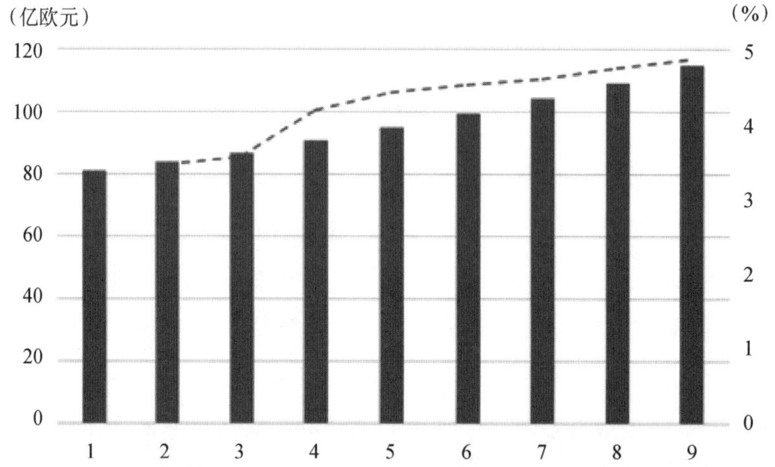

图5-1　全球主要地区注塑机械产值及增长率

德国、奥地利、中国、日本、韩国、加拿大六国企业的塑料成型设备产量约占全球总产量的80%，其中全球15%以上的塑料机械专利均由欧洲公司拥有，每年一半以上的出口额也来源于欧洲。欧洲国家的企业生产的注塑机拥有高技术、高附加值、高利润率等特点，在生产周期、精度等方面均排在世界前列，几乎垄断了高端市场，如威猛是全球塑料行业中生产注塑机、机械手和周边设备的领导者。总体来说，全球注塑机应用广泛，但市场规模上升趋势缓慢，且全球中小型注塑机制造商众多，市场竞争激烈，保持技术创新将是注塑机制造行业竞争的核心。

5.2.2 威猛初入中国的困境

在《中国制造 2025》等国家战略与突发新冠疫情等的影响下，我国制造企业数字化转型进入了快速发展的新阶段。数字化时代改变了企业的创新模式和组织结构，要求企业重新思考创新企业战略和管理模式。企业的创新模式必须由传统的创新网络转移到跨企业、互相交流的创新系统。因此，企业必须提升整合知识和转移知识的能力，进而提升核心竞争力。企业是一个由多种知识混合而成的组织系统，知识是企业竞争优势的根源。企业的存在、内部协调和异质性本质上都是其特有知识积累所决定的，这在跨国公司中则表现为全球不同业务单位之间知识的吸收与整合。就像威猛总部将关键技术分享至中国分公司，而威猛中国分公司的优化生产流程也被威猛总部注意到，并将此套精益化生产流程推广到威猛全球的其他分公司。有效的知识转移是母子公司之间保持协调的关键，也是跨国公司保持竞争力优势的重要一步。具备创造能力的子公司，在利用以员工个体为基础的机制参与知识转移时，其与本地的契合度越高，越有利于母公司提高创新绩效。母公司可以充分吸收运用境外子公司转移的知识，提升其创新能力。对于子公司来说，当母公司注重子公司的创新与反馈能力时，为了能够更好地吸收子公司带来的创新绩效，会提高子公司的自主能力，以便其能更好地适应当地市场，利用跨国公司全球技术能力提高子公司在境外创造新技术的能力。对于中国跨国公司而言，其海外子公司是企业网络中的重要组成部分，不仅具有产品销售、营销推广等职能，还具有知识扩散等功能，更为重要的是，海外子公司是母公司吸收海外市场情况、获取海外战略资源和进军国际市场的关键。母公司在给予海外子公司更多权限的同时，也要激励子公司在海外积极寻找战略资源，寻求创新机遇，以便谋求双方共同的发展。

威猛中国公司创立之初面临多方面的困境，这对当时的企业管理层来说是重大的挑战。第一，缺乏优质的人力资源，威猛集团的专业团队全部集中在欧洲母公司，国内组建专业技术研发团队十分困难，要耗费大量时间成本，此时中国技术研发团队的贡献占比为 0，国内一线工人的素质相较欧洲总部也普遍偏低，缺乏理论与实践的系统培养。第二，创新能力较差，企业内专业人才与技术氛围的缺乏，也造成了创新能力的低迷，完全依靠母公司的知识输出，遇到技术瓶颈或设备的关键问题只能通过咨询总部专家来解决。第三，与中国市场的融合存在“水土不服”的情况，欧洲的先进设备进入我国市场供应，下游企业缺乏相应的使用经验，常常需要售后服务解决问题，而威猛中国所需的零部件也缺乏本地供应商的大量供给。第四，竞争者林立，同类型设备还有许多日本、欧洲的供应商来抢占中国市场，这些竞争者都具有优良的设备、完善的供应网络与突出的技术、工艺特征，如日本的设备相对“轻盈”，操作者容易上手，设备也十分耐用；欧洲的设备相对可靠，在安全性、刚性、使用效率等方面都具有显著优势。

在数字经济迅速发展的今天，企业必须由传统的创新网络向创新生态系统转变，通过改变企业重组知识与转移知识的能力，形成一种新的企业特定优势。威猛中国分公司成立之初，其生产制造活动完全依靠总部研发团队的指导，威猛中国分公司的技术团队由于技术人员缺乏、员工素质较低等问题导致创新能力受限，更多地将重心放在了欧洲技术的本地化应用，在中国本土的技术创新与升级方面未有太多建树。而在企业管理方面，作为制造业的代表性企业，威猛中国分公司在早期无论是在企业管理理念、企业制度的完善，还是企业技术流程的优化等方面，都未能与数字化模式进行最优结合，使企业在中国的发展受到限制。

5.2.3 数字时代的机遇与挑战

5.2.3.1 数字化时代企业管理挑战与机遇并存

一方面，数字化改变企业传统的工作模式、工作分工，倒逼企业进行信息化改革，以促进企业全面可持续发展；另一方面，数字化为企业的变革带来更多的便利与可能性，企业模式变革的选择更加多样性。

随着中国制造业的快速发展和智能制造时代的到来，中国技术的地位在全球市场上突飞猛进。一是数字化的发展方式。对比数字化时代的发展模式和以前的发展模式可以看出，很多企业按照以前的发展就会成为市场的淘汰品，不随着市场潮流发展的企业是不能在行业立足的。传统的商业发展模式对数据的分析手续比较烦琐，不能体现即时性，而且在数据发生变化的同时不能同步做出相应的解决措施。这在互联网时代，很容易导致企业在时间缝隙中丧失发展机会，数字化的发展完美解决了此类问题。采用数字化的发展方式对企业的数据分析进行改善，实现数字化的商业创新，从而让企业适应市场变化的更新换代。二是完备的制造业数字化基础。过去十年来，党中央、国务院将两化融合作为长期坚持的重要战略，工作不断深化，成效不断显现，对产业发展的提升作用日益显著，为先进制造业发展奠定了良好的数字化基础。信息技术在研发、生产、经营、管理等环节的渗透不断加深。三是灵活多变的数字经济环境。2019 年，我国数字经济对经济发展的贡献率达到了 58.1%，除了广州、上海、北京等属于数字经济高速发展的地区外，我国欠发达地区的数字经济也开始发展。线上购物的消费模式成为主体，电子商务从无到有，在短短十几年的时间里，已经彻底改变了人们的消费观念。双循环背景下，国家更加鼓励电子商务的发展，并对信息产业化、产业信息化有了重大部署。这会使我国的数字经济体系更加成熟，相关法律更加完善，使我国企业发展数字经济更加有法可依，能够做到可持续发展，也有助于其他传统产业实现数字化转型。

威猛中国分公司抓住数字化这一机遇，不断提升吸收知识和转移知识的能力。在吸收总部先进研发技术的基础上，中国管理团队开始注重培养本公司的研发团队，并意识到欧洲技术更迭创新与中国技术团队研发的重要性。威猛以战略管理为出发点，突破企业的传统发展模式，实现从基于引进与简单的组合到学习国外的技术，并结合国内的情况进行整合，创造出更高附加值、更符合数字化背景下的精细化生产流程。在一次传感器的生产过程中，因为国际形势的变化和海关问题，某一零部件迟迟无法从欧洲进口，中国的产品又暂时无法达到精度要求，因而导致此传感器的生产搁置，造成了大量资金与时间的损失。中国团队更加意识到自主创新的重要性，因此充分发挥现有的资源，在完全吸收总公司技术基础上进行自主研发工作，杜绝“卡脖子”问题再次出现，并投入了大量研发技术和培养人才的成本。经过中国技术团队一系列的努力，威猛中国分公司在精益化生产方面已取得技术突破，大量节约了生产过程中时间、能源与材料的消耗，并已将此项技术回传给总部。目前，威猛总公司及旗下 12 家分公司均已采用威猛中国技术研发团队所开发的精益化生产流程。

威猛中国分公司从早期完全依赖于总部的技术和人才支持到近年来“反客为主”，自主创新出更加适合中国企业特点、更加适应中国市场的交钥匙工程、人才培养体系和精细化生产流程。威猛以在中国设立全资子公司的方式迅速占据中国高端制造业领域，通过实施本土化战略和人才激励战略，自主创新能力得到了提升，其中国子公司结合中国市场特性推出的智能制造解决方案被推广至总部，使威猛成为全球智能制造行业中的领军企业。

5.2.3.2 威猛数字创新的破局

对于中国企业来说，数字化已经是一个不可回避的主题。过去在企业营销中，数字化或许只是锦上添花，但未来一定是必不可少的。疫情的催化，使许多行业的数字化转型都从趋势进入常态或者可以称之为紧急的状态，仅靠线下或线上渠道的传统企业生存空间更加狭窄。因此，数字化的浪潮虽然给企业带来了很多挑战，但同样也带来了巨大的机遇。威猛深知，在多国公司的全球经营网中，任何地方都可能创造出新技术，各地方的人只要有机会和诱因都会尝试用新方法做事。技术创新有助于降低生产成本或增加可感知价值，并支持较高的产品定价，这并不是公司总部的专利，如果可以利用子公司内部的创新技术，并将它们应用到公司全球网络中的其他营运点，就可以创造更大的价值，可以有效地解决现有的困境。

5.2.3.3 威猛的创新措施与路径

为了更好地提高子公司研发能力，威猛在管理方面进行创新，以知识逆向理论为支撑，对企业进行一些系列管理措施。威猛总部认为，以我国企业当前的知识积累水平，想要在短时间内套用发达国家的知识转移经验完成技术的吸纳与整合的难度较大。只有通过双向知识转移，才有机会在现有条件下较快地实现企业转型升级，这也是最符合我国作为发展中国家定位的一种方法。所谓的双向知识转移，即除了向外的知识输出外，还有向内的知识获取，两者相辅相成，缺一不可。因此，威猛根据企业所处的不同阶段，将企业知识转移路径分为三个阶段，分别是学习阶段、整合阶段、反向输出阶段，并且针对不同的阶段设计相应的管理措施，并构建其管理模型。

数字化浪潮为后发企业从国际市场获取创新资源带来了前所未有的机遇，新兴市场跨国公司可充分利用全球市场、技术、人才等实现技术能力的提升。威猛中国公司作为全球最大的注塑设备供应商的在华子公司，在 20 年内从一个初入市场的企业逐步转变为可向母公司反向传递价值的支柱企业，经历了管理、战略、人才培养、生产工序、文化整合等多维度的创新，通过学习、整合和反向输出三个阶段实现了知识的逆向转移，如图 5－2 所示，其技术能力也经历了从“国内领先”“国际先进”再到“国际领先”的持续提升。

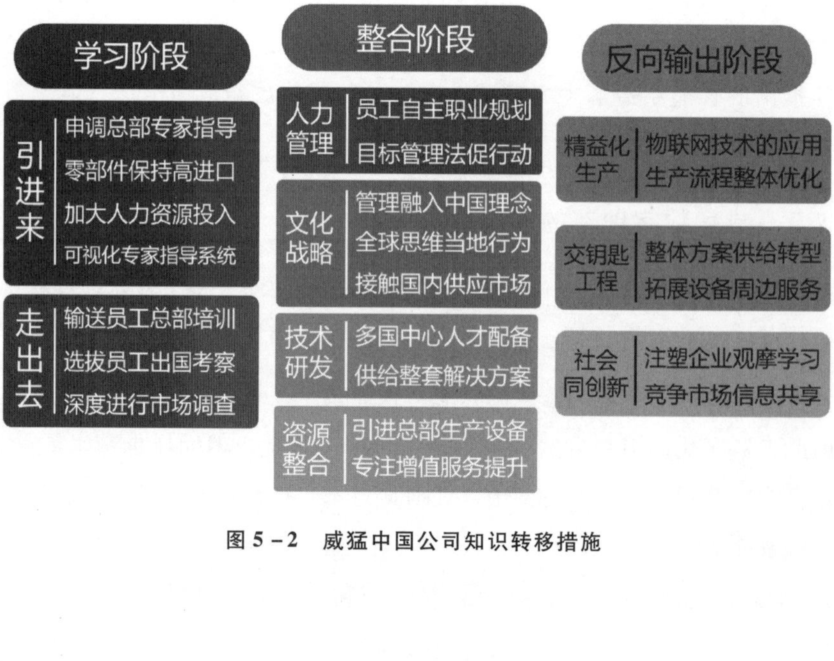

图 5－2　威猛中国公司知识转移措施

5.2.4 威猛的数字创新过程

5.2.4.1 学习阶段

威猛学习阶段是企业本土化的知识逆向转移初始阶段，子公司发现了相对自己而言有利用价值的新知识，新知识的获取是提高企业现有发展水平和创新能力的快速通道，也是基于此发展创新能力的前提和保障。

因此，该阶段主要的知识转移方向是威猛子公司向发达国家跨国母公司完成知识获取。通过对外直接投资我国企业，从而实现了对发达国家先进知识的获取，外来知识内化为企业内部的共享知识，即完成了默会知识的显性化。对于我国企业而言，强烈的市场需求能够非常明显地促进获取能力的形成和知识转移的效率。子公司可以根据当前市场需求，运用培训有针对性地引进先进知识进行创造性的学习，降低或者突破现有的产业壁垒，完成企业产业地位的提升。此时，威猛进行知识转移的主要目标是加速缩短子公司与发达国家母公司的差距，通过知识的转移贡献以弥补企业现有不足，提升特有的竞争优势。

然而，在实际的企业经营中，对外来知识“水土不服”的担忧、对来源方知识提供程度的多寡都会成为阻碍知识转移的影响因素。这就要求企业在学习阶段不只是追求知识的获取，更要关注企业内部知识的整合，如知识共享机制的文化建设和专业人员培养，以便尽快根据本地市场做出调整。

5.2.4.2 整合阶段

威猛认为，学习阶段的知识获取只是转移的第一步，知识的有效整合才是提升企业能力的重点所在。整合阶段是决定企业能否最终完成知识逆向转移的关键阶段，因此，企业在获取知识后，需要尽快完成外来知识与本地资源的有效整合，提升产品研发能力和市场的开拓。威猛在华子公司在本阶段的主要目标为明确需求并整合从发达国家企业获取的资源。在根据企业成长定位选择合适的资源并且识别出具体可供转移的知识后，根据自身的发展现状和本地市场的接受能力选择不同类型知识的转移权重、进程和载体，目的是尽可能地减少因为转移双方地域、文化等差异而产生的“水土不服”，实现较高程度的整合。双方企业之间的知识整合程度越强，代表着知识传输的效率越高，知识转移的绩效也更突出。由于我国企业的生产经营水平与发达国家跨国公司之间往往存在较大差距，知识本地化的能力显得尤为重要。首先，在吸收利用威猛母公司资源的基础上，需要结合本国市场调性调整生产经营策略。其次，除了工艺、管理等知识的整合外，还包括文化融合。文化的差异会严重影响知识的匹配程度，从而对知识传输的有效性产生不利的影响。最后，在文化融合阶段，通过知识输出将母公司的经营管理理念传输至子公司，同时学习子公司的原有文化以适应当地的经营发展，从而实现双方的沟通交流与文化整合。

5.2.4.3 反向输出阶段

自进入反向输出阶段，企业的知识转移动机便产生了明显的改变，由原有的以获取、整合为主转为凭借自己内化知识发展自主创新能力并输出为主。因此，本阶段的知识转移不仅是知识本身的传输流动，更代表着子公司正一步步地内化吸收所获取的知识，增强使用和增值知识的能力，逐渐通过自主创新、为我所用的方式实现价值链地位的攀升。

通过前期的学习阶段和整合阶段，威猛子公司已经确立了总体战略目标和将来的发展方向，并为实现自身发展做好了基础实力提升的铺垫。因此，在本阶段，知识转移将通过获取和输出的协同发展实现知识的进一步整合和创新。

综上所述，在本阶段实现了子公司对母公司知识的逆向转移，自主创新水平会迎来显著提升，知识积累无论是在总量还是在竞争力上，均有了明显进步。

5.2.5 尾声——威猛的转型成绩

近年来，中国跨国公司日益深入全球价值链整合，其国际化程度日益加深。与以往进入发展中国家关注市场和效率寻求不同，向发达国家投资更多以有助于竞争优势构建的创造性资产寻求为动因。创造性资产以创新竞争优势为目标，涵盖了有助于自主创新能力提升的各项资产，包括智力和社会资本、品牌、知识和文化等，其中知识资源尤为重要。而逆向知识转移正为我国企业提供了兼具主动性和针对性的东道国资源获取途径，一方面可从国际前沿知识中学习创新创意，另一方面可促进自身技术和研发水平提升。知识转移的目的是通过平衡组织内部的知识结构，提升生产能力，提高生产效率，进行知识转移的组织可以根据自身特点制订相应的知识转移评价体系。更关键的是，通过评估效果还可进一步发现转移过程中遇到的问题。

5.2.5.1 盈利能力

通过净资产收益率、总资产收益率和投入资本回报率三个指标对威猛的盈利能力进行分析，从表 5 - 1 和图 5 - 3 的横向比较中可以看出，净资产收益率和投入资本回报率自

2017 年以来持续增长，并在 2017 年威猛管理流程优化显著提升；总资产回报率在 2019 年达到最高值，说明管理流程优化活动对威猛的盈利能力有明显提升。

表 5-1　　盈利能力分析表　　单位:%

指标＼年份	2015	2016	2017	2018	2019
净资产收益率	6.3	6.7	10.5	12.7	15
总资产收益率	3.2	3.5	7.8	8.2	9.7
投入资本回报率	3.2	3.5	7.8	8.2	9.7

数据来源：根据企业授权资料整理。

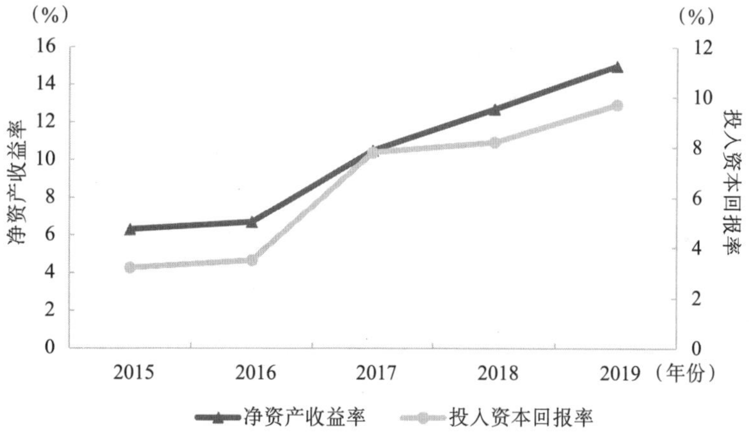

图 5-3　盈利能力变化趋势

5.2.5.2　营运能力

通过应收账款周转率、存货周转率和总资产周转率三项数据对威猛营运能力进行分析。从表 5-2 和图 5-4 的横向比较中可以看出，应收账款周转率逐年上升，且在管理流程优化发生后增长大幅提升，说明管理流程优化对资产的流动性和变现能力的增强效果明显。存货周转率和总资产周转率虽然在管理流程优化前受企业整合影响有小幅下降，但在管理流程优化完成后总体也呈上升趋势，说明在管理流程优化完成后企业发生规模效应和协同效应，进而提升企业营运能力。

表 5-2　　营运能力分析表　　单位:%

指标＼年份	2015	2016	2017	2018	2019
应收账款周转率	4.6	4.9	6.3	7.2	7.9

续表

年份 指标	2015	2016	2017	2018	2019
存货周转率	3.5	4.2	3.7	5.3	5.7
总资产周转率	2.2	3.1	2.5	4.2	4.5

数据来源：根据企业授权资料整理。

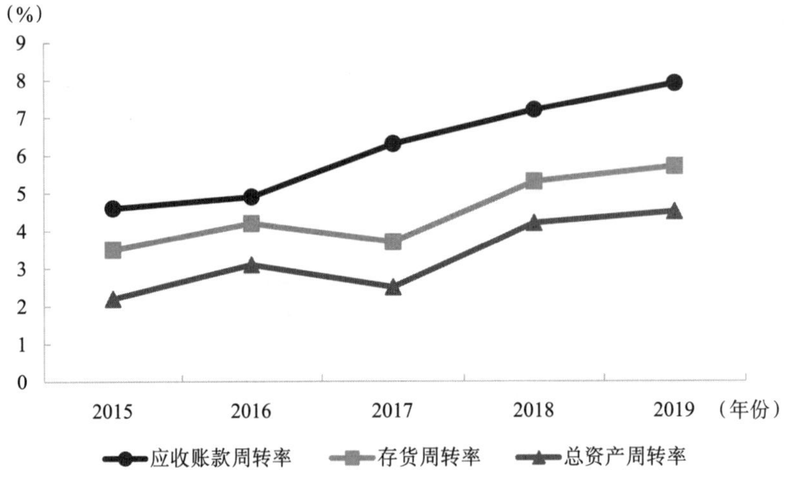

图 5－4　营运能力变化趋势

5.2.5.3　发展能力

通过营业收入增长率、净利润增长率和总资产增长率三个指标对威猛的发展能力进行分析。从表 5－3 和图 5－5 的横向比较中可以看出，威猛的三项发展能力衡量指标在管理流程优化当年即 2017 年均达到了历史最高值，特别是营业收入增长率，在管理流程优化当年实现了爆发式增长。可见，公司的管理流程优化带来的更多是权益性融资，在管理流程优化当年就有明显的绩效增长体现。

表 5－3　　**发展能力分析表**　　单位：%

年份 指标	2015	2016	2017	2018	2019
营业收入增长率	17	19	25	23	20
净利润增长率	15	16	20	18	17
总资产增长率	9	11	15	13	12

数据来源：根据企业授权资料整理。

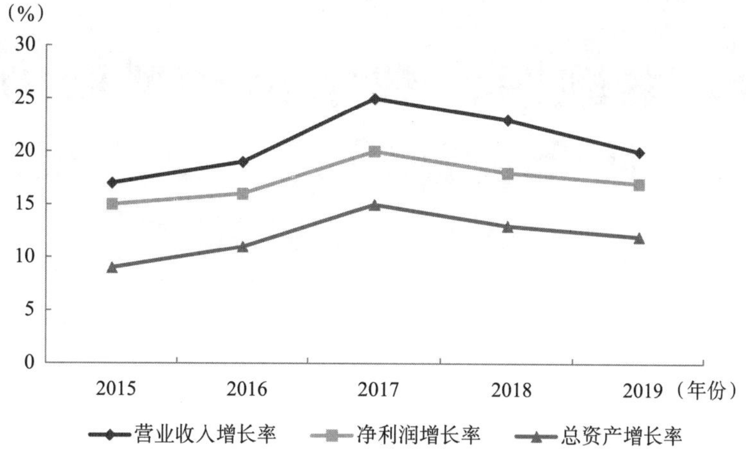

图 5－5　发展能力变化趋势

5.3 思考题

1. 请分析数字化背景下，跨国公司进行知识转移的必要性。

2. 根据案例中威猛集团的发展历程，总结分析跨国公司管理创新模式。

3. 结合数字经济趋势下威猛集团的转型变革过程，分析数字化背景下企业转型创新的机遇。

4. 请基于威猛集团管理者的角度，提出能够提升跨国企业知识转移效果的建议。

6. 案例四：数字化转型助力企业社会责任践行：泛华集团探索乡村振兴[①]

6.1 案例介绍

“十四五”时期，我国从打赢脱贫攻坚战进入全面实施乡村振兴战略的新阶段，在此过程中，企业应在谋求自身发展的同时积极履行社会责任，发挥自身力量参与乡村振兴。本案例描述了泛华集团是如何利用自身三次战略升级成果逐步完善其乡镇建设体系的构建，并以近期项目实践为例，介绍泛华的乡镇建设体系是如何撬动全产业链动能，进而促进乡村振兴发展。本案例有助于学生了解和掌握企业战略升级、企业社会责任等领域的相关知识和理论。同时，可以为企业在经营管理中如何做好自身经济价值和社会价值的平衡提供一定参考。

古语说：“三十而立，谓事业有成。”作为“九二系”企业的泛华集团，马上就要步入它的而立之年。翻看泛华近30年的成绩单，最令“掌门人”杨天举满意的是其自主构建的“泛华·三融小镇”[②] 产业生态系统。说起“三融小镇”，杨天举的思绪不由得回到了去湖北麻城实地考察工作情况的时候：福白菊竞相绽放、油茶树漫山遍野、糖板栗街巷飘香……麻城已经成为同时拥有“中国保健菊花之乡”“中国油茶之乡”“中国板栗之乡”之称的富饶之地，俨然是我国特色小镇中的“模范生”。

① 本案例由首都经济贸易大学工商管理学院王凯、对外经济贸易大学国际商学院王辰烨，以及泛华集团战略发展部总经理雷超兵、河南分公司总经理张峰撰写。

② “泛华·三融小镇”模式是泛华集团自主设计的“金融创新与要素集聚、特色产业聚焦于战略产业培育、区域价值提升与特色小镇打造相结合”的产业、金融、城镇三者融合的综合发展投资运营模式。

然而，在8年前杨董与麻城市政府代表签署合作开发建设协议书时，这番繁荣景象是他想都不敢想的。自“特色小镇”概念化以来，各种打着“特色小镇”旗号的项目如雨后春笋般冒了出来。但众多形式单一、存续期不长的“特色小镇”几乎是从一个模子里刻出来的，这种趋势早已背离了国家建设特色小镇的初衷。泛华集团在此过程中也曾一度盲从，陷入迷茫。几番沉浮之后，最终摸索出一条以“泛华·三融小镇”模式为代表的能够真正推动经济社会转型、提高中小城镇经济活力的道路。

麻城“变形记”的核心在于泛华集团为其量身打造的“智慧农业谷”项目，该项目是“泛华·三融小镇”模式的初次实践。在杨董看来，这次成功试水离不开泛华人勇于创新的精神和坚守社会使命的情怀，更离不开泛华集团在三十年峥嵘岁月中的三次战略升级……那么泛华人是如何以社会责任为己任，又是如何以自身战略升级参与乡村振兴的呢？

6.1.1 摸着石头过河——三次战略升级之路

6.1.1.1 从“建筑商”到“城市系统服务商”

“泛华天生就有不安分的基因，”杨董笑着说，“在创业初期，泛华有幸成为国家建设行业设计施工改革的总承包试点企业，这是个千载难逢的机会，它意味着泛华将完成一个质的飞跃——从单一的建筑商变成集‘投融资开发、工程咨询管理与工程总承包’于一体的建设系统服务商。”杨董口中的“飞跃”便是泛华集团的第一次战略升级，它意味着泛华实现了企业内外部价值链的整合，从此能够靠自身力量打造全产业链的建设服务体系，拥有了在行业内更大的话语权。

6.1.1.2 解锁“城镇化投资建设集团”新身份

时间回到1996年，那时的泛华还是一个专注于项目工程承包的城市系统服务商，此时国内建筑行业一片欣欣向荣，但杨董的脸上却丝毫不见喜色。大概是久居庙堂、心忧民生的本能使然，他从瞬息变幻的宏观环境中敏锐地意识到“建筑已经不再是单纯的安得广厦千万间的时代了”！

果不其然，农村人口大量向城镇迁移导致我国迅速进入城镇化发展的高速时期，众多来不及进行战略调整的中小建筑公司在这次城镇化加速变革的洪流中成为历史。而当初在杨董的坚持下，泛华集团在城镇化加速发展的初期早已快人一步地完成了面向城镇化战略升级的规划部署。此后，泛华秉持高起点部署、高站位谋划的建筑服务初衷，开启了对“城市建设”道路的探索。利用3年时间，泛华集团承揽了大量城镇开发项目，边学习边进步，顺利完成了它的第二次战略升级——由“建筑商”“城市系统服务商”向“城镇化投资建设集团”身份的转变。与此同时，泛华集团的经营思路逐步由建筑系统服务商向城市投资建设集团过渡，从项目工程承包向城市系统规划过渡。

6.1.1.3 乘“数字化”东风

“企业会被时代裹挟着前进，一点都没错。”谈到近10年来炒得火热的数字化，杨董不由地感慨。21世纪的开端是互联网抬头的时代，随着信息化、网络化发展趋于成熟，数字化春风渐起，杨董再一次敏锐地意识到，泛华集团新一轮面向数字化的战略升级刻不容缓。

随着中国经济迈向数字化新时代，泛华集团也顺利开启了“泛华智造”的新纪元：积极重构智慧服务的商业模式、搭建数字化运营平台、打造线上线下互动融合的“产业育城中心”等举措纷纷出击，打出一套漂亮的组合拳。可见，泛华正努力以自身科技创新引领地方生态文明建设。目前，泛华集团已在第三次战略升级的进程中完成数字化转型，展现出全“芯”面貌。

经过近30年的摸索，泛华从建筑商到建设系统服务商，再成长为城镇化投资建设集团，最终实现数字化转型（见图6-1）。有着高度忧患意识的泛华集团就像一个少年，在成长中不断学习、不断自省。三次战略升级为它带来的不仅是在城镇建设发展领域更高的影响力，同时，因其在战略升级过程中对社会责任的持续高度关注也促进其在乡镇建设领域的社群效应不断增强。

图6-1 泛华集团战略升级过程

“城市建设领域归根结底是探寻与自然社会的和谐相处之道，泛华人深知这点，所以我们经历了三次战略升级，始终不变的是一颗视社会责任为己任的初心。”谈到这里，杨董的语气中明显多了几分自豪。他接着向我们介绍：“在国家还没有提出乡村振兴这个概念的时候，泛华就针对类似的不同社会性问题设计开发出不同的专业系统解决方案，其中与社会责任息息相关的主要有水生态、环境治理、绿色建筑、区域能源、文化旅游这五个板块（见 6.2.4 泛华集团社会责任相关业务板块）。”

这些以大爱为名的社会问题导向型项目是无数泛华人用双脚丈量、用双手书写、用赤诚之心铸就的。在物欲横流、利字当头的市场环境下，它们是一枚枚勋章，表彰泛华集团以实际行动谱写大企业担当。杨董分享项目时如数家珍的样子令人动容，他说：“这些还远远不够，我们还可以为社会、为国家做得更多，做得更好。”

6.1.2 心在最高处，根在最深处——乡村振兴进行时

几乎每一个加入泛华集团的新员工都曾在入职培训手册中看到过“吃水不忘挖井人”这句话，寥寥七字说起来容易做起来难，它需要无尽的爱心、信心、决心和恒心。对于泛华而言，“为社会、为国家做得更多，做得更好”绝不是说说而已。

6.1.2.1 第一个吃螃蟹的人——“乡村振兴价值体系”之初体验

“中国的城市建设是一个复杂的巨系统工程，需要站在区域发展的宏观背景下，用系统论的思维推动城市建设发展。”泛华上上下下有着像杨董这般清醒认识的人不在少数，他们勤谨研究，提出一套具有自身特色的“中国新型城镇化发展创新模式”，并得到国家住建部的立项批准。

更令人拍手称赞的是，在提出该模式的过程中，泛华集团率先开始将“三农”问题提升到企业战略层面，成为行业典范。那么，想要为解决“三农”问题出一份力，泛华应该选择一个怎样的切入点呢？

“我们想了很久，最终确定‘县域’是一个很好的视角。因为‘县域’不仅是连接城市与农村的桥梁，也可以看成是工业与农业、市民与农民的接合部。”杨董回忆道。因此，泛华很快就以县域经济发展作为切入点构建了一套“县域经济视角下的乡村振兴价值体系”（见图 6－2）。

“生命、生产、生活、生态”四生协同为该体系的发展目标。切实关注居民身体健康、心情愉悦等生命本源的诉求；引入先进技术因地制宜地组织开展生产活动，同时，打造宜居的城镇化生活聚集区；大力倡导“绿色、开放、共享”的生态发展理念，以更加综合的生态辐射区带动区域经济发展。

“县域经济、重点中心镇、一般乡镇、美丽乡村”四层结构为该体系的整体发展布局。在发挥县域经济互联互通的作用下，城市是完美的赋能中心，其关键是以城市规模经济带动范围经济。泛华集团利用自身数字化转型的成果，通过信息技术手段将众多城市产业与乡镇原材料市场、劳动力市场等进行多边融合，真正实现城县乡协同发展。

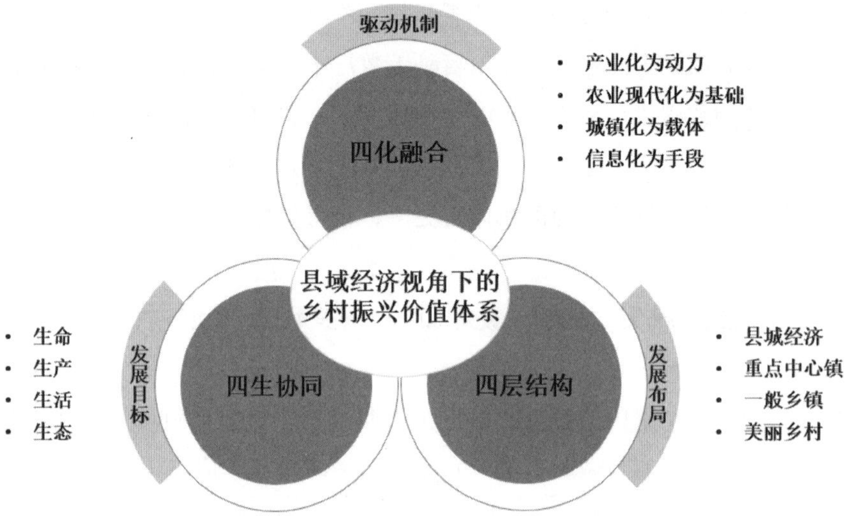

图 6－2　泛华集团县域经济视角下的乡村振兴价值体系

资料来源：泛华集团官网。

“产业化、农业现代化、城镇化、信息化”四化融合为该体系的驱动机制。泛华希望借助信息技术等先进的现代化力量，整合农业资源，尽可能实现全产业化发展，推进我国新型城镇化建设的步伐。

这套以“四生协同”为目标，“四层结构”为布局，“四化融合”为机制的体系理念在当时来看已经十分先进。

6.1.2.2　峰高无坦途，林深多歧路——“乡村振兴价值体系”发展遇阻

敢为人先是一种精神，更是一种勇气，要把歧路当作必经之路。

当国内越来越多的企业将发展战略转向新型城镇化建设，过度激烈的市场竞争不免让企业的人文情怀逐渐变了味儿。尤其是自“特色小镇”“智慧城市”等概念提出以来，不少建筑商便开启了他们的“圈地运动”，以开发之名，行圈地之实，妥妥地沦为一个个翻版的房地产开发商。建几座有机蔬菜大棚、搞几间农家乐就命名为“特色小镇”未免显得太过草率，所谓益国利民、高新技术加持的“智慧城市”也一样是徒有虚名。在很长一段时间内，扎堆建设的特色小镇毫无“特色”，智慧城市也并不“智慧”。这种在建筑领域出现的不良趋势早已背离了国家建设特色小镇和智慧城市的初衷。

如此大背景下，能够做到独善其身可谓难上加难。果不其然，泛华集团最初的“县域经济视角下的乡村振兴价值体系”模式也受到了行业大环境的波及：第一，急于求成的心态让泛华在开展具体乡村建设业务时缺乏对甲方主体明确的定位，忽视了乡镇建设与产业培育融合、打通地方产业链等问题；第二，一些乡村由于自身要素资源的限制，缺乏对泛

华设计的“高大上”产业结构的应对能力；第三，虽然信息化手段为体系的驱动机制之一，但当时的泛华刚刚完成数字化转型，像个初出茅庐的新手，整体信息化能力仍略显稚嫩，不能全面运用大数据的乡镇产业发展不具有自我更新迭代的能力，说白了就是一个“信息孤岛”①。

正是这三点原因最终导致泛华陷入了“重建设、轻运营，规划设计同质性较高，信息传递系统落后”的困境。何以解忧？唯有谋变！

6.1.2.3 痛定思痛，砥砺前行——“泛华·三融小镇”模式诞生

“遇到问题就找不足、补短板，办法总比困难多嘛，”杨董语气十分轻松，仿佛丝毫没有将眼前乡镇建设的逆境放在心上，“是时候让泛华的乡村振兴之路也来一次升级了！”

他认为之前以县域经济视角构建“乡村振兴价值体系”的基本思路不能动摇，在此基础上，针对“产业链断裂”“要素资源有限”和“信息化不健全”三个暴露出来的问题各个击破，为此，在杨董的带领下，泛华迅速成立了一支科研团队，力求在短时间内优化“乡村振兴”主题板块的业务模式。这支科研团队在集团内部集思广益，结合成熟理论知识以及多年来的乡镇项目实践经验，用半年的时间摸索出一套完善的实践路径——四大创新发展路径（见 6.2.4 泛华创新发展路径），并提出一个全新的模式——“泛华·三融小镇”模式（见图 6－3）。

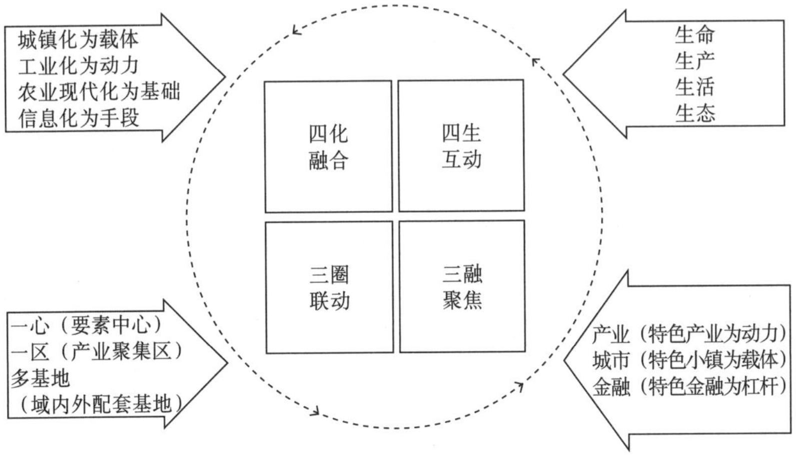

图 6－3 “泛华·三融小镇”模式

资料来源：泛华集团官网。

---

① 此处的“信息孤岛”指相互之间在功能上不关联互助、信息不共享互换，以及信息与业务流程和应用相互脱节的互联网应用系统。

“四大创新发展路径”充分体现了泛华集团乡村振兴战略中的四个核心观点：

（1）聚集产业创新要素，研究产业发展路径。“产业创新要素”是指调动地方特色主导产业的活力，引入职业技术培训、高科技设备等创新要素；“产业发展路径”是指最大程度发挥泛华自身产业结构，打通产业链，形成地方规模经济效应的总路线。

（2）释放数字经济动力，利用数字化带动地方产业的全面升级。在大数据时代，数据就是新型生产力。所以，泛华要利用好数字经济动力，搭建“产业育城中心”“数字化交易结算中心”等以互联网信息为驱动的平台，不仅要实现乡镇产业链全面互联网化，还要实现销售结算全面互联网化。

（3）实施品牌战略计划，贯通文脉与商脉，形成新的产业集群。乡镇特色资源其实自带宣传属性，如何利用好这张耀眼的名片是泛华需要好好思考的。通过创意设计导入品牌IP，并将其运用于新零售、网红经济等紧跟时事的商业模式不失为一条可行路径。这是一次文脉与商脉的跨界组合，未来还有望形成新的产业集群，带动地方多条产业链并行。

（4）打通四层发展结构，重点镇带动一般镇，实现区域产业协同发展。继续秉持发挥县域经济的桥梁地位，发挥城市的赋能中心地位，以此带动重点中心城镇、一般城镇和美丽乡村建设，真正实现四层结构的互联互通，未来有希望进一步协同提高发展质量。

正是在“四大创新发展路径”的指引下，“泛华·三融小镇”模式正式落地，该模式可谓是泛华的一次创举，为泛华未来在乡村建设道路上继续前行指明了方向。

何为三融？科研团队负责人介绍道：“金融创新与要素集聚、特色产业聚集与战略产业培育、区域价值提升与特色小镇打造相结合就是‘三融’，简单来说，就是一个将‘产业、金融、城镇’三者融合的综合发展投资运营计划。”

“三融小镇”新在何处？从表面来看，“泛华·三融小镇”模式新加入了“三圈联动”和“三融聚焦”两个子战略，并保持原先系统的“四化融合”驱动机制和“四生互动”战略目标不变。所谓“三圈联动”是指包括特色产业要素中心（一心）、特色产业集聚区（一区）、特色产业示范基地（多基地）在内的三个体系层级之间的联动；所谓“三融聚焦”是指聚焦特色产业、特色小镇和特色金融。

具体来看，新提出的“三圈联动”和“三融聚焦”意味着泛华集团将乡镇建设中的“全产业链构建”提升到一个前所未有的高度。诚然，结合当地实际情况因地制宜谋发展是一方面，更重要的应该是全面调动泛华几经战略升级后的成果。“这样规划（见图6－4）的益处颇多，”科研团队负责人进一步向我们解释：“先做我们的老本行，搞好乡镇基础建设，再让合作商进场，带动地方经济。这样就形成了一个良性循环的过程，循序渐进地提升农业生产效率，推动集农产品生产、加工和服务于一体的发展联合体出现，进一步拓展多渠道农产品消费需求，实现农业多层次增值增效。最终的结果就是打造生产与加工、科研与产业、企业与农户相互衔接、彼此配套的上下游产业格局（见 6.2.4 泛华全产业链格局）。"

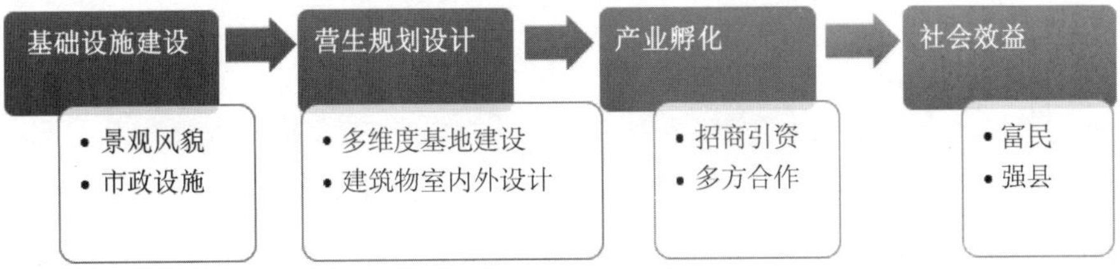

图 6－4　泛华集团乡村规划路线

资料来源：笔者根据前文描述内容梳理绘制。

首先，从乡镇基础设施建设入手，对原先老旧的市政设施升级换代，例如，沿主路两侧设置排水明沟，采用局部集中式与分散独立式结合的污水处理系统，通信主要线路直埋敷设，电力主要线路架空整合。其次，改善当地景观风貌，重点关注村内及附近周边坑塘水系以及门前、路边小块景观绿地的改造升级工作。

对乡镇的"营生规划设计"需要利用泛华自身综合产业能力，对当地进行合理的规划设计。在可用的范围内划分不同农作物种植基地（自主种植、运营方协助种植、绿色蔬菜瓜果定向种植）、休闲娱乐基地（乐器制作、书法绘画创作、摄影创作展示、戏曲音乐创作交流、文学创作交流）、健康养生基地（老年大学、中医健康讲堂、食疗养生、中医运动疗法）等区域。另外，还涉及建筑物室内外设计等具体的精细化业务。

良好的乡镇建设为进一步招商引资提供了条件，泛华集团将其战略合作伙伴与商业联盟引入乡镇，是所谓的"引凤来巢"。各大运营商利用当地特色农作物形成相应的农产品产业链，依托优越的自然风光实现乡居文艺创作。而相关研究机构的进驻亦可以开展再生乡建材料的研发与制造。

经过多方合作、产业孵化，最终在当地实现社会效益，带动村民就业、创业，增加村民物质财富，增强村民勤劳致富的信念。在产业兴旺的基础上，通过丰富的业余文化活动和基础教育辅助，激发村民参与、组织各种文化活动的动力，通过长期的氤氲熏染，提升村民整体的文化素养、礼仪涵养，从而实现乡村振兴中的文化振兴，达到乡风文明的总体要求。

"泛华·三融小镇"模式推出没多久就受到了各地政府的认可，目前该模式已经在宁夏灵武、河南兰考、安徽铜陵等上百个城市得到全面推广。对于泛华集团此番波折经历，杨董表示："三融小镇是借助企业战略升级之势发展起来的，都说时势造英雄，不得不说，这次也是时势成就了泛华。"

6.1.3 知行合一，学以致用——麻城终实践

6.1.3.1 临危受命

巍巍大别山，泱泱华夏地。横跨鄂豫皖三地的大别山是我国中东部地区最大的一块绿地，具有丰富的物产资源。2013 年 1 月，湖北省《大别山片区区域发展与扶贫攻坚规划（2011—2020 年）》正式启动，而在大别山腹地的湖北省麻城市也因其重要的地理位置成为该计划的战略支点。

那么，究竟让谁来做第一个吃螃蟹的人，在麻城打响试验区建设的第一枪？如何让麻城模式成为带动区域发展的教科书式模板？这个选角儿的工作可让湖北省政府犯了难。湖北省政府优先考虑在本省内有过类似项目承包经验的公司，经过一番仔细的摸排调查，泛华集团近年来在武汉市完成的多项优质工程让相关负责人眼前一亮，于是，泛华集团走入湖北省政府的视线。

6.1.3.2 “泛华·三融小镇”模式出马

2013 年 6 月，泛华与麻城市政府正式签署了《关于产融结合推动大别山区域中心城市建设的战略合作协议》。由于麻城项目的战略意义重大，泛华集团对其给予了高度重视。该项目的负责人张总带领团队在麻城及整个大别山地区进行了长达两个月的走访调研，最终他认为麻城项目是一次检验“三融小镇”模式成果的良好契机。张总介绍道：“麻城位于武汉城市圈、皖江城市带和中原经济区的三圈交互处，物产丰富，人杰地灵，我们一致认为它符合三融小镇模式的选址要求。”

张总口中提到的“选址要求”是什么呢？原来，泛华对“三融小镇”项目的选址有着极为严格的要求，满足下列四项条件之一的地区才有资格参选：（1）大城市内部或近郊存量用地再利用；（2）大城市周边有潜力的欠发达地区；（3）拥有一定知名度的名特优农产品地区；（4）具有独特自然或人文资源的欠发达地区。

这样看来，麻城几乎可以满足以上所有的要求。事不宜迟，张总立刻向集团申请在麻城开展“三融小镇”模式，很快便得到批复。2013 年 8 月，泛华针对麻城项目提出了“建设智慧农业谷、推动大别山区域中心城市建设、打造国家扶贫战略支点、振兴大别山革命老区”的战略体系，该体系正是“泛华·三融小镇”模式的初次试水。

6.1.3.3 麻城“智慧农业谷”成功出圈

在集团制定的战略体系的指引下，张总和他的团队为麻城量身定制了“智慧农业谷”计划（见图6-5），其核心目标是借助信息网络技术，把握新时代农业发展方向，在麻城构建一套以物联网、流通网、综合服务网为基础，包含一核、四区、多基地的功能体系。

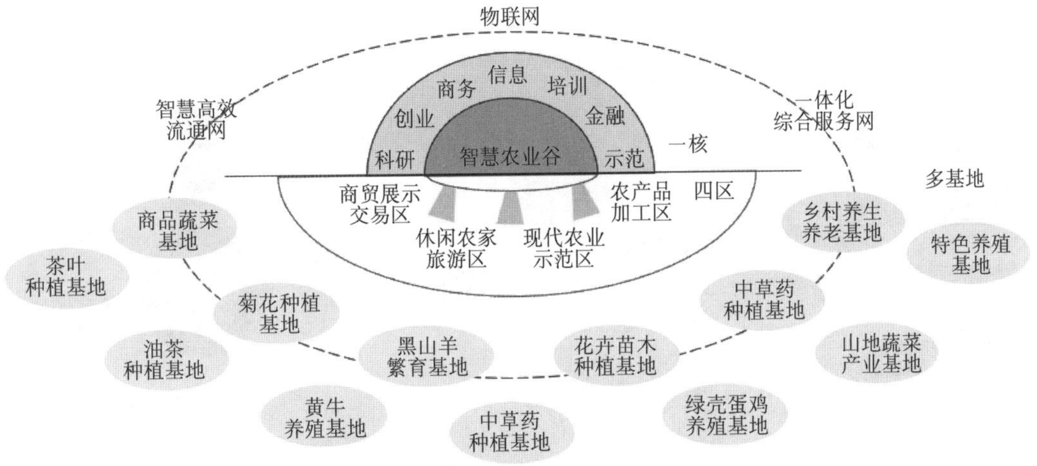

图6-5 麻城“智慧农业谷”产业体系

资料来源：泛华集团官网。

“一核”指的是麻城智慧农业谷核心区，具有集科研、创业、商务、信息、培训、金融、示范于一体的核心功能。凭借南北兼具的气候特点，麻城拥有雨量充沛、雨热同季、日照时间较长、土壤积温较高等难能可贵的气候条件，十分适宜农作物生长，因此，当地花卉和中药材品种繁多。在核心区首脑角色的指挥下，泛华力求将麻城打造为大别山地区的农业中心和现代农博园。

“四区”指的是麻城智慧农业谷功能配套区，兼有商贸展示交易区、休闲农业旅游区、现代农业示范区和农产品加工区四重身份。麻城生态环境良好，完全可以依托特色自然资源（花卉和中药材）搭建农业示范区，不定期举办展示展览、参与体验、观光游览等主题节庆活动带动旅游观光产业；可以围绕麻城富集的菊花、茶叶、板栗、油菜花等经济作物进行农产品加工，发展绿色生态食品产业链；对于中草药材、食用菌等特色珍稀资源可以进行深加工，并形成医药产业链。可见，四个功能配套区力求实现核心区业务与周边产业基地的良好沟通。

“多基地”指的是麻城智慧农业谷外围基地支撑区，调动麻城及周边县市的生态资源

（有机蔬菜、黑山羊、黄牛、绿壳蛋鸡等），建设有机农业基地、休闲农业基地、康养农业基地等辐射范围广泛的基地集群，让麻城当地名特产物尽其用，并形成与外围合作伙伴互联互通的集群化发展趋势。

吸取之前失败的教训，张总认为仅仅为麻城构建一套产业体系还远远不够，他们还需要帮助麻城的产业体系实现自我迭代更新，即可持续发展。于是，他们趁热打铁提出抓两头、促中间、多业协同、链群发展的产业发展思路，在该思路的指引下，麻城成功构建了一条现代农业全产业链（见图 6 -6）。

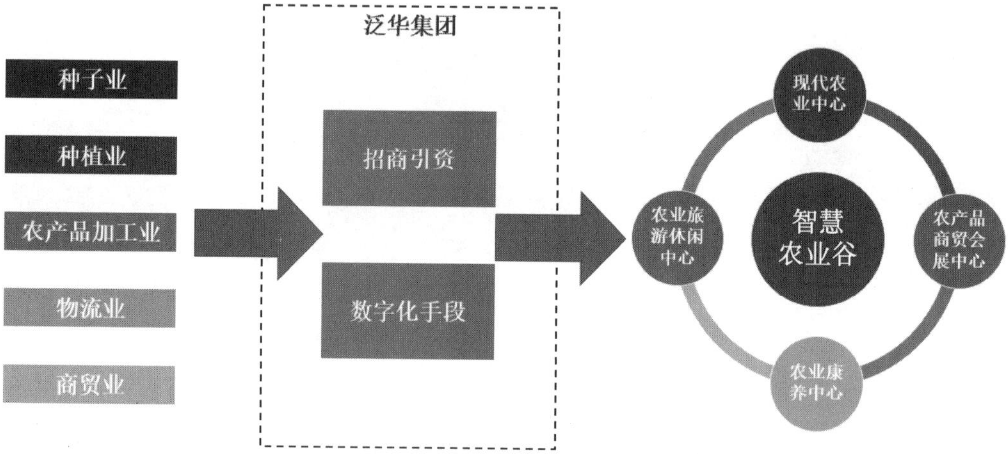

图 6 -6　麻城“智慧农业谷”全产业链

资料来源：作者根据前文描述内容梳理绘制。

以培育大别山地区的“现代农业中心”“农产品商贸会展中心”“农业休闲旅游中心”和“农业康养中心”为最终目标，利用第三产业倒逼第一、第二产业，带动“种子业”“种植业”“农产加工业”“物流业”“商贸业”发展。在此过程中，泛华在麻城开展了大规模、全方位的基础设施建设，协助当地政府孵化相关产业。在此基础上，泛华进一步利用自有资源帮助麻城招商引资，快速打造麻城品牌 IP，另外，泛华还将自身数字化成果与麻城共享，为麻城引入电子商务、现代物流等技术手段，拓宽“智慧农业谷”的产品市场。

麻城“智慧农业谷”一炮走红（见 6.2.4 麻城“智慧农业谷”大事记），麻城也摇身一变成为了大别山片区区域发展与扶贫攻坚计划的“明星示范基地”，教科书式的模板为湖北省探索科学、绿色、可持续的发展道路，进而构筑贫困地区转变农业发展方式提供了战略支点。

6.1.3.4 百尺竿头，更进一步

近年来，泛华集团无论是在产品力、品牌力还是生态力方面，都取得了丰硕的荣誉（见表6－1）。“三融小镇”模式在麻城的成功试水也让杨董更加坚信泛华在乡村振兴主题板块的战略方向是正确的。正如他所说的那样，越是满载荣誉，越应戒骄戒躁；越是荆棘载途，越应致知力行。未来，泛华在乡村振兴的道路上还大有可为！

表6－1　泛华集团2020年度部分得奖情况

产品力	泛华集团“产业生态育城运营平台”获得2020年度“国家中小企业公共服务示范平台”称号
	2020年，泛华集团共获得71项工法专利及行业奖项，其中国家级奖项5项，省部级奖项35项，市级及行业级23项
生态力	2020年，泛华集团与70个地方政府、知名企业成为战略合作伙伴，打造共生型组织，构建事业共同体、利益共同体和命运共同体
	泛华集团主办中设协经营创新与工作委员会2020工作年会，并以协会为平台，赋能行业企业、协会企业，树立行业形象与影响力
品牌力	泛华集团获得由北京市建筑业联合会颁布的“北京建设行业诚信企业”和“北京建设行业AAA信用企业”两项殊荣
	泛华集团监理的长影海南生态文化产业园中国区工程获得由海口市建筑业协会颁布的2020年度海口市建设施工优质样板工程“椰城杯”奖
	泛华集团监理的长影海南生态文化产业园中国区工程荣获由海南省建筑业协会和海南省建设监理协会联合颁布的2020年度海南省建设工程“绿岛杯”奖

资料来源：笔者根据泛华集团官网中“企业荣誉”部分内容梳理制作。

6.1.4 尾声

2019年12月15日，恰逢周末，家住麻城市黄土岗镇土城村的老刘起了个大早，天还没亮就已经开始忙活起来。原来，今天他和村民们约好要趁着这暖阳普照的好天气把上个月各家新采的菊花晾晒成饼。而在几公里外的黄土岗镇菊花高新技术产业园里，各色菊花仍在寒冬的大棚里绽放。该镇2015年新成立的大自然菊业有限公司的车间里也是一番热闹的景象，工人们正忙着过筛、塑封、装盒、打包、发货。不出24小时，全国各地消费者的饭桌上就会飘出黄土岗镇菊花的阵阵清香。

近年来，黄土岗镇在麻城“智慧农业谷”的带动下因地制宜谋发展，围绕菊花做文

章。镇长李小雄兴奋地向我们介绍："在全镇人民的努力下，黄土岗镇现已建成长达 30 公里的菊花产业带，种植面积超过 3.5 万亩。2017 年全镇菊花产业总产值达到 3.5 亿元，2018 年突破 4 亿元。"

不仅如此，黄土岗镇 3509 户贫困户依靠菊花产业实现了脱贫致富。在大自然菊业的鼎力相助下，该镇成功打造了全国知名的菊花特色小镇与高品质田园综合体，并建成全国唯一以菊花为主题的 AAA 级菊园景区，年接待游客超过 10 万人次……

远在北京的泛华集团总部的办公室里，董事长杨天举看着手中茶杯里的黄土岗菊花茶，露出了久违的笑容。

6.2 背景信息

6.2.1 泛华集团简介

泛华集团成立于 1992 年，是国家建设部原直属企业。作为中国新型城镇化的创新领跑者，泛华积极探索城市建设和建筑业改革，并为实践城市建设、工程总承包和建设项目全过程管理作出众多贡献。泛华历经多年的发展和累积，创建了城市发展和建设领域独树一帜的泛华品牌，在城市发展经营理念、运营模式创新和建设领域系统整合等方面都具有相当规模和比较优势，成为不断提升、持续发展的大型投资建设集团。

6.2.2 泛华集团文化

泛华企业文化是泛华事业的灵魂和神韵，是泛华软实力的核心。"泛华"，泛中华也，泛华企业文化根植于中华民族最璀璨的文明体系，底蕴深厚、内涵丰富，以中国文化精粹为内涵，以弘扬中华民族传统为己任。泛华人在"劳作、创新、升华、为客户创造价值"的企业文化引领下，追求卓越，并以"弘毅"之精神，志向远大，意志坚强，艰苦卓绝，实现愿景。

（1）集团愿景：成为国内外领先的提供城市发展系统解决方案的城市发展商。

（2）核心价值观：劳作、创新、升华、为客户创造价值。

（3）集团使命：创造城市价值，成就精彩人生。

（4）经营方针：以模式做旗帜，以项目做抓手，以联盟做平台，以产业做支点，以金融做翅膀，信息化做手段，发现需求，创造价值，重构产业价值链与生态圈。

6.2.3 泛华集团四大业务板块介绍

6.2.3.1 城市发展板块

致力于打造城市发展智库，关注城乡统筹和新型城镇化，以理解城市发展使命、主动对接国家战略的独特视角，系统规划实现顶层设计和制度创新，并为城市描绘系统的发展纲领与蓝图。通过挖掘城市要素禀赋，找出适合地方特色的发展路径和产业体系，增加造血机能，提升内生动力，实现城市跨越式可持续发展。

6.2.3.2 城市建设板块

业务涉及公共建筑、民用建筑、基础设施、市政工程等各个领域，具有开发建设和工程总承包综合能力、投融资带建设系统承包综合能力。拥有省部级研发中心、先后承担多项科技部、住建部重大科研课题。

6.2.3.3 城市投资运营板块

重点为城市提供产业运营和投资开发业务，旨在推动区域动力变革和产业升级，提升全要素生产效率，以生态文明建设为基底，推动乡村振兴战略。投资建设运营以城市创意设计工场、数字城市港、产教融合学院、科创工场为核心功能的泛华美丽健康产业育城中心；与地方主导产业相结合，打造包括装饰时尚产业、文化旅游、健康体育、特色农业、中医药等新经济产业在内的高质量发展与生态文明和城镇化相融合的产业转型升级示范区。

6.2.3.4 海外发展板块

在安哥拉、坦桑尼亚、南苏丹、纳米比亚、阿联酋等国家运用“城市发展创新模式”开展海外项目的开发建设和工程总承包。

6.2.4 相关企业资料①

6.2.4.1 泛华集团社会责任相关业务板块（见表6－2）

表6－2 泛华集团社会责任相关业务板块

业务板块	运营服务模式	实践案例	产业联盟
水生态	海绵城市系统解决方案	南京市南部新城红花机场地区海绵城市规划； 湖南文理学院西校区海绵城市建设工程； 河南鹤壁钜桥海绵生态体验园； 武汉青山示范区海绵城市总体布局	中城智慧城市研究会； 中国中车股份有限公司； 中国水务集团有限公司； 武汉市海绵技术联盟
环境治理	城市水系统水体治理、水资源利用、水污染防治及固废处理等服务	武汉东沙湖连通渠工程； 河北保定环城水系滨水景观； 温州平阳鳌江九叠河生态公园； 宁夏灵武市宁东生活垃圾无公害处理工程	中国环境保护协会； 中国节能环保集团公司； 武汉水务科学研究院； 武汉市规划研究院
绿色建筑	“互联网＋绿色建筑”模式	世界500强企业中国总部办公楼； 国家基因信息数据库、生物样本资源库项目； 深圳机场信息大楼； 苏州昆山花桥国际商务城基地办公楼	北京绿色建筑产业联盟； 中国勘察设计协会； 北京建筑材料科学研究总院
区域能源	聚焦高能效、系统性节能、全过程高效	中关村广场区域能源项目； 北京市通州区运河核心区区域能源系统项目； 大连小窑湾国际商务区系统规划； 武汉光谷金融港区域能源项目	中国华电集团公司； 中节能建筑节能有限公司； 北京燃气能源发展有限公司； 山西省城乡规划设计研究院
文化旅游	“文博场馆运营服务＋文创艺术产业运营”双主业并举的产业结构	运城市盐湖文化产业园发展战略规划； 滁州市琅琊山旅游文化区战略发展规划； 贵州松桃古镇规划及设计项目； 开封宋都古城文化产业示范园可行性研究	中国文化管理学会； 国家发改委国际合作中心； 中国城市文化产业发展联盟

6.2.4.2 泛华创新发展路径

泛华特色四大创新发展路径见图6－7。

① 参见：泛华集团官网：http://www.fanhua.net.cn/#/home。

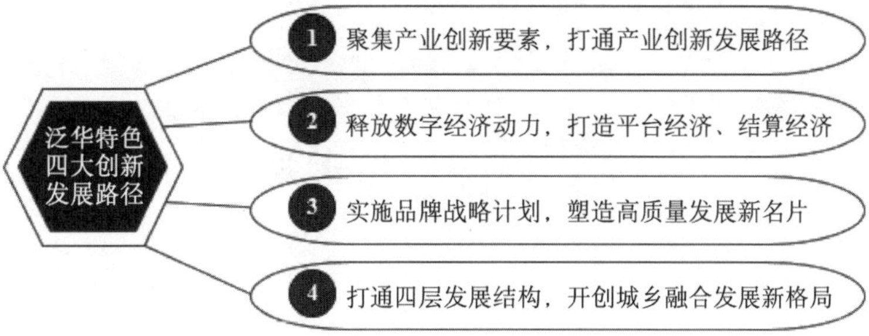

图6－7　泛华创新发展路径

6.2.4.3　泛华全产业链格局

泛华“强县”与“富民”统一的产业链格局见图6－8。

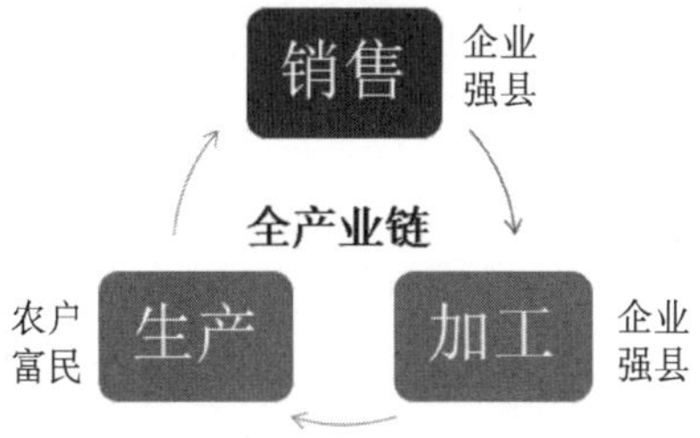

图6－8　泛华全产业链格局

6.2.4.4　麻城“智慧农业谷”大事记（见表6－3）

表6－3　麻城“智慧农业谷”大事记

时间	事件
2013.06	麻城市政府与泛华集团签署《关于产融结合推动大别山区域中心城市建设的战略合作协议》
2013.08	泛华集团出版《撬动大别山——智慧农业谷与中心城市引领下的扶贫开发模式探索》一书
2013.12	麻城市政府与泛华集团正式组建合资公司
2014.04	麻城智慧农业谷投资发展有限公司、麻城市智慧农业谷建设指挥部举行揭牌仪式
2014.11	麻城智慧农业谷金广大道、朝圣路延伸线综合市政工程开工建设
2015.03	麻城智慧农业谷项目获得由湖北省重点建设领导小组正式授予“麻城智慧农业谷项目”省重点建设项目
2015.04	麻城智慧农业谷项目被列为国家智慧城市试点专项项目
2015.06	湖北省黄冈市推进“双强双兴”暨改革创新工作现场会在麻城召开
2016.09	金广大道朝圣路延伸段工程已完工，并完成竣工验收
2016.12	金广大道二期、景观路工程已完成90%以上

6.3 思考题

1. 你认为泛华集团进行战略升级的动因是什么？在此过程中，泛华集团都面临哪些风险和挑战？

2. 泛华集团是如何通过战略升级不断完善其乡镇建设体系的？战略升级在泛华的乡村振兴主题板块业务中扮演着怎样的角色？

3. 泛华集团积极助力乡村振兴对于自身的发展有什么意义？

4. 请结合你对企业社会责任概念的了解，为泛华集团未来继续扮演好“社会公民”角色提供可行的方案。(开放式问题)

7. 案例五：数字创新战略与精准扶贫：中蔼万家数智工厂升级之路[①]

7.1 案例介绍

经过漫长的旅程，我们辗转来到此次的目的地：兰考中蔼制衣。醒目的厂房坐落在村口，并传来阵阵欢快的乐声，走近看到女工整齐划一的舞姿，在阳光的照射下勾勒出一幅美丽的图画，她们脸上都洋溢着自信而又欢乐的笑容。这一幕刷新了我们对传统制造业的认知，一直以来，印象中的制造业应是呆板机械的，而中蔼万家服装股份有限公司（以下简称中蔼万家）的工作氛围却是如此愉悦。适当休息后，女工们马上投入工作，车间内的她们正在有条不紊地赶制一批新接的订单，偌大的车间几乎没有空余的工位。在厂房旁的妇女之家，孩子们没有妈妈的陪伴，却依然笑容满面。这不禁让人疑惑，在当前劳动密集型的中小型企业普遍面临招工难、用工难的困境下，中蔼万家是如何在解决劳动力难题的同时，做到既保证企业盈利又保证员工福利的呢？本案例将深入探讨中蔼万家的竞争战略及其独具特色的“中蔼模式”。

7.2 背景信息

7.2.1 精准扶贫的制度背景

2013 年 11 月，习近平首次提出了“精准扶贫”的战略思想，在党的十九大上，习近平

① 本案例改编自：王凯、苗宁柠、吴三林：《活用政策谋发展，降本增效谱新篇——中蔼万家的战略制订与实施》，《财务管理研究》2019 年第 1 期。

总书记再次把扶贫提高到新的战略高度。在以习近平同志为核心的党中央领导下，各地区各部门深入贯彻落实精准扶贫、精准脱贫的基本方针，以前所未有的力度推进脱贫攻坚工作，推出一大批惠民举措。河南省政府把精准扶贫、产业扶贫有机结合起来，共同实施“巧媳妇”精准扶贫工程，通过政府引导、企业主导、妇女参与、市场化运作，不断发展壮大，不仅解决了企业用工难的问题，还使贫困人口家庭通过辛勤劳动脱贫致富，在扶贫攻坚方面取得了明显成效。

7.2.2 竞争激烈的行业背景

纺织服装行业属于轻工业制造业，上游纺织加工具有制造业特征，下游品牌服装具有零售业特征，中禧万家主要从事纺织服装制造。整个服装行业主要涉及环节如图 7 - 1 所示。

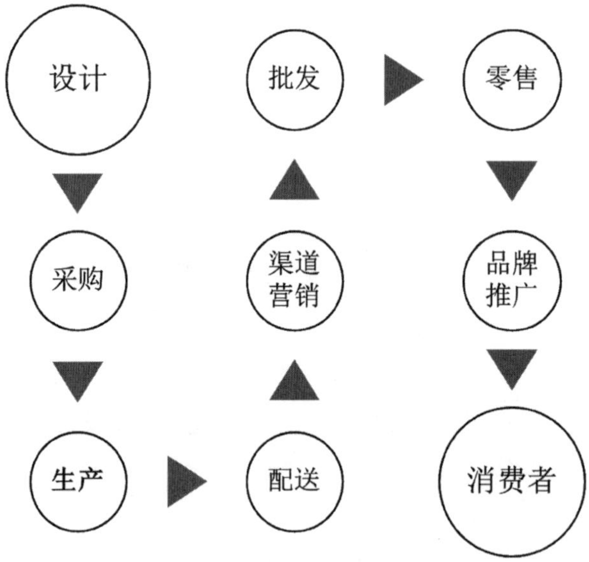

图 7 - 1 纺织服装行业主要涉及环节

中禧万家作为供应链上游的生产商，利润微薄，唯一提高利润的方法是降低成本。然而，中国的劳动力成本逐年升高，招工难成为劳动密集型企业主要面临的困境，因此产业转移成为劳动密集型企业的出路。在沿海服装产业因成本上升、招工艰难而被迫向内地转移的背景下，河南省政府抓住了契机，利用河南省的产业集聚优势和劳动力低成本优势，推出了“巧媳妇”工程。河南省服装行业协会整合了中国服装全行业的优势资源，在全省率先开展了巧媳妇产业精准扶贫工程。

7.2.3 企业背景

中蔼万家成立于2016年8月。公司整合纺织服装行业精英资源，以精准扶贫为使命，以党建引领为核心，以智能制造为导向，把服装产业产能下沉到劳动力来源地，将最先进的服装科技装备下沉到河南的广大乡村。业务模式上以创新的混合所有制模式发展农村集体经济，以建立“中心基地+卫星工厂”的实施形式，安排农村剩余劳动力家门口就业，并吸引外出务工人员返乡就业。公司紧紧抓住中央精准扶贫的重大机遇，依托河南人口第一大省的优势，运用大数据、云计算等智能科技，为解决更多劳动力实现家门口上班、为实现“中蔼进万村、就业百万人”的目标、为河南打造万亿服装产业“世界工厂”的愿景而奋斗。

7.2.3.1 战略制定——产能下沉、降低成本

“像我们这个年龄的家庭妇女出去打工，很难不说，也放不下家里的老人、孩子，有什么能就近上班兼顾家庭的工作呢?”妇女王艳红疑惑道。在当今社会，多数农村妇女选择外出打工，而不少农村妇女面临和王艳红相似的问题，公婆年事已高，孩子需要照顾，找工作未果，只能赋闲在家。

河南省服装协会于2018年1月发布《2017中国企业经营者问卷跟踪调查报告》，该报告反映了1495名企业家对市场的看法。其中，在判断当前企业经营发展中遇到的最主要困难时，有71.8%的企业家选择了“人工成本上升”，占比最高，可见劳动力和企业需求不匹配的现象普遍。

访谈过程中，中蔼万家副总裁陈宏伟也说道：“现在劳动力成本越来越高，很多纺织服装企业都面临着每年15%的工资上涨压力，但是产品的价格却没有提高。绝大多数企业都缩减了员工，但是依然抵挡不住成本上升的压力。而且目前中国工人的劳动力素质并没有提高，很多“90后”年轻人都不愿意进工厂，流水线上还可以看到白发苍苍的老人。劳动力的隐性成本都在急剧上升，很多纺织服装企业都已经不堪重负。”

面对农村剩余劳动力较多和工厂用工难的矛盾现象，中蔼万家对河南省农村地区的剩余劳动力进行了充分挖掘。中蔼万家把服装产业产能下沉到劳动力来源地，不少制衣厂就设在各个村里，厂房用地由政府提供支持，不仅帮助农村留守妇女实现了家门口就业，也降低了厂房建设成本和劳动力成本，实现了履行社会责任和降本增效的双重效益。

7.2.3.2 战略实施——“巧媳妇”工程下的中蔼模式

(1)“中心基地+卫星工厂”的生产结构。

访谈过程中，陈宏伟介绍道：“我们的服装加工厂覆盖了河南省的 12 个县，采用‘中心基地 + 卫星工厂’的生产结构，目前共建立了中心基地 7 个，卫星工厂 46 个。中心基地位于镇上，卫星工厂分布于各村，以两头在园区、缝制在农家，能人挑头、骨干领办、跟单督导、规范运营的模式，把处于严重‘三无’（无土地、无工作、无社保）状态的‘巧媳妇’组织起来，经过严格、认真的工业化培训，将她们从第一产业解放出来，变成产业工人。”其生产结构如图 7 – 2 所示。

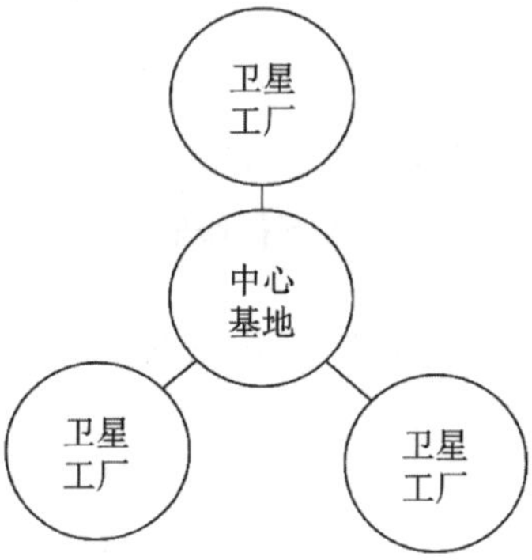

图 7 – 2　“中心基地 + 卫星工厂”的生产结构

“中心基地 + 卫星工厂”的生产结构实质是一种“分包关系”，中心基地把生产环节分散到剩余劳动力更为集中的村镇，围绕产业集群建设卫星工厂。与中心基地相比，卫星工厂距离劳动力更近，进一步实现劳动力家门口就业，降低人力成本。卫星工厂的生产环节为中心基地的一部分，其原材料来自中心基地，成品也回流到中心基地，实施统一验收以保证质量，实施统一包装出货以节省物流成本。中蔼万家中心基地和卫星工厂的服装生产工艺流程分别如图 7 – 3、图 7 – 4 所示。

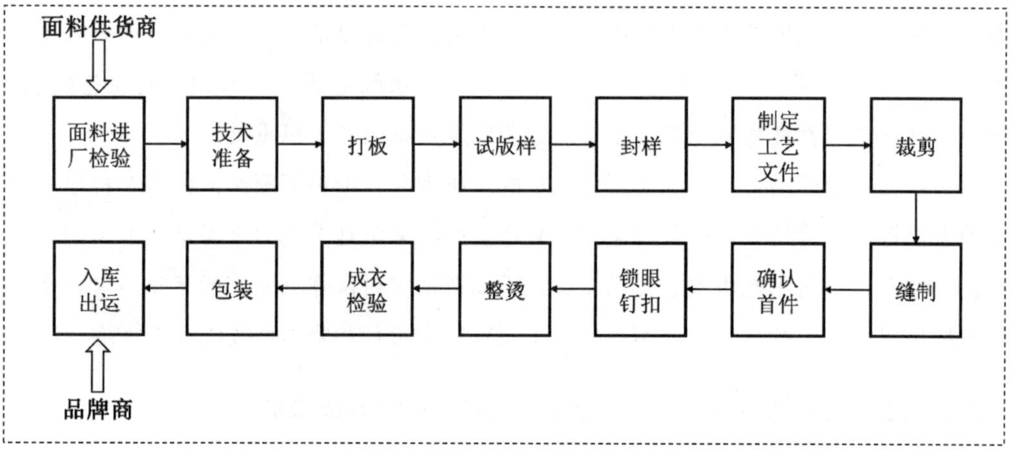

图 7 – 3　中心基地服装生产工艺流程

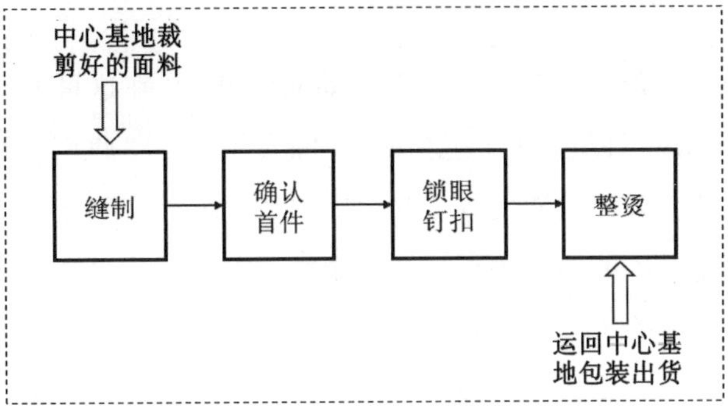

图 7-4　卫星工厂服装生产工艺流程

（2）“6+1”的运营模式。

当被问及中蔼万家是如何协调履行社会责任与盈利之间的关系时，陈宏伟自豪地说：“因为我们有整合全行业精英资源的能力，‘6+1’的运营模式使我们能够更好地协调个体利益与集体利益。”其中，“6”是指“智能制造+互联网+‘一带一路’+工坊制度+政策金融+服务经济”，“1”就是中国“巧媳妇”工程（见图 7-5）。“6+1”模式把“巧媳妇”智能化制造技术安排在工业化、信息化、产业经济化、世界服装工厂以及国际贸易自由化的广阔平台之上，以产业化手段拉动优质产能，以市场化机制盘活“巧媳妇”工程扶贫事业，以效率创新赢得价格优势，以数字化产能信息平台降低交易成本和提高下单频率。中蔼万家中心基地与卫星工厂都是数字化工厂，通过智能制造软件的应用可以对研发、工艺、制造、质量和内部物流等及产品化系统进行支撑，能够实现实时的数据采集和分析。生产数据、计量数据、质量数据采集全部自动化，无须人工录入，实时分析，实现 PDCA 循环。中蔼万家智能制造融合了信息技术、先进制造技术、自动化技术和人工智能技术，“巧媳妇”工程智能制造所需要的关键设备、核心零部件和应用软件全部实现了真正意义上的智能制造国产化。

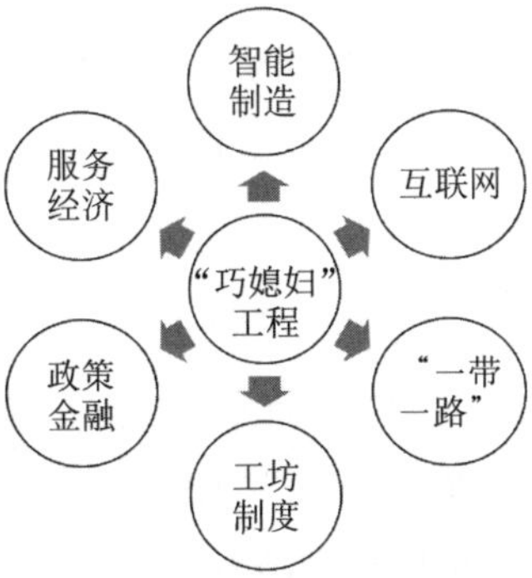

图 7-5　“6+1”型创新运营模式

（3）“家”文化。

当被问及为何选择这份工作时，一位员工如此说道：“在这里上班可以兼顾家庭，照顾老人孩子，农忙时节还可以放假打理农田。”陈宏伟说：“我们崇尚的是‘家’文化，只有先顾家，才能赚钱。公司定期发放日常生活用品，统一购买保险，建立积分奖励机制以及妇女之家，建立了完善的福利体系，让每个员工都感到家的温暖。”这种“家”文化吸引了更多的劳动力，解除了她们的后顾之忧，从而提高了员工的忠诚度。

另外，中蔼万家坚持党建引领，把党组织建设、企业发展、脱贫攻坚结为一体，促进企业良性循环。中蔼万家推行厂村一家制度，村支书兼任工厂工会主席，村妇委主任兼任厂妇委主席。村里配合工厂抓员工思想，厂里重点抓员工技术，以党建为核心，融入工会和妇联工作，三位一体，力求社会效益和经济效益的统一。中蔼万家“三位一体”的党建文化体系如图7－6所示。

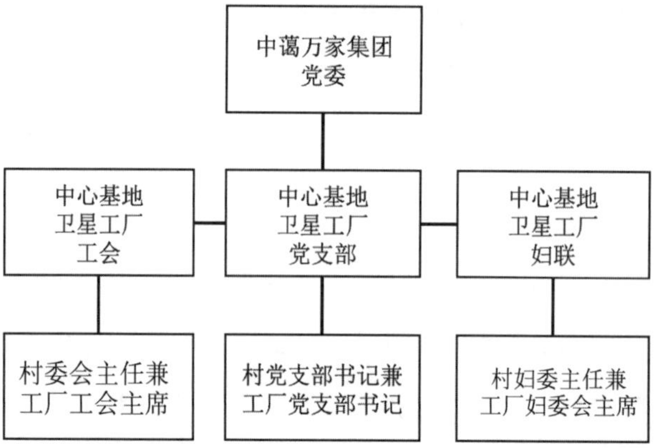

图7－6　中蔼万家“三位一体”党建体系

（4）结尾。

“我们绝不会让自己的孩子将来成为留守儿童。”曾经的留守儿童长大后，为下一代许下“爱不会缺席”的诺言。当返乡成为就业的更好选择，这将不仅是经济发展向农村的延伸，更是家庭团圆的温暖、乡土文化的回归。在中央提出的精准扶贫和乡村振兴的背景下，中蔼万家无疑是一个忠实的执行者。

在纺织服装行业的产销链条中，中蔼万家的“产”正在不断地优化，然而美国作为中国纺织品服装第一大出口国，中美贸易战将使越南在美国的纺织服装品市场中占据有利地位，中蔼万家将面临“销”路不畅的困境，“中蔼模式”带来的低成本优势将不再成为其核心竞争力。因此，中蔼万家的未来仍然充满着未知……

7.3 思考题

1. 从制度环境和竞争环境角度分析中蔼万家面临的外部环境。

2. 从制度环境和竞争环境角度，对中蔼万家进行战略分析，判断中蔼万家在特定环境下如何制定竞争战略。

3. 中蔼万家为实现其竞争战略，采取了哪些具体措施？

4. 在全球化趋势下，面对日益激烈的竞争环境，中蔼万家如何进行战略变革以保持竞争优势，从而进一步提升核心竞争力？

8. 案例六：数字时代的创业逻辑：飞友科技基于数据资源的平台演化过程①

8.1 案例介绍

随着民航业的飞速发展，航班的频繁延误和信息的延迟传递成为阻碍民航运行品质提升的痛点。在此背景下，飞友科技有限公司（以下简称飞友科技）推出一款专业的航班出行软件“飞常准”解决了上述行业痛点。回顾飞友科技的发展历程和战略布局，以破解行业矛盾为起点不断壮大，从 BBS 论坛到数据平台再转型为移动互联网平台，最终演化为商业生态系统的发展路径。通过本案例的学习，可以在了解行业与企业信息基础上，思考飞友科技如何围绕核心能力推动战略转型，掌握搭建企业战略转型理论分析框架的能力。通过进一步引导读者讨论战略制定及实施的动态过程，可以让读者理解企业如何在数字信息时代，通过价值共创构建多方利益群体的价值链体系。

2013 年 1 月 3 日，滇中大雾，长水告急……

昆明长水机场遭遇转场运行后的首场大雾，由于信息化程度较低、配套保障准备不足，连续 3 日致使约 7500 名旅客滞留机场，情况相当混乱。随后一篇名为《十问长水》的网络短文在网络上迅速传播，更将长水机场推到了舆论的风口浪尖，长水机场的运营保障能力在业界饱受质疑。

“问题出在哪里，我们的生意就做到哪里。”在业界对长水机场的一片质疑声中，飞友

① 本案例改编自：严子淳、王伟楠、梅亮：《“飞常准”如何非常准——飞友科技数字时代的战略型逻辑》，中国管理案例共享中心，编号 STR－1046。

科技的创始人、CEO 郑洪峰却要在长水机场推销起“时间的生意”。一年后，这笔生意效果惊人：长水机场在客货运输大幅增长的情况下，放行正常率稳步提升，2015 年放行正常率排名更是跃居全国旅客吞吐量千万级机场首位。从“十问长水”到“长水常准”仅仅用了不到两年的时间，其中飞友科技为长水机场定制的这套名为“长水常准”的产品系统功不可没。“长水常准”通过利用民航大数据构建的机场协同决策运行标准和系统（以下简称 A-CDM 系统）打破了民航业内的数据孤岛，深化了民航服务链上的数字信息公开化程度，提升了航班运行效率。

或许很多人都会觉得这套系统十分陌生，然而飞友科技的主打产品“飞常准”移动客户端却已成为普通大众乘坐飞机出行时常用的应用程序，这款应用程序是现今国内直接面向旅客端知名度最高的旅行类应用，共计为超过 3 亿民航旅客提供航班延误预警、分析和行程规划等全方位行程管理服务。除此之外，飞友科技还拥有航班与空域时刻工具、民航数据分析平台等众多业务与产品。郑洪峰从最初的行业民间“官网”到如今全球领先的航空数据服务商，做起“时间的生意”已有十五载。面对中国民航产业的迅速发展与变革，以及环境的浮浮沉沉，且看郑洪峰如何在互联网飞速发展的时代拥抱变化，施展公司经营的战略春秋。

8.2 背景信息

8.2.1 飞友科技如何破局

飞友科技的创始人、CEO 郑洪峰先生，毕业于民航系统的行业院校广州民航职业技术学院通信工程专业。毕业后，他来到了合肥空管系统工作。如果按照正常职业发展轨迹，郑洪峰会成为一名优秀的空中管制员，然而是什么原因使他成为专注于航班延误的“时间生意人”呢？这还得从中国民航发展历程说起……

8.2.1.1 行业发展，延误之痛

1996 年参加工作的郑洪峰作为一名基层的空中交通管制员，见证了民航业旅客运输量的飞速增长，深感航班延误对于一线工作者的压力，而时间、空间的隔离造成信息无法及

时共享正是导致这种现象的根源。基于一份行业责任，郑洪峰开始思索在工作中如何提升效率。

早期的中国民航市场属于小众市场，乘客和航线数量相对较少，因此这一阶段的航班密集度较低、流量控制较严，航班延误情况极少发生，也有足够的人力保障突发情况的处理，旅客与民航运营方并没有太大的矛盾。而随着我国经济和民航事业的飞速发展，行业体量、乘机人数量和乘机频率大幅度增加，旅客需求提升的现象较为明显，运营矛盾与冲突频现。例如，2015 年我国全部航班平均出港准点率不足 65%，民航业由于延误造成的经济损失在 400 亿元以上。这意味着一年延误造成的经济损失金额，相当于一家中等的航空公司总资产（由于机队属于重资产，所以航空公司的资产评价很高），约相当于 89 架空客 A320。

造成上述问题的主要原因，是民航行业信息化的水平长期相对较低，机场和航空公司各部门之间的信息长期闭塞。其中，机场和航空公司各部门的生产运营系统大多处于割裂状态，地勤、空乘等一线服务人员无法及时获取航班实时变动的信息，进而导致乘客作为流程上的最后一环，所获得的信息量最少，对于很多突发状况是最没有知情权的，这就成为当时乘客出行难的一个典型原因。

一次，郑洪峰在北京飞往合肥的航班上被“关”了 3 个多小时。当时北京、合肥两地的天气都非常好，而且北京机场的航班起降也正常，唯独他这班飞机迟迟不能起飞。航班乘客封闭在客舱内迟迟得不到确切的航班延误信息，很多乘客控制不住焦虑的情绪甚至和乘务员发生了争吵，一时间客舱内“火药味”十足。当时，郑洪峰利用他的专业之便查询了天气雷达图，气象显示北京南边即“天津—保定”一线有片雷雨区。他让航班上的旅客和乘务员看了准确的天气雷达图，并结合天津机场雷雨的天气实况加以解释，帮助机组化解了一场由于航班延误引发的信任危机。

行业类似事件的频发引发了郑洪峰对各个机场、航空公司之间信息割裂问题的思考：在民航行业信息缺失、服务失误频发的背景下如何破局？郑洪峰认为，时间是最宝贵的财产，几经沉淀，以节约广大旅客的出行时间作为核心商业价值，他从民航延误问题入手，创立了飞友科技，主导推动实现中国航班数字信息的公开化，力求从根源上解决民航业服务缺失和信息不对称的困境。

8.2.1.2 瞄准痛点，打破壁垒

飞常准的推出应该算是郑洪峰的第二次创业。早在 1999 年，郑洪峰初次创业所创立的民航资源网，就是民航从业者的交流平台，其初衷是利用信息技术解决行业的信息不对称问题。然而，民航资源网的成功运营，似乎并没有达到预期。对此，郑洪峰有着很客观

的认识：做得早、同行少、抓先机，但是一个专业服务平台的成功，绝不仅仅是占得先机这么简单。于是，他把目光聚焦到了最不容易遇到竞争对手的航班起降信息，然而数据从哪来？什么样的数据是行业亟须的有效数据？

当时，郑洪峰通过敏锐的商业嗅觉，带领团队基于上述问题设计出了公司的商业生态系统（见图 8－1），打通了“数据收集—数据处理—数据应用”的价值链。从识别市场现状到找到解决方案，再到推导商业模式的演变过程，一切计划都完全瞄准了民航的行业痛点，其核心就是对于行业数据的管理。

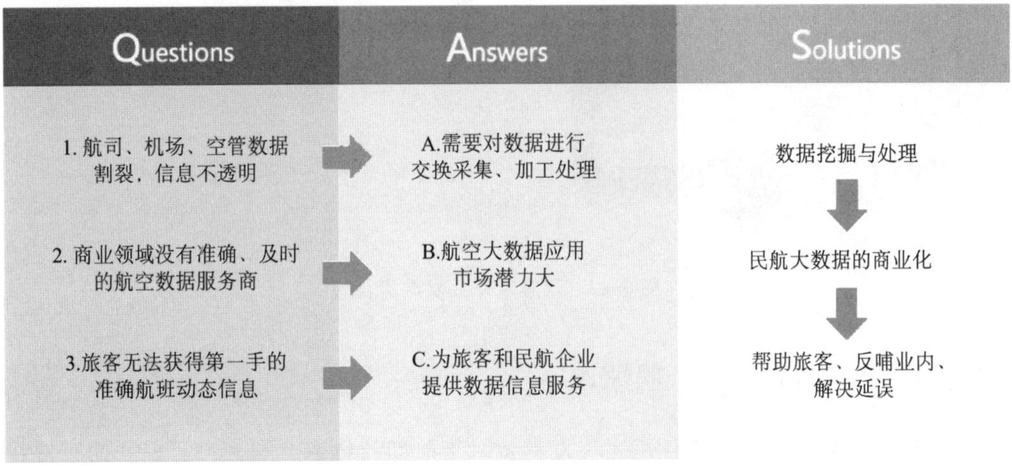

图 8－1　飞友科技商业生态系统

基于郑洪峰为公司设计的商业生态系统，飞友科技的国内首个民航数据分析服务的专业平台——“飞常准”诞生了。2005 年，飞常准研发之初只是一个专门为飞行旅客服务的信息平台；2009 年，飞常准网站正式上线，航班动态信息模块正式开始商用；2011 年，飞常准手机客户端正式上线，为全球飞行旅客提供准确、及时的航班动态信息；2013 年，飞常准用户已突破 1000 万人；2016 年，飞常准基于长水机场的成功经验，全面启动 CHINA A－CDM 战略，布局中国机场，并启用“VariFlight”全新国际化品牌形象，布局国际市场。图 8－2 为飞常准产品发展历程。

现如今，这款功能强大的应用程序包括精准预测起降时间、查询航班历史准点率和智能延误分析，通过数据深度剖析航班的延误原因，再进行专业智能的航班延误分析和航班动态查询，便可以提供准确可靠的航班起降、延误、取消等实时动态信息的查询、定制航班动态等功能。目前，飞常准对于航班实际起降预测的准确率超过 99.9%，使每位用户每年可以节省 100 个小时的出行时间，影响 3 亿人群的出行习惯。

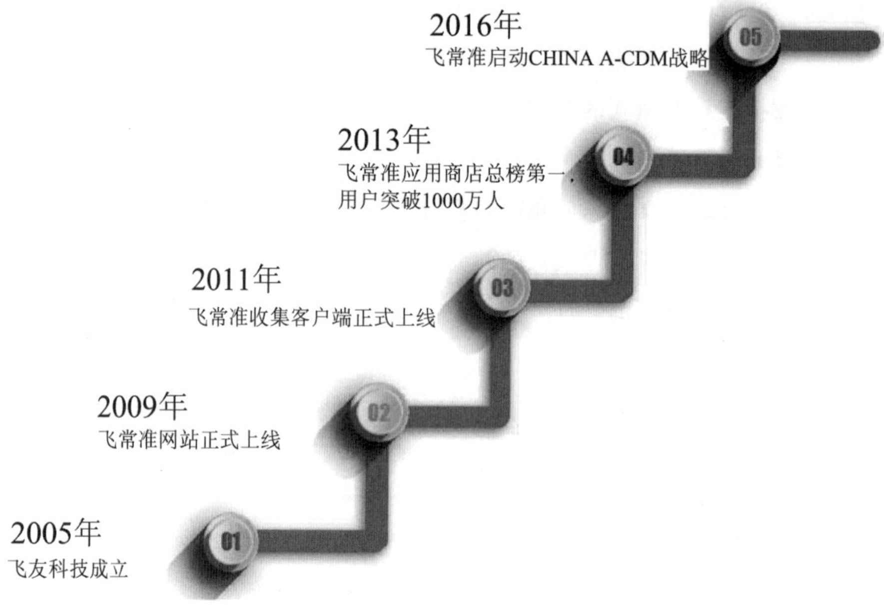

图 8－2 飞常准产品发展历程

8.2.1.3 治理痛点，一鸣惊人

在长水机场的“1·3”事件后，飞友科技基于前期的技术、资源积累，开始研发新一代机场智能运行协同决策系统（以下简称 A－CDM），利用大数据和人工智能技术，以帮助机场建设数据平台的方式，完成对航班运行的数字信息获取、分析和智能决策，提升机场地面运行效率，解决业内信息不对称的痛点，飞常准 A－CDM 系统全过程见图 8－3。

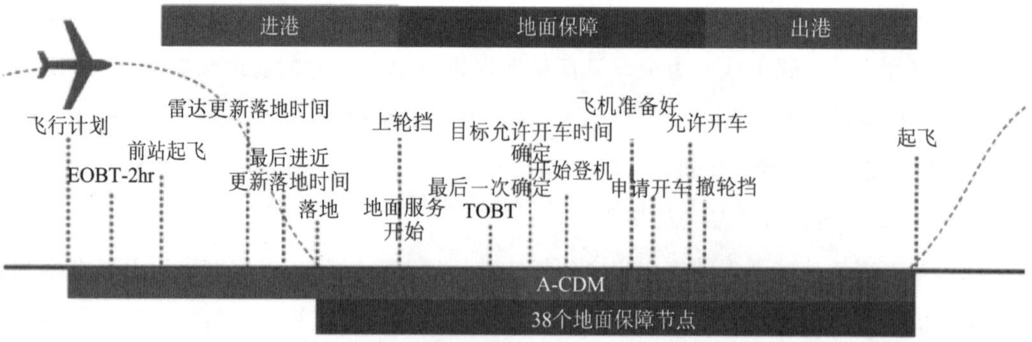

图 8－3 飞常准 A－CDM 系统全过程

2014 年，飞常准 A－CDM 系统“长水常准”成功覆盖昆明长水机场。这款产品可以根据机场的实地情况，进行定制化搭建，在实现了 A－CDM 系统基本功能的基础上，结合机场资源和人员调度的特殊性，拓展开发了机位智能分配、智慧地服调度等系统，通过人

工智能技术自动对资源和人员进行调度和优化，提升了机位、廊桥、车辆等地面资源和人员的利用率。借助飞友科技的“长水常准”，长水机场打了一场漂亮的“翻身仗”，2015年长水机场航班正常率连续11个月排名全国第一（准点率排名见图8－4），赢得广大旅客和行业内外的认可。

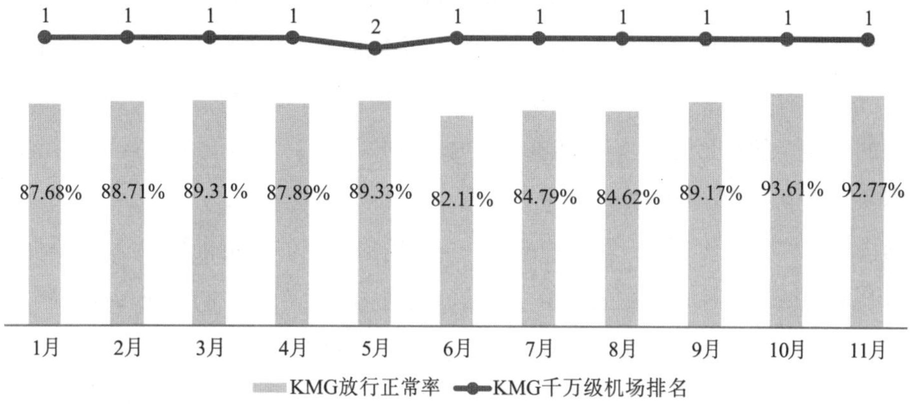

图8－4　昆明长水机场（KMG）2015年前11个月准点率排名

数据来源：飞常准 VariFlight，2016年1月。

有了“长水常准”的成功案例作为基础，截止到2017年，飞常准A－CDM系统已经覆盖了85家机场。随着机场业务的拓展，越来越多的空管部门与航空公司向飞常准提出了提高自身运行效率的需求。

8.2.2　飞友科技的价值共创布局

尽管早在飞常准项目启动初期就明确了发展思路，但当时其实郑洪峰心里清楚这个项目的推进与管理过程困难重重。主要原因是中国民航体系从20世纪末将管辖权由中国空军转移到中国民用航空总局后，承袭了军队十分严谨的行事风格，有很多安全方面的顾虑因素，飞常准要获取数字信息和使用数字信息充满了挑战性。

8.2.2.1　资源整合，未雨绸缪

我国民航空管系统按照地理位置划分为七大空管局，在行政管理初期，七大空管局的内部系统尚未完善，各自为政的状态不但造成了组织与信息的冗余，也使很多基础数据无法有效地在行业内进行公开流动。有着多年空管岗位一线工作经验的郑洪峰敏锐地发现：如果能有效协同七大空管局的业内基础数据，必将提升整个行业的信息价值。于是，捕捉到了机会的郑洪峰，计划凭借自身多年扎根行业的资源与经验，构建一个跨越部门边界的

数字信息平台，并邀请航空公司、机场和空管局加入，把不涉密、可以公开的业内基础信息上传至平台，再通过搭建数字信息中心的方式，使加入这个数字信息平台的部门可以获取其他待协同部门的关键信息，为平台的参与者提供了实际的价值。为了从管制严格、涉密度极高的主管部门获取有用数据，郑洪峰利用自己在民航系统中多年积攒的人脉和商誉，一家一家地去谈，一家一家地去磨，承诺这个数字信息平台绝对安全并给出相应的赔偿条款，保证不会出现信息泄露和对行业信息系统反向破坏的情况，这让飞友科技的所有人在一段时间内背负了巨大的精神压力。在不断的努力下，2008 年从空管局、机场、航空公司获取的气候、航班信息、空域流量等业内基础数字信息，让飞友科技对整个中国民航业内数据覆盖达到了 70% 左右。

借助搭建的数字信息平台，郑洪峰的团队成功输出了能够解决机场、航空公司、空管信息不对称（即信息不公开）问题的解决方案，在行业内树立了良好的专业形象。但是，郑洪峰发现飞友科技构建的数字信息平台仅仅解决了机场、航空公司、空管等 B 端的问题，并没有将数字信息公开的边界彻底下沉至越来越庞大的乘机人群，这让郑洪峰和飞友科技的所有员工认识到眼前的成功并不是终点。不管业务及诉求如何，也不论是支撑 C 端业务还是 B 端业务，飞友科技的核心价值就是通过各类技术和数字化能力去实现系统的集成，将数据、信息、业务耦合在一起，进行基于场景的业务流转和数据连通。飞友科技鉴于 B 端业务数据与资源的积累，其主打品牌飞常准继续突破 C 端，并通过提升对数字信息的管理水平，成功升级，同时覆盖 B 端和 C 端，率先成为行业内第一个为乘客提供信息服务的航班信息平台。

8.2.2.2 跨界开花，反哺行业

郑洪峰深信，在大数据时代，开放的心态很重要，所谓“得数据者得天下”并不是因为数字信息封闭起来才值钱，而是基于分享提高了大家对数字信息的依赖程度，才让其有了价值。从最初只是从机场、航空公司、空管局等各方获取数字信息，到借助数字信息的应用完成公开化的成功，让郑洪峰和飞友科技认定了发展方向的正确性。于是，郑洪峰的团队有了更大目标，即致力于从数字信息和时间两个维度的管理入手，深入开发商旅业、大交通产业、物流运输类、科技创新等交叉领域的衍生商机，使信息资源在行业的各个环节“流动”起来。

2012 年，携程的资本注入完成了飞友科技与 OTA（Online Travel Agency）平台的深度合作，完善了双方的价值共创体系。飞常准通过航班信息显示系统（见图 8 -5），将航班数据整合至 OTA 平台，实现了多种情境下向旅客提供航班实时动态信息的功能，并与酒店、机场用车服务进行绑定，为旅客提供全方位的增值服务，形成了“机场—酒店—机场”的旅客位移闭环。通过与 OTA 建立的合作，飞常准的服务范围在 2019 年已覆盖了 5.1 亿出行相关人群。

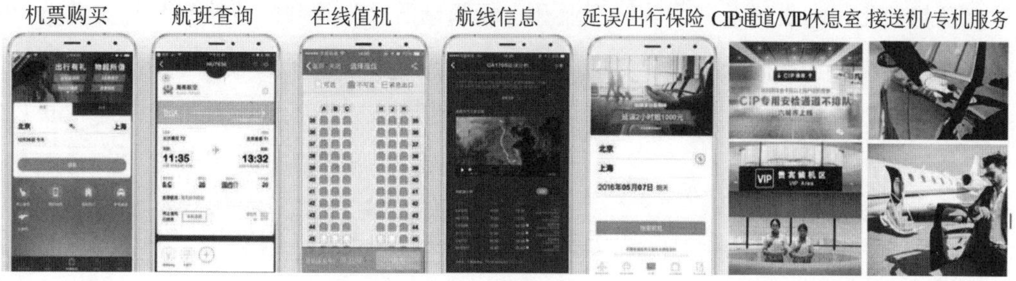

图 8 – 5　飞常准嵌入 OTA 航旅出行生活全场景

在反哺行业方面，2014 年马航 MH370 失踪的突发事件，让郑洪峰和飞友科技意识到全球航班的实时飞行轨迹监测的重要性，于是依靠飞友科技遍布全球的 ADS – B 接收器实现了实时获取航班状态数据、全球航班秒级实时跟踪，通过协同数据资产的双向流动渠道，利用新技术对获取的行业数字信息进行处理和加工（数字信息获取来源见图 8 – 6），使数据资本再定向地流通到空管、航司、机场等业务部门，进而反哺行业，提高数字信息公开的频度和质量。

飞友科技通过全方位地反哺行业，提高了行业影响力，让“飞常准”品牌成为行业数字信息服务领域的金字招牌。一方面，飞常准帮助空管提高空中冲突的准确预警，提高了空管运行的效率与安全性，并在与航空公司的合作中，通过帮助航空公司更好地规划航路、航班时刻，提高了航空公司的飞机利用效率，降低了航空公司的延误成本；另一方面，飞常准通过与物流运输产业合作，打通货运计划编制、航班运输监控、货物跟踪等全流程，提供了航空运输物品离港进港的监控服务，提高了整个物流速运体系的服务效率。

图 8 – 6　飞常准民航数据中心的数字信息获取来源

8.2.3　飞友科技的战略演化与变革

数字信息存量增加与数字信息价值创造之间矛盾，不仅是所有数字信息平台型企业面临的共性问题，也成为贯穿飞友科技成长过程的核心议题。此外，外部环境快速变化和用户需求日趋分化，郑洪峰及其团队以行业和市场深刻洞察为基础的战略定位调整作为一种常态，不断缩小产品、服务与用户之间的距离，从多个方面将海量的数字信息转变为多方利益主体的共创价值，通过一次次变革调整，不停地为飞友科技的生存和发展争取更广阔的空间数据资产价值。

8.2.3.1 信息化 1.0——基于信息平台的公司战略（1999—2005 年）

这一时期，民航业的蓬勃发展和信息技术的快速迭代，使刚步入工作岗位的郑洪峰不断通过学习提升自己的眼界和知识储备，并且逐渐培养了对行业市场的高度敏锐性，这对于他自己和飞友科技的发展起到至关重要的作用。基于自己的专业素养和对于信息价值的超前认知，郑洪峰认为互联网与行业的深度融合可能是未来一个很大的趋势。抱着尝试的心态，他召集了一批对互联网感兴趣的民航业内人员，做了一个名为“虚拟机场”的民航系统 BBS。许多处于民航系统一线工作岗位的从业者，通过这个 BBS 可以随时共享一些工作中的实时信息，同时 BBS 也可以作为一个线上社群，交流一些工作的心得体会。随着这个 BBS 在行业内的影响力不断攀升，其信息容量不断扩大，在中国互联网元年的 1999 年，郑洪峰将其正式更名为民航资源网（见图 8－7）。

图 8－7 民航资源网页面

随后的五年间，从收集信息到主动推送信息，再到开发用户交流区信息的共享，民航资源网始终致力于推动行业信息的公开化进程。当时的民航资源网被业内人士戏称为中国民航从业者的“民间官网”，然而郑洪峰却一直担忧民航资源网的业务即将触及天花板。原因在于，民航资源网作为行业内最大的信息交流网站，却由于信息获取的完整性和时效性等问题，始终无法彻底打破行业的信息壁垒，这样的结果有悖于郑洪峰的初心。这让郑洪峰开始思考，究竟用什么方式才能真正地让行业信息实现完全的公开化？怎么才能解决时效性？这些问题促使郑洪峰开始着手下一个阶段数字信息公开化的战略布局。

8.2.3.2　民航信息化 2.0——基于数字信息平台的公司战略（2005—2010 年）

2005 年，民营资本控股的奥凯航空和春秋航空获得批准并投入运营，标志着中国民航行业的深化改革进程正式步入了快车道。与此不匹配的是，这一阶段的机场和航空公司各部门之间的信息化水平较低，不同业务单元的信息处于相对封闭的状态。行业发展中存在的矛盾，进一步坚定了郑洪峰要实现航空行业信息公开化的决心。于是，飞友科技于 2005 年注册成立，郑洪峰正式涉足航空数字信息服务领域。

在飞友科技建立初期，有人建议郑洪峰也做机票搜索平台，并以此获取更为全面的业内数字信息。然而，当时“酷讯”“去哪儿”“携程”等类似的机票搜索网站已经建设得相当成熟。珠玉在前，郑洪峰明白即使再努力，也很难再有建树。基于多年积累的行业资源，郑洪峰先是带领研发人员夜以继日地开发可以处理民航基础数字信息的算法，再通过和业内机构合作共建数字信息平台的方式收集民航基础数据，最后将平台上的基础数据变换成乘客所需求的有价值信息，进而满足市场的需求。

2009 年，飞常准网站上线，并逐步成为唯一一家提供覆盖全国航班动态数字信息的公司。全国航班动态数字信息也是和乘机旅客距离最近的数字信息，这使飞常准具备了竞争对手难以复制的核心资源。但是，由于当时智能手机尚未普及，飞常准网站只能依托免费短信和运营商 SP 服务为用户提供航班动态信息，虽然这种方式满足了市场的需求，但是成本高且效率低，这使郑洪峰和飞友科技的商业模式受到了极大的质疑。然而在郑洪峰看来，这并不是他放弃的理由。通过分析发现，实际上飞常准的客户可以分为 B 端和 C 端，B 端客户如 OTA 平台或一些航旅场景内的企业等，C 端客户即乘机旅客。郑洪峰认为，飞友科技应该和乘机旅客绑定，形成数据平台式商业模式的规模效应，而 B 端客户才应该是产品主营业务收入来源的“金主”。在这个价值链条中，如何增强乘机旅客对飞常准的黏性则是该商业模式能否成功的关键。

8.2.3.3　民航信息化 3.0——基于移动互联网的公司战略（2011—2014 年）

2011 年，智能手机开始普及，移动互联网走进了人们的工作和生活。相比于传统互联网，移动互联网的信息交互更加注重时效性，这让郑洪峰找到了增加用户黏性的最佳切入点。2011 年 10 月，飞常准应用程序正式上线手机端，在更好地提供数字信息交互的基础上，旨在为全球飞行旅客提供准确、及时的航班动态信息。由于飞友科技前瞻性的战略布局，在数字信息源层面飞常准几乎垄断了国内航班动态信息服务供应市场。可是在乘机旅客（C 端）层面的盈利点，飞常准却始终处在摸索当中，还处于探索市场阶段的飞常准团队做出了一个大胆的决定：将最初上线的飞常准应用程序（图 8－8）定价在 4.99 美元。移动互联网初期的应用程序推广费用高昂，市场上以烧钱换流量居多，所以对应用程序开发者来说采用付费方式下载具有极高的风险。然而出人意料的是，飞常准在苹果应用程序商城里一路攻城略地，几周就取得了数万次的下载量，此后推出的限时下载活动更是让飞常准的用户数量激增。技术团队发现，使用飞常准的客户一般都是经常乘坐飞机的人士，他们并不会在意花 30 元左右为自己带来更为准确的航班动态信息，这使技术团队有了继续深耕乘机旅客（C 端）的信心。基于飞常准应用程序的良好态势，2012 年飞友科技喜获在线旅业“龙头老大”携程数千万注资。2013 年，飞常准用户更是突破 1000 万人，在苹果应用程序商城总榜排名第一。

图 8－8　飞常准应用程序界面

虽然在移动互联网推动下飞常准应用程序踩准了进入市场的节拍，然而市场推广的“魔咒”仍未消除，用户规模的量级提升对所有移动应用产品来说都是棘手的难题。飞常准曾经尝试过多次推广，但实际效果并不显著，如何保持用户规模的持续增长成为摆在郑洪峰和飞友科技面前最大的问题。加之飞友科技总部地处合肥，并不是移动互联网发展最快的地区，他们也缺乏与同行在营销方面的深度交流，移动互联网的市场开发成为飞友科技发展过程中的一个难题。

郑洪峰对当时移动互联网市场激烈的竞争有着清楚的认识，为了顺应商业环境的大趋势，飞常准应用程序对 C 端逐步从付费转变为免费。然而，虽然一套完整的 A - CDM 系统售价高达 300 万—500 万元，但是空管等政府机构、机场、航空公司开发和服务周期较长，难以支撑进一步保持用户规模持续增长的成本投入。随着民航数字信息服务领域市场的成熟，主攻航旅场景内的企业中又存在中航信移动科技等重量级的竞争对手。那么，为了顺应移动互联网时代趋势而转为 C 端免费之后企业的盈利增量究竟从何而来？郑洪峰和飞友科技陷入了沉思。

8.2.3.4 民航信息化 4.0——基于商业生态系统的公司战略（2014 年至今）

当今时代，面对开放的数据、信息、资源、服务等，需要将自身的能力、数据、服务更合理、高效地投放到开放的行业市场中，按照行业特质进行建设和规划，实现 B 端型企业与 C 端型互联网实体的融合，明确行业各部门已有数据、信息、业务流程、工具等资源，从而确定不同访问权限和产品形态展现给终端使用者，这是构建产品所需要考虑的更深层次的内容。民航作为一个特殊行业生态圈，既有比较厚重和传统的企业级系统，也需要迎合航旅生态圈的互联网化经济形态。但不同于一般的互联网平台建设，传统的民航业的企业级功能需要稳定地对接到开放生态中。

花开并蒂，连理两生。免费之后的飞常准应用程序下载量突破 1.8 亿。拥有了大量 C 端基础的飞友科技，为了挖掘用户的价值，飞常准开始构建符合自身条件的商业生态系统，逐步实现了商旅、用车、保险、物流行业解决方案全覆盖，借助交叉行业发挥数据的价值，提升企业的盈利能力。随着商业生态系统的逐渐完善，飞常准的收入近 95% 直接或间接来自于这种行业间的深度合作。

基于已收集的海量民航数字信息（见图 8 - 9），飞友科技提供了与航空旅行相关各个方面的公开化数字信息，使数字信息平台的应用体系覆盖了机场、旅客、商业服务全场景。围绕着出行相关的机票检索、航空保险、物流、用车等几十个民航交叉领域，飞友科技深入开发输出个性化的行业解决方案，紧密融合到合作伙伴的生产运营流程中，帮助对方提高运行效率，降低运营时间成本，构建了价值共创基础上的商业生态系统。仅在用车行业，飞常准提供的航班数据每天平均可帮助每部接机车辆减少因航班延误而带来的时间损耗 75 分钟，这意味着一名出租车司机至少可以多接两单。

良好的运营管理保证了企业利润的稳步提升，飞常准没有因为免费而亏损，反而运营净利润连续三年增长率超过 100%，2016 年净利润近千万，同年飞常准被评为中国互联网风云榜最佳航班状态通报应用程序。

图 8－9　飞友科技数字信息平台的航空旅行全场景信息

但是在郑洪峰看来，仅仅是业务的整合是远远不够的，他信奉今天做的事是为了后天赚的钱的商业理念，一流的企业不仅要适应环境，还要创造环境。于是，郑洪峰的目光这次又落在了智能制造的数字化发展新趋势上，并逐步延伸飞友科技商业生态系统的边界至新技术的研发创新。2018 年，飞友科技与中国商飞北京民用飞机技术研究中心正式签署战略合作框架协议，共同推进中国航空制造业数字化发展。在航空大数据领域，双方将深度挖掘航空数字信息的多元应用方向，并围绕商用大飞机数据库的建立和完善以及软件研发等方面加强技术合作；在未来商用飞机产品发展方向方面，双方将建立联合工作团队，开展市场需求分析、市场运营可行性论证等相关研究。除此之外，双方还将结合各自优势联合开展新技术在商用飞机应用领域的研究，利用航空运营大数据开展战略发展研究。飞友科技将利用丰富的数字信息积累和专业的服务，助力中国航空制造业智能制造的数字化发展，为旅客带来更好的出行服务体验。

除此之外，在全球民航业高速发展和变革的背景下，飞友科技还致力于通过推出新技术与新服务培育用户的行为习惯，发挥自身技术优势与不同产业开放合作，实现多元化扩张。2019 年，飞常准与渤海银行基于区块链技术联合推出线上金融产品“时间钱包”，利用云计算、大数据等新技术细分目标客户，将支付、信贷等金融功能赋能到飞常准平台，将金融服务融入出行场景中，满足日益多元化的商旅客户需求，通过数字信息技术推动创新技术在民航领域的应用，打造更丰富的商业生态体系。

8.2.4　未来决策

尽管飞常准的 A－CDM 产品市场占有率目前是最高的，占千万级机场的半壁江山，但并不意味着飞友科技可以高枕无忧地垄断国内的 A－CDM 市场。目前，中航信移动科技有限公司，中国民航局第二研究所等国资背景的企业或科研单位对机场的这一类业务均有所涉及，竞争格局大有三足鼎立之势。相对于飞友科技的民营企业背景，这些有国资背景的企业或科研单位在中国民航市场中有着先天的优势，并且中航信移动科技有限公司近几年推出的航旅纵横应用程序（见图 8－10）在业务内容上也与飞常准应用程序有诸多重合。此外，航班管家等航旅类应用程序也与飞常准应用程序有相当的业务场景重叠。

图 8－10　航旅纵横应用程序界面

为了应对强劲对手带来的巨大压力，飞友科技准确把握重要的市场机遇与“一带一路”倡议的政策红利，开始着手布局海外市场。实际上，早在马航 MH370 事件之后，飞友科技团队就已经基于自主研发的 ADS－B，推动国际的数字信息交换，实现了追踪全球所有航班的动态。同时，飞友科技借助“一带一路”建设的政策东风，也逐步开始在海外机场开拓适应当地机场应用场景的 A－CDM。时间是人们最宝贵的财产，飞友科技新一轮的布局紧随趋势，数据出海的飞常准能否让全球航班更准点？能否让国际民航行业的运营效率更上一层楼？未来的实践会检验成果……

8.3　思考题

1. 结合案例，试分析飞友科技具备哪几种核心能力，飞常准进入市场后为何能取得成功。

2. 运用价值共创有关理论，分析飞友科技如何通过数据的收集、应用和公开实现价值共创。

3. 运用宏观环境（PEST）分析模型，讨论影响飞友科技战略转型的内外部关键因素有哪些。

4. 识别与分析飞友科技四个阶段战略转型的过程逻辑，并思考对我国平台型企业有何启示。

5. 试想如果你是郑洪峰，结合态势分析法（SWOT），针对飞友科技现阶段面临的挑战，提出飞友科技下一阶段发展的思路和路径。

9. 案例七：数字商业模式探索：重庆加加林创业之路的合法性获取[①]

9.1 案例介绍

2015 年 3 月 5 日，十二届全国人大三次会议上，李克强总理在《政府工作报告》中首次提出“互联网+”行动计划。该说法一经提出，立刻激起千层浪，各种新兴的商业模式不断涌现，纷纷如火如荼地开展起来，如共享单车、网约车等。

但早在 2007 年“互联网+”这个概念还未完全成形之前，在重庆，一家刚刚成立的医疗器械公司的创始人任志鸿便开始思考如何将互联网与医疗器械的销售相结合，在此基础上形成一种新的商业模式。从“全国线下连锁店+网上商城”的 O2O 商业模式到至今的“线下健康体验馆+网上商城”的 O2O 新商业模式和天猫平台、京东商城的 B2C 零售模式，加加林控股真正建立起了企业与个人之间的联系平台，使人力资源得以充分利用，而网上商城这种网上购物方式可以使消费者获得更多的商品信息，节省了购物的时间和成本。同时，这种商业模式也可以使商家随时调整商品的进货计划，减少存货积压的情况，减少相关成本。

但同时也要看到，作为一种新兴的商业模式，它的顺利运行需要得到利益相关者的认可，获取来自多方面的合法性。若想经营该业务，需要在政府相关部门获取合法性。任志鸿通过自己的游说，得到了政府的许可。在该业务正式实施后，任志鸿继续思考如何持续

① 本案例改编自：王凯、武立东、柳学信、王琪、曹燚、黄海昕：《重庆加加林商业模式创新路上的合法性获取》，中国管理案例共享中心，编号 STR－0716。

不断地获取合法性，通过开展公益性活动，获得了来自顾客的合法性；通过开展党建活动，获得了来自政府的合法性；通过响应政府“双创”政策打造众创空间，获得了来自政府的合法性；通过参与相关法规制定，获得了来自竞争者的合法性。这些合法性的获取推动着加加林在商业模式创新路上继续前行。

9.1.1 公司简介

加加林控股（GAGARIN），前身为重庆加加林医疗器械连锁有限公司，是一家专注于医疗器械领域的综合性企业，由2005年创立的重庆加加林事丰科技有限公司发展而成，总部位于重庆，拥有员工100余名，年销售额近3亿元，并以20%的比例保持稳定增长。

目前，公司已形成研发生产、营销服务、电子商务、物流配送四大优势业务板块，控股重庆医流巴巴电子商务有限公司、重庆乐邮送供应链管理有限公司、重庆加加林世纪医疗器械有限公司等多家公司，拥有“医流巴巴”等多个行业内具有影响力的品牌商标。

2007年，重庆加加林医疗器械连锁有限公司成立，经过6年艰苦创业，2013年驶入发展快车道。企业现已获得“国家级守合同重信用单位”“重庆市电子商务示范企业”称号，是原国家食药监局《医疗器械网络销售监督管理办法》唯一起草单位、天猫商城医药馆医药产品分类标准制定单位，“医流巴巴”商标获重庆市著名商标称号。目前，公司拥有发明专利1项，新型等实用专利20多项，拥有注册商标260个，著作权等知识产权登记50多项，正在申报国家高新技术企业。重庆加加林公司发展历程如图9-1所示。

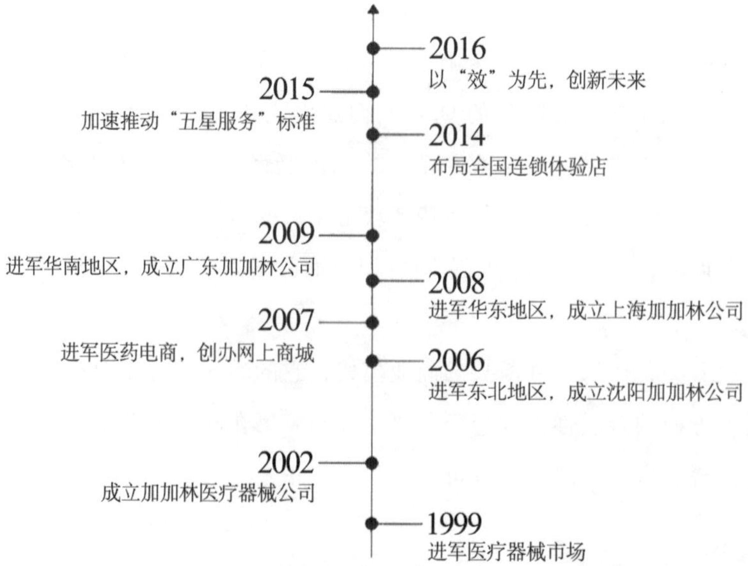

图9-1 重庆加加林公司发展历程简介

医流巴巴隶属于重庆加加林医疗器械连锁有限公司，是专业的家用医疗器械网上商城，成立于2007年5月10日，是提供医疗器械全面的售前售中及售后的服务平台，其经营范围为：隐形眼镜、网络家用医疗器械、临床医疗器械零售。医流巴巴是全国首家获批拥有互联网药品交易资格证的医疗器械网上销售商城，目前也是唯一一家获批的企业。企业规模为100余人，营业收入2亿元。该商城实现了“网上购买＋现场体验”的O2O电商新模式。历经8年的艰苦创业和持续创新，医流巴巴网络零售月销售额已超过1000万元，实现了从传统销售型公司向电子商务企业的成功转型，用创新领跑国内医疗器械电商。

2007—2010年，加加林公司在沈阳、上海、深圳分别成立了子公司，为医流巴巴O2O模式在华北、华东、华南地区打下坚实的基础，进一步加快了线上线下相结合的O2O网络零售模式走向全国的步伐。目前，医流巴巴已成为国内“医疗器械网上商城＋全国体验馆”O2O模式的领先者。

9.1.2 商业模式简介

重庆加加林医疗器械连锁有限公司的商业模式主要分为两种：2010—2013年，“全国线下连锁店＋网上商城”的O2O商业模式；2013年至今，“线下健康体验馆＋网上商城”的O2O新商业模式和天猫平台、京东商城的B2C零售模式。O2O商业模式旨在通过建立全国线下连锁店来布局全国市场，塑造医流巴巴品牌，带动业绩增长，同时引流用户到医流巴巴网上商城，培养用户的网络购买习惯。因医流巴巴为网络零售商，考虑到用户多为住家的中老年人，地推作为一种品牌营销方式，优于传统媒体广告、户外广告、网络推广等方式，所以采用“全国线下连锁店＋网上商城”的模式。

随着互联网的发展，网购这一方式已深入人心。用户在享受着网购这一便捷购物方式的同时，也对购物体验提出了需求。如今，医流巴巴实行的网络采购和线下分布网络体验店形式，实现了网络采购、线下自属体系送货提货的购销流程。企业和个人使用医流巴巴平台，不仅可以了解国内医疗器械行业的各类信息和资讯，而且足不出户就可以实现挑选产品、询价、定购、支付，送货上门。此外，为做好“成本、效率、用户体验”，医流巴巴取消全国线下连锁店布局，保留了全国线下连锁店作为用户体验产品、性能、质量最主要载体的功能，采用“线下健康体验馆＋网上商城”的模式。为弥补线下健康体验馆在数量、范围、品牌推广上的不足，医流巴巴建立直销团队，通过走出去的模式，进入中小型药店、诊所、养老机构、健康中心、社区等，把产品、服务送到终端用户或合作伙伴手中，增进用户体验、推广企业品牌、承担社会责任。

医流巴巴网上商城是其商业模式最大的特色之一，它采取的是人机对话模式，价格公开透明、送货方便快捷，减少了“人情”采购。该网上商城所售的商品全部为通过正规进货渠道购进的正牌商品，与用户亲临商场选购的商品享受同样的质量保证，商城对销售产品的质量承担所有相应法律责任并为不完全满意的顾客提供退换货政策，并且作为中国首家推出全场商品 30 天无条件退换货服务的企业，医流巴巴全面打造国家三包服务规定，开创网上购物体验新理念。医流巴巴网上商城还配套开发了物流快递货物跟单系统，进行仓库到客户手中的全程跟踪，为消费者提供最便捷的服务。该网上商城通过加大自身的监管力度，提高监管效率，完善质量控制体系，规范配送秩序，从而降低了医疗器械的配送与管理成本，大大减轻了使用者的用械负担。

在监督管理方面，医流巴巴采取双重监督模式：国家药品监督管理局监控、抽查模式；重庆医药协会监控巡查模式。这种监督模式能在最大程度上保障消费者的利益。

9.1.3 商业模式创新伊始的合法性获取

“当年办理医疗器械互联网交易许可证的时候还是有一定困难的，因为当时在重庆市这是先例，有关政策还不是很完善。但是现如今随着相关政策的完善，加上重庆市工商联开明的态度，政商关系比以前确实好很多。”重庆加加林董事长任志鸿在采访中说道。

任志鸿取得医疗器械互联网交易许可证的道路，可谓充满崎岖。2000 年，大学毕业后的任志鸿做起了医疗器械销售代表，积累了一定经验后，他在 2007 年开始创业并注册公司。一年后，他将目光投向了加加林医疗器械的电商并且开始申请办证。但是当时的《互联网药品暂行规定》里对于医疗器械的规定有些模糊，重庆市药监局不确定是否可以办理，咨询国家药监总局后也没能得到明确的答案。当时，医疗器械还是相对新颖的概念，在市场上也十分稀缺。当时的数据显示，中国药品和医疗器械的比例为 7∶1，但是国外一些发达国家的比例却为 1∶1.5。“药品有互联网交易，医疗器械为何没有?”带着这种创新精神，任志鸿向国家药监总局写报告、提诉求。几经周折后，终于获得医疗器械互联网交易许可，随后电商的服务器、网页、后台都陆续做成。

医疗器械互联网交易许可证的取得对医流巴巴网上商城新商业模式的建立起到了重要的推进作用，使医流巴巴实现了从传统销售型公司向电子商务企业的成功转型。同时，这也促成了关于医疗器械互联网交易方面相关规定的完善。在医流巴巴获得交易许可后，全国各地其他企业纷纷效法，相关药监部门分管领导进行调研，从而规范交易行为，以维持医疗器械互联网交易的健康秩序。

9.1.4 商业模式创新持续发展中的合法性获取

9.1.4.1 公益性活动

（1）O2O 线下走进社区活动。

作为医疗器械的网络零售商，医流巴巴的用户多为住家的中老年人，为了使“线下健康体验馆 + 网上商城”的 O2O 新商业模式能够更广泛地被消费者认知、接纳，弥补“线下健康体验馆”在数量、范围、品牌推广上的不足，增进用户体验、推广企业品牌、承担社会责任，医流巴巴多次开展 O2O 线下走进社区活动。

医流巴巴定期组织“关爱父母，从你我做起”社区巡回公益活动，旨在推动中国健康养老产业的发展。活动由医流巴巴医疗网上商城发起，重庆市各社区卫生服务站主导，长期为中老年提供免费测血压、测血糖、神灯治疗、健康咨询等社区医疗服务，并建立健康档案，免费发放“三高”药品，倡导健康的生活方式。

同时，医流巴巴携手社区街道、重庆银行等单位，开展“孝老健康行”系列巡回公益讲座。讲座现场为大家提供免费测血压、测血糖、神灯、制氧机试用等服务，医流巴巴员工就现代人养生、慢性病等问题为社区群众进行细致地讲解，并现场解答每一位居民提出的问题。

（2）其他公益活动。

近年来，加加林控股在企业发展的同时积极履行社会责任，投身公益慈善事业，关爱民生、扶贫济困，如为 5·12 汶川大地震、4·20 雅安大地震、永川区失学儿童、云阳县重症患者、南岸区迎龙小学、敬老院等捐款捐物，为公益慈善事业捐款捐物累计近 200 万元。

在日常运营中，医流巴巴也有意识地加入公益活动。在“重庆市儿童爱心庄园的小伙伴走进医流巴巴”活动中，公司为前来进行社会适应性训练学习的小伙伴们精心准备了书籍、文具等物品，了解到这些孩子都处在升学或即将步入社会的关键阶段，急需树立正确的学习观和职业观，医流巴巴的领导、员工对孩子们提出的问题都进行了详细地解答，并寄予他们殷切的希望。

该类公益活动的举行，有助于让消费者在亲身体验中真切感受到医流巴巴“一切为你健康”的企业使命，同时，有利于建设良性的企业文化，使员工在服务中感受自身价值，提高员工的荣誉感和归属感。更为重要的是，这是企业勇于承担社会责任的体现，能够提升企业的价值观和竞争力。不断提升和完善企业的价值观，将企业追求良好人文环境的价值取向传播给社会大众，促进社会的进步，是每一个负责任的企业都努力追求的方向。开展这些公益活动能在最大程度上体现加加林控股公司的核心价值观和企业文化精髓。事实也已经证明，在产品越来越同质化的今天，参与公益活动不仅能满足企业对差异化竞争战略的追求，同时也是增强顾客对企业依赖感的重要途径。所以，这些公益活动的开展有利于提升公司在顾客心目中的品牌形象，增加顾客对公司的信任感和认同感，进一步获取来自顾客的合法性。

9.1.4.2 党员建设活动

重庆加加林医疗器械连锁有限公司党支部成立于 2014 年，现有正式党员近 20 人，预备党员 2 人，入党积极分子 5 名，递交入党申请人数 3 人。加加林党支部的成立，为公司全体党员的政治生活带来了深刻影响，也是加强党性锻炼和增强党员意识的一次具体实践。公司党支部受区工商联党委的直接领导，并得到了各位领导的大力关心和支持。党支部以创建品牌党建为目标，通过大力宣传发动，健全党员先锋队、党员志愿者、党员责任区等举措，充分发挥党员在经营管理中的先锋模范作用；以建设富有凝聚力和发展动力的企业文化为实践载体，注重把党建工作与企业文化建设相结合，经常组织策划丰富多彩的文体活动，有效拓展党建工作内涵，加强企业职工文化阵地建设。

（1）提高思想水平，发挥引领作用。

加加林党支部先后开展“学习重要讲话，增强发展信心”“两学一做”“重温入党誓词，庆祝建党 95 周年”等主题组织生活会，并开展“学党章党规　学系列讲话　做合格党员”等学习教育活动。在活动中，支部党员认真学习党的重大路线、方针、政策，以及习近平总书记讲话等，认真履行四个“带头”——带头支持经营工作，促进企业管理；带头学习知识和本领，爱岗敬业；带头讲理想、讲奉献，做维护党组织和企业利益的表率；带头执行好公司的各项规章制度，为企业经营保驾护航。

（2）树立服务意识，助力企业发展。

对内，加加林党支部设立还设立了“党员责任示范岗”，辅助公司生产经营。通过办公经营场所设备维护、Ⅵ系统物料管理、办公经营场所 6S 管理、吸烟区清洁维护、健康生活方式引导五大服务项目的分类，以服务认领、责任监督的方式，鼓励党员树立先锋模范作用，从身边的小事做起，让党组织的作用真正落地生根，形成一种文化管理氛围，以此带动公司全体员工参与公司管理。

对外，加加林党支部支部书记认为，公司党支部要积极走出去，去学习其他党支部的先进经验，并与公司业务部门联合起来，通过党组织的力量，推动公司业务前进。公司董事长任志鸿也强调说：“党组织要充分发挥出政治核心作用，要引导、监督企业合法规范经营，团结和凝聚人心”。党支部还积极征求党员对日常工作中员工思想、工作环境、公司管理等方面的意见和建议，反馈给公司高层，从而促进企业持久健康发展。

公司党建活动的开展有利于发挥党员先锋模范作用，使企业更好地做出战略性调整，增强企业的机动性，同时，也有利于帮助员工提高认识，积极投身工作之中，做企业创新的先锋，进一步获得员工的合法性。另外，党建活动的开展更有利于获得政府的认可和支持，从而促进企业进一步发展。

9.1.4.3 “加加林”众创空间

2017 年 2 月 15 日，加加林控股旗下重庆乐邮送供应链管理有限公司收到重庆市食品药品监督管理局关于同意开展医疗器械集中储运服务试点运行的批复，标志着“加加林”众创空间正式接收企业或个人入驻。

“加加林”众创空间牢牢顺应国家政策和时代召唤，紧紧把握创客浪潮兴起的机遇，深度理解创新 2.0 环境下的创新创业特点和需求，紧密结合互联网及其应用，以北京创客空间、深圳柴火创客空间、上海新车间为参照，依托重庆乐邮送供应链管理有限公司这一载体，拟通过市场化机制、专业化服务和资本化途径，构建低成本、便利化、全要素、开放式的新型创业服务平台，实现创新与创业相结合、线上与线下相结合、孵化与投资相结合，为创业者提供良好的工作空间、网络空间、社交空间和资源共享空间，为推动国家和地方政府“双创”战略的落地，提供低成本、全方位、专业化服务。

“加加林”众创空间致力于为从事医疗器械行业的初创企业或个人提供创业指导、企业注册、资质代办、办公场地、仓储物流等服务。“加加林”众创空间采取“一站式”服务形式，仓储服务不收取租金，办公场地可免费提供，只针对订单收取服务费。这种服务方式将大大缩减办公成本和人力成本，让初创企业专注于提升销量，便于规范管理。因医疗器械行业的特殊性，仓储物流条件须符合国家飞检政策，商品供应链须符合“两票制”。重庆乐邮送供应链管理有限公司提供的第三方储运服务为“加加林”众创空间提供了强力后盾，以乐邮送供应链为载体的“加加林”众创空间，旨在构建以医疗器械电商经营为主体的大众创业创新平台，让进入空间的委托客户享有“一站式”开办、孵化、培育、可持续经营一家企业的机会，赋能创客成长壮大、成就梦想。

重庆乐邮送供应链管理有限公司是专注于医疗器械产业生态圈构建的专业化平台，拥有符合国家《医疗器械经营质量管理规范》要求的 OMS、WMS、TMS、FX 等订单、仓储、运输、分销管理软件系统及硬件设施设备，拥有覆盖全国的物流配送网络，为医疗器械生产经营企业提供集约化、专业化的仓配一条龙、一体化服务（见图 9-2），解决医疗器械企业在经营管理上的“痛点”，在安全、效率、成本、体验等多方面为客户传递价值、创造价值。

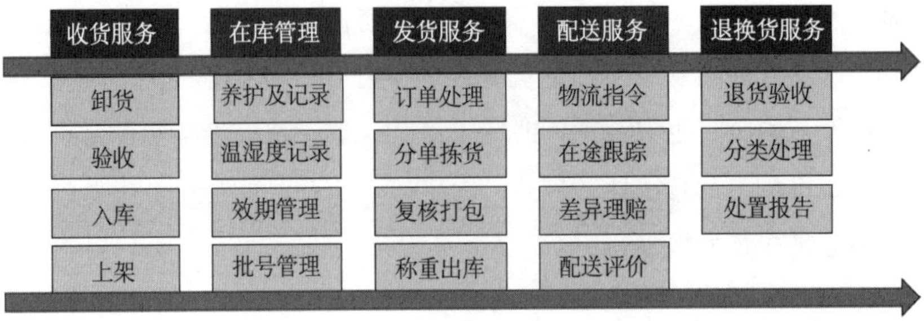

图 9－2　重庆乐邮送供应链服务流程

乐邮送接受全国客户的委托，客户完全可以集中精力抓经营销售业务，没有后顾之忧。乐邮送供应链还将为委托客户提供供应链金融、集采平台分销、政府扶持资金申请等增值服务（见图 9－3）。

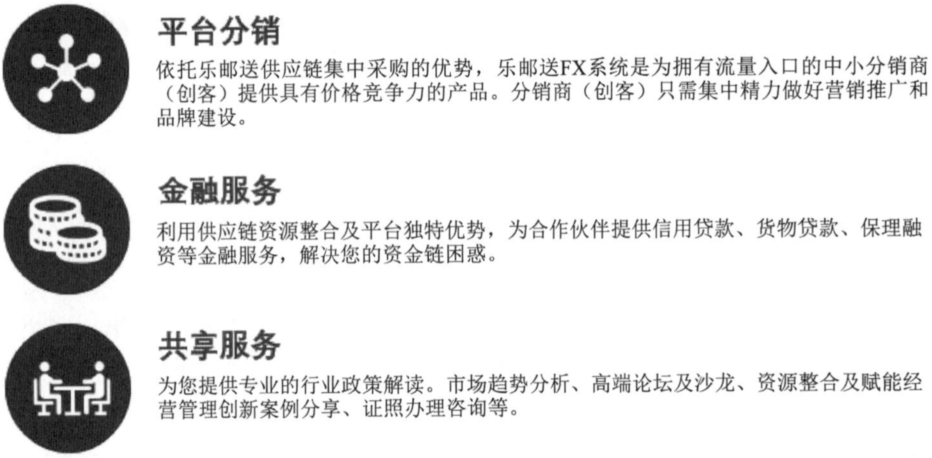

图 9－3　重庆乐邮送供应链服务体系

入驻众创空间的创客，其企业注册地都将是众创空间所在地。众创空间的打造，将叠加出产业集聚、人才集聚、资源集聚、创新集聚等方面的效应，为地方经济发展在模式创新、技术创新等领域提供创新驱动新引擎。加加林将为众创空间在支撑服务、创业承载、活动组织、资源整合和辐射带动等方面的能力打造提供支持（见图 9－4），同时也希望政府能给予更多的政策支持和指导，营造空间发展的良好环境，为众创空间的孕育、成长、发展提供源源不断的动力。

众创空间通过提供场地、举办活动，能够方便创业者进行产品展示、观点分享和项目路演等。此外，还能向初创企业提供其在萌芽期和成长期的便利，如金融服务、工商注册、法律法务、补贴政策申请等，帮助其健康而快速地成长。此外，创客空间通过沙龙、

图 9-4　众创空间提供的服务支撑

训练营、培训、大赛等活动促进创业者之间的交流和圈子的建立，共同的办公环境能够促进创业者之间的互帮互助、相互启发、资源共享，达到协同进步的目的，通过“聚生”“聚变”的效应。“加加林”众创空间的建设既能够响应政府号召、获得政府认可，又有利于企业本身更好、更快发展。

9.1.4.4　参与撰写《网络医疗器械经营监督管理办法》

2017 年 6 月 21 日，国家食品药品监督管理总局根据相关法律法规的要求，发布了之前组织起草的《网络医疗器械经营管理办法（征求意见稿）》，向社会公开征求意见。重庆加加林董事长任志鸿作为这一商业模式的领军人物，参与了起草过程。任志鸿谈到该管理办法时指出，该办法的出台体现出总局对医疗器械经营进行监督的效率越来越高，自己非常荣幸能够参与该办法的起草过程。该办法对网络医疗器械的经营、交易服务第三方平台、监督检查、法律责任等进行了详细规定，既对该行业起到了规范作用，又为新进入者提供了一定的壁垒。

9.1.5　结论

面对“互联网＋”的商业热潮，加加林始终走在商业模式的创新前沿上。历经 8 年的艰苦创业和持续创新，加加林成功从传统销售型公司转型为电子商务企业，成为“医疗器械网上商城＋全国体验馆”O2O 新商业模式的领跑者。

企业转型后，加加林专注于医疗器械互联网交易，经过不懈努力，获得了来自政府、顾客、竞争者等多个方面的合法性，从而支持企业稳步发展。作为全国首家获批拥有互联网药品交易资格证的医疗器械网上销售商城，加加林的成功也为其他民营企业提供了宝贵的经验，促进了新兴商业模式的发展。

然而，现今商业环境持续变化，各种新兴商业模式不断涌现。面临越来越激烈的竞争压力，加加林又会选择怎样的创新模式，如何获得更多方面的合法性以保证企业的稳步发展，一切都还未知……

9.2 背景信息

9.2.1 行业背景

随着中国城市化进程的推进和老龄化时代的到来，以及医药卫生体制改革的不断深入带来的基层市场需求释放，我国医疗器械行业面临更多的新机遇，增长动能充沛。另外值得一提的是，随着网购的日益兴盛，医药电商日益成为家用医疗器械等品类的重要销售渠道。

与全球医疗器械占医药总市场规模的42%相比，我国医疗器械市场规模仅占医药总市场规模的14%左右，存在较大发展空间。尽管中国的医疗器械市场潜力巨大，但是当前我国的医疗器械高端品牌极少，因此，不论是普通器械还是高端器械，我国器械企业在国内市场中并没有话语权。中国医械产业呈现“多、小、高、弱”的特点。专家指出，我国人口数量庞大且医疗系统正处于完善过程中，医疗器械市场潜力巨大，年复合增长率将维持在20%—30%。

9.2.2 发展历程及事件

9.2.2.1 加加林公司发展历程及事件

（1）加加林公司成立。2007年，重庆加加林医疗器械连锁有限公司成立。

（2）获得交易许可。2008年，重庆加加林医疗器械连锁有限公司旗下医流巴巴医疗器械商城获得国家食品药品监督管理局、重庆市食品药品监督管理局颁发的《互联网药品交易服务资格证书》，正式成为全国首家在网上销售医疗器械产品的合法交易网站。

（3）上线运营。2009 年，医流巴巴医疗器械商城正式上线运营。

（4）医流巴巴成立。2010 年，重庆医流巴巴电子商务有限公司成立。

（5）O2O 商业模式启动。2010 年，医流巴巴重庆一点重装开业，标志着医流巴巴“全国线下连锁店 + 网上商城”的 O2O 商业模式正式启动，布局于重庆市区及周边区县的医疗器械健康用品连锁店相继开业。随着互联网的发展，公司把“提升用户体验”作为发展方向，采用“B2C + O2O”的创新网络零售模式。

（6）开展 B2C 项目。2013 年，医流巴巴 B2C 项目组开始组建，先后入驻天猫、京东、一号网、苏宁易购、当当网，最后整合资源，专注于医流巴巴天猫店、京东店，并实现销量的稳步增长。

（7）O2O 新商业模式启动。2014 年，医流巴巴医疗器械连锁健康体验馆隆重开业，标志着医流巴巴 O2O 项目组“线下健康体验馆 + 网上商城”的新商业模式诞生。

9.2.2.2 医流巴巴电子商务有限公司发展历程及事件

（1）医流巴巴成立。2010 年，重庆医流巴巴电子商务有限公司成立。

（2）O2O 商业模式启动。2010 年，医流巴巴重庆一点重装开业，标志着医流巴巴“全国线下连锁店 + 网上商城”的 O2O 商业模式正式启动，布局于重庆市区及周边区县的医疗器械健康用品连锁店相继开业。随着互联网的发展，公司把“提升用户体验”作为发展方向，采用“B2C + O2O”的创新网络零售模式。

（3）开展连锁店。2011 年 8 月 1 日，医流巴巴上海体验店正式开业；2011 年 11 月 24 日，医流巴巴重庆沙坪坝区凤天店正式开业；2012 年 5 月 5 日，医流巴巴重庆市九龙坡杨家坪店正式开业；2012 年 7 月 28 日，医流巴巴重庆市渝中区重医店正式开业；2013 年 7 月 25 日，医流巴巴重庆江津店重装开业。

（4）开展 B2C 项目。2013 年，医流巴巴 B2C 项目组开始组建，先后入驻天猫、京东、1 号店、苏宁易购、当当网，最后整合资源，专注于医流巴巴天猫店、京东店，并实现销量的稳步增长。

（5）O2O 新商业模式启动。2014 年，医流巴巴医疗器械连锁健康体验馆隆重开业，标志着医流巴巴 O2O 项目组“线下健康体验馆 + 网上商城”的新商业模式诞生。

（6）建立线下体验馆。2014 年 8 月 7 日，医流巴巴医疗器械连锁健康体验馆开业。

（7）开展校企合作。2016 年 3 月 15 日，加加林控股与重庆工商大学商务策划学院正式签订“校企合作”协议，成为其定向实训基地。2016 年 7 月 4 日，加加林控股迎来首届“医流巴巴 & 重庆工商大学、重庆第二师范学院卓越电子商务实验班”实习大学生。

2016年10月9日，医流巴巴 & 重庆第二师范学院卓越电子商务实验班暨第二期校企合作联合教学活动启动。2016年11月22日，重庆工商大学商务策划学院移动课堂走进医流巴巴。

9.2.3 任志鸿介绍

任志鸿——重庆加加林医疗器械连锁有限公司的总经理。这个“小人物”却参与起草国家级《互联网医疗器械经营监督管理办法》。该办法是医疗器械电商行业第一部法律法规，将深刻影响和规范医疗器械互联网交易。经过多方调研和梳理，该办法的征求意见稿于2015年10月28日圆满完成，提交到国家总局医疗器械监督司，得到了肯定。2000年，任志鸿大学未毕业时，通过校招到成都一家医疗器械制造企业工作，经过严格的选拔和培训考试后，被派驻到重庆，从销售代表做起，后来做到分公司经理。2006年，公司对重庆分公司进行业务调整，由于公司老总非常看重和认可任志鸿在分公司所做的工作，决定将重庆市场全权交由任志鸿管理，并帮助任志鸿创业，任志鸿从此走上了创业路。

9.2.4 相关企业资料

9.2.4.1 加加林党支部“党员责任示范岗”服务内容一览表（见表9-1）

表9-1　加加林党支部“党员责任示范岗”服务内容一览表

序号	服务项目	服务内容	责任人	服务频次	物料及数量
1	办公、经营场所设备维护	桌、椅、门、锁、电扇等		每周1次	水电工具箱（1个）、螺丝、螺帽（若干）
2	Ⅵ系统物料管理	宣传挂牌、小标识		每天下班前	502胶水（一盒）、手工刀（2把）、双面胶（2卷）
3	办公、经营场所6S管理	辅助员工做好办公区“整理、整顿、清扫、清洁、素养和安全”等方面内容		每天下班前	抹布（两块）、笤帚（两把）、撮箕（两个）、卷线器（若干）、长尾夹（若干）
4	吸烟区清洁维护	A栋4楼楼道、C栋5楼楼道烟头、烟灰清洁；地、墙面清洁		每两小时	“党员清洁维护责任（示范）区”2块 “请将烟头扔入桶内”2块

续表

序号	服务项目	服务内容	责任人	服务频次	物料及数量
5	健康生活方式的引导	用宣传牌提醒员工吃早餐		每天	“健康的生活方式　方能成就快乐人生　今天，你吃早饭了吗?”（不吃早饭，后患无穷）2 块

9.2.4.2 相关照片

（1）“关爱父母，从你我做起”社区巡回公益活动（见图 9 – 5）。

图 9 – 5　“关爱父母，从你我做起”社区巡回公益活动

（2）“孝老健康行”社区公益讲座（见图 9 – 6）。

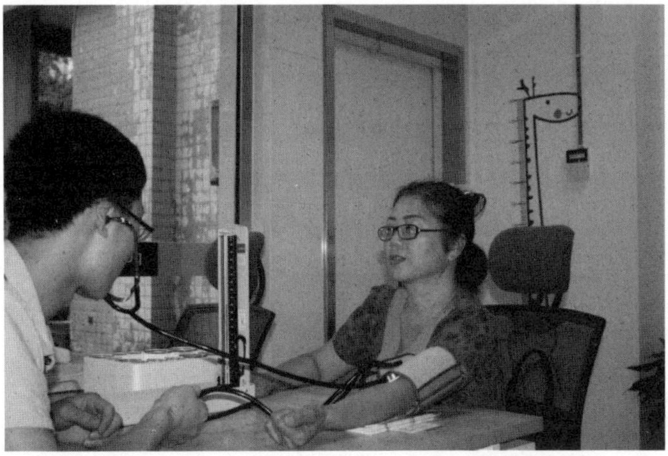

图 9 – 6　“孝老健康行”社区公益讲座

(3）党支部民主生活会（见图9－7）。

图9－7　党支部民主生活会

9.3　思考题

1. 试分析重庆加加林商业模式创新的内容。
2. 重庆加加林商业模式创新的过程可划分为哪些阶段？
3. 重庆加加林在商业模式创新的不同阶段所需要的合法性是否存在差异？
4. 在不同阶段，重庆加加林是采用何种战略获取合法性的？
5. 试分析不同类型合法性的获取对重庆加加林企业成长的影响。
6. 未来重庆加加林实现可持续发展还需要获取哪些方面的合法性？

10. 案例八：企业内部的数字创业：厦航“拓荒”生鲜电商业务[①]

10.1 案例介绍

鹭鲜生是厦门航空下属酒店管理公司孵化出的生鲜电商品牌。2017 年鹭鲜生投入运营以来，成为行业内首家内部创业成功的生鲜电商。本案例以鹭鲜生的创业历程为主线，重点描述鹭鲜生创始人及鹭鲜生团队如何利用厦航已有资源，突破传统航空公司行业发展模式，在生鲜电商的红海市场中探索适合鹭鲜生发展的商业模式的过程。案例旨在引导读者理解厦航内部“鹭鲜生”的创业历程，思考内部创业的影响因素及背后的商业逻辑。

2019 年 9 月，厦门音乐广播电台的一场个人专访吸引很多人点击观看。参加节目访谈的是厦门航空酒店管理有限公司党委书记、总经理，鹭鲜生创始人郑晖。他在专访中说道：“鹭鲜生生鲜电商平台创立的初心是通过我自身这样一个‘天生的吃货’‘超级买手’将性价比最高的产品推荐给大家。通过生鲜电商平台及美食学院教学等方式，也将闽南本土的美食真正地推向全国。”

节目中，总经理郑晖的访谈幽默风趣，却难掩内心对鹭鲜生生鲜电商平台的骄傲与自豪：“鹭鲜生生鲜电商平台借助厦航的货舱物流优势，加上平台团队长期从事航食、酒店餐饮的经验，因此，在食品安全与质量上，鹭鲜生推荐给大家的东西都是负责的、有信心的。”目前，鹭鲜生也在考虑与京东、淘宝等平台合作，同时发展鹭鲜生美食学院、鹭鲜

---

① 本案例改编自：严子淳、梁馨月、王伟楠、冯永春：《大树底下好乘凉——厦航“拓荒”生鲜电商业务》，中国管理案例共享中心，编号 EPSM－0589。

生洗涤及旅拍等业务，涉及生鲜、教育培训、洗涤、摄影及医养等多个业务板块，致力于将厦航鹭鲜生拓展为一个“鹭粉”生态圈。

依附于传统航空公司的生鲜电商平台“鹭鲜生”自2017年投入运营后，一直保持盈利状态。2020年初新冠疫情突袭而来，母公司厦门航空亏损过亿，鹭鲜生仍保持着不错的运营成绩。线上平台运营至今也已累积百万本地粉丝。对于鹭鲜生平台所取得的骄人成绩，大家在感到惊奇的同时也不免疑惑，它是如何在当前的生鲜电商红海市场中杀出重围的？这背后的神奇奥秘究竟是什么呢？那就看一看“乘务员中学历最高的厨师”如何跨界，在传统航空公司的内部组织中，披荆斩棘地走出一条不同寻常的生鲜电商创业路……

10.2 背景信息

10.2.1 创业背景——爱“拼”才会赢

10.2.1.1 借“机”拼团，平台雏形

正所谓“足行万里路，胜读万卷书”，年轻时做“空少”的郑晖在他的飞行生涯中尝遍各地特色美食，也让他对美食产生了一种独特的情愫。在郑晖看来，这些美食不仅是味蕾上的满足，更是感受美好生活的意愿，他甚至还跨界考取了厨师证，并开始对自己的职业生涯有了新的规划与追求。

于是，“空少”郑晖出其不意地选择告别自己七年的空勤生涯，转行至厦航下属的航空酒店管理有限公司，继续他的地勤生涯。好学的郑晖不仅将兴趣爱好转化成了职业追求，在新岗位的工作之余还攻读了硕士研究生，短短几年便担任了酒管公司的总经理。这个隶属于厦门航空有限公司的酒管公司依托航空主业，着力打造富有航空特色的酒店服务与管理品牌，为机组住勤与商旅宾客提供便捷、温馨的服务。经过多年的运营管理，酒管公司也赢得福建省内的赞誉，乃至全国都颇具知名度。

尽管酒管公司的业务规模随厦航的战略扩张一直在拓展，但此时作为酒管公司总经理的郑晖也十分清楚背后早已暗潮涌动，酒店传统经营项目发展空间有限，传统外卖项目市场大幅紧缩，越来越多的资本及连锁企业进入酒店行业，依靠传统的酒店服务业管理模式

恐难挡市场冲击，难以持续发展，对此，他已感受到外部压力。在“厦航”品牌加持之下，酒管公司依靠内部机组住勤、中转住宿等业务，属于吃穿不愁的“富二代”，然而如何让这位“富二代”青出于蓝，而不单靠吃“父辈”的“老本”谋生，这才是总经理郑晖长期思索的焦点。正如俗语所言：“背靠大树好乘凉。”如今，厦航“大树”在侧，但“乘凉人”该从哪里寻求新的增长点去“乘凉”呢？每每想到这里，郑晖就陷入沉思……

“一定要拼一下我上次拼团的赣南脐橙，绝对入股不亏！浓浓的橙香味绝对是我吃过最有‘橙’意的橙子了。”刚刚飞完今日最后一班的“90后”乘务员小张随手往微信群里发了几张之前购物的图片，一时间大家纷纷心动。

“上次孩子爸爸飞宁夏说盐池的羊肉味道很好，我正琢磨着三节时发员工福利呢，郑总能不能协调货舱帮咱们工会团购一批？”厦航空勤家属、工会干事李姐在微信群里对郑晖说。

转眼间，几百人的微信群里的上百条消息将群主郑晖的思绪拉到了眼前，群聊内容几乎全是各式各样的美食。郑晖是厦门旅游协会烹饪分会会长，是厦门美食行业公认的“食神”，这也使他养成了无时无刻不关注食材的“职业病”。作为一个资深的职业美食爱好者，他创建美食团购微信群，起初只是为了利用厦航货运的空余货仓，解决员工福利、常旅客计划会员积分兑换等选品问题，也为自己的员工提供一个便捷、可靠的内购渠道，可谓一举多得。目前，该微信群在厦门本地口碑远播，群成员也逐渐增多，甚至还有部分员工帮家人、朋友购买，由此发展出来数十个衍生的生鲜拼团群。从最初每次仅有几件团购产品，到目前少则几十件，多则上百件，也算小有规模。郑晖没想到自己当初的灵光乍现，竟然一“拼”成功。

10.2.1.2 “机”不可失，“富二代”创业

看着刷屏的群聊信息，群主郑晖产生一个大胆的想法，能否把现有的这个美食团购微群拓展为一个专门的生鲜电商平台呢？灵光乍现，没想到同事们却反对声一片。

“我们是传统运输业，从未接触过互联网相关的业务，何来经验呢？”

“这个生鲜电商市场的水有多深，全厦航空勤地勤几万人加起来估计都没人知道！”

“万一亏本，这属于国有资产流失，谁来背锅？领导们也不会认同这一想法的。”

……

头脑风暴时总会有一些反对的声音，但这并非坏事，郑晖理解同事们的想法，毕竟稳扎稳打的传统国有企业与靠资本进驻“烧钱”的生鲜电商从基因上就格格不入。作为厦航老员工，厦航的白手起家史郑晖是了解的，厦航是20世纪80年代中国民航改革的产物，当时创办者以个人名义借来5000元创业，从国外融资租赁2架波音飞机，以租用的4间旧房子作为办公室。大家在机坪上顶寒风战酷暑露天作业，凭着一股闽南人“爱拼才会赢”的信念，才将厦航发展成如今“独具特色、顾客首选、亚太一流”的航空品牌。

为了抓住近年来互联网行业的红利窗口，郑晖早已做足功课，在他看来，涉足生鲜电商并非天方夜谭。第一，当初开始员工团购活动，也是考虑厦航货运的部分空仓处于须促销状态，这部分产品恰好可以满足厦航的货运需求，也能帮助货运部拓展业务。第二，从厦航原有的生鲜促销平台运营看，包括自有员工不定期的团购、员工福利及客户福利等这些自销渠道，每次团购基本可达200件以上，拥有不错的销量。第三，厦航酒管公司的产品主要来源于驻外货运或代理介绍以及民航团购业务微信群等，在产品来源方面可靠安全，且能提供持续稳定的货源。由此可见，厦航酒管公司本身早已具有相对不错的产业链，只是一直没有凸显出来，员工生鲜团购群的运营效果足以证明这个平台是有一定发展潜力的。除此之外，厦航经过30多年的发展，在本省甚至全国乃至整个东南亚地区都有着良好的品牌口碑，合理导入厦航的私域流量，加以有效运营，便可有所作为。

于是，一个通过“拼团”起家，怀揣“厦航”50万启动资金打天下的“最穷富二代”——鹭鲜生生鲜电商平台就此成立。郑晖自信，只要“精打细算”，把资源与客户“拼”得巧，生鲜电商也照样可以做到“轻资产”“不烧钱”。

10.2.2 涉足电商——“生”机无限

厦航美食团购群的日常活跃度让总经理郑晖坚定了跨界做生鲜电商平台的想法，但这并非郑晖一时兴起，他一直对我国生鲜电商行业零售有着系统化的观察与思考。

在郑晖看来，鹭鲜生所处的生鲜电商行业为完全竞争市场，进入门槛较低、易耗损、标准化程度低，近年来吸引众多资本疯狂涌入。国家统计局数据显示，生鲜电商的交易规模逐年上升，2015年，生鲜电商市场交易规模仅有497.1亿元；2018年，交易规模突破2000亿元；2019年已发展到2796.2亿元，整体发展势头强劲。但消费者的网购习惯仍处在培养期，线上渗透率较低，2019年为2.8%，一直低于3%，近两年也呈放缓趋势，用户黏性明显不足（见图10－1）。

从销售渠道看，线下传统农贸市场（56.3%）和现代超市（37%）仍为我国生鲜产品的主流销售渠道，消费者对电商平台的接受度还较低，电商渠道仅占6.3%（见图10－2）。因此，线上生鲜电商平台具有巨大的发展潜力，亟待挖掘。

从用户消费能力看，前瞻产业研究院整理数据显示，中高端消费用户最多，占比44%；其次是高消费人群，占比约29%；低消费人群和中低消费人群合计仅占其中12%（见图10－3）。生鲜电商用户主要为中高端消费人群，越来越多的消费者在追求价廉的同时，更加注重物美，倾向于选择更优质、更安全的生鲜产品，高端化也将成为未来生鲜产品的主流发展方向。

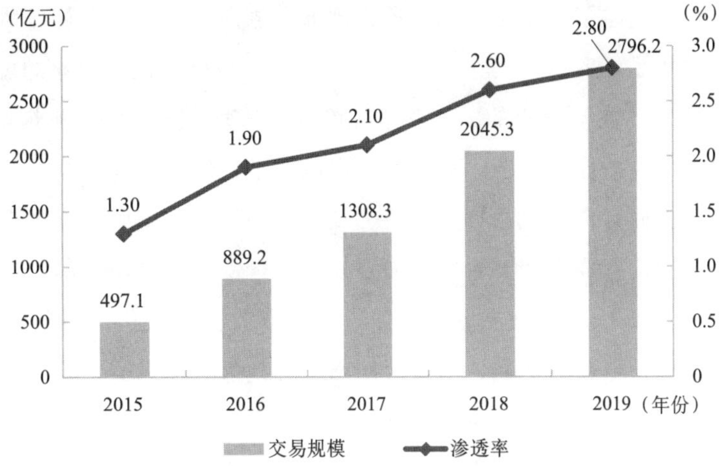

图 10－1　2015—2019 年生鲜电商市场交易规模及线上渗透率

资料来源：国家统计局、CNNIC。

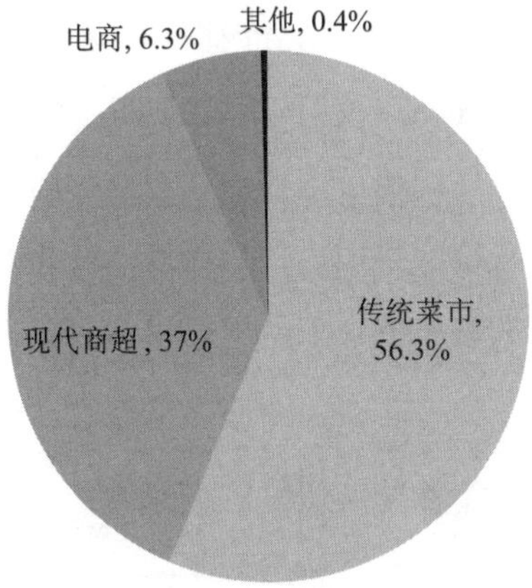

图 10－2　2019 年生鲜销售渠道分布

资料来源：笔者根据公开资料整理。

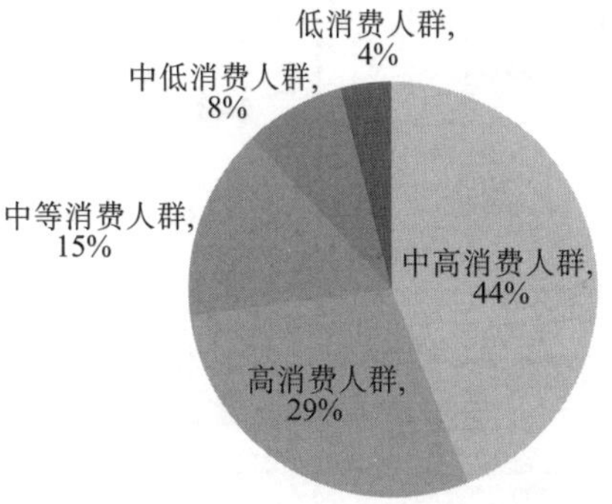

图 10－3　生鲜电商用户消费能力属性

资料来源：前瞻产业研究院：《中国生鲜电商行业解决方案与投资策略规划报告》。

中国电商行业已跨越了野蛮生长的阶段，现如今电商每新增一个粉丝所消耗的成本都是相当可观的，这才是电商企业真正“烧钱”的地方。也就是说，粉丝的忠诚度和活跃度通常是靠钱、靠贴补“烧”出来的，对于这种单纯趋利型粉丝，很难培养其对于平台的品牌忠诚度，这也是电商的痛点所在。如今，很多电商平台依靠风投创立，相对而言精细化管理不到位，短期内尚可依靠风投资金维持，长期下去仍无法摆脱亏损的命运。另外，生鲜高昂的物流成本和运营成本使平台前期需要注入大量资本，更使生鲜电商高投入、高风险、高额补贴的“三高”特点凸显。郑总将其“症结”归因于供应链管理问题，尽管这种情况很大程度上源于电商的本质，但最终回归零售，只有将采购、仓储、运输及配送等零售的每个环节都做到极致，才有可能获利。

属于红海市场的生鲜电商目前也是阿里、京东等互联网巨头诸侯逐鹿的焦点，堪称电商界最有难度的赛道。“看得见”的竞争者与“看不见”的竞争者都在伺机而动。当前，生鲜电商产品涉及蔬菜水果、肉禽蛋品、水产海鲜、牛奶乳品及熟食糕点等多个品类，既有京东生鲜、本来生活等“老玩家”试水，也有每日优鲜、食行生鲜等资本驱动的“新玩家”加入，生鲜电商市场迭代迅速、竞争激烈（见图 10－4）。然而，互联网技术的发展与居民消费习惯的改变，使得传统生鲜电商平台这些“老玩家”的发展速度明显放缓，陆续出现前置仓、店仓一体化、社区拼团、门店到家、冷柜自提等新型生鲜电商模式。郑晖也关注了行业内几家典型的平台企业，如平台到家，它选择轻资产运营模式，平台方主

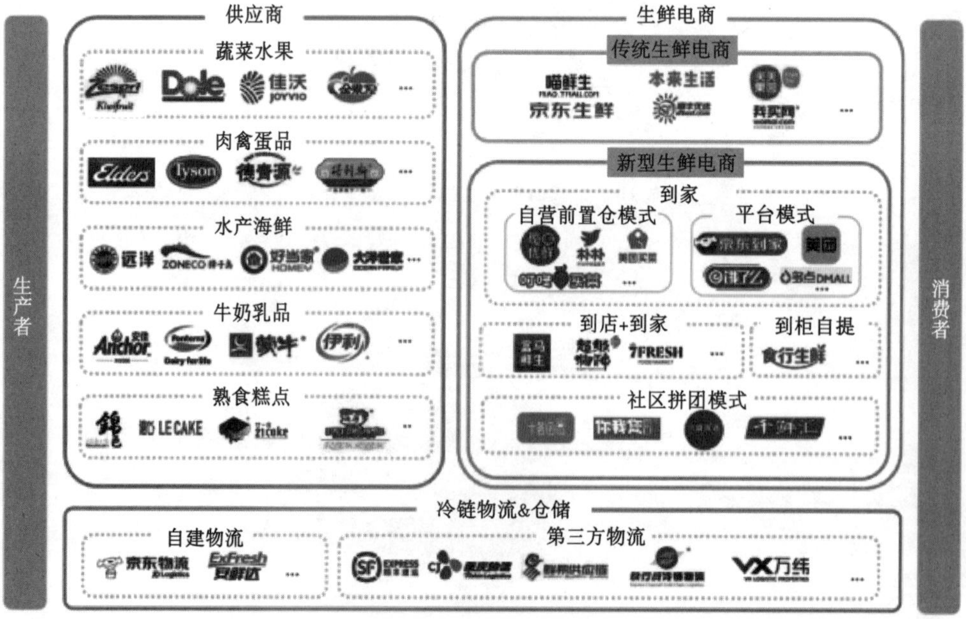

图 10－4　我国生鲜电商产业链

资料来源：艾瑞咨询研究院：《2020 年中国生鲜电商行业研究报告》。

要扮演“线上引流+线下配送”的双角色，毛利与进入门槛相对较低，商家可快速吸引顾客，实现规模化。典型“烧钱”模式的前置仓则选择了重资产、重运营，线下基本不设置门店，缺乏线下流量入口，因此通常需要相对较高的营销成本及平台补贴来引流。异军突起的社区团购赛道，也聚集了兴盛优选、食享会等诸多新玩家。各种模式各有千秋，不断角逐，竞争激烈，但一直没有成熟的盈利模式。

京东生鲜、盒马鲜生作为中高端生鲜电商的典型代表，整体市场份额稳步提升。京东生鲜超市品牌7Fresh在全国开设12家门店，主销海鲜水产、水果蔬菜，专注品质，致力于打造京东生鲜爆品。目标用户以“60后”为主，凭借“银发效应”，依托“自产、直采、销售、物流”四大核心优势，已在业内具有不错的品牌影响力。2018年以来，京东生鲜用户已从“尝鲜”变为“日常”，形成惯性购买。但目前仍聚焦线上平台，线下发展相对薄弱。盒马鲜生作为中高端生鲜电商的另一代表、阿里生鲜零售的王牌，全国已布局200多家门店。该平台主销食品，其中以熟食半成品为主，以中高收入的“80后”中产女性为主要消费群体，注重产品服务质量，致力于满足顾客的高端食材需求。采用一站式运营模式，餐饮与超市相结合，目前盒马鲜生已形成全球直采、本地化直采、自有品牌三大模式，依托“好+快”赢得大众的好口碑，但也因初期流量大，后期出现亏损，发展现状不佳。

此外，诸如“运费比菜贵”“为啥新疆、西藏地区不包邮?”这些电商客服日常频频遇到的吐槽，以及近期在短时间内聚集大量人气的“直播带货”，抢购一空的背后高达70%退货率。郑晖通过对生鲜电商行业的深入研究认为，这些现象都凸显出目前生鲜电商所面临的“卡脖子”问题：从田间到餐桌的这条供应链如何完全打通？“最先一公里”与“最后一公里”的关键环节如何解决？冷链物流系统如何进一步完善，降低产品损耗？

传统产业链的链条较长、流通环节多、整体效率较低，而生鲜属于易损产品，冷链运输极为重要，冷链逐渐成为生鲜电商发展的重要支撑力量。顺丰冷链、京东冷链等多个物流公司也纷纷开始打造自己的冷链物流系统。未来的生鲜电商赛道属于谁，郑晖一直在不停地探索与思考。郑晖觉得未来的电商平台只是一个过渡阶段，电商归根到底要关注的是物流，未来只有掌握物流的人，才能掌握电商的天下。厦航强大的航空货运优势无疑是鹭鲜生抓住生鲜电商下半场红利的助推器，这更加坚定了郑晖在生鲜电商赛道上继续跑下去的决心。

10.2.3 创业过程——一“鹭”当“鲜”

10.2.3.1 独占“鲜”机，资源赋能

创始人郑晖决定带领厦航酒管公司的内部创业团队跨界做电商时，便给他们的电商平

台以厦航航班的白鹭标志命名为“鹭鲜生”（见图 10－5、图 10－6）：以厦航对航食的严选标准为消费者提供最优质、最安全的产品。摆在郑晖面前的问题是：电商“新玩家”鹭鲜生该如何从电商红海中崭露头角。

图 10－5　鹭鲜生品牌形象

图 10－6　鹭鲜生线上平台

诸如每日优鲜这些瞄准老百姓“菜篮子”的生鲜电商前期都有一定的资本进驻，倘若鹭鲜生也选择瞄准普通消费者日常的“菜篮子”，那么势必没有这些平台补助的竞争优势。鹭鲜生创始人郑晖清楚地意识到鹭鲜生想要在“混战”中突围，必须加强自身“造血”的能力。乘务员出身的郑晖凭借自身对航空公司业务流程与客户定位的了解借势转移，另辟蹊径。不同于一般定位为低成本的地方航空公司，厦航的乘客定位明显属于航空运输市场的中高端消费者或商务出行人群。

“乘坐我们航班的乘客一般不会在乎一瓶矿泉水，深挖消费升级的市场机遇，同样‘资深吃货’们也不会介意多花些钱购买最优质的食材，所以我们的定位首先就是优质！绝不是靠价格战抢市场的‘菜篮子’。”作为中国服务业首家获得“中国质量奖”的企业，厦航在顾客市场上具有巨大的品牌号召力，餐饮服务业和航空服务对于质量的苛刻追求是一样的。有了厦航高端优质品牌口碑加持，在采购、销售方面都更容易获得当地政府的支持。郑晖最终决定依靠私域流量赋能，瞄准与厦航乘客同等消费层级的中高端市场，借厦航的“光”照鹭鲜生的“路”。因此，鹭鲜生所选择的产品大多是新疆酸奶、当季鲜果、高端海鲜及名优特产这类中高端消费者“猎奇尝鲜”的产品，在小众细分的中高端市场上，将性价比做到极致。

产品定位敲定，那么目标市场呢？郑晖决定还是沿袭厦航稳扎稳打的老传统，从做好“地头蛇”开始。先将目标市场瞄准福建省内消费能力较强的中高端消费人群，如银行、企业及跨国公司职员等，侧重于这些具备一定收入水平的群体，这类消费者对品质的敏感程度高于价格。而省内大中型企业多为厦航商旅业务的大客户，借助厦航商旅客户的优势，在这类人群中进行“引流”，鹭鲜生作为“地头蛇”甚至比盒马鲜生、每日优鲜更具备客户粉丝基础。

10.2.3.2 争“鲜”恐后，斤斤计较

有人好奇郑晖是如何利用50万元的启动资金，做到“轻资产”“不烧钱”的生鲜电商平台？其实从眼前的引流难关到后续的经营管理，每一步都需要鹭鲜生团队精打细算，他经常组织成员头脑风暴，鼓励大家“斤斤计较”。

创业初期，鹭鲜生面临的难关是亟待解决的引流问题，如果不引入外部资本，那该如何另寻他途？一时间郑晖有点拿不定主意。“没有资本怎么可能满足引流需求，无论鹭鲜生脱胎于何处，终归属于生鲜电商行业，行业性质决定了它需要‘烧钱’，我们还是要引入外部资本。”鹭鲜生团队中的员工不止一次这样建议。

郑晖却觉得这样有所不妥，厦航自创立以来便延续着精细化管理的传统，作为国有企业，在机制体制方面历来走的是“稳健风”，鹭鲜生依托于厦航，骨子里的风格是不会变的，而且厦航的计划财务部只拨给了鹭鲜生50万元的初始资金，很明显它“烧”不起。对此，郑总也有自己的想法：“引资‘吸粉’容易，‘溜粉’也很快，逐利导向的顾客不易留住。鹭鲜生的前身团购微信群前期积累了一定的职工粉、客户粉和一部分拓展粉，这或许可以成为鹭鲜生‘吸粉’计划的第一步，依靠内部职工、客户发展粉丝形成基本盘，这或许更加稳妥。”此外，紧追互联网潮流的郑晖在抖音、微博等积攒了不少粉丝。以“学历最高的厨师”的形象运营抖音，虽没有某些知名大V那样的流量，但相比所谓的人

设网红、流量大V们，更加贴近生活。通过自己的一条条Vlog，展示出热爱生活、挑战新鲜事物的态度，能让更多“鹭粉”看到鹭鲜生对品质的极致追求。

除了千方百计地度过引流上的“烧钱”难关，鹭鲜生更是依靠各个环节上的精细化管理模式打通整条供应链。

“脐橙快上市了，我建议我们不是去果园选果，而是包下整片果园来降低成本。”看着大家惊愕疑惑的表情，一名父母皆是果农的团队成员继续解释：“脐橙具有不同的规格，包括60—70、70—80、80—90、90—100，对于普通的生鲜电商或线下超市而言，一般会选择某一种特定的果径。我们包揽下整片果园，果径较小的，可以配送给员工食堂，作为餐后果；品相不佳但口感不错的，可以用于酒店榨取果汁；拣出优质果在平台售出。这样在公司内部将整条果品供应的生态链予以整合，让利终端消费者，鹭鲜生在同质量产品上的价格优势也显而易见。”

“我们不妨着眼于厦航既有的资源，背靠大树好乘凉嘛，物尽其用，尽可能节省开支。据我考察，航材仓库闲置时，绝对可以改造成生鲜冷仓，减少一部分开支。”一名一线机务出身的办公室职员建议道，“此外，平时可以采用预售模式，节省库存，实现库存滞销最小化。”

另一名员工补充道：“促销的货运空仓可以近水楼台先得月，让鹭鲜生‘盈’在起跑线上。利用厦航的舱位运力资源，不仅能够解决物流问题，还能在一些独特的生鲜产品上夺‘鲜’。例如，新疆的应季蟠桃这类偏远地区的生鲜产品，只有空运能做，将全国各地的一些应季特色产品空运过来，目前市场上的其他生鲜电商品牌不一定具有强大的航空物流保障，就这类产品而言，鹭鲜生完全可以优于其他平台。”

“最后一公里”一直是电商企业的痛点所在，对此有着多年营销经验的员工若有所思道：“厦航遍布全国的营业部就是我们最好的销售网点，尤其福建省内，加之与京东物流合作，起码在省内PK盒马鲜生。”

“没错，这个想法妙，我们还可以逐渐发展O2O线下体验店，支持自提嘛。”市场部另一位同事赞同道。

“对，我们就是要把厦航可持续发展、与人为善的文化理念延续下去，让鹭鲜生也为厦航增光。出品深入人心，选品也要精益求精，我们的产品不求多，但要把每一个产品做到极致。虽然说‘肥水不流外人田’，我们可以借助公司的货运占据物流优势，但我们也要让公司获利，与资源赋能的部门共赢！货运、仓库及大客户这些公司的闲置资源我们都要盘活，甚至利用我们的电商平台为这些部门创收，这样既可以背靠‘大树’利用厦航私域流量，又可以实现厦航内部多部门的互利共赢。”郑晖对团队员工创意嘉许的同时，更不忘激励，既然公司给予鹭鲜生团队这份信任与放权，就要竭力做到最好。

为了把品控和价格做到极致，郑晖将鹭鲜生的产品分为两类，一类是能够引流的，这类产品毛利较低，损耗成本也较低，采用空运相对无优势，与合作基地做产品计划，采取整车运送，再与其他本地物流合作配送；另一类是相对有一定利润空间的，如果品、冻品等，这类产品市场利润空间较大、价格略高，多集中于偏远地区，采取空运方式集中运往厦门仓库，然后通过京东快递予以配送。两类产品分而治之，根据不同产品的不同特性，选择不同的运作方式，严格控制每一个环节的成本。郑晖对于鹭鲜生的发展战略也是经过了多重的“精细化”规划：在充分利用厦航航空货运的专业性、客运的流量技术和厦航品牌优势的基础上，坚持以自营为主、线上结合线下的稳健发展模式，降低运营成本，提高平台商品的性价比，使鹭鲜生迅速在厦门同类商品中建立起绝对价格优势。

10.2.4 机遇挑战——前“鹭”漫漫

10.2.4.1 一“鹭”向前，不忘初心

厦航鹭鲜生自2017年正式上线运营至今，仍由厦航酒店管理公司市场部负责全程运作，既不技术外包也不依靠第三方代运营公司，坚持全面的成本优化。创立伊始，运作团队仅有20余人，负责采购、仓储到营销策划、美工制作、后台运营及客服等一系列烦琐复杂的工作。大家甚至打破岗位限制，一人身兼多岗。

在选品上，创始人郑晖也是亲力亲为，经常奔赴在第一线，不是在挑选食材，就是在挑选食材的路上。甚至有时经常借助机组航班翻山越岭、漂洋过海，只为选到真正来自原产地的优质产品：他曾飞去澳洲挑选牛排，到宁夏变身“放牧人”亲选正宗盐池滩羊，亲赴海南芒果园选当季最新鲜的芒果……甚至将自己的选品过程拍成一条条Vlog短视频，展示在电商产品页。在这样精细化的管理模式下，“鹭粉”纷纷表示在鹭鲜生购买的产品，不仅价格实惠且品质有保证。

“我们这种产品一定要体验，所以发展粉丝实际上蛮辛苦的，每个员工亲自奔赴现场，通过这种产品的实时体验和口碑的口口相传，吸引‘鹭粉’加入鹭鲜生大家庭。所以，到目前为止我们没有花一分钱的广告。”郑总的引流之道颇有成效，鹭鲜生上线第一周流量就已超5万人，日活跃用户上万，月成交金额上百万元。在这种现实体验中，大家慢慢对鹭鲜生产生了信任与黏性，绝大多数粉丝也都长期复购，甚至形成了关注上新的购买习惯。因此，鹭鲜生始终保持着很高的复购率和营业额。

2018年3月，完成第一轮内部推广后，鹭鲜生的粉丝增速放缓，流量陷入了瓶颈。总经理郑晖迅速向全体员工下达“粉丝拓展动员令”，号召全员积极推广。公司上下积极响

应，郑晖也开始亲自尝试应用抖音、微信短视频的方式推广鹭鲜生的品牌形象，平均每周至少制作 3 个短视频，以新的宣传方式吸引粉丝眼球。此外，厦航官方微信、厦航会员日活动等也成为鹭鲜生的推广渠道，同时与当地强势自媒体合作，利用展会及酒店大型会议等拓展粉丝。在短短两个月的时间内，公众号粉丝数增长了 5 倍。

2019 年，鹭鲜生第一家 O2O 的线下美味体验馆（见图 10－7）也开始营业，实现多渠道平台产品线下体验，通过各种线上和线下的组合模式有效拓展鹭鲜生吸粉渠道。除了生鲜类产品，它还上线了鹭鲜生洗涤和摄影等（见图 10－8），不断尝试拓展新业务，开辟新市场。2020 年春节，突如其来的新冠疫情使航空公司纷纷陷入“停飞潮”“倒闭潮”及“退票难”等一系列困境，然而疫情期间对依靠航空货运的抗疫物资巨大的物流需求，也使“客改货”成为航空公司的大趋势。厦航在启动“客改货”航班的同时，更将厦航的航空货运定位为“助力特色农产品”，来帮助居家民众克服疫情期间采购困难的问题，鹭鲜生在 2020 年疫情期间第一时间启动应急预案，从大年初三开始，团队全员提前上岗，郑总亲自上阵，开始摆摊，投入“物资保障战”，为鹭鲜生在福建省内赢得了良好的品牌声誉。

图 10－7　鹭鲜生美味分享馆

图 10－8　鹭鲜生洗涤

10. 2. 4. 2　“鲜”发制人，未雨绸缪

互联网时代，一切瞬息万变，鹭鲜生能否依靠当前的动态竞争壁垒在风起云涌的生鲜电商行业里继续走下去？鹭鲜生不可能永远“背靠大树好乘凉”，想要成为电商行业中的

佼佼者，必须时刻准备迎接下半场的角逐赛，以超常发挥赢得下一赛段的胜利。

目前，鹭鲜生作为区域性生鲜电商平台，在福建省内已颇有名气，其成长速度、品牌和团队奋斗创业的精神，也引起很多一线城市供应商的关注。地域空间的局限性，势必也会影响鹭鲜生的发展空间。伴随着鹭鲜生电商平台并入厦航大平台系统，系统全面升级，引流能力也越来越强，是否进军“北上广”这些经济活跃度较高的一线城市市场，将是推动鹭鲜生进入下一发展阶段的新问题。

然而，生鲜电商这条赛道上玩家众多，稍有不慎便会跌出赛道。郑晖一方面想在这条赛道上越走越远，另一方面也希望这条路越走越宽，两方兼顾才更有保障。鹭鲜生一直走风险较小的轻资产路线，整个商业也往轻资产方向发展。于是，郑晖想尽力不依赖鹭鲜生积攒的口碑与人脉，适当转换产业结构，开拓新赛道，比如郑晖正在规划的鹭鲜生美食学院，以教学的方式为大家传授地道的美食，同时也作为一种知识产权的兑现。鹭鲜生利用厦航的生态圈，一点点地向外蔓延，建立鹭鲜生自己的生态圈，实现“富二代”逆袭。

前期厦航的信任与放权给予了鹭鲜生极大的发展空间，但随着鹭鲜生的日益发展，国有企业本身的机制体系对其发展的限制也有所凸显。不做“啃老族”，势必需要考虑引入部分外部资源，除了流量，电商的另一关键环节是物流，鹭鲜生如果掌握了物流资源优势，那么无疑是获得了电商角逐赛下半场的入场券。伴随着厦航客改货的货运发展，以及厦航货运部门协同发展自身的物流业务，其稳健渐进的发展速度能否与生鲜电商市场迅速迭代的激烈竞争态势相匹配？可以寻求与成熟的第三方物流达成战略合作，可这样是否会丧失在生鲜电商发展下半场角逐中的主动权？创始人郑晖无时无刻不在思考：鹭鲜生如何做到既规避国企这些条条框框的限制，又不断寻求机会，持续地发展突破，做到真正的“不啃老”。

10.2.5 未来发展——“鹭”在何方

近年来，航空运输业不断朝着国际化、生态化的战略部署前进，厦航乘势发展，目前子公司已遍布北京、天津、杭州等全国多个省市，并在境内外 40 多个城市设有营业部。目前，厦航已开通 11 条洲际航线，福建也已成为除北上广以外国际航线资源最丰富的地区。2020 年 8 月，厦航集团北方总部正式揭牌，进入“双总部”运营的新时代，确定了以福建总部、京津冀和长三角为主轴，通达北美、贯穿欧亚的“一轴两翼”发展战略格局。追随厦航发展的步伐，借厦航“客货并重”的下一阶段发展战略，未来鹭鲜生依靠丰富的航线资源实现电商的跨境购将不再是梦。

回首来路，鹭鲜生在电商红海中披荆斩棘，作为航空公司里第一家内部创业成功的电商平台，使生鲜电商的发展迈出了一小步。与此同时，由于鹭鲜生模式的成功，一些航空公司也嗅到了商机开始效仿，利用航运优势进军生鲜领域，业内同质化竞争的硝烟已悄悄燃起。展望未来，鹭鲜生该如何破局？是继续对母公司资源进行依赖、深度链接，还是应该去外面的世界寻找新的合作伙伴开启新的征程，独立翱翔于天地间？凭借厦航这棵“大树”发展起来的小白鹭，要想实现鹭飞九州的梦想，一切都还在实践探索的路上……

路在何方？郑晖与他的团队仍在持续探索……

10.3 思考题

1. 请思考鹭鲜生的创始人郑晖是如何发现并捕获内部创业机会的。

2. 分析鹭鲜生定位中高端生鲜电商市场的战略依据，并分析其市场定位优势。

3. 对比其他生鲜电商的运营模式，分析鹭鲜生如何避免生鲜电商红海市场的“烧钱”模式。

4. 目前，鹭鲜生成功盈利依靠的是什么？这种盈利模式未来能否持续？

5. 如果你是郑晖，在规划未来进一步发展中，该如何处理鹭鲜生与厦航的关系，以更好地应对市场竞争？（开放性问题）

11. 案例九：航旅纵横如何纵横航旅：中航信移动科技的数据资源“利用”之道[①]

11.1 案例介绍

2010年的一天，中国民航信息集团有限公司（以下简称航信集团）的一名技术骨干正在出差从上海飞往北京。当天机场客流量非常大，尽管已经提前一个小时抵达机场值机，但仍因为客流量过大、安检缓慢、登机口过长等问题差点延误登机。当他回到公司和同事提起这件事的时候，发现很多同事都遭遇过类似问题。于是，这名员工开始思考：为什么不利用自己多年在行业的积累，借助民航行业积累的信息资源做一个方便航空旅客的软件？他和公司内部的几个程序员一拍即合，以兼职的身份开始了设计与开发，于是便有了航旅纵横的开端。

从2010年开始萌生设计理念到如今的10多年间，航旅纵横成功地抓住了数字技术发展的浪潮与数据市场资源的红利，其最初的设计思路被市场验证了它的超前时代意义。航旅纵横在算法引擎、智能通达、人脸识别、区块链应用等方面均有突出成果，成为航空服务行业的一颗璀璨新星，发展至今市场份额超过500亿元，与300余家机场共同搭建智能安检系统，是80%以上商务出行人员都会选择的应用程序。航旅纵横在对用户精准刻画的基础上，通过实时计算，为商务人士在合适的时间提供合适的信息与服务的同时，还针对航空行业产生的数据进行重新整合，以此解决整个行业C端与B端全方位的数据联通问题。除此以外，航旅

① 本案例改编自：严子淳、李凡、练奕洋、王凯：《航旅纵横如何纵横航旅？——中航信移动科技的数据资源“利用”之道》，中国管理案例共享中心，编号TEC-0109。

纵横进一步在底层研发中加大投入，同北京航空航天大学、中国民航大学等高校建立了合作关系，在航空行业资产协同管控、行业服务系统、航班动态应用等方面研究解决方案。

从“互联网+”到数字经济，航旅纵横都精准地通过技术迭代踩到了每一次政策的关键节点，赶上发展的风口，实现技术创新与市场变革的统一。但对于航旅纵横来说，这还远远不够，航旅纵横的雄心不只针对航空行业，而是试图构建一个囊括解决所有出行问题的应用系统，从坐飞机到入住酒店，实现一站式的全过程信息服务提供，为消费者带来极大的便利。在当今数字经济时代，航旅纵横又应该如何抓住下一个机会窗口，突破新的目标？

11.1.1 航旅纵横的发展之路

在航旅纵横诞生初期，尽管技术开发人员遇到了很多困难，但始终未曾放弃，没有优势就创造优势，围绕着“用科技的力量，让民航更加高效便捷”的使命，尽最大努力积极探索，回答好这个时代赋予它的答卷，也走出了一条航旅纵横独有的发展道路（见图 11－1）。

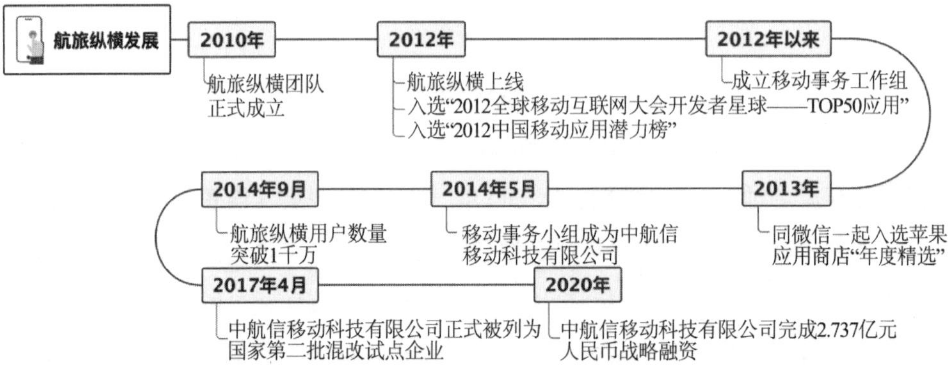

图 11－1　航旅纵横的发展历程

11.1.1.1　机不可失，圆梦“互联网”（2010—2012 年）

航旅纵横创立伊始正赶上互联网时代的发展红利期，全球宽带技术迭代更新速度加快，腾讯、百度、阿里等互联网巨头各种场景类的产品事业部陆续成立，并且在短时间内迅速壮大。当时我国网民达到 2.53 亿人，普及率逼近 20%，位居世界第一，互联网创业环境的利好让航旅纵横决心搭乘当时这波互联网技术发展的顺风车，在力所能及的范围内改变这个行业存在的如信息不透明、获取不方便等一系列问题。于是，2010 年，航信集团几个志同道合的技术人员凑在一起，利用业余时间开发和设计航旅纵横应用程序的雏形，并且在一年的时间内不断测试、打磨、完善产品。

航旅纵横创立伊始，其研发人员需要担任两个身份：一个身份是数字经济浪潮中科技创业的弄潮儿，另一个身份是传统体制内的央企员工，如何平衡两个身份给研发人员带来了很多挑战。数字科技的技术创业需要较为自由的环境以支撑其不断的创新活力，然而体制内的制度环境则具有一定的约束性。这意味着航旅纵横研发人员从成立初期就踏上了必须靠自己并且不允许过度试错的未知道路，但这仍旧阻挡不了航旅纵横研发人员探索的决心。为了做好项目，他们经常在央企中踩着大厂“996”的节奏，甚至有人住在办公室通宵加班，在前期没有一分钱盈利的情况下，靠自己的补贴坚持下去。

在航旅纵横的起步阶段，央企自身内部储备的“枪支弹药”给了航旅纵横冲锋陷阵的底气，稳定的薪资保障、大量的内部数据和充足的服务器资源都让航旅纵横在成长前期获得助燃剂，可以毫无顾虑地去专注于项目开发。但航旅纵横作为典型的科技创新项目，与属于体制内的传统实体企业在管理制度方面存在很大差异，例如，和体制内传统实体企业相比，航旅纵横的上下班时间就不一样。为了解决这个问题，航旅纵横的决策人员在每次跟航信集团领导汇报的时候总是提到：“航旅纵横作为科技创新孵化项目，跟集团的文化基因可能是有差异的，航旅纵横更适合在外面走一条更接近科技型企业的道路。”提得多了，领导也慢慢开始重视起来，为了航旅纵横更好地发展，总部为其分配了较为独立的空间，以便于航旅纵横在管理制度等层面上拥有更强的灵活性和自主性。这一举措大大减少了航旅纵横内部决策流程的约束性，增强了大家的工作活力。皇天不负有心人，2012 年，航旅纵横在一众“父辈”的期望中上线了，在上线当年就入选“2012 全球移动互联网大会开发者星球——TOP50 应用”和中国互联网数据中心举办的 Mworld2012 移动互联世界大会发布的“2012 中国移动应用潜力榜”。除此之外，自从 2012 年航旅纵横在苹果应用商店上线以来，中航信移动事务工作组（中航信移动科技有限公司的前身）正式成立，自此航旅纵横不断向正规化迈进。

11.1.1.2 超越预期，行业破局（2013—2017 年）

2013 年，航旅纵横下载量不断增加，凭借用户认可，口碑也越来越好。其实航旅纵横并不是第一款出行信息服务提供商，在此之前同类产品已经上线并抢占了一定的市场份额。作为体制内成长出来的航旅纵横并没有大家想象中的具有行业垄断优势，这主要是因为民航领域是所有涉及国计民生的行业中开放性最好的行业之一，市场化的运作非常彻底，服务主体也非常多，竞争非常激烈。与此同时，与同类产品所处的互联网环境相比，体制内相对保守的环境又进一步约束了航旅纵横的市场化发展。在航旅纵横应用程序上线早期，每个工作人员都顶着很大的压力。航旅纵横作为非资本驱动的产品，没有钱做任何商业推广，企业收入远不及同类产品那般风光，这逼迫其必须实现“自我造血”，在“开源”和“节流”上下功夫。

在“开源”方面，航旅纵横秉持“打铁还需自身硬”的原则，深知要认真打磨好产品，更重要的是要以用户需求为导向设计好产品，只有做出超越用户预期的方法来解决问题，才能给用户带来惊喜，否则将很难在同类产品中脱颖而出。早在 2012 年产品设计初期，航旅纵横就开始着重进行用户需求的预判，并且不断重新定义用户使用场景，例如，在航旅纵横应用程序里增加了的“航班延误猜一猜”功能（见图 11－2），大大减少了用户对于航班延误的负向情绪。

图 11－2　“航班延误猜一猜”流程

在“节流”方面，自从中航信移动事务工作组成立之后，航旅纵横的工作人员便开启了一段疯狂的时光。当时的工作组只有几个人，人数不足同类产品人数的四分之一，但却保持了平均每两周一个版本的迭代速度。这是因为航旅纵横设定了可以快速反应的管理架构和用人机制，将每个人的潜力都发挥到了极致，并且给予员工充足的发挥空间，最大限度激发每个人的创造能力。从产品上线开始，航旅纵横先后推出“前序航班”“手机值机”“电子登机牌”“航班预警”等一系列功能，其核心要素还是在于航旅纵横可以及时发现、预判用户需求并且快速打磨产品、创新功能，这使航旅纵横靠用户体验赢得了好口碑，用户人数猛烈增长。2013 年，航旅纵横应用程序（见图 11－3）与微信一起入选苹果应用商店“年度精选”，是唯一上榜的航旅信息服务类应用程序。2014 年 5 月，航信集团将原移动事务工作小组独立出来，成立了中航信移动科技有限公司（以下简称中航信移动科技），自此航旅纵横工作人员有了更大、更自由的发挥空间。同年 9 月，航旅纵横用户数量突破 1 千万人。

图 11－3　航旅纵横应用程序用户界面部分展示

11.1.1.3　强强联手，打破壁垒（2017—2022 年）

用户的持续增长在为航旅纵横带来喜悦的同时也赋予其更大的责任。2017 年 4 月，中航信移动科技正式被列为国家第二批混改试点企业。国有体系混改政策使集团总部对内部数字创新抱有支持态度，此时，航旅纵横便意识到自己不再是简简单单的行业服务商，而是应当借助混改的“东风”，进一步整合行业资源，协同行业力量。因此，“发展发展再发展”成为航旅纵横的核心命题，但是到底该如何发展才能在现有的基础上实现更大的突破？国家政策此时又给予航旅纵横进一步指引。

2020 年 4 月 9 日，《中共中央 国务院关于构建更加完善的要素市场化配置体制机制的意见》正式发布，该文件首次将数据正式纳入生产要素范围，这让航旅纵横强烈意识到在数字经济背景下，数据要素对于互联网企业的重要性。对于航旅纵横来说，要践行“发展发展再发展”的可持续理念，一定要牢牢把握住企业生存的“命脉”，如果说民以食为天，那么航旅纵横的“食”则是数据，而航信集团则是为其初期发展阶段提供补给的最大粮仓。对于航旅纵横而言，要想获得更庞大产出（用户），首先需要解决更庞大的生产要素（数据），从各路民航实体之间进行“寻粮”，并且建立靠谱的“粮食”流动通道已经迫在眉睫。然而长期以来，航空公司、机场、民航局等单位各自为政，各个民航行业的实体之间存在明显的数据信息割裂、流通壁垒等问题，各方利益群体现存的数据垄断现象明显，这无疑为航旅纵横的“粮食”流通渠道堵上了厚厚的城墙。面对这种情况，航旅纵横便意识到自己不应该再做简简单单的行业服务商，而是应该承担更大的行业责任来打破行业信息的壁垒。

为此，航旅纵横认为最好的合作一定是可以将双方进行利益捆绑的股权合作，有了股权合作以后，作为业务的利益共同体，多方便有义务促进数据流通。2020 年年中，中航信移动科技完成 2.737 亿元人民币的战略融资，本轮投资由招商启航资本领投，南方航空、空管投资公司、易程科技等跟投。增资完成后，航信集团、易程科技、南航资本、空管投资公司和启航资本将分别持有中航信移动科技 31.61%、8.39%、12%、12%和 36%的股权。中航信移动科技将不再为航信集团的全资子公司，且其财务业绩将不再在公司综合财务报表中合并入账。增资后，通过订约各方在数据资源协同、数据要素互联互通等方面的责任和义务，中航信移动科技将进一步创造企业发展的协同效益。作为全国第二批混改试点企业，中航信移动科技充分发挥政治优势，在体制融合和机制建设上不断取得重大突破，有效实现了改革试点期间促进国有企业效率提升、国有经济结构优化的政策目标，进入实质落地期。

资本的介入也进一步为从传统央企走出的航路纵横注入市场活力，作为国家改革发展的试验田，为许多行业中的国企做出了表率。

11.1.2 畅通渠道，数据流动

航旅纵横作为信息服务企业，现有的业务对数据生产要素形成了强大的依赖，其主要业务围绕数据要素从“联通”到“整合”再到“输出”的流通链路展开。联通，是航旅纵横业务的源头，是各个实体间进行数据资源协同合作、构建数据交换通道的过程；整合，是航旅纵横对联通后的数字生产要素进行流通、吸收的过程；输出，是航旅纵横对加工后的数据生产要素进行生产、发送价值的过程。然而，庞大的数据在支撑应用程序用户极致体验的同时，也把“麻烦”留给了幕后的运营部门——数据要素生产流程线中往往涉及如数据安全、用户隐私、信息割裂等问题。

航旅纵横唯有增强自己的研发能力，以核心技术为盾牌，才能为业务生产过程中的方方面面保驾护航。在 10 年的时间内，航旅纵横不断吸引高精尖人才，其研发部门从初始的 5 个人变成现在的 200 多人。其不断进行创新和改革，在高精尖技术上陆续突破。近些年，航旅纵横不仅入选了“专精特新”企业、国家“卡脖子”工程，还获得了中国交通运输协会科学技术一等奖、中国航空运输协会民航科学技术二等奖等奖项。如今的航旅纵横不但携带着数字技术的基因，而且真正成为行业的创新排头兵。

11.1.2.1 数据联通，助力协同

在数据越发成为核心资产的今天，信息化行业存在天然的垄断性。对于航旅纵横来说，现有的数据要素主要有两个来源，一部分来自现在的运营系统，另一部分则通过与各个合作方进行信息协同互换产生，由此获取了体量庞大的基础数据。对于航旅纵横来说，数据越多，计算引擎和算法才能做得越好，数据要素分散则会大大降低算法准确性，各个实体间数据要素互联协同显得尤为重要。但是在数据要素联通的过程中，各个合作企业数据私有化现象严重，这给数据联通带来一定阻碍。“数据交换的必要性”和“数据信息私有化的必然性”形成了强烈冲突，也抛给航旅纵横研发人员一个大难题——如何在数据私有化的情况下做到数据信息的联通？航旅纵横研发部门为此展开了数十场讨论会议，所谓“八仙过海，各显神通”，各路工作人员纷纷献出妙计，如严格控制数据操作人员对数据的权限、签署严格的保密协议等，但大多都流于表面，没有从根本上解决问题，甚至还有企业部分消极主义者提出延缓数据联通计划的提议。“遇到困难就解决困难，退缩没有道理，从根本上解决问题要利用技术手段才可以！无论花费多少精力，这道坎我们都必须得跨过！”研发部门的一些元老站出来讲话，稳住了军心的同时也向决策层立下军令状——务必打造既可以保障多方数据独占性，又可以实现数据结果共享的技术手段，从源头打消各个合作方的顾虑。对此，航旅纵横通过外部招贤和内部动员的方式累计招募了200人左右的研发人员，专门致力于解决种种“数据困难”，其瞄准联邦学习带来的可以允许多个参与者在不共享原始数据的情况下，以隐私安全的方式进行模型训练的特点，不断加大联邦学习方案的研发，安全地使多方进行共同计算，在保障数据私有化的基础上做到数据资源的价值共享。

航旅纵横始终认为作为服务类企业，有责任尝试通过技术手段保障各合作方的利益，研发新技术方案去解决合作过程中遇到的问题。航旅纵横“为对方考虑”的合作共赢精神得到了行业内的认可，这些年，其通过增资扩股和行业合作的形式，在数字技术基础上，进一步打破数据割裂现象，已经构建起各个实体部门之间的数据通路，为后续数据流通夯实了基础。

11.1.2.2 数据整合，保障流通

要想盘活数据资源的价值，就要在联通数据之后对数据要素进行整合，保障进入数据流动阶段的顺畅。因此，将数据作为生产要素进行创业的企业来说，数据整合阶段是原材料运输流通的环节，十分关键。而面对庞大的数据，航旅纵横遇到了两个新困难，第一个困难是如何确保数据信息安全。针对该问题，航旅纵横技术人员认为，区块链技术所具备的分布式、去中心化、不可篡改等特点是解决数据安全问题的突破口。自2020年起，航

旅纵横技术部门对其现有的数据要素流通方式进行改革，将区块链技术融入该过程中，以保障数据要素安全。

航旅纵横遇到的第二个困难是如何确保数据信息可信。航旅纵横的数据源有很多，基本涵盖整个行业的数据源。多数据源可以为航旅纵横提供最全面的信息，但这意味着航旅纵横的信息收集系统可能有两个数据源，从评判角度上都比较可靠，但这两个数据之间却存在不一致性，例如，有人说航班起飞了，有人说航班没起飞。因为各个企业的系统不一样，数据信赖问题不可避免，这也是这种典型的分布式系统在一致性上难以解决的一个问题。因此，对传输的数据进行采信判断，并且进行选择性接受就显得十分必要。由于技术问题差异，航旅纵横的技术压力在某种程度上比美团、淘宝这种针对 C 端提供生活服务类信息的软件要大很多。美团、淘宝这类用户高频次应用程序面临的问题主要集中在高并发，即解决多用户同时使用的问题，而航旅纵横的问题主要集中在高可靠，即解决用户使用的准确性问题。因为大多数这类用户使用频次较低，试想如果一位仅使用一两次应用程序的用户仅有的使用体验出了错，那用户将不会再继续使用。面对巨大的用户留存压力，航旅纵横专门挑选资深的民航工作者成立了一个十几人的工作小组，依靠他们敏锐的行业经验对航班动态等行业数据和未来的发展趋势进行洞察，及时纠错，保障应用程序的可靠性。在研发初期，小组人员为了实时监测软件的功能稳定性，压缩研发周期，自发轮班，在内部建立了 7×24 小时响应互动机制，经历了上千次的测试，自主研发的全面功能高精度系统正式上线。该系统围绕采信、多维存储分析和溯源全过程自主开发，并涵盖数据共享、数据治理、数据交换、数据分析等功能，可以全方位、多维度地对数据流动全过程进行监测，及时进行可靠性判断以保证其可以收集到最准确的信息。

当然，好的技术不是一蹴而就的，其实早在航旅纵横上线初期，整个研发部门就开始布局数据安全运输和数据信赖之路，他们知道依靠数据业务实现用户数据变现的模式，容易踩到国家红线。但与传统民营企业不同的是，航旅纵横出生于体制内，这造就了工作人员更加谨慎、追求工作细节的态度。从开始创业的第一天，航旅纵横就离安全底线走得更近一些，体制内谨慎的态度也逼迫航旅纵横的开发之路走得十分约束，但其实这最后也成为他们的优势。

11.1.2.3 数据输出，价值创造

在现今的信息爆炸时代，信息高度过载，人人都很忙碌，信息服务类应用要想获得一定的市场占有率，就必须让数据为用户创造价值，牢牢解决用户需求。航旅纵横一直贯彻的就是“信息找人”，而非“人寻信息”。航旅纵横利用多年沉淀的系统数据去打磨系统推荐算法，致力于对每一个用户进行精准刻画，在适合的场景下为用户提供最匹配的信

息。为了更好地为用户提供便利化服务，公司高层做了大胆的决定——取消一段时间应用程序主页的菜单栏目，这一举动无疑是一场将自己置身于悬崖的豪赌，但是其背后也体现出对自身实力的绝对自信。结果显示，航旅纵横的这一波操作非常成功，让用户通过傻瓜式操作即可获取到最直接信息的方式大大降低了用户对应用程序的学习成本，使用户留存率提升了 15%，大大增加了用户黏性。

11.1.3 科技创新赋能标准化布局

11.1.3.1 数据联通引领行业系统标准

在航旅纵横创办初期，国内机场的地面服务系统仍五花八门，导致各个系统产生的信息标准、制式不统一。除此之外，早期的民航系统都是以国外系统为主，在国外信息打压的情况下，信息很难标准化，经常面临被国外系统供应商进行“卡脖子”的问题。因此，航旅纵横在最初成立之时，希望能面向整个民航行业的参与者设计一个操作系统（见图 11－4），包括航空公司、机场、票务代理，并且采用企业内部孵化的模式，走当时国有企业看中的企业体系化数字转型、内部系统改造的道路。

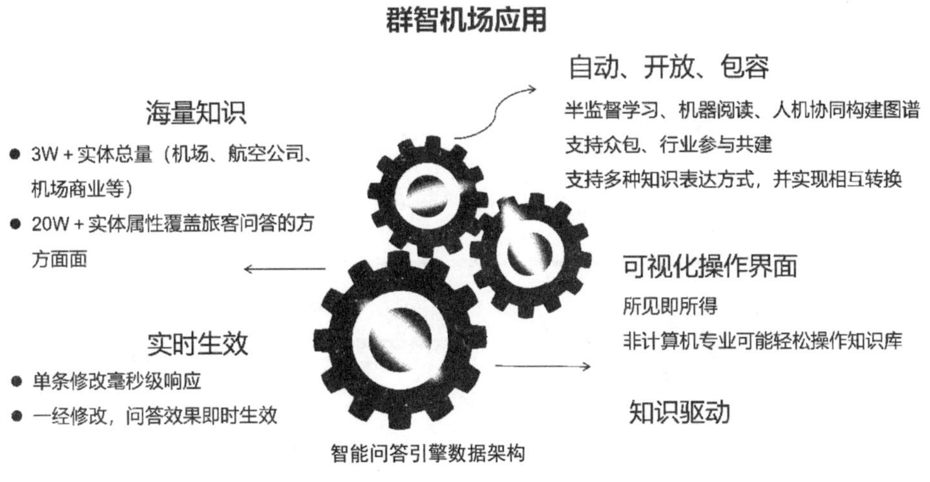

图 11－4 航旅纵横群智机场应用智能问答引擎数据架构

鉴于此，2012 年起，航旅纵横就开始布局其标准化之路。针对行业数据标准化的问题，航旅纵横希望基于定义数据的标准，勾勒出未来数据要素流通交换的机制与架构。航旅纵横依靠航信集团多年的行业积累，致力于打破行业信息部门的壁垒，连接各个异构系统，然后再将各个异构系统间的差异化逐渐替代或统一，演化出航旅纵横的一套标准体系。具体而言，一方面，航旅纵横在吸收异构系统的数据后对数据进行清洗，输出标准化格式；另一方面，航旅纵横用自己的标准化系统更迭民航企业现有的五花八门的系统，从源头上采集标准化数据，方便后续进行数据生产。目前，航旅纵横有近2/3的工程师在致力于完成产业的互联与行业的整合，特别在数据获取与整理方面，航旅纵横花费了大量精力对生产数据进行标准化构造后进行多方数据安全维护，力争在初始阶段就完善好底层数据建设，用数据作为关键生产要素，打造行业标准统一化系统，助力行业整体价值提升。

11.1.3.2 数据通道定义服务体验标准

航旅纵横的第二个关键点在于定义行业服务的标准。航旅纵横成立之初，首都机场、上海机场、广州机场等其实是不同的服务实体，各自有自己的服务流程和应用系统，这对于公众来说是很不方便的。航旅纵横希望这种服务实体最终面向公众来说是一个统一的、可接受、可认知的服务。由此，航旅纵横向不同的民航部门提供标准化的服务流程和系统，以保证用户体验的一致性。为此，航旅纵横的业务员几乎跑遍了中国各个大型机场，做了上万人次的问卷调查，深入访问了同类20余家企业公司的服务理念与管理思路，总结出了一套航旅纵横独创的、具有前瞻性的市场服务方式——以数据为核心要素的一体化航空信息服务，如智能地服、流量监控、智能化航班预报（见图11-5）等。在完成初步开发之后，航旅纵横继续将信息和服务进行更深度的整合，逐渐构建出一条用户通道，实现“信息找人”。在当时已经信息过载的情况下，其通过在合适的场景给用户提供合适信息的方式，改变了传统航空行业的传媒模式，并且用推荐算法逐步发展完善，实现以数据要素为生产核心带动整体发展的道路，在服务方面逐渐有了自己的特色，并且整体追上了当时的行业巨头。和当时行业龙头航班管家相比，航旅纵横在底层数据建设基础设施上已经处于领先地位，但其仍时常与行业内的其他信息服务商去交流“取经”，共同探讨行业发展前景。

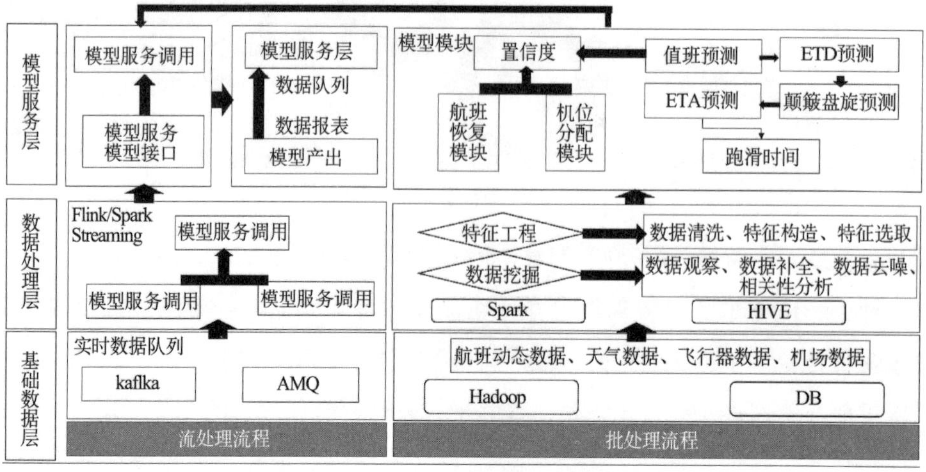

图11-5 智能化航班预报

在打通服务通道标准化后，航旅纵横作为后起之秀后劲十足。从 2016 年开始，航旅纵横逐渐在民航信息服务的市场份额上遥遥领先，超越了原先的龙头企业，成为业内标杆。

11.1.3.3 数字创新驱动发展标准

航旅纵横在取得了一些令人瞩目的成绩后，并不满足于此，而是思考如何继续成长，成为航空行业的引领者。在航信集团的资源加持下，航旅纵横在完善底层数据驱动发展道路的同时，不断突破创新，逐渐开发出独有的技术方案，如算法引擎，包括智能通达、人脸识别等。作为混改的受益方，航旅纵横无论在研发环境还是决策流程上，都比总部更具灵活性，这使他们能更便捷地做一系列产品的开发设计。除此之外，航旅纵横始终秉持“用户需求导向”为中心的创新产品思维，应用程序重点就算法和用户画像两个方面进行了深入研究，以此赢得更多市场，为奠定未来统一的标准夯实基础。

与其他同质的应用服务产品不同，航旅纵横的应用程序在很长一段时间内是无菜单状态，系统会根据用户行程场景变换为其做实时推送。“把便利留给用户，把麻烦留给我”成为航旅纵横的研发信念。上百位开发人员、上百个日夜地打磨，只为给用户提供极致的产品体验，让每个用户在标准化的操作下同时可以享受到个性化的服务。

创新理念支撑下的航旅纵横，正在以规范化流程、傻瓜式操作吸引着越来越多的用户。与此同时，大量用户基础也使其在以数据要素为核心的行业发展趋势中占领先机。航旅纵横通过不断推动行业服务标准逐步向更高层面迈进，成长为行业的标杆。

11.1.3.4 数字引领实现行业标准

航旅纵横自从被评为发改委的第二批试点企业以来，通过让东航集团、南航集团、国家空管局等行业顶流资源加入这个更庞大的组织中来，将中航信移动科技成功由航信集团的公司转变为整个行业的公司，集合了整个航空行业的优势。然而，航旅纵横的抱负不止于航空信息服务业，它还希望更多的航旅业伙伴都能加入这个集体，为后续航旅业发展提供更多便利。航旅纵横始终坚信，民航是一个很小众的行业，如果各家企业都把容量切几分，会导致每家成本本身都很高的同时，给用户带来了更高的学习成本，这对于行业整体发展实际上是很不利的。所以，航旅纵横决策层希望航旅纵横能成为一个集大成的应用，为了让航旅纵横实现这个目标，所有人都付出了巨大的努力。

为了达到行业一体化发展这个宏伟的目标，航旅纵横正在努力完成体系的构建，尽早形成标准化的体系，让多方共同参与到数据构建中，成为完整的航空行业服务提供商，实现从服务的提供者到消费者终端接收方一体化，盘活数据资源，将其作为驱动行业整体化发展的新型生产要素，推动行业进步，并形成全行业的标准体系。同时，在今天“一带一路”倡议背景下，航旅纵横一直在积极拓展国外市场，做技术输出。对比我国在技术输出过程中较为成熟的行业，如机场建设、修楼修桥等，民航体系还处于发展初期，还有很长的路要走，未来一定需要一个完整的面向机场出行的标准化体系。因此，航旅纵横正联合通信行业服务商，在完成国内标准化部署后，也为“一带一路”共建国家机场提供一体化机场平台，以此展示我国航空信息服务行业在数字化时代的珍贵价值和独特地位，为行业一体化部署走向世界打下基础。

标准化的构建其实是一种高维度的公司价值构建的过程，一旦这个标准化形成，那么航旅纵横就可以拥有绝对的话语权和技术输出优势。鉴于此，建立行业标准成为航旅纵横的重要任务，也变成了他们的新情怀。航旅纵横也正主持参与一些国家科学技术基金、取得授权专利，也有大量的研究成果发表在国际刊物上，努力从基础研发端布局，普惠行业发展，践行民航行业科技创新的使命。航旅纵横坚信，在可见的未来，凭借着其在技术上的独特优势和超前理念，为整个国内航空客运行业完成一个标准化的规定是不难实现的。顺应我国政策红利，航旅纵横不仅可以纵横国内，还可以扬动航帆、迈向国际。

11.1.4 尾声

11.1.4.1 化零为整，预测布局

航旅纵横利用目前的数据优势，在行业上实现更大体量的发展，在打好技术基础的前提下完成行业标准的建立，成为整个航空运输行业的基础性公司。在数据安全方面，航旅纵横遵循最小使用化授权和模糊化原则，并且将服务器存放在自身机房，从根源上保护用户的数据安全，并布局区块链技术的分布式处理来维系数据授权安全。在面向行业的知识服务方面，航旅纵横也希望通过人工智能对一些开发服务进行接管，从语音转换、语义输出、云平台、客服电话等方面提供一个完整的解决方案。同时，航旅纵横也在进行电子身份证、网上值机等业务的拓展，响应国家推行证照数字化、各地特色登机牌等一个应用解决所有出行问题的“一站式”服务。与此同时，航旅纵横计划在未来吸引更多航空公司加入，同运输业的各个公司合作，做成一个统一集成的应用程序，在行业服务与航班动态应用方面，通过大数据进行模拟和推断，实现对飞行中飞行器智能化的航班预报，提供飞行器从起飞到降落的全过程综合性预测，缩短用户等待航班时间。

航旅纵横坚信，他们的产品背后拥有大量技术部署是有别于其他同质企业核心竞争力的，因此不必急于求成地大规模掠夺式地获取用户市场，而是将底部基础夯实后再开始积

累发展，后期会具有更强爆发力。航旅纵横正努力打造以数据要素为核心，数据共享、数据治理、数据交换、数据分析一体化的新平台（见图 11－6），同航空运输业各方合作，提升数据系统可靠性与稳定性，保障国内数百个机场航空服务系统平稳运行，助力航空用户享受“一站式”出行服务。

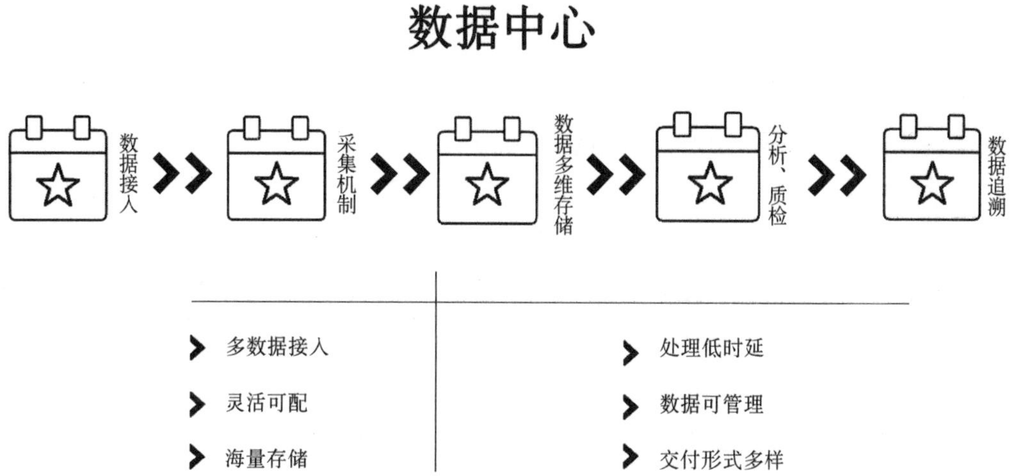

图 11－6　数据一体化平台流程

11.1.4.2　路在何方，行无止境

航旅纵横始终认为民航数字化的过程一定是多方综合参与的，航旅纵横若只由少数东家持股是有缺陷的，但是如果航旅纵横转变为一个行业的基础性公司，就要考虑将整个行业的所有关联体带进来。目前，航旅纵横正着手科创板上市的准备事项，也同民航各方积极沟通组成行业联合体，引进多方资金，组建庞大利益集体。同时，在民航行业数字化的过程中，很大一方面都在解决数据割裂、多方融通的问题，因此未来以股权合作的形式融入更多的业务利益共同体是大趋势。有了股权的合作以后，航旅纵横会取得更好的效果，也能够将整个行业主要参与实体一同带入发展。

从移动互联网快速发展的时代走来，到当前数字化发展的时代，航旅纵横始终走在行业的最前线，用扎实、过硬的技术撬开种种“卡脖子”难题。目前，市场上民航类应用层出不穷，各大航空公司都推出了自家软件，更有众多第三方虎视眈眈这块市场蓝海。一方面，面对竞争者，航旅纵横能否继续利用数据要素资源保障竞争优势？另一方面，航旅纵横在利用数据要素打破行业壁垒的路上，又该如何持续地提升行业整体价值与绩效？我们拭目以待……

11.2 背景信息

11.2.1 航信集团——航旅纵横的前生

航信集团正式组建于2002年10月，是专业从事航空运输旅游信息服务的大型国有独资高科技企业，其前身为中国民航计算机信息中心。作为市场领先的航空运输旅游业信息技术和商务服务提供商，中国航信被誉为“民航健康运行的神经”。随着国内航空公司海外业务的扩张，中国航信同步成长为国际化企业，是全球第三大航空旅游分销系统提供商，拥有全球最大的开账与结算计划数据处理中心。中国航信作为民航信息化的先行者、民航运输旅游业信息技术和商务服务提供商，一直致力于民航信息技术与服务的建设和发展完整的服务体系。近几年，随着互联网以前所未有的速度向各个行业快速渗透，国家陆续出台“大交通”“民航强国”和“智慧机场”战略，使中国民航信息服务业迎来时代机遇。在此契机下，航旅纵横诞生了，这是航信集团基于民航大众化时代旅客的信息服务需求，运用移动互联网技术所做出的战略创新之一，也是民航系统顺应新经济下的时代产物。自2020年起经过几次改革后，航旅纵横已经从原来的航信集团百分百控股中分离出来，变成多家行业巨头持股的状态。目前，航旅纵横隶属于中航信移动科技。

11.2.2 航旅纵横介绍

航旅纵横为旅客提供及时、全面、权威的民航信息服务，自2012年上线以来，率先推出20多项创新性功能和从出发到目的地全流程信息服务，为旅客构筑了一条便捷获取出行信息的权威通道。截至2020年，航旅纵横已经达到8000万用户规模。就同质化产品而言，尽管航旅纵横起步晚、限制多，但是其自上线以来发展速度很快，在行业内有很大的竞争优势。图11-7为2017—2018年全国排名前三的民航信息服务类应用程序：航旅纵横、飞常准、航班管家应用程序下载量趋势。

从图11-7可以看出，航旅纵横作为“国家队”，在同类应用程序中处于领先地位，无论是下载量还是评价口碑都具有较强的优势。

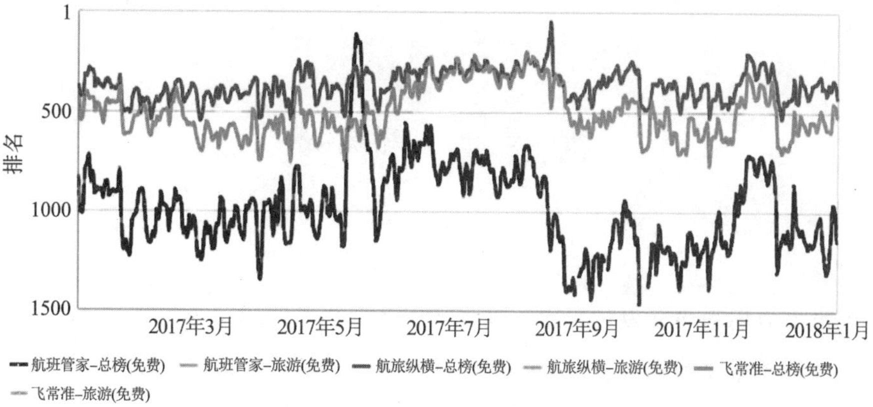

图 11－7　2017—2018 年三款民航信息服务类应用程序下载量趋势

资料来源：ASO100，2018。

航旅纵横近年业务重点向多维度促进企业可持续发展迈进，不断提高自主创新成果，同时也关注未来市场布局。

11.2.2.1　航旅纵横发展历程关键时间点

（1）2011 年底启动；2011 年 11 月 11 日，应用程序第一次上线。

（2）2012 年，入选“2012 全球移动互联网大会开发者星球——TOP50 应用”。

（3）2012 年，入选中国互联网数据中心 Mworld2012 移动互联世界大会“2012 中国移动应用潜力榜”。

（4）2013 年，航旅纵横和微信共同入选苹果应用商店年度精选（国内仅此两家）。

（5）2013 年，航旅纵横被评为发改委的第二批试点企业。

（6）2014 年 5 月，移动事务小组成为中航信移动科技有限公司。

（7）2014 年 9 月，航旅纵横用户数量超越 1 千万。

（8）2017 年 4 月，航旅纵横被纳入发改委的第二批分改试点单位。

（9）2020 年 9 月，航旅纵横进行第一轮改革，实现增资扩股。

11.2.2.2　航旅纵横所获科技成果

入选 2021 年度第一批北京市“专精特新”中小企业名单，荣获中国交通运输协会科学技术奖一等奖、中国航空运输协会民航科学技术二等奖。参与国家自然科学基金项目，多项专利授权。除此之外，航旅纵横团队积极参与科技类项目，发表国家级论文，每年能保持两篇工程索引（EI）级别以上的论文发表，且多数发表在《美国电气和电子工程师协会》（*IEEE*）、《传感器》（*Sensor*）等核心期刊。

11.3 思考题

1. 航旅纵横应用程序开发过程中，如何利用数据要素实现内外部资源协同互补?

2. 分析总结航旅纵横的成长过程，对比其与传统互联网创业企业成长过程的异同。

3. 梳理民航行业数据要素产生、流动的因果逻辑，总结航旅纵横在这一过程中数据生产要素获取并利用的价值创造过程。

4. 分析航旅纵横如何在数字经济下更好发挥底层技术优势，并提炼航旅纵横的竞争优势。

5. 请基于对未来数字民航的市场预测，提出航旅纵横未来发展的规划建议。

案例分析篇

12. 案例一：泛华集团探索智能管控新模式案例分析①

12.1 教学目标

通过描述泛华集团在不同发展阶段中战略转型如何推动集团管控模式调整，最终建立一个集团生态管控模式，从而为国企及大型企业集团的战略转型和集团管控问题提供可以借鉴的思路和方法。具体而言，在企业集团的不同发展阶段，集团应不断调整企业的战略布局，并据此来进一步匹配相应的管控模式。

12.2 问题回顾

1. 泛华集团采取了什么样的战略模式？
2. 在采取该战略之后，泛华是如何调整集团管控模式的？
3. 为了保障生态管控模式的实施，泛华还采取了哪些措施？
4. 你认为泛华集团生态管控模式还有哪些值得改进的地方？

① 本案例改编自：王凯、沈亚娟、吴三林、武立东、雷超兵：《泛华集团管控模式的探索之路：从平台到生态》，中国管理案例共享中心，编号 STR－1050。

12.3 分析思路

本案例的分析思路如图 12 - 1 所示。图 12 - 1 将案例的正文内容、启发思考题、分析思路和相关理论结合在一起，其中，右侧矩形代表案例正文内容，左侧矩形代表启发思考题，其他部分则是本案例的分析思路和相关理论。

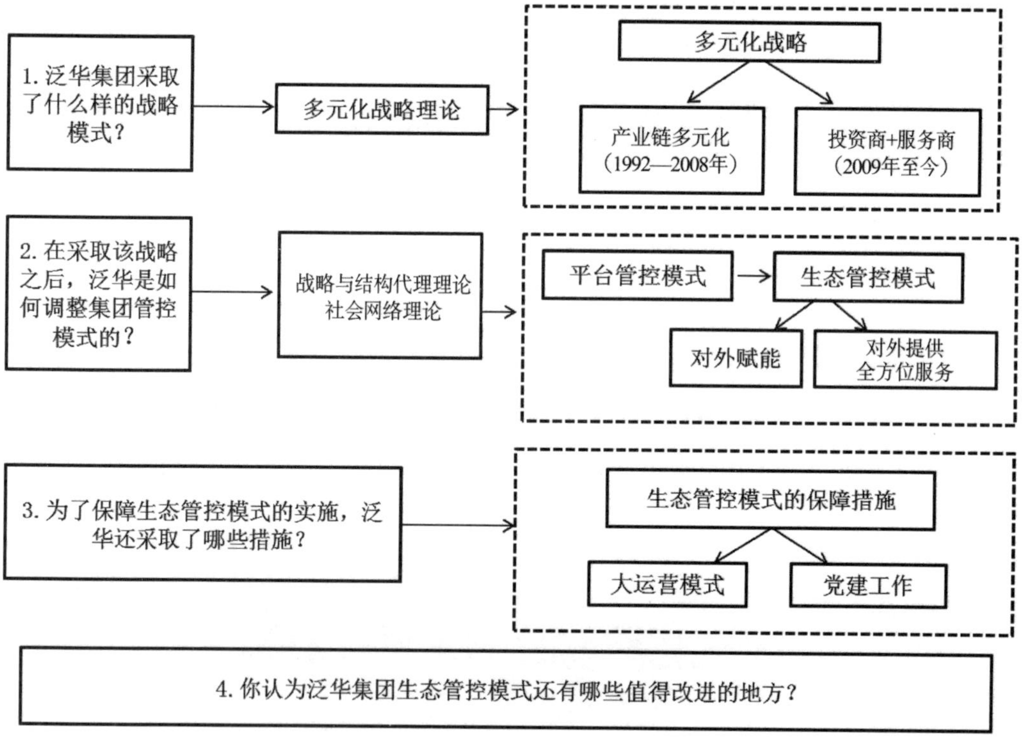

图 12 - 1　案例结构及知识点梳理

首先，通过分析泛华集团的发展历程，讨论泛华集团如何进行战略转型。在对这个问题进行回答时，将学生引导到战略多元化理论上。在此过程中，通过有机结合泛华集团的战略转型实践与理论，来帮助学生学习并应用相关理论。

其次，伴随着泛华的战略转型，其集团管控模式也进行了相应调整，从平台管控模式向生态管控模式转变。那么，泛华基于哪些考虑对集团管控模式进行了调整？可以在学生学习第 2 个思考题时，启发学生思考战略与结构、集团管控之间的关系，并结合社会网络理论深入分析泛华的生态管控模式。

再次，通过第2个思考题的学习，学生应该对生态平台管控模式有了理论性的认识，在此过程中，继续引导学生分析与评价泛华集团为了更好地进行集团生态管控，采取了哪些保障措施。

最后，除了正文内容的理论分析，引导学生进一步思考生态管控模式还有哪些值得改进的地方，让学生通过发散性思维来提出优化该模式的相关思路与措施。

12.4 理论依据及分析

12.4.1 问题1：泛华集团采取了什么样的战略模式？

12.4.1.1 相关理论——多元化战略理论

Gort在1962年提出，多元化是通过企业所经营的行业数目的增加来实现企业成长或扩张的一种经营方式。所以，产业选择是多元化经营的核心内容之一，在大多数的多元化文献中，产业选择都是从产业间的相关性来考虑的，如Rumelt在1974年提出根据各业务对总收入的贡献比例，将多元化类型分为单一业务、主导业务、相关业务和不相关业务四大类，其中，主导业务细分为纵向主导、控制主导、联系主导和无关联主导四种；相关业务细分为控制性相关和联系性相关两种；不相关业务细分为多业务型和不相关资产组合型两类。还有一种判断相关性的方法是根据产业分类标准（STC）的位数来判断。波特明确给出企业多元化经营的双重指导原则：一是新产业与原有产业之间的关联性，二是新产业的吸引力。企业在进行多元化的产业选择时，仅考虑产业间的关联性是不充分的，还应该考虑新产业的吸引力。

12.4.1.2 案例分析

在回答第一个思考题时，可以结合上述多元化战略理论对案例材料进行分析，并通过分析案例掌握理论。具体说，泛华通过两个阶段的发展逐渐实施多元化战略。

第一阶段，如案例正文3.1.2部分所描述，伴随着工程总承包政策的不断完善和建筑行业呈现的良好发展前景，泛华找准时机，由最初仅承担项目的一部分，转变成为整个项目提供服务，从原来单纯的乙方地位变成丙方地位。泛华站在丙方的角度整合产业链，提供整体解决方案，强调智库、产业、资本，为城市功能建设赋能，然后再与空间结合，用产城融合投资建设运营模式创新实践。该阶段战略模式主要是根据新产业与原有产业之间的关联性原则进行多元化选择。最终，泛华集团将建筑设计、勘察、施工、装饰、监理等每一个局部产业点联结起来，实现产业联动，并形成一条建筑业产业链。

第二阶段，如案例正文 3. 1. 3 部分所描述，2010 年，泛华成功探索出中国城镇发展创新模式。该模式的推广标志着泛华实现了重大的理论突破，并极大提升了实践工作成效，使泛华有能力进入该行业，推动城市建设的发展。泛华集团把城市发展当成一个系统，通过科学的系统集成，把城市建设的各个节点进行有机结合。泛华的这次整合，是站在城市发展系统服务商的角度，按照城市科学定位，以产业发展为核心、金融为主线，将城市作为一个研究主体，按照城市建设项目全寿命周期理论，提供包括策划、咨询等在内的全过程或阶段性服务，践行“为城市创造价值”的企业价值观，最终促进城市价值提升，实现城市的可持续发展。这是泛华的又一次转型和提升。同时，党的二十大报告也为我们全面建成社会主义现代化强国、实现第二个百年奋斗目标作出了战略部署。数字经济发展既是当前全球产业创新发展的核心趋势，将有效带动产业迈向中高端，又将深刻影响社会发展的方方面面，将成为中国式现代化的重要支撑。结合国家战略和经济发展新趋势，泛华还对城市发展创新模式不断迭代升级，创造性地提出了智慧城市发展 2. 0 升级版，通过全要素聚集，将“城经济”和“市经济”有机融合，最终实现可持续发展。在该阶段，泛华在新产业吸引这个原则的指导下，从单纯做工程建筑项目向城市项目转变，转变为城市的服务商与投资商，进而形成一条城市发展产业链。

12. 4. 2　问题 2：在采取该战略之后，泛华是如何调整集团管控模式的?

12. 4. 2. 1　相关理论

（1）战略与结构。

分析企业环境、企业战略与企业组织结构之间的相互关系，得出结论：战略与结构之间的基本关系是组织的结构要服从于其战略，即“结构追随战略”。与已有认为企业应该根据自身结构调整战略方向的观点不同，在论述战略决定结构这一命题的过程中，还对组织创新进行了分析，得出：每一个组织的管理者进行的战略扩张和结构调整，都是独立的创新活动。随着外界环境的变化，这种组织创新随时都会发生。相关研究同样表明，在没有受到强大压力的胁迫下，管理者很少会放弃从前的传统和习惯去寻求新的组织形式。只有当他们意识到企业面临着某种困境或需要时，才会根据情况做出决策。这个决策就是战略，而组织结构会相应做出改变。简言之，企业应该根据外部环境的变化制定战略，然后再根据战略调整企业的组织结构。

（2）代理理论。

代理理论主要涉及企业资源的提供者与使用者之间的契约关系。按照代理理论，经济资源的所有者是委托人，负责使用和控制这些资源的经理人员是代理人。代理理论还认为，代理人拥有的信息比委托人多，并且这种信息不对称会逆向影响委托人有效地监控代理人是否适当地为委托人的利益服务。它还假定委托人和代理人都是理性的，他们将利用签订代理契约的过程，最大化各自的财富。而代理人出于自我寻利的动机，将会利用各种可能的机会，增加自己的财富。为了解决这种代理问题，委托人可以通过监督和激励两种手段为代理人设计相应的治理机制。

（3）社会网络理论。

在企业集团复杂的网络中，集团总部、子公司都是非常重要的节点。每个网络节点都是资源的搜集者、创造者和分享者，而知识、信息与资源在整个网络中流动。有学者提出了企业集团“双网络”概念，即集团包括内部网络和外部网络两个网络。企业集团内部网络定义为由集团母、子公司形成的各结构单元之间相互联结、进行信息交流和行为互动构成的网络，以及在总部与子公司之间、各子公司之间存在的互动关系。内部网络中的各个单元跨越公司边界与当地的厂商或机构之间的合作关系称为外部网络。内部网络与外部网络的相互依存构成了企业集团的“双网络”结构（见图 12－2）。

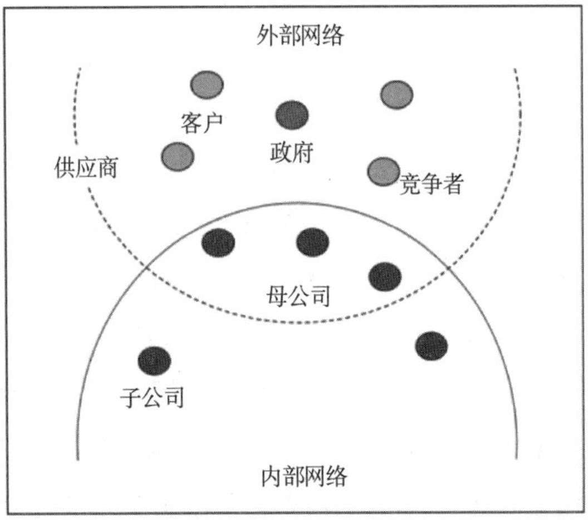

图 12－2　企业集团的“双网络”结构

研究表明，集团总部是网络组织的核心，也是内外环境的中介，具备鲜明的“双重嵌入”特性。同时，集团总部嵌入的企业集团内部网络，是一个由集团总部通过股权关系拥有或控制众多子公司而形成的基于股权的控制性内部网络。集团总部作为战略决策中心，确立了行政运行规则、程序，从而影响内部交易市场的建立和交易活动的实施。研究提出，内部网络成员包括集团总部、子公司、分公司或事业部，它们都是企业集团内部网络中的一个节点。内部网络成员按照一定的规则进行分工协作，使母子公司之间存在着内部市场，内部网络即内部市场中信息流通与资源分配的渠道。这个内部市场具体包括中间产品和服务交易、许可权交易，以及知识与能力流动等。

此外，集团总部外部网络嵌入强调的是同特定外部行为主体之间的关系。集团总部利用外部关系去获取知识，提升专业领域知识的学习，从而影响子公司的成长。企业可以通过与外部组织建立联系，从而获得所需要的信息、资源、市场、技术。

12.4.2.2 案例分析

在本案例中，泛华之前的平台管控模式在一定程度上与它相关多元化的战略不匹配。一方面，由于下属企业数量多、地域分布广，母子公司之间接触少、相互了解不足，所以集团总部获取下属企业信息的渠道越来越不通畅，集团母子公司之间存在较为严重的代理问题。也正是基于此，集团开始调整管控模式，以更好地了解下属企业的需求，从而更好地为它们服务。另一方面，全产业链的业务范围使集团有了更多的外部合作伙伴。在这种情况下，原有的平台模式便不能有效地平衡集团的内外部关系。根据钱德勒“结构追随战略”的理论，泛华对管控模式展开了新的探索，致力于打造一个生态系管控模式，对内为下属企业提供全方位服务，对外为合作伙伴赋能。

根据社会网络理论，泛华集团通过内外部网络来促进公司内外部知识、信息与资源在整个网络中流动，如图 12 - 3 所示。泛华集团嵌入在内部和外部两个网络中，内部网络由集团总部和下属企业多个节点连接而成，总部通过生产、智库、科创、资本、人才等为分公司提供数据支撑及全方位的服务，为内部网络的发展提供能量。内部网络主要是指生态中每个单元都是一个独立而开放的组织，能够与整个系统和其他组织自由、有机地连接，形成自组织、自协作、自调节的有序系统。泛华以城市创新发展为核心去连接，驱动众多子公司提升自身专业和自转能力，参与整合和分拆，不断地对内、对外连接，构建内部生态系统，从而提升自身竞争力，扩大影响力和牵引力，实现客户价值增长。在帮助客户价值成长的过程中，去突破企业资源和能力的限制，最终成就企业自身的价值成长。如案例正文 3.1.3 所述，泛华集团开展大调研措施，此次调研活动增强了总部与分公司之间、各分公司之间的互动关系。集团总部通过嵌入的集团内部网络来加强集团内部的信息流通，促进集团和分公司之间的沟通，增强集团凝聚力。

外部网络则由集团总部与合作伙伴的各个节点连接而成。泛华集团布局外部生态圈，从连续性线性思维走向非连续的生态思维，做到生产者与消费者的破界、供需双方等企业组织与外部生态合作伙伴破解融合。用“互联网平台思维＋实体动力企业”，搭建“甲乙丙丁＋政府联盟”，构建开放、共生、共赢的生态系统，形成自转与公转有机互动。外部生态网络主要通过创造出更多的机会和节点，构建更大的赋能型生态圈，关注创造力，强调共享价值，寻找价值观认同的成员，提供相关资源，以赋能型运营要素的聚集能力吸引更多的甲乙丙丁方进入泛华的生态系统，共同做强做大生态圈，形成辐射行业的一个共生系统。如案例正文 3. 1. 3 部分所述，泛华为合作伙伴的知识管理、生产、经营、大数据运营赋能，提供需求，为外部网络的形成提供能量。同时，泛华可以通过与外部组织建立联系，从而获得所需要的信息、资源、市场、技术。这样以来，泛华通过外部网络嵌入实现集团与外部合作伙伴之间信息等资源的互动流通，加强了共同的交流合作。

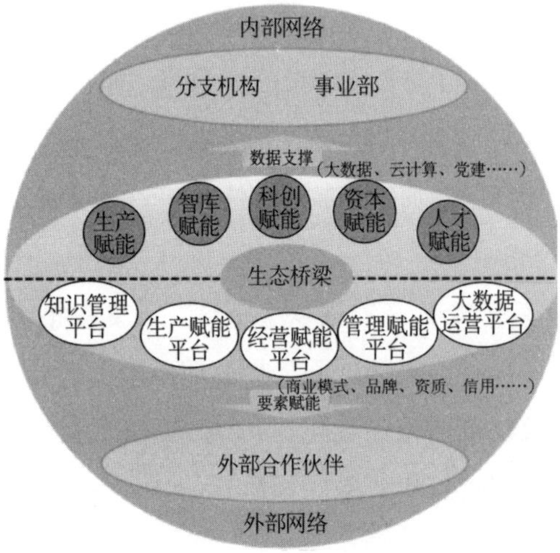

图 12－3　泛华集团生态管控模式全景图

12.4.3　问题3：为了保障生态管控模式的实施，泛华采取了哪些措施？

在本案例中，一方面，泛华集团总部通过内部组织变革来保障生态管控模式更好地实施。如案例正文 3. 1. 3 部分所述（见图 12－4），总部开始打造大运营模式，以有效了解分公司的需求，进而为分公司提供全方位的服务。大运营模式主要是通过变革总部内部的组织结构来为集团的生态管控模式进行保障。该模式有利于提高总部内部的运作效率。同时，运营组和专业组相互促进与发展，通过各自的所长来更好地服务下属企业以及为外部合作伙伴赋能。

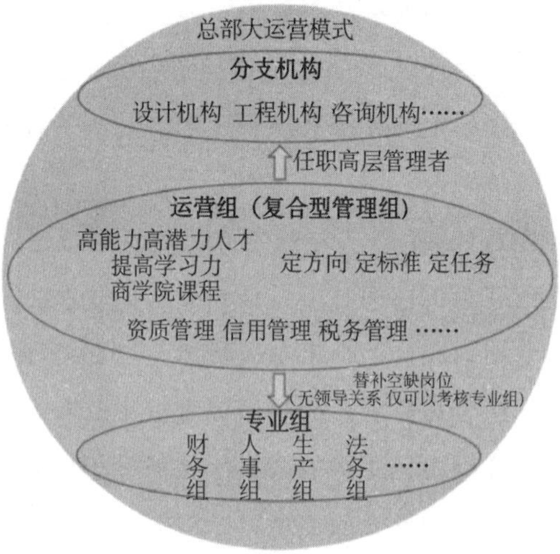

图 12-4　泛华集团总部大运营模式

另一方面，如案例正文 3.1.3 部分所述，在生态管控模式中，总部通过党建工作来增强集团内部的凝聚力。例如，“90 后”的价值观、工作态度、工作责任感等方面都与“80 后”等前人大为不同，这些员工具有更加注重自我实现需求、追求自身价值的提升等特点。泛华集团结合自身性质与新时代的要求，针对更好地管理“90 后”员工这个问题，提出“90 后”员工的管理以党建工作为重点这一新思路。如案例正文 3.1.3 部分所述，泛华近年来通过组织“90 后”党员开展红歌会、科技助老等活动来树立“90 后”党员的荣誉感，增强他们的社会责任感，进而增强他们的职业使命感，促进他们提高工作热情和工作积极性。通过内部组织改革和党建工作的开展，泛华的生态管控模式具备了坚固的内部保障体系，有利于推动生态管控模式的顺利运行。

12.4.4　问题 4：你认为泛华集团生态管控模式还有哪些值得改进的地方？

本题作为开放问题，需要先引导学生去探讨关于生态管控模式的一些弊端，通过分析弊端来找出值得改进的地方。以理论为指导探讨相关措施，既可以提高学生对集团管控理论的掌握与理解，又可以提升学生发散性思维能力。同时，通过群体讨论可以真正诊治泛华集团生态管控模式，为泛华提供有效的改进措施。

12.5 关键点

分析本案例应注意把握两个关键点：

（1）随着战略变化，泛华在集团管控模式上进行了相应调整，泛华集团调整原有的平台型集团管控模式，通过设计新的管控模式来匹配多元化战略。所以，运用结构追随战略理论来分析集团多元化战略与管控模式的匹配是第一个关键点。

（2）对于泛华集团而言，它在管控模式调整之前面临着较为严重的代理问题，因为它的管控对象不仅包括内部的分公司，还包括外部合作伙伴。所以，在分析本案例时，要融合代理理论和社会网络理论来解析企业集团管控，这是第二个关键点。

12.6 案例使用建议

12.6.1 课堂计划

本案例可以作为专门的案例讨论课来进行，也可以随课堂内容进行讲解。以下内容是按照时间进度提供的课堂计划建议，仅供参考。本案例讨论课的课程时间建议控制在两个课时（每个课时 45 分钟），具体如表 12－1 所示。

表 12－1 课堂计划

步骤	内容	教学活动	备注	时间安排
1	课前准备	发放教学案例和相关资料	课前小组讨论准备	
2	教师导入	说明本次案例授课的教学目的、要求和具体安排，明确学生发言的要求和重点		2—5 分钟
3	案例回顾	回顾案例及相关资料，并引出启发思考		10 分钟
4	分组讨论	将启发思考题打在投影屏幕上，根据人数分组对案例问题进行讨论	注意控制时间	40 分钟

续表

步骤	内容	教学活动	备注	时间安排
5	小组发言	随机选取几个小组回答问题，其他小组进行补充	记录对启发问题的回答	20 分钟
6	总结归纳	授课教师对案例讨论进行归纳总结，对整个案例的知识要点进行再次简明阐述		10—15 分钟
7	课后总结	请学生分组就有关问题的讨论进行分析和总结并写出书面报告，目的是巩固学生对案例知识要点的理解		

12.6.1.1 课前准备

提前一周分发泛华集团的案例阅读材料，并提前布置思考题。

课前授课教师应该要求学生分好小组，可以分为 4—5 组，根据班级情况决定小组人数，并在课前把教室的桌椅布置成课堂参与者围坐形式，自行准备小组名牌，目的是更好地参与案例课堂讨论。

授课教师要求学生提前登录泛华集团官方网站或通过微信公众号来了解泛华集团发展历程、业务网络与新兴业务布局等详细内容，并阅读有关战略管理、集团管控方面的著作和文献，如本案例给出的参考资料。

12.6.1.2 课中讨论

（1）导入：授课教师做简要的引导发言，说明本次案例授课的教学目的、要求和具体安排，明确学生发言的要求和重点（2—5 分钟）。

（2）案例回顾：在授课教师的引导下，随机对学生进行提问，回顾泛华集团的案例故事全貌，使学生了解案例事件主要内容，为下一步讨论打好基础（10 分钟）。

（3）分组讨论：开展分组讨论，让每个小组聚集在一起，针对本案例的 4 道思考题进行讨论，并形成各个小组的具体看法和结论，每题讨论时间控制在 10 分钟左右（40 分钟）。

（4）小组发言：每个小组派 1 人代表发言，其他成员可以对发言进行补充。另外，建议每一道题的小组发言以 1—2 个小组为主导，其他小组以补充的方式进行，每个问题回答控制在 5 分钟左右（20 分钟）。

（5）总结归纳：根据各小组的发言，授课教师引导全班学生更深层次地讨论本案例重要内容，然后进行理论梳理。授课教师要注意，案例总结不能只围绕案例企业的情况就事论事，应就如何运用恰当的理论知识和理论观点去分析需要解决的实际问题，并为企业提供合理的建议（10—15 分钟）。

12.6.1.3 课后学习

请学生根据本次课堂讨论所获得的知识，深入思考在互联网时代下，企业集团管控模式创新的关键点，要求每个学生结合自己学到的专业知识，分析某一公司的集团管控模式及其创新点，并写出具体分析思路。

12.6.2 板书设计

板书设计见图 12－5。

【参考文献】

［1］王昶，徐尖，万剑．网络嵌入视角下的集团总部理论研究［J］．管理评论，2015，27（12）：164－170.

［2］王琴．跨国公司商业模式：价值网络与治理逻辑［M］．上海：上海财经大学出版社，2010.

［3］武立东，黄海昕．企业集团子公司主导行为及其网络嵌入研究：以海信集团为例［J］．南开管理评论，2010，13（6）：125－137.

［4］Birkinshaw J. Entrepreneurship in the global firm［M］．Thousand Oaks：Sage，2000.

［5］Chandler A. Strategy and structure：Chapters in the history of the industrial enterprise［M］．M. I. T. Press，1962.

［6］Gort M. Diversification and Integration in American Industry［M］．Princeton University Press，1962.

［7］Jensen M C.，Meckling W H. Theory of the firm：Managerial behavior，gency costs and capital structure［J］．Journal of Financial Economics，1976，3（4）：305－360.

［8］Menz M，Kunisch S，Collis D. J. The corporate headquarters in the contemporary corporation：Advancing a multimarket firm perspective［J］．The Academy of Management Annals，2015，9（1）：633－714.

［9］Zanfei A. Transnational firms and the changing organization of innovative activities［J］．Cambridge Journal of Economics，2000，24（5）：515－542.

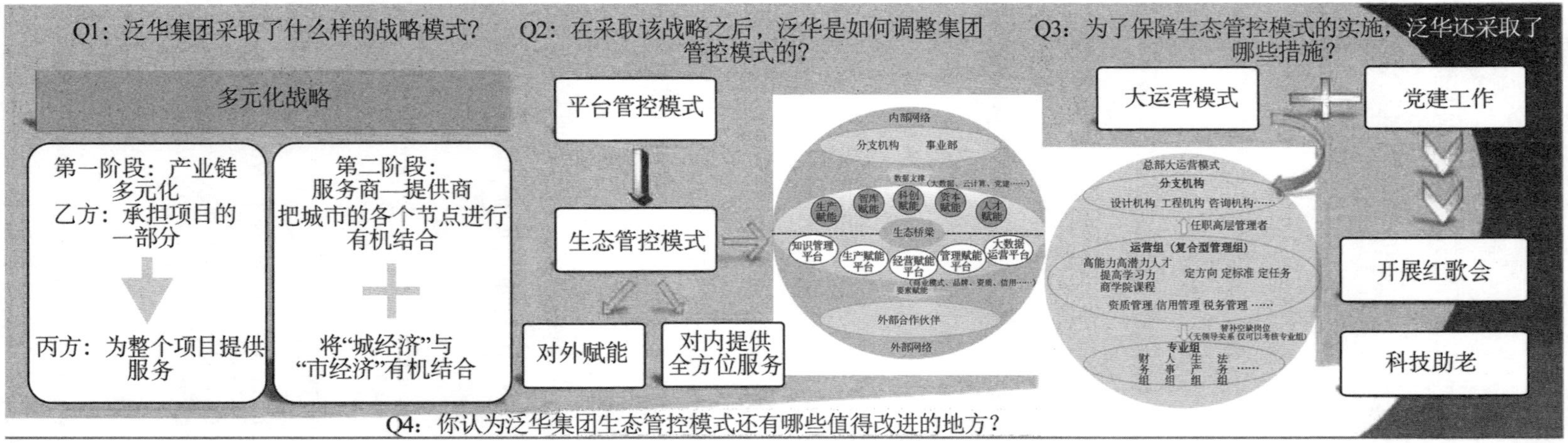
Q1：泛华集团采取了什么样的战略模式？
多元化战略
第一阶段：产业链多元化
乙方：承担项目的一部分
丙方：为整个项目提供服务
第二阶段：服务商—提供商
把城市的各个节点进行有机结合
将“城经济”与“市经济”有机结合
Q2：在采取该战略之后，泛华是如何调整集团管控模式的？
平台管控模式
生态管控模式
对外赋能
对内提供全方位服务
内部网络
分支机构
事业部
生态桥梁
外部合作伙伴
外部网络
Q3：为了保障生态管控模式的实施，泛华还采取了哪些措施？
大运营模式
党建工作
开展红歌会
科技助老
总部大运营模式
分支机构
设计机构 工程机构 咨询机构……
任职高层管理者
运营组（复合型管理组）
高能力高潜力人才
提高学习力
商学院课程
定方向 定标准 定任务
资质管理 信用管理 税务管理……
专业组
Q4：你认为泛华集团生态管控模式还有哪些值得改进的地方？

图 12－5　板书设计

13. 案例二：海神安防机器人的技术进阶案例分析

13.1 教学目标

本案例描述了海神安防机器人的发展过程和遇到的一些问题。希望通过引导学生思考和讨论，实现如下教学目标：

（1）分析能力：通过了解海神安防机器人所在行业概况，分析海神安防在机器人技术创新中存在的困难。

（2）思辨能力：分析海神安防机器人在技术创新中所涉及各利益主体之间的关系，思考海神安防机器人在创新中所承担的责任。

（3）理解能力：思考海神安防机器人在创新中的技术伦理，评估海神安防机器人在创新过程中应负的责任，理解技术发展过程的负责任创新。

13.2 问题回顾

（1）海神如何定位自己的产品？它的战略目标是什么？和其他竞争对手相比，海神有哪些优势和劣势？

（2）智能安防机器人处于行业发展的什么阶段？海神面临哪些机遇和挑战？

（3）吉利想购买海神安防机器人的动机有哪些？海神在与吉利合作过程中产生分歧的根本原因是什么？分析他们各自的立场和考虑。

（4）海神应该如何应对吉利要求海神安防机器人具备绕障功能技术？每种备选行动方案的优缺点是什么？

13.3 分析思路

概览我国智能安防行业，学生可以思考自身对智能安防了解程度，生活中有没有亲身体验过相关产品。这些信息可以帮助学生初步了解安防行业。通过介绍海神安防机器人的相关知识，进一步了解海神安防机器人现在所面临的困境。

通过研究智慧安防行业中智能安防机器人的现状，并预估未来发展趋势可知：目前，智能安防机器人的市场规模较小，但是潜力巨大，未来可能是快速增长的蓝海市场。2014年6月，习近平总书记在中国科学院第十七次院士大会、中国工程院第十二次院士大会上指出："老路走不通，新路在哪里？就在科技创新上，就在加快从要素驱动、投资规模驱动发展为主向以创新驱动发展为主的转变上。"海神身处高新技术行业，创新能力是其最大的竞争力。在过去，海神通过创新（如安防机器人与无人机结合）为其在市场上带来了一定的优势，可见坚持创新是十分必要的。但是，如果只注重创新为企业带来的价值，而忽视创新时企业所需要承担的责任，很有可能会给企业甚至社会造成巨大损失。根据《道路交通安全法（修订建议稿）》要求，当安防机器人具有绕障功能时，责任都将由自动驾驶系统的开发单位来承担，这对海神来说是一个巨大的法律风险，一旦发生意外事故也将产生恶劣的社会影响。由此可见，如何处理好创新与创新的责任是当下海神亟须解决的问题。

13.4 理论依据及分析

课堂开始，授课教师可以先简述一下中国智能安防行业，帮助学生对安防行业有一个初步的了解。接下来，介绍一些海神相关情况，引出海神现在所面临的困境。

13.4.1 问题2：智能安防机器人处于行业发展的什么阶段？海神面临哪些机遇和挑战？

在组织讨论行业前景时，可以先让学生自行展开小组讨论，在讨论到一定程度后暂时中断讨论，并补充相关制度政策知识，补充后继续进行小组讨论，最后进行小组展示，授课教师进行总结。在讨论海神未来的机遇与挑战时，授课教师可以引导学生应用态势分析法（SWOT）进行分析（见图 13－1）。

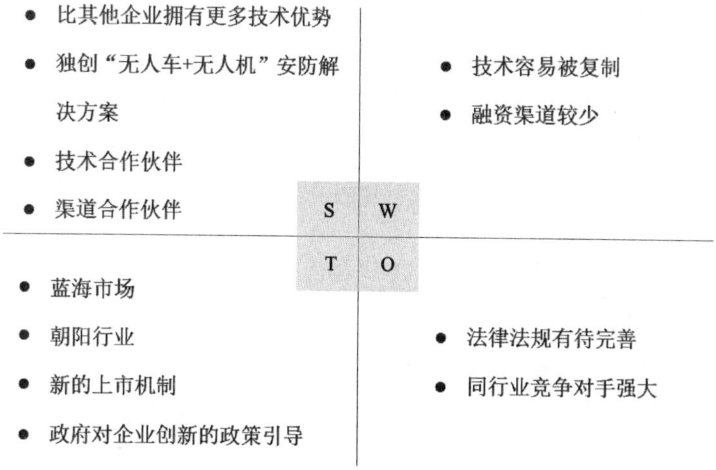

图 13－1　态势分析模型（SWOT）

13.4.1.1 行业前景：利好政策利于拓展市场规模

海神可以利用政策对于创新的引导，拓展市场规模，加快上市步伐，助力企业转型升级。近年来，中共中央、国务院、发改委、工信部等多部门发布一系列政策，支持智慧安防行业发展，明确提出智能安防是人工智能创新应用的重点推广领域。在“十三五”期间，智慧安防产业进入建设高峰期，这正好是海神成立、发展的时候。同时，智能安防机器人市场进入扩张阶段，从 2021 年开始，年增长率约为 30%，预计 2024 年整个市场将销售将达到 30 亿元，未来几年很可能是快速增长的蓝海市场。所以，海神应该借助国家利好政策乘势而上，抓住机遇迅速拓展市场。

13.4.1.2 上市机制变化助力海神上市

我国上市机制的一系列变化也体现了国家政策对于创新的引导趋向，海神机器人可以抓住这个机遇尽快上市。人工智能安防领域高额的研发支出和生产成本容易使企业陷入资金紧张的困境，上市作为相关企业获得资金用于提高产能和增加技术研发支出的重要途径，在一定程度上，能缓解企业资金压力，也能助力企业实现精细化管理和业务的转型升级。2020 年 6 月，证监会在科创板的基础上，在深交所创业板扩大注册制试点，并且不再把企业资产规模大小、是否盈利作为首次发行上市的硬条件，而是综合考虑净利润、营收、预计市值等成长性指标作出判断，进一步提高了市场包容性，方便成长型创新创业企业上市。海神作为具有“5G + 无人驾驶”等“硬科技”和创新成果的初创公司，完全符合科创板上市企业要面向世界科技前沿、面向经济主体、符合国家战略、突破关键核心技术、市场认可度高的要求，在科创板完成上市计划是海神的首选。在注册制改革背景下，企业上市的条件变得更为宽松，北京证券交易所注册成立也为海神提供了一个上市的新思路：北交所上市或许也是个不错的选择。

13. 4. 1. 3　机遇与挑战

（1）内部优势：海神独创了“安防机器人 + 无人机”自动驾驶的形式，在硬件能力、软件能力、集成能力、行业布局、未来发展空间等方面均优于竞争对手，并且已经积累了一定的技术合作伙伴和渠道合作伙伴。

（2）内部劣势：海神目前的技术容易被行业内其他竞争对手所复制。随着技术的发展和相关法律法规的完善，海神的竞争者可能会趁机率先发展机器人绕障技术，改变竞争格局，迫使目前智慧安防行业的商业模式由 3. 0 转变到 4. 0。海神目前还没有上市，其融资能力不如上市公司。

（3）外部机遇：海神目前处于一个蓝海市场，竞争对手并不多，并且安防是一个永远的朝阳行业，有很大的发展空间。2021 年 9 月北交所的成立，为中小型科技企业提供了更多融资的机会，也使海神获得了更多上市机会。而且，中国目前大力支持人工智能相关新技术开发，对应政策的出台也为海神提供了一些引导。

（4）外部威胁：海神目前最主要的威胁就是涉及相关技术的法律法规不完善，如目前海神遇到的绕障问题。而且，同行业的大型企业基于规模效应的竞争力也会对海神造成很大威胁。

13. 4. 2　问题 3：吉利想购买海神安防机器人的动机有哪些？海神在与吉利合作过程中产生分歧的根本原因是什么？分析他们各自的立场和考虑

对于这个问题，学生应该扮演海神和吉利负责人的角色，并从利益诉求的角度来思考双方为什么会产生分歧。

海神与吉利分歧的焦点在于各自利益诉求不同导致的观点差异。海神想要获得吉利这样一个稳定的大客户，并提升自己品牌的知名度，但是又想控制风险，从而实现上市的目的。而吉利作为一家国际知名企业，考虑产品的功能和性价比，功能当然是越多、越先进越好。以下解释供课堂讨论时参考。

13.4.2.1 赢得关键客户，提升品牌知名度

海神虽然在智能机器人行业获得了不少成就，但作为一家新起步的公司，其目前的战略还是集中于发展壮大上。

海神对接的客户都是一些有购买安防机器人需求的比较知名的大企业（如富士康、明光集团、飞利浦等），海神通过与知名大企业合作来提升本公司的企业形象和行业水准。另外，海神也可以通过宣传一些自己成功营销的客户案例来提升品牌知名度，让更多潜在客户信服并尝试海神安防机器人。

与中国知名汽车厂商吉利的合作也从侧面证实了海神的产品能够获得大客户的认可。

13.4.2.2 控制风险成本，实现上市计划

虽然海神很乐意与吉利合作，但是面对吉利提出的增加安防机器人绕障功能的要求，海神不可避免地会产生担忧。因为海神作为安防机器人的开发单位，在绕障问题上一旦发生事故，根据《道路交通安全法（修订建议稿）》，应由开发单位承担全责，这意味海神对于安防机器人绕障功能的开发需要承担极高的法律风险，并且目前来看这种风险成本将是长期存在的，这将对海神日后的首次公开募股甚至经营发展构成威胁。因此，海神对在机器人上是否开发绕障功能权限持非常慎重的态度。

13.4.2.3 绕障技术潜力大于风险成本

在此次合作中，吉利希望安防机器人可以按照一定的算法实时更改路径，绕过障碍物，最后到达目标点。因为在吉利看来，自动驾驶技术绕障功能是未来汽车行业的一大发展趋势，绕障功能并不是超越行业认知的需求，而是安防机器人未来发展的趋势，很显然开发绕障功能带来的巨大潜力会超过法律和社会责任风险带来的成本。因此，吉利认为对于安防机器人需要具备绕障功能的要求并非是过分的。

通过对上述分歧的分析可知：

（1）绕障功能这一技术创新涉及不同的利益相关者，而他们基于自身考虑的不同利益诉求导致了此次分歧的产生。

（2）绕障功能这一技术创新会给海神构成一定的法律和社会责任风险。作为风险承担者来说，海神会以更加审慎的态度来对待这项科技创新，在权衡中更加突出了对于创新可

能产生的负向结果的问责方面的考虑。

（3）吉利作为绕障功能这项技术创新的受益者，认为开放这一技术能够满足自身提高智慧安防运转效率的需求，并且在技术可行的前提下创新成果自然会实现。

13.4.3 问题4：海神应该如何应对吉利要求海神安防机器人具备绕障功能技术？每种备选行动方案的优缺点是什么？

授课教师可以以创新中的责任模型框架（见图13－2）展开关于这个问题的讨论，并从以下4个方面进行阐述。

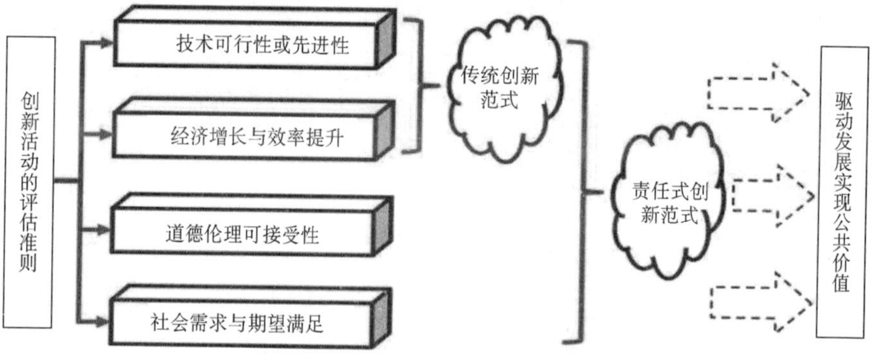

图13－2 创新中的责任模型框架

13.4.3.1 技术可行性或先进性

海神对绕障功能技术充满信心。从技术上看，绕障功能具有可行性，但是在一定区域同时有人、有车的情况下，机器人该如何避让是个很大的技术难题，如果海神开放这一技术，不仅向客户证明了海神安防机器人的技术先进性，还很有可能会成为安防机器人行业的技术制定者，跻身行业领导企业的地位。从这一角度来说，海神实现了技术的突破创新。

13.4.3.2 经济增长与效率提升

开放绕障功能技术无疑会得到吉利这个重要客户的认可，吉利订单金额庞大，有利于海神增加公司利润，实现经济增长。同时，海神开放绕障技术无疑能提升智能安防的效率，也使海神向其他潜在客户交出了令人满意的答卷，吸引大量潜在客户，有利于公司提高市场销量。海神需要宣传一些自己成功的客户案例来为自己做背书，让更多潜在客户信服并尝试海神安防机器人。

13.4.3.3 道德伦理可接受性

近年来，舆论越来越关注人工智能引发的伦理问题。目前，中国并不允许无人驾驶车辆上路，更没有关于安防机器人发生事故后如何划分责任、界定权责的法律法规。这意味着如果发生人身意外事故，极有可能导致恶劣的社会伦理影响，引发政府对海神的严厉追责。海神筹划三年内上市，法律风险控制得非常严格，不能为了市场销量就不考虑企业经营风险的问题。开放绕障功能技术意味着海神需要面临一旦发生事故就要承担法律责任和社会谴责的风险。

13.4.3.4 社会需求与期望满足

尽管海神的无人驾驶技术无疑是对于智能安防领域的推动，绕障功能技术本身也是对社会有益的，符合社会技术发展的需求，但是绕障功能技术的开发与实施成本高昂，需要海神在技术研发上加大投入力度，在实际应用中却未必能达到预期效果，而且近年来舆论越来越关注人工智能可能对社会带来的恶劣影响。

负责任的创新范式下，企业如何实现社会公共价值？对于传统的技术创新而言，只需考虑技术可行性（或先进性）、经济增长与效率提升这两个维度。然而，对于研发走在市场前的技术而言，需要正视创新中的责任，还需要考虑道德伦理层面的可接受性、社会需求与社会期望满足，从而实现公共价值。

开放绕障功能技术将得到吉利的认可并且有望提升销量，但是海神需要为之付出更高昂的技术成本，并且面临潜在的法律风险、经营风险，引发创新伦理问题，甚至会遭到政府和社会谴责，导致上市计划“流产”。不开放绕障功能技术虽然可以让海神避开法律和经营风险，但是无疑会招致大客户的质疑，无形中扼杀了潜在客户。

负责任创新的包容性则要求企业倾听不同利益相关者对创新的诉求，实现科技创新的开放。技术的双重性给不同利益主体带来不同影响，因此分歧的解决需要协调不同利益集体的诉求，使创新成果对市场需求社会责任和责任划分形成一个反馈，同时推动制度规范的完善，实现企业社会公共价值。

海神是否开放绕障技术的优缺点见表 13 - 1。

表 13 - 1　　海神是否开放绕障功能技术的优缺点

选择	优点	缺点
是	• 得到重要客户的肯定 • 扩大市场销量 • 有机会制定行业技术标准 • 满足社会、行业需要	• 潜在的法律风险 • 引发安防机器人的伦理问题 • 有可能阻碍上市计划 • 技术成本昂贵

续表

选择	优点	缺点
否	• 避免潜在的法律风险 • 上市计划如期进行 • 减少技术费用的支出	• 客户质疑技术实力 • 潜在客户产生疑虑 • 市场销量受限

13.5 关键点

海神的安防机器人被越来越多的客户接受，但是在产品交付后，吉利提出机器人需要具备绕障功能。一旦增加这一功能，海神将在经营中潜在地承担巨大的法律风险。面对强势的客户，在企业经营风险和满足客户需求之间于总该如何应对是需要解决的一个关键点。

13.6 案例使用建议

13.6.1 讨论案例之后，学生应该能够做到以下几点：

（1）分析能力：通过了解海神所在行业概况，分析海神安防机器人所面临困境。

（2）思辨能力：分析海神安防机器人在技术创新中所涉及各利益主体之间的关系，思考海神在创新中承担的责任。

（3）理解能力：思考海神在创新中的技术伦理，评估海神在创新过程中应负的责任，理解技术发展过程的负责任创新。

（4）判断能力：结合海神的上市计划，分析海神应当如何利用各利益主体展开协同创新、实现战略协同，为海神的上市计划提出建议。

13.6.2 课堂计划

根据表 13－2，该案例可用于 90 分钟的课堂。

表 13 - 2　　　　　　　　　　课堂计划

讨论主题	时间安排
案例介绍与回顾	15 分钟
问题 1	15 分钟
问题 2	20 分钟
问题 3	20 分钟
问题 4	20 分钟

13.6.3　板书设计

板书设计见图 13 - 3。

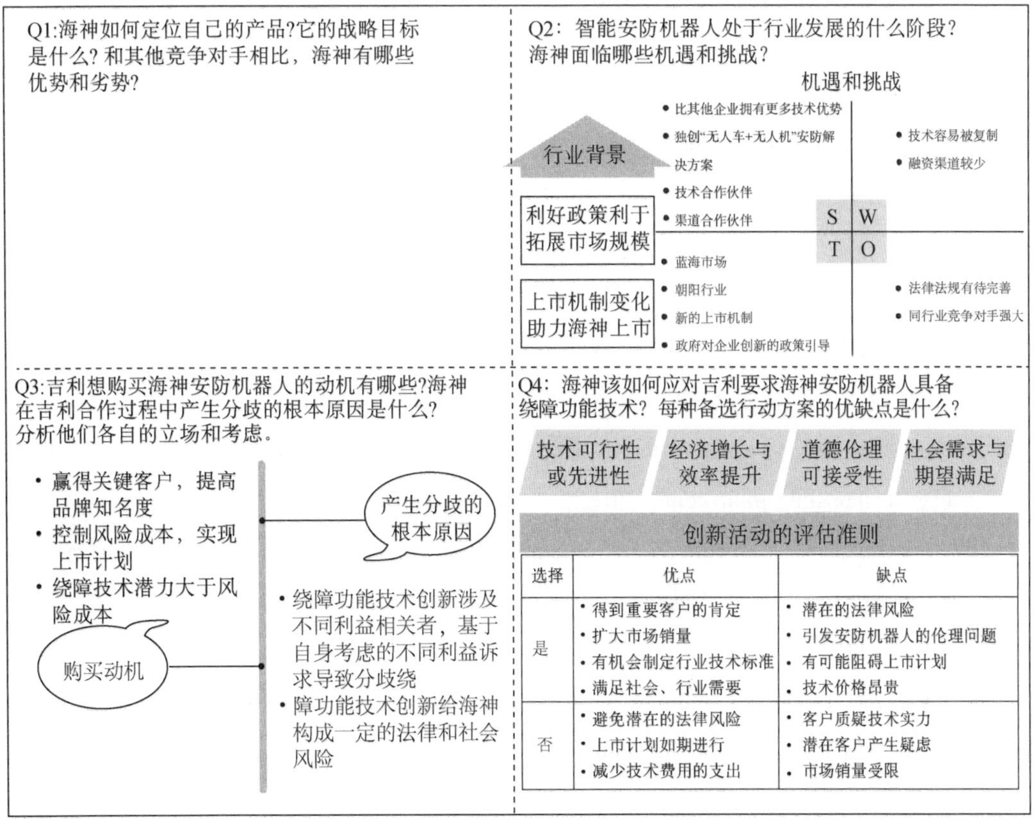

图 13 - 3　板书设计

【参考文献】

[1] 黄强，孟非，余张国，林德福，徐彬，朵英贤．陆空协同多模态智能机器人系统发展战略研究［J］．中国工程科学，2021，23（5）：116－121.

[2] 陈劲，阳银娟．协同创新的理论基础与内涵［J］．科学学研究，2012，30（2）：161－164.

[3] 梅亮，陈劲．责任式创新：源起、归因解析与理论框架［J］．管理世界，2015（8）：39－57.

[4] 王月雅．安防企业：注册制改革背景下的上市应对策略［J］．中国安防，2020（11）：19－29.

[5] 刘玉韦．部分安防上市企业2020年度经营状况及行业特点分析［J］．中国安防，2021（7）：26－35.

[6] 宋婧．机器人产业迎来跨越发展窗口期［N］．中国电子报，2021－09－14（1）.

[7] 梅亮，陈劲．创新范式转移——责任式创新的研究兴起［J］．科学与管理，2014，34（3）：3－11.

[8] Adner，R. Match your innovation strategy to your innovation ecosystem［J］. Harvard business review，2006，84（4）：98－107.

[9] Correljé，A，Cuppen，E，Dignum，M，Pesch，U，& Taebi，B. Responsible innovation in energy projects：Values in the design of technologies，institutions and stakeholder interactions［J］. Responsible innovation，2015，2：183－200.

[10] Dignum，M，Correljé，A，Cuppen，E，Pesch，U，& Taebi，B. Contested technologies and design for values：The case of shale gas［J］. Science engineering Ethics，2015，22（4）：1171－1191.

[11] Van den Hoven，J. Value sensitive design and responsible innovation. "Responsible innovation：Managing the responsible emergence of science and innovation in society"［M］. MIT Press，2013，75－84.

14. 案例三：威猛集团的知识逆向转移历程案例分析

14.1 教学目标

本案例描述了威猛集团如何通过逆向知识转移不断进行技术创新，并最终进行转型升级的全过程。希望通过引导学生对数字化情景下跨国企业的思考与讨论，实现如下教学目标：

（1）使学生了解传统行业的跨国企业在数字时代面临的机遇与挑战，了解企业通过知识逆向转移进行战略升级的因素。

（2）帮助学生了解跨国企业如何通过数字赋能进行本土化的知识转移，进而实现转型升级。

（3）增强学生掌握跨国公司管理创新模式分析，领悟数字经济时代的企业知识转移路径。

（4）引导学生从不同视角思考跨国企业未来发展的意义。

14.2 问题回顾

（1）请分析数字化背景下，跨国公司进行知识转移的必要性。

（2）根据案例中威猛集团的发展历程，总结分析跨国公司管理创新模式。

（3）结合数字经济趋势下威猛集团的转型变革过程，分析数字化背景下企业转型创新的机遇。

（4）请基于威猛集团管理者的角度，提出能够提升跨国企业知识转移效果的建议。

14.3 分析思路

本文选取威猛自 2003 年进入中国企业管理实现创新发展这一案例，对威猛进入中国后的重要战略布局进行拆解，立足于知识逆向转移理论，从威猛中国分公司初期的问题、知识逆向转移路径、转型后的效果三个方面对该案例进行解读，阐述了知识逆向转移对威猛的企业绩效与数字化时代智能制造发展产生的正面影响。在案例探讨部分，分析了跨国公司在数字化时代进行知识转移的必要性、数字化时代跨国公司发展的机遇和建议，并从这一案例出发，得出我国企业依托数字化背景，借助创新管理模式，实现企业绩效提升，促进自身发展的启示与经验。案例分析框架如图 14－1 所示。

威猛近年来在中国市场推进本土化转型与创新发展这一案例，是制造业企业数字化转型和“双循环”新发展格局下企业高质量创新发展的典型案例，其采用的逆向知识转移战略为中国企业抓住发展机遇提供了重要参考，也是让世界各国分享中国制造业企业快速发展的“利润蛋糕”的例证。同时，这一案例也体现了威猛对智能制造中技术应用的重视，通过对精益化生产全流程应用，提升企业生产效能和效率。对这一案例进行追踪分析可以为传统制造业企业积极对接国家战略，把握“双循环”新发展战略机遇，实现企业智能化、数字化转型与创新，从而提升企业绩效和国际竞争力提供创新发展思路。

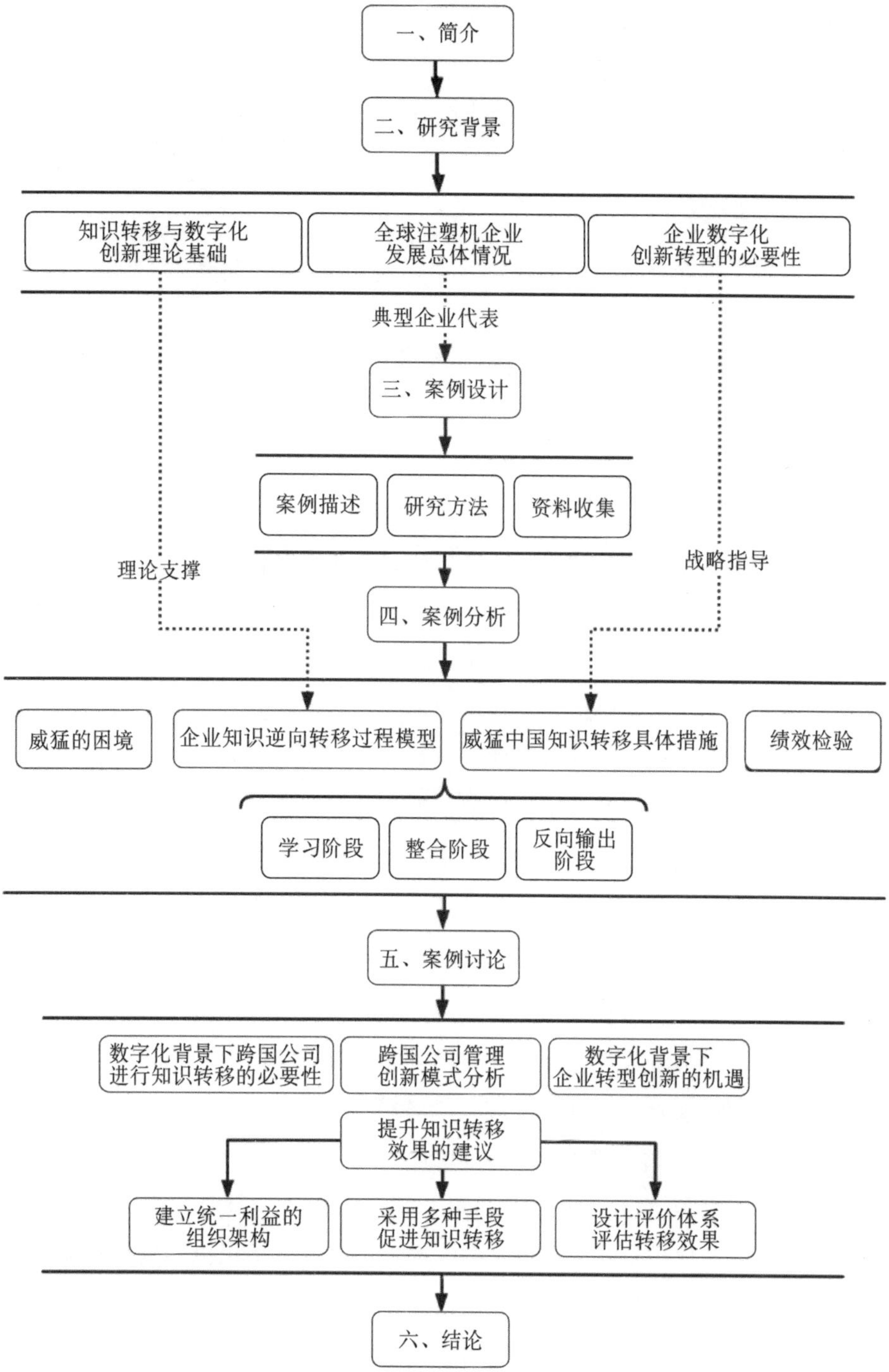
一、简介
二、研究背景
知识转移与数字化创新理论基础
全球注塑机企业发展总体情况
企业数字化创新转型的必要性
典型企业代表
三、案例设计
案例描述
研究方法
资料收集
理论支撑
战略指导
四、案例分析
威猛的困境
企业知识逆向转移过程模型
威猛中国知识转移具体措施
绩效检验
学习阶段
整合阶段
反向输出阶段
五、案例讨论
数字化背景下跨国公司进行知识转移的必要性
跨国公司管理创新模式分析
数字化背景下企业转型创新的机遇
提升知识转移效果的建议
建立统一利益的组织架构
采用多种手段促进知识转移
设计评价体系评估转移效果
六、结论

图 14－1　案例分析框架

14.4 理论依据及分析

14.4.1 理论依据

14.4.1.1 知识转移理论

知识是构建企业竞争优势的基础，完成知识的获取与内化升值是企业开展并购活动的主要动机。知识转移的过程受知识获取、知识整合和知识创新等因素的影响，各种因素的非均衡作用使知识转移呈现分阶段动态发展的趋势。在企业国际化活动中的表现为随着知识积累程度累加，知识转移呈阶段化的特点。不同阶段中种类和规模依次递进的企业商业行为，既是当前阶段知识积累的结果体现，也是下一阶段知识转移开始的标志。知识逆向转移是传统低端制造业企业对接数字化转型、把握新兴行业发展机遇、提升企业创新能力和国际竞争力的有效方式。发展中国家传统制造业需要学会整合外来技术，优化国内外资源，实现知识、技术等跨境流动，以此来不断完善企业创新体系，加快制造业企业转型创新，赢得更大发展。

将知识作为度量指标的企业理论即企业知识理论在20世纪90年代初具雏形。知识是铸成企业核心竞争力和独有优势的根本，运用自身累积的知识实现企业内部资产效用最大化的过程，也正是企业提升核心竞争力的必经之路（余光胜，2000）。根据知识可被直观解释程度的差异，主要分为显性知识（explicit knowledge）和默会知识（tacit knowledge）两大类。英国学者迈克尔·波兰尼（Michael Polyani，1985）是首位提出默会知识概念的学者，区别于可以明确地用正式语言记录的显性知识，默会知识指的是一种无法具体运用语言、书本、图形等直观载体明确表述或直接传递的知识，例如，跨国公司整体的企业文化、母子公司之间的控制与协调模式等。不同于显性知识可以通过程序、说明书、计划书、财务报表、手册等载体轻松实现传递并共享，默会知识通常是隐形的和难以模仿的，因此也是企业最为关键的竞争力所在。

随着东道国市场竞争力日益增强，以及知识创造的全球化，母公司很难单纯地依靠母国的知识基础来获得可持续的竞争优势（Shan 和 Song，1997；Hakanson 和 Nobel，2001；

Frost，2001；Foss 和 Pedersen，2002；Frost 等，2002）。Hakanson（2001）认为，母公司需要通过子公司来获得东道国的优势知识资源，并且首次提出逆向知识转移的概念，指出逆向知识转移是跨国企业子公司向母公司的知识流动，因为与传统的知识转移方向相反，所以称为“逆向”或“反向”。从此，子公司在跨国企业内部的角色发生了改变，从知识的被动接收者转变为知识的主动创造者。子公司向母公司进行知识逆向转移，知识在母子公司之间双向移动，形成一种母子公司相互作用的网络组织。在该组织结构下，母子公司都能成为知识的创造者和发送者，从而加速跨国企业内部知识的流动，促进知识的整合与应用，为跨国企业创造可持续的竞争优势。

14.4.1.2 数字化创新转型的必要性

习近平总书记在党的二十大报告中总结新时代十年伟大变革时指出，我国经济实力实现历史性跃升。党的十八大以来，习近平总书记站在统筹中华民族伟大复兴战略全局和世界百年未有之大变局的高度，统筹国内国际两个大局、发展安全两件大事，深刻把握新一轮科技革命和产业变革发展趋势和规律，就发展数字经济作出一系列重要论述、重大部署，指引我国数字经济发展取得显著成就。所谓数字化转型，对于企业而言，就是利用数字技术进行全方位、多角度、全链条的改造过程。面对数字化转型，企业应做好持久转型的准备，通过科学合理的考核制度、更扁平的组织架构、更清晰的企业愿景传递、更主动的人才培养措施等一套“组合拳”来适应由数字化主导的未来。随着大数据、云计算、人工智能等新技术逐步融入生产与生活，数字经济呈现蓬勃发展态势，成为驱动我国经济高质量发展的新动能。

新冠疫情以来，以“云 +5G + 人工智能”为代表的云 2.0 融合技术形成“核聚变”与行业融通，赋能千行百业，推动万物互联，迈向万物智能，进而带动新数字经济发展，形成新的经济模式。这个过程中，以数据流通的自动化，来化解复杂系统的不确定性，实现资源的优化配置，支撑数字经济的高质量发展，这就是数字化转型的实质。而今，传统的企业已经积累了大量数据，要想办法将这些数据向大数据和人工智能的应用演化，依托智能平台，建立起“云生态”。加快推动实现数字化、智能化升级已迫在眉睫。

14.4.1.3 数字创新理论

全球知名信息技术市场研究机构（IDC）对卓越商业模式变革者的定义包含两个层面：一是使组织在数字化转型方面取得突破，在行业中保持竞争力；二是能够充分利用数字技术探索新的商业模式并已经取得成效。传统企业基于数字化转型产生的新商业模式已成为数字经济市场的一股重要力量，并有潜力成为新规则的制定者。罗贞礼（2020）指出，企业内部数字技术的普及有利于快速突破企业固有边界，使商业模式由传统走向创新，实现产业数字化转型与创新融合，从而构建数字驱动、智能主导的数字经济高度融合生产体系。陈冬梅等（2020）认为，对传统商业关系进行重构是数字化转型的核心内容，重构之后的新型商业关系形态重新定义了企业、产品、用户的市场角色，代表着更强连接、更多交互、更多维度的价值创造模式，也成为企业在数字化革命中赢得竞争优势的关键所在。传统组织难以作为独立的个体置身于数字化商业环境中，数字化工作平台等新型工作模式的出现挑战了传统组织形式存在的必要性。陈劲等（2019）将数字化转型分为三个阶段，认为数字化转型完全超越了信息的数字化或工作流程的数字化，着力于实现业务的数字化，使公司在一个新型的数字化商业环境中发展出新的业务（商业模式）和新的核心竞争力。企业数字化转型为我国经济高质量发展注入了新动能，其对企业创新的影响助力我国企业发展出强大的竞争优势。

14.4.2 案例分析

14.4.2.1 问题1：请分析数字化背景下，跨国公司进行知识转移的必要性

威猛根据企业所处的不同阶段，将企业知识转移路径分为三个阶段：学习阶段、整合阶段、反向输出阶段，针对不同阶段设计了相应的管理措施，并且构建其管理模型。具体如图 14 -2 所示。

在知识获取、知识输出和自主创新的共同作用下，企业沿着学习、整合和反向输出三个阶段递进发展，知识积累总量和创造能力得以逐步提升，促进了企业的转型升级。图 14 -3展示了知识逆向转移中的能力变化。

在《中国制造 2025》等国家战略与突发新冠疫情等的影响下，我国制造企业数字化转型进入了快速发展的新阶段。数字化时代改变了企业的创新模式和组织结构，要求企业重新思考和创新企业战略和管理模式。企业的创新模式必须由传统的创新网络转移到跨企业、互相交流的创新系统。所以，企业必须提升整合知识和转移知识的能力，以提升核心竞争力。企业是一个由多种知识混合而成的组织系统，其中知识是企业竞争优势的根源。企业的存在、内部协调和异质性本质上都是其特有知识积累所决定的，这在跨国公司中则表现为全球不同业务单位之间知识的吸收与整合。就像威猛总部将关键技术分享至中国分公司，而威猛中国分公司的优化生产流程也被威猛总部注意到，并将此套精益化生产流程推广到威猛全球的其他分公司。有效的知识转移是母子公司之间保持协调的关键，也是跨国公司保持竞争力优势的重要一步。具备创造能力的子公司，在利用以员工个体为基础的

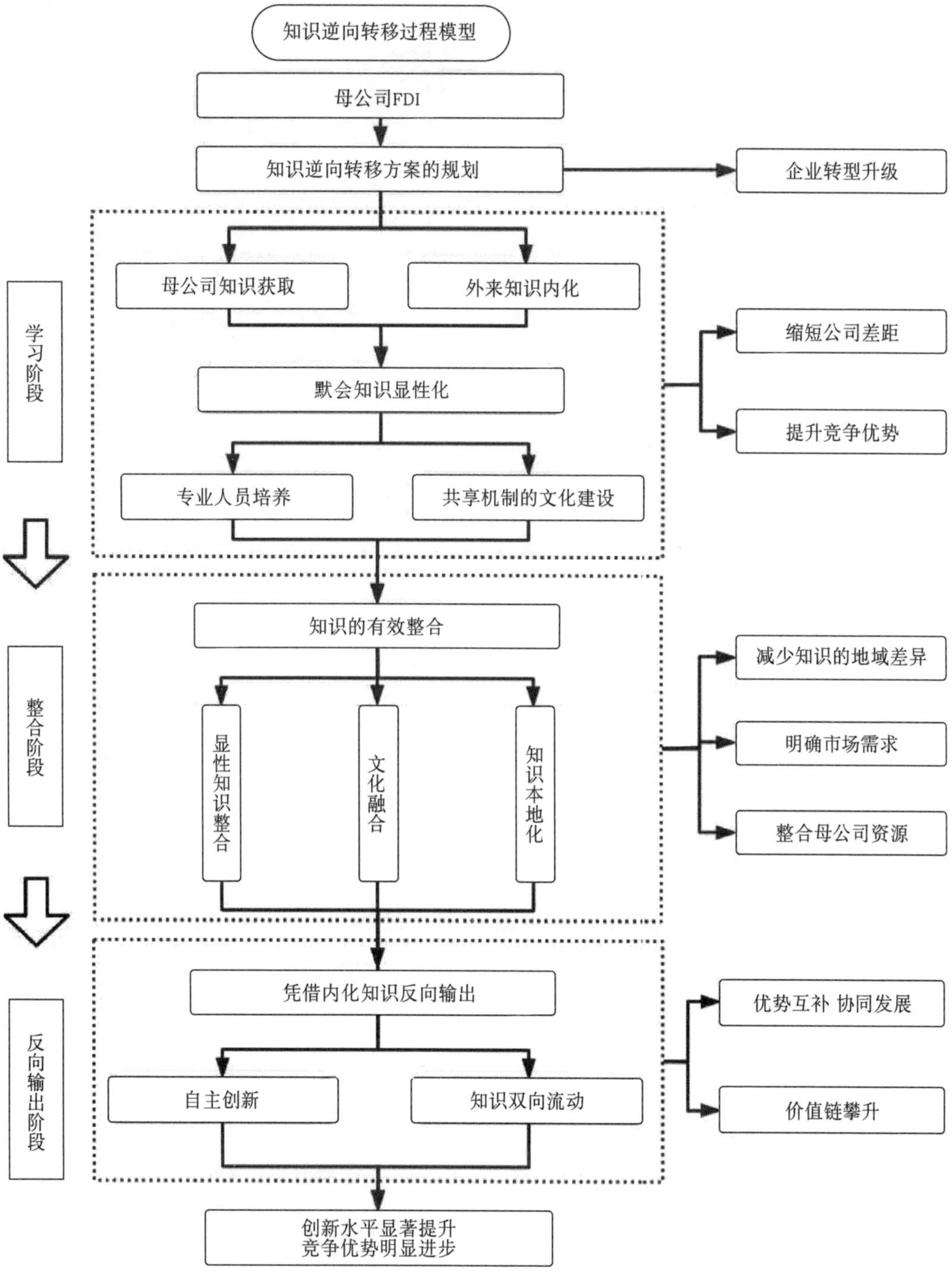

图 14－2　知识逆向转移过程模型

机制参与知识转移时，其与本地的契合度越高，越有利于母公司提高创新绩效。母公司可以充分吸收运用境外子公司转移的知识，提升其创新能力。对于子公司来说，当母公司注

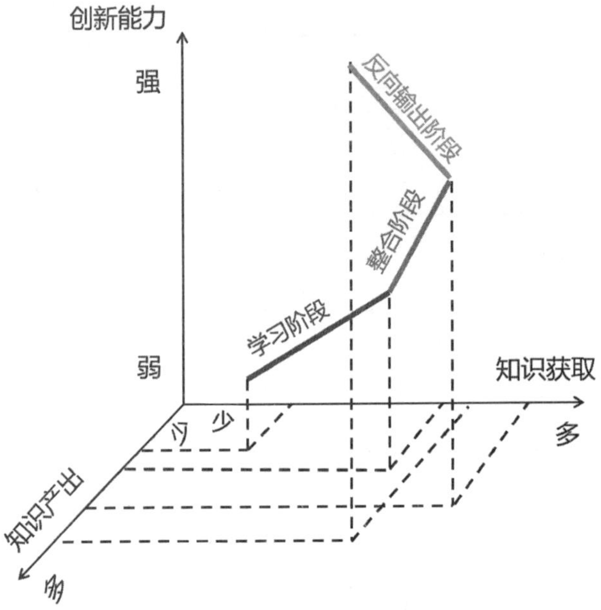

图 14－3　知识逆向转移中的能力变化

重到子公司的创新与反馈能力时，为了能够更好地吸收子公司带来的创新绩效，会提高子公司的自主能力，以便其能更好地适应当地市场，利用跨国公司全球技术能力提高子公司在境外创造新技术的能力。对于中国跨国公司而言，其海外子公司是企业网络中的重要组成部分，不仅具有产品销售、营销推广等职能，还具有知识扩散等功能，更为重要的是，海外子公司是母公司吸收海外市场情况、获取海外战略资源和进军国际市场的关键。母公司在给予海外子公司更多权限的同时，也要激励子公司在海外积极寻找战略资源，寻求创新机遇，以便谋求双方共同的发展。

14.4.2.2　问题 2：根据案例中威猛集团的发展历程，总结分析跨国公司管理创新模式

由于跨国公司母子公司来自不同的国家，文化传统差异和管理背景差异会产生一定的冲突。身为注塑机行业的龙头企业，威猛的体系和框架都很成熟，但是这一套体系和框架只适用于欧洲国家，因此威猛中国分公司在初期面临着诸多困难。威猛中国分公司的管理团队也意识到母子公司在管理与技术知识方面融合的重要性，并创新性地提出知识逆向转移三步走的管理战略。在学习阶段，通过“引进来”与“走出去”相结合的策略，向总部学习技术和知识。在之后的整合阶段，威猛中国分公司开始将学习到的知识与中国的具体情况相结合，通过员工管理、本土化的文化整合战略和人才配备战略来提高自主创新能力。在经过两个阶段的发展后，威猛中国分公司创造性地提出智能化管理模式、“交钥匙”

工程和精细化生产流程等，并将这些新技术逆向转移回母公司，完成了知识逆向转移三步走战略。威猛中国分公司通过实施这一创新性的管理战略，不仅克服了跨国公司子公司与东道国的文化差异，提升了自主创新能力，还促进了母子公司之间的协同发展。在数字化时代下，跨国公司需要与不同行业的企业进行合作，那么跨国公司位于东道国的子公司必须要克服文化差异，并创新出适应本公司的管理文化。跨文化管理是一项管理艺术，它不是静止的，而是在活动中不断发生变化的。对于跨国公司而言，需要不断地沟通探索，逐步建立跨国公司的管理模式。

14.4.2.3 问题3：结合数字经济趋势下威猛集团的转型变革过程，分析数字化背景下企业转型创新的机遇

对于中国企业来说，数字化已经是一个不可回避的主题。数字化过去在企业营销中或许只是锦上添花，但未来一定必不可少。经过新冠疫情的催化，许多行业的数字化转型都已从趋势进入常态或者可以说是进入了紧急的状态，仅靠线下或线上渠道的传统型企业生存空间更加狭窄。因此，数字化的浪潮虽然给企业带来了很多焦虑，但同样也带来了巨大的机遇。

一是数字化的发展方式。对比数字化时代的发展模式和以前的发展模式可以看出，很多企业按照以前的模式发展就会成为市场的淘汰品，不随着市场潮流发展的企业是不能在行业立足的。传统的商业发展模式对数据的分析手续比较烦琐，不能体现即时性，而且在数据发生变化时不能同步提供相应的解决措施。这在互联网时代，很容易导致企业在时间缝隙中丧失发展机会，数字化的发展完美解决了此类问题。采用数字化的发展方式对企业的数据分析进行改善，实现数字化的商业创新，从而让企业适应市场变化的更新换代。二是完备的制造业数字化基础。过去十年来，党中央、国务院将两化融合作为长期坚持的重要战略，工作不断深化，成效不断显现，对产业发展的提升作用日益显著，为先进制造业发展奠定了良好的数字化基础。信息技术在研发、生产、经营、管理等环节的渗透不断加深。三是灵活多变的数字经济环境。2019 年，我国数字经济对我国经济发展的贡献率达到了 58.1%，其中广州、上海、北京等属于数字经济高速发展的地区。除了这些地区，我国欠发达地区的数字经济也开始发展。线上购物的消费模式成为主体，电子商务从无到有，在短短十几年的时间里，已经彻底改变了人们的消费观念。“双循环”背景下，国家更加鼓励电子商务的发展，并对信息产业化、产业信息化有了重大部署。这会使我国的数字经济体系更加成熟，相关法律更加完善，使我国企业发展数字经济更加有法可依，能够做到可持续发展，也有助于其他传统产业实现数字化转型。

14.4.2.4 问题4：请基于威猛集团管理者的角度，提出能够提升跨国企业知识转移效果的建议

（1）建立统一利益的组织架构。

知识转移一般发生在组织内部或以并购等形式形成的具有统一管理机构的联盟内部，这是知识转移区别于知识溢出的关键所在。所以，在知识转移发生前，一般都已经形成了一定的组织框架，而且也只有在统一的利益框架下，知识转移方和知识接受方的动机才能一体化，有利于知识转移。紧密型联盟能够保证知识转移方和知识接受方的利益一体化，相较于松散型联盟，紧密型联盟能更大程度地解决转移双方的动机问题。威猛总部依托于欧盟各国之间紧密的联系，打通知识转移壁垒。中国跨国公司通过技术、专利等知识的转移，尤其是隐性知识的转移，是提高联盟内企业的生产水平和效率，形成优势互补，降低交易费用的重要途径之一。数字化背景下，中国跨国企业也要依赖于紧密的跨国联盟，争取进行更广泛、更高效的知识转移。

（2）采用多种手段促进知识转移。

在转移的知识结构中，一般以隐性知识为主。而对于隐性知识等难以编码或形式化的知识内容，必须通过面对面的交流才能完成，一般包括人员培训、交流、观察等方式。威猛中国公司经常聘请国外专家对企业进行技术指导，并定期选派员工出国考察学习，做到了“走出去”和“引进来”同步进行，知识转移需要转移方具备良好的沟通能力将其思想和观点充分清晰地进行表达，威猛中国公司的做法大大保障了知识转移效率。不难理解，沟通能力越强其转移效果越好，同时，由于隐性知识难以形成文化的特点，采取有效的转移手段有利于促进知识转移，例如知识和其掌握人一同转移的效果更为理想，可有效降低空间距离对知识转移效率的影响。而且，在转移初始，也必须让接收方相信其知识是可信赖的。如果未被证实是正确和有效的，那么转移过程和转移效率就会受到影响。

（3）设计评价体系评估转移效果。

近年来，中国跨国公司日益深入全球价值链整合，国际化程度日益加深。与以往进入发展中国家关注市场和效率寻求不同，向发达国家投资更多以有助于竞争优势构建的创造性资产寻求为动因。创造性资产以创新竞争优势为目标，涵盖了有助于自主创新能力提升的各项资产，包括智力和社会资本、品牌、知识和文化等，其中知识资源尤为重要。而逆向知识转移正为我国企业提供了兼具主动性和针对性的东道国资源获取途径，一方面可从国际前沿知识中学习创新创意，另一方面可促进自身技术和研发水平提升。知识转移的目的是通过平衡组织内部的知识结构，提升生产能力，提高生产效率。进行

知识转移的组织可以根据自身特点制订相应的知识转移评价体系。更关键的是，通过评估效果还可进一步发现转移过程中遇到的问题。例如，经过一段时间，发现双方的知识距离过大，即双方各自拥有的知识相似程度很低。如果一方的科研产出是另一方进行研发的投入，那么双方的知识就毫不相似。一般来说，知识的相似程度越高，距离也就越短，知识转移也就更容易。

14.5 关键点

本案例选择了威猛为分析对象，首先对威猛的创新管理和经验逆向转移过程进行了解，重点研究了其通过构建知识转移模型进行管理流程优化的过程，分析了威猛初入中国的困境、面对困境的解决方案、解决方案对企业绩效产生的影响。其次，着重探讨在数字化背景下新兴跨国公司子公司如何突破自身局限，实现管理创新，并揭示单一情境下的动态变化过程。最后，结合案例，就数字化背景下跨国公司进行知识转移的必要性、跨国公司管理创新模式，以及数字化背景下企业转型创新的机遇三个维度进行讨论并且对跨国公司的转型和创新提出建议。本案例的学习能够帮助学生提炼出解释复杂现象的理论或规律。

14.6 案例使用建议

14.6.1 课堂计划

本案例可以作为专门的案例讨论课来进行。表 14－1 为课堂计划建议，仅供参考。整个案例控制时间在 90 分钟左右。

表 14－1　　课堂计划

序号	内容	教学活动	时间安排
1	课前准备	提前发放案例，请学生在课前完成案例的阅读并查阅与案例相关的资料、行业知识，进而完成案例的初步思考	课下时间
2	课堂讨论前沿	由授课教师简述本案例内容，阐述本次案例授课的教学目的、要求和具体安排，并初步明确案例分析主题	10 分钟
3	课堂引导，分组讨论	学生分为 4—8 人的小组对案例进行讨论，通过提问互动的方式提出案例的启发思考题	20 分钟
4	小组发言	通过互动提问的方式回归案例关键信息，根据讨论结果由小组轮流发言，授课教师记录发言并稍作点评	30 分钟
5	深入分析	针对小组讨论过程，梳理思考题理论知识点、与学生进行深入讨论互动	20 分钟
6	案例总结	授课教师对案例讨论进行归纳总结，对整个案例的知识要点进行再次简明阐述	10 分钟

14.6.2　板书设计

板书设计见图 14－4。

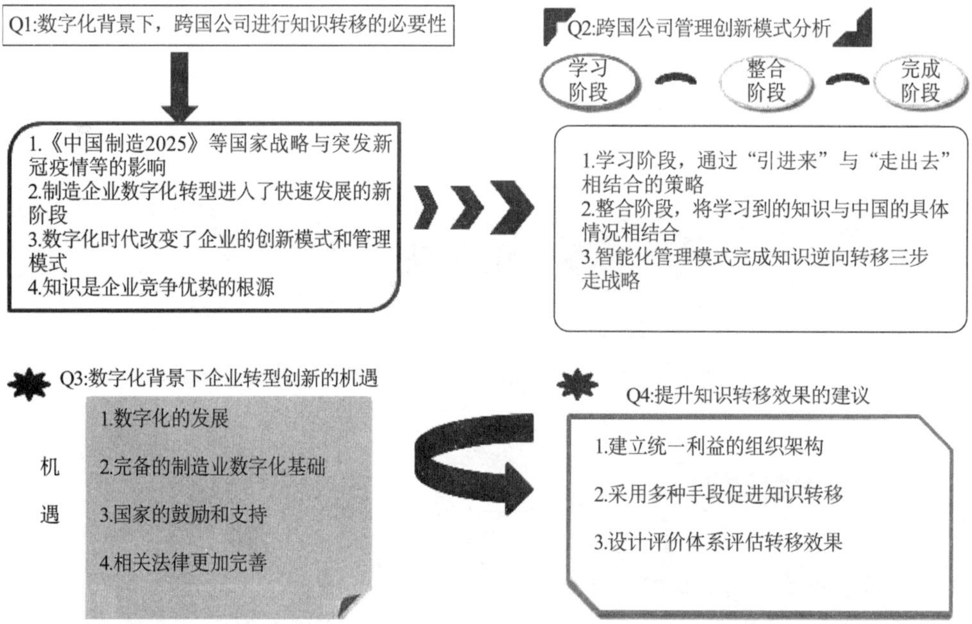

图 14－4　板书设计

【参考文献】

[1] 蔡灵莎. 双元学习、知识整合与对外直接投资绩效研究 [J]. 软科学，2020，34（2）：59－65.

[2] 邓程，杨建君，刘瑞佳. 企业间控制机制、知识转移效果与新产品开发速度关系研究 [J]. 科学学与科学技术管理，2020，41（11）：83－97.

[3] 杜丽虹. 创造性资产寻求、子公司影响力与逆向知识转移 [J]. 科研管理，2018，39（7）：85－96.

[4] 冯永春，苏萌萌，崔连广. 海外子公司自主权如何影响逆向知识转移——来自中国跨国公司海外子公司的实证研究 [J]. 科技进步与对策，2021，38（5）：115－124.

[5] 冯永春，苏萌萌，郑丽霞. 海外子公司自主权对逆向知识转移的影响研究 [J]. 科学学研究，2020，38（8）：1451－1463.

[6] 何文彬. 数字化转型与我国制造业全球价值链攀升效应研究 [J]. 统计与决策，2021，37（10）：97－101.

[7] 金源，李蕾. 跨国企业逆向知识转移中管控机制的作用——中国化工并购法国安迪苏的案例分析 [J]. 国际经济合作，2019（6）：80－88.

[8] 李婧. 双循环发展格局下我国对外贸易动能转换与产业竞争优势——兼论国内消费市场的贸易反哺效应 [J]. 商业经济研究，2021（13）：142－145.

[9] 刘明霞，于飞. 在华跨国公司母子双向知识流动及其转移逻辑 [J]. 科研管理，2015，36（2）：160－166.

[10] 刘勇，李丽珍. "双循环"新发展格局下企业转型发展的机理、路径与政策建议 [J]. 河北经贸大学学报，2021，42（1）：41－50.

[11] 王向阳，齐莹，金慧琦. 组织兼容性、跨国并购知识转移与企业国际化 [J]. 科学学研究，2020，38（10）：1828－1836.

[12] 威猛：威猛 2020 技术创新 [J]. 现代塑料，2020（6）：20－23.

[13] 肖艳红，卢艳秋，叶英平. 面向区域创新系统的逆向知识转移机制研究 [J]. 图书情报工作，2017，61（17）：28－35.

[14] 肖振红，刘昂，周文. 网络演化博弈视角下的跨国公司逆向知识转移动态过程研究 [J]. 管理评论，2017，29（11）：159－170.

[15] 赵宸宇. 数字化发展与服务化转型——来自制造业上市公司的经验证据 [J]. 南开管理评论, 2021, 24 (2): 149-163.

[16] Dries Faems et al. Multistep knowledge transfer in multinational corporation networks: When do subsidiaries benefit from unconnected sister alliances [J]? Journal of Management, 2020, 46 (3): 414-442.

[17] Enrique Claver-Cortés et al. Strategic knowledge management in subsidiaries and MNC performance. The role of the relational context [J]. Journal of Knowledge Management, 2018, 22 (5): 1153-1175.

[18] Huan Jin, Mike Hewitt and Barrett W. Thomas. Workforce grouping and assignment with learning-by-doing and knowledge transfer [J]. International Journal of Production Research, 2018, 56 (14): 4968-4982.

[19] Jeoung Yul Lee, Seung Hoon Jang and Sang Youn Lee. Paternalistic leadership and knowledge sharing with outsiders in emerging economies [J]. Personnel Review, 2018, 47 (5): 1094-1115.

[20] Jiangtao Hong, Yibin Zhang and Mingxia Shi. The impact of supply chain quality management practices and knowledge transfer on organisational performance: An empirical investigation from China [J]. International Journal of Logistics Research and Applications, 2018, 21 (3): 259-278.

[21] Kristin Ranestad. Multinational mining companies, employment and knowledge transfer: Chile and norway from ca. 1870 to 1940 [J]. Business History, 2020, 62 (2): 197-221.

[22] Krisztina Demeter and Dávid Losonci. Transferring lean knowledge within multinational networks [J]. Production Planning & Control, 2019, 30 (2-3): 211-224.

[23] Lurdes Simao and Mário Franco. External knowledge sources as antecedents of organizational innovation in firm workplaces: A knowledge-based perspective [J]. Journal of Knowledge Management, 2018, 22 (2): 237-256.

[24] Maria Eugenia Sanchez-Vidal, Raquel Sanz-Valle and Maria Isabel Barba-Aragon. Repatriates and reverse knowledge transfer in MNCs [J]. The International Journal of Human Resource Management, 2018, 29 (10): 1767-1785.

[25] Morisson. Knowledge gatekeepers and path development on the knowledge periphery: The case of ruta N in medellin, Colombia [J]. Area Development and Policy, 2019, 4 (1): 98-115.

[26] Sebastian G. M. Händschke, Raluca Kerekes and Peter Walgenbach. Performance

effects of international knowledge transfer: A panel analysis of human mobility between knowledge environments [J]. Africa Journal of Management, 2018, 4 (1): 84-110.

[27] Stadler C, Helfat C E, Verona G. Transferring knowledge by transferring individuals: Innovative technology use and organizational performance in multiunit firms [J]. Organization Science, 2022, 33 (1): 253-274.

[28] Ameyaw-Brobbey T, Gupta U. Chinese businesses and transnational knowledge transfer under constrained environment: Results from the field in Ghana [J]. African Journal of Economic and Sustainable Development, 2021, 8 (1): 51-73.

[29] Aggarwal V S, Kapoor M. Knowledge transfer among international strategic alliance partners and its impact on innovation performance [J]. International Journal of Strategic Business Alliances, 2019, 6 (4): 203-216.

[30] Visar Hoxha et al. Developing sustainable energy efficient buildings - a transnational knowledge transfer experience between Norway and Kosovo [J]. Studies in Higher Education, 2020, 45 (2): 390-402.

15. 案例四：泛华集团探索乡村振兴案例分析[①]

15.1 教学目标

本案例描述了泛华集团如何通过自身战略升级成果不断完善乡镇建设体系，并最终进行项目实践的全过程。希望通过引导学生对泛华践行社会责任进行思考与讨论，实现如下教学目标：

（1）使学生了解建筑行业企业面临的生存发展困境，掌握推动企业进行战略升级的因素。

（2）帮助学生了解企业如何通过自身的战略基础参与乡村振兴，同时实现课程思政目标。

（3）增强学生对企业履行社会责任绩效的认识，领悟企业对经济价值和社会价值的共享。

（4）引导学生从不同视角思考企业社会责任对企业未来发展的意义。

15.2 问题回顾

（1）你认为泛华集团进行战略升级的动因是什么？在此过程中，泛华集团都面临哪些风险和挑战？

（2）泛华集团是如何通过战略升级不断完善其乡镇建设体系的？战略升级在泛华的乡

① 本案例由首都经济贸易大学工商管理学院王凯、对外经济贸易大学国际商学院王辰烨，以及泛华集团战略发展部总经理雷超兵、河南分公司总经理张峰撰写。

村振兴主题板块业务中扮演着怎样的角色？

（3）泛华集团积极助力乡村振兴对于自身的发展有什么意义？

（4）请结合你对企业社会责任概念的了解，为泛华集团未来继续扮演好“社会公民”角色提供可行的方案。（开放式问题）

15.3 分析思路

本案例主要围绕泛华集团的社会性业务展开。首先，介绍了泛华三次战略升级历程，研究其升级动因；其次，重点分析泛华凭借自身战略升级成果构建乡镇建设体系的过程，探究内在机制；最后，以成熟体系在湖北麻城的成功实践落幕，聚焦泛华最终的经济收益与社会收益，并引起对企业承担社会责任的无限深思。

学习与讨论案例的过程中可以参考图 15－1 的案例分析思路，根据实际情况进行相应调整。在案例分析时，应注意实现案例情节、理论知识点、思考题、教学目标之间相互支撑、相互印证，在思考题的引导下，通过理论知识点与案例情节的反复融合，实现学习目标。

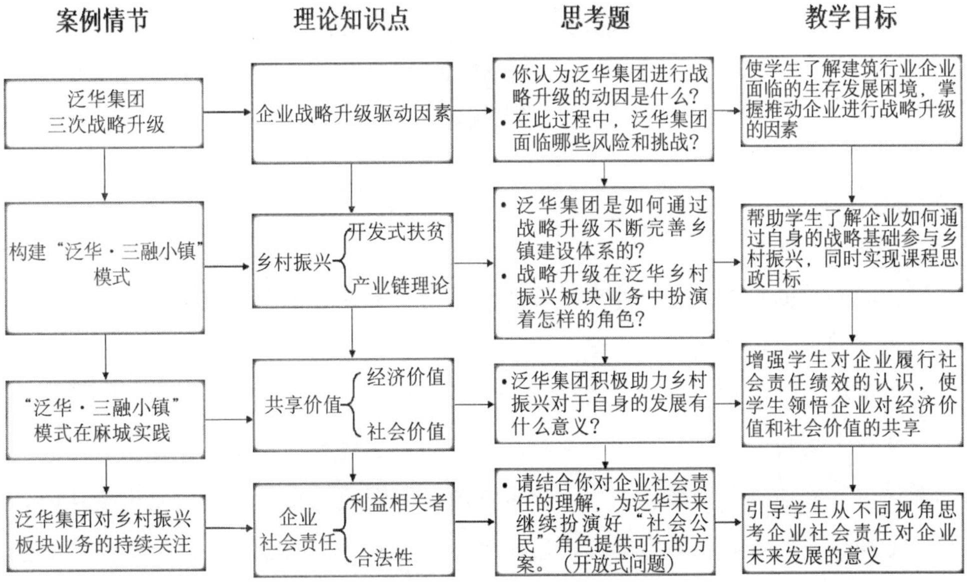

图 15－1　案例分析思路

15.4 理论依据及分析

15.4.1 问题1：你认为泛华集团进行战略升级的动因是什么？在此过程中，泛华集团都面临哪些风险和挑战？

15.4.1.1 理论依据——企业战略升级动因

企业选择战略升级的本质原因是企业战略的内部不一致性和外部不一致性所引起的企业战略结构性不均衡，于是企业想要通过战略升级达到“再均衡”。因此，导致企业战略内外部不一致性的原因即企业战略变革动因因素，具体可以划分为三部分——外部因素、内部因素和主观因素（见图 15-2）。

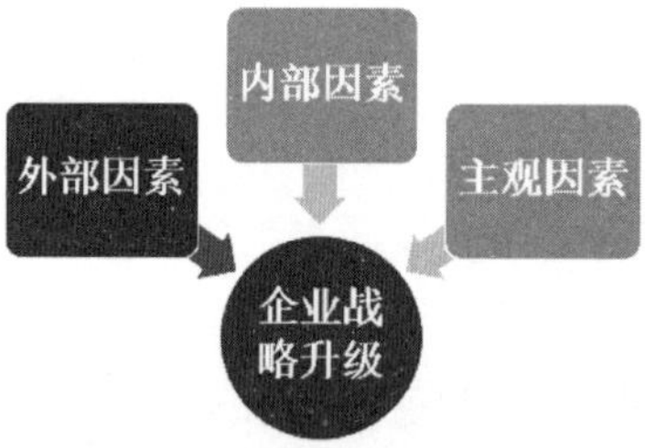

图 15-2 企业战略升级的三因素模型

（1）企业战略升级的外部动因。

按照相关研究的观点，企业外部环境通常是指所有存在于企业范围之外、影响企业经营活动的各种因素，包括文化、法律、社会、自然等，也包括企业的供应商、顾客、竞争对手、政府机构、社区和公众等。按属性可以大致将这些外部因素分为五类：①经济；②社会、文化、人口和环境；③政治、政府和法律；④技术；⑤竞争。企业无时无刻不在与外部环境进行着信息、资金、人才、物质资源等方面的交流，当环境发生变化时，这些交流必然影响企业的资源及能力配置，进而促使战略发生改变。可见，外部环境是企业实施战略变革重要的驱动力量和客观因素。

根据环境的复杂性和环境的变化特征构建环境不确定性评估表（见表 15-1）可以对

企业战略环境的各个要素进行评估，帮助企业判断是否有必要进行战略升级。

表 15 - 1　　环境不确定性评估表

<table>
<tr><td colspan="2" rowspan="2"></td><td colspan="2">环境的复杂性</td></tr>
<tr><td>复杂</td><td>简单</td></tr>
<tr><td rowspan="2">环境的变化</td><td>静态</td><td>不确定性较低
· 环境影响因素数量多
· 环境因素保持不变或变化频率慢</td><td>不确定性低
· 环境影响因素数量少
· 环境因素保持不变或变化频率快</td></tr>
<tr><td>动态</td><td>不确定性高
· 环境影响因素数量多，且具有相似性
· 环境因素变化频繁且无法预知</td><td>不确定性较高
· 环境影响因素数量少，且具有相似性
· 环境因素变化频繁且无法预知</td></tr>
</table>

（2）企业战略升级的内部动因。

在企业发展过程中，企业自身的经营状况发生改变也会导致目前正在实施的战略方向或者路线的改变。企业内部的动因多而复杂，往往来自于变化过程中的力量，包括制定决策、资源与能力变化、沟通交往、人与人之间的关系及权力斗争等，可以划分为企业生命周期、企业利益相关者、企业资源能力基础、企业内部权利系统、企业组织结构与文化因素五种（见表 15 - 2）。

表 15 - 2　　内部动因五种类型及其释义

内部动因	释义
企业生命周期	企业经历从出生、成长、成熟、复兴到衰亡的生命周期。在不同阶段，企业的价值取向、战略方向，以及由此带来的组织结构、运作方式等都会发生改变，从而引起企业调整自身战略的行为
企业利益相关者	企业是一个契约的总和，不同的利益主体都希望通过企业不断的战略升级来满足各自的利益，因此他们会出于自身需求对战略决策施加各自的影响
企业资源能力基础	企业战略升级往往涉及企业资源的配置、利用和创新模式，所以，资源是企业战略得以制定和实施的保证，资源的状况也往往决定着企业战略升级的能力、方向与路径
企业内部权利系统	企业内部权利系统的变动通常都会给企业直接注入新的经营理念与思维，直接或间接导致战略主导逻辑、企业结构、制度或文化的改变
企业组织结构与文化	组织与战略的相互匹配关系意味着组织结构的变动会要求企业对战略部署做出相应调整。企业文化、规章制度要素的改变也会造成战略调整的压力

（3）企业战略升级的主观动因。

①愿景因素。对于企业而言，愿景是企业对未来的期待、展望、追求与梦想，是企业未来的前进方向。研究表明，企业愿景具有塑造战略框架、指导管理决策的作用。愿景的

核心效用在于有助于企业瞄准合适的战略目标，以杠杆利用与超越自己现有资源边界的意志和能力，进行战略调整、战略创新。

②领导者因素。企业的战略升级从本质上来说是一种选择与判断，所以会受到强烈的个人偏好的约束。因此，企业领导者的行事风格和个人能力在企业战略决策中起着重要作用。

③管理者因素。就个体而言，企业管理者个人的心智模式会作用于其战略认知能力，乃至整个战略思维能力，进而影响企业的战略规划；对群体而言，管理者团队心智模式的异质性程度基本决定了企业战略是否能够顺利进行。

15. 4. 1. 2　案例分析

（1）泛华集团的外部环境。

①政治因素：正如6. 1. 1所述，泛华集团起初是一家单纯的建筑商，在创业初期被住建部确定为国家建设行业设计施工改革的总承包试点企业。从此，泛华开始积极探索以设计为龙头，努力实现设计施工一体化，带动建设行业工程总承包模式试点改革，开创了泛华集团建设业务系统集成的新空间，成为全新的“城市系统服务商”。紧接着，泛华集团的第二次战略升级是在“城镇化”浪潮的政策背景下，创造性地提出了中国新型城镇化发展创新模式，为上百个城市提供了智慧发展、智慧建设和运营管理的系统解决方案，实现了向“城镇化投资建设平台”的身份升级。

②技术因素：泛华的第三次战略升级发生在“数字化”的风口浪尖。泛华率先进行技术创新，积极推进数字化转型，促进城市产业升级实现高质量发展，并打造泛华产业育城中心作为以数字经济手段带动地方乡镇实现产业升级、结构升级、高质量发展的解决方案。

③竞争因素：产业链上下游给泛华集团带来的压力较大。泛华身处的建筑行业企业受到开发商和供应商两端的挤压：一方面，开发商议价能力强，而且原材料价格等信息透明；另一方面，供应商议价能力强，而且原材料价格不断上涨，进一步挤压建筑企业利润空间。与此同时，需求方的变化对于泛华集团的发展前景至关重要：随着人口红利逐渐消失，我国将面临向消费型社会转换，需求的前景黯淡势必给整个建筑行业带来较大压力。在传统业务快速下沉的情况下，泛华集团选择战略调整，面向建筑设计一体化的升级换代是必然。

在此基础上，根据“环境不确定性评估表”所提供的方式对泛华集团面临的环境复杂性及环境变化特征进行简要分析：除上述三个类型的外部环境因素之外，泛华集团多少也会受到宏观经济因素、社会文化因素的影响。另外，虽然一些政治因素偶尔有迹可循，但总体而言它们与技术因素、竞争因素一样都具有变化频繁且无法预知的特点。所以，总体上泛华集团外部环境影响因素数量较多，环境因素变化频繁且无法预知，环境不确定性高，有必要进行战略升级。

（2）泛华集团的内部环境。

①企业利益相关者：住房和城乡建设部等政府建设行政主管部门是泛华集团的一方利益相关者，也是国家宏观发展需求的传达者。当建筑行业面临一体化发展需求时，国家建设行业设计施工改革的总承包试点应运而生，泛华在政府部门的诉求下成为试点单位之一。之后，随着我国农业农村现代化的快速推进，作为城镇建设者之一的泛华又收到了住建部关于大力倡导数字化升级的信号，投资者是泛华集团另一方重要的直接利益相关者。由于泛华集团的项目运营周期长，资金是其项目进行的重要保证，作为非上市企业，其资金来源通常包括银行信贷、金融信贷等。泛华为确保顺畅的融资渠道，必须通过不断升级战略、响应政策号召、履行企业社会责任等方式，提升品牌价值，树立良好形象，营造积极的未来发展前景，以获取投资者长期资金支持。

②企业资源能力基础：泛华集团具有很强的资源整合能力。在坚持模式创新、服务创新、技术创新的引领下，泛华在实践中完成了“融投资开发体系”“工程咨询管理服务体系”与“工程总承包体系”的有机结合，开创了泛华集团建设业务系统集成的新空间，推动了自身向城市系统服务商的战略升级。泛华集团还具有高度的创新意识，案例正文提到的“中国新型城镇化发展创新模式”“城市产业育成中心”等都是泛华基于对城镇化建设、数字化发展的深刻认识以及充分结合数十年来自身丰富的项目经验提出的创新化产品。此外，从案例正文6.1.4中张总带领项目组对麻城“智慧农业谷”项目的总体规划设计可以看出，泛华集团拥有众多专业素质过硬的项目团队，他们为泛华提供了珍贵的软实力基础。类似的隐性资源优势都为泛华集团进行战略升级提供了便利条件。

③企业战略升级的主观动因：泛华集团以“创造城市价值，成就精彩人生”为使命，致力于成为“国内外领先的为城市提供系统解决方案的投资商、开发商、建设商、服务商”。在该使命的驱动下，泛华集团为实现企业愿景就需要完成从单一建筑商身份向投资商、开发商、建设商、服务商多重身份的一体化升级。在案例正文6.2.4中列示了泛华集团与社会责任息息相关的5个业务板块——水生态、环境治理、绿色建筑、区域能源、文化旅游，覆盖面如此之广的社会导向型项目正是泛华人时刻践行企业理念的印证，源于内心的驱动力最终促使泛华向城镇化投资建设平台方向转变。

综上所述，泛华集团进行战略升级的动因可以从政治环境和行业竞争（外部因素）、利益相关者和资源能力基础（内部因素）以及企业使命与愿景（主观动因）方面找到答案（见图15－3）。

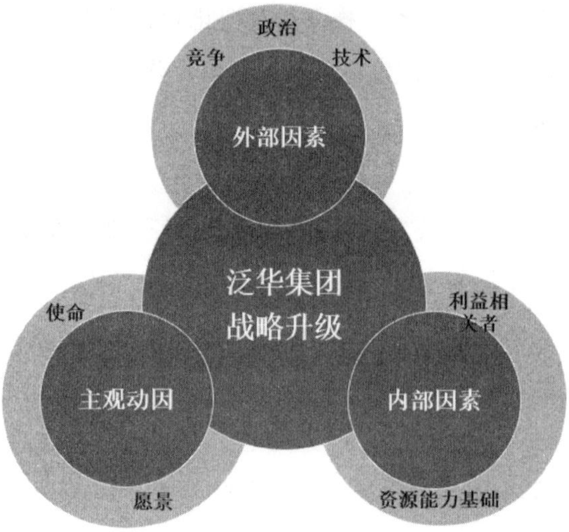

图 15－3　泛华集团战略升级动因

15.4.2　问题2：泛华集团是如何通过战略升级不断完善其乡镇建设体系的？战略升级在泛华的乡村振兴主题板块业务中扮演着怎样的角色？

15.4.2.1　理论依据

（1）开发式扶贫。

1994 年，国务院印发的《国家八七扶贫攻坚计划》明确提出“从 1994 年到 2000 年，集中人力、物力、财力、动员社会各届力量，力争用 7 年左右的时间，基本解决目前全国农村 8000 万贫困人口温饱问题”的总目标，强调要在发展中改善贫困地区的面貌，从此，我国正式进入开发式扶贫阶段。遵循这一理念，习近平总书记在 2015 减贫与发展高层论坛发表主旨演讲指出：“我们坚持开发式扶贫方针，把发展作为解决贫困的根本途径，既扶贫又扶志，调动扶贫对象的积极性，提高其发展能力，发挥其主体作用。”

开发式扶贫一般是相对于传统救济式扶贫而言的，后者直接将扶贫资金发放给贫困农户的“输血”式扶贫只能在短期缓解他们的生产生活困难，而前者则在国家必要支持下，利用贫困地区的自然资源，进行开发性生产建设，逐步形成贫困地区和贫困户的自我积累和发展能力，主要依靠自身力量解决温饱、脱贫致富。表 15－3 将救济式扶贫与开发式扶贫进行了详细对比。

表 15－3　　扶贫工作的两种模式

	救济式扶贫	开发式扶贫
资金分配	按贫困人口平均分配资金	按项目效益分配资金
组织方式	单纯依靠行政系统	主要依靠经济组织
扶贫要素	资金单向输入	资金、技术、物资、培训相结合输入和配套服务
扶贫效果	短期缓解贫困农户的生产生活困难	帮助贫困人口提高自我积累、自我发展的能力

开发式扶贫目前是中国政府扶贫政策的核心和基础。张全有指出，开发式扶贫具有“三个联系，两个结合，一个开发，一个目的”的显著特点：①三个联系：扶贫与经济发展紧密联系、与改善生产条件紧密联系、与市场经济体制下的商品性生产紧密联系。②两个结合：帮扶者与被扶贫贫困地区的农民相结合，一方主动帮扶与另一方主动接受帮扶相结合。③一个开发：帮扶者通过认真调查研究，帮助被帮扶者扬其所长、避其所短、物尽其用、人尽其才，在劣势中找优势，在资源中找经济优势，使资源优势变成商品优势。④一个目的：使贫困地区自我积累和自我发展的能力增强，从根本上消除造成贫困的根源，实现稳定脱贫，走上致富大道。

（2）产业链理论。

产业链是一个相对静态的概念，它描述了最终产品从生产加工、经营直到送到消费者手中的客观现实。产业链的基本构成单位是产业链上的某一个环节，具体到产业经济活动中可以指产业链中的某一个产业组织。一条完整的产业链必然是以产业之间的分工和合作为前提，具有生产、贮运和销售三大基本功能及相应的功能环节，信息流、物质流和资金流是产业链各功能环节之间联结的纽带。对于价值增值方面，产业链通过投入生产要素获得增值效益，或者通过协同效应来实现各要素的交互作用，产生“1＋1＞2”的效果。

与乡镇建设息息相关的农业产业链是产业链理论的一个分支，农业产业链基本包括农产品在生产、加工、运输和销售过程的各个环节，从涉及的部门和机构来讲，具体包括农业产前、产中、产后多个农业部门及相关组织和机构，它们之间相互依存、相互合作，是一个有机统一的整体。

15.4.2.2　案例分析

综合案例正文 6.1.2 和 6.1.3 所述，泛华集团构建的乡村振兴之路可以分为三步：第一步是不断进行战略升级；第二步是利用战略升级成果构建有特色的乡镇建设体系；第三步是将乡村建设体系运用于乡村振兴实践中。这三部曲其实是一个相辅相成的过程（见图 15－4），泛华实现由“建筑商”“城市系统服务商”向“城镇化投资建设平台”的升级之后，在南京、武汉、苏州、保定、贵州、开封等全国多地承包了城镇化建设项目，在此过程中积攒了一定的产业链上下游企业资源，同时，泛华还从城镇化投资建设项目的实施经验中总结出一套相对成熟的实践理论，这些独家成果为泛华的乡村振兴战略孕育出一套县域经济视角下的乡村振兴价值体系。习近平总书记在党的二十大报告中指出，“坚持把发展经济的着力点放在实体经济上”，“促进数字经济和实体经济深度融合”。实体经济是一国经济的立身之本、财富之源。在信息时代，把发展经济的着力点放在实体经济上，就要在数字经济和实体经济的深度融合上下功夫，着力解决传统产业数字化转型中存在的突出问题，加快传统产业数字化转型。之后，泛华向数字化转型迈进，紧紧抓住产业数字化、数字产业化赋予的机遇，精心打造了线上线下融合互动的“产业育城平台（IEOP）”系列产品，该平台为泛华插上数字经济的翅膀，泛华数字化水平也从此迈上了新台阶，在数字化转型成果的帮助下，泛华重新构建的“三融小镇”模式成功弥补了之前乡村振兴体系下信息化薄弱的短板。

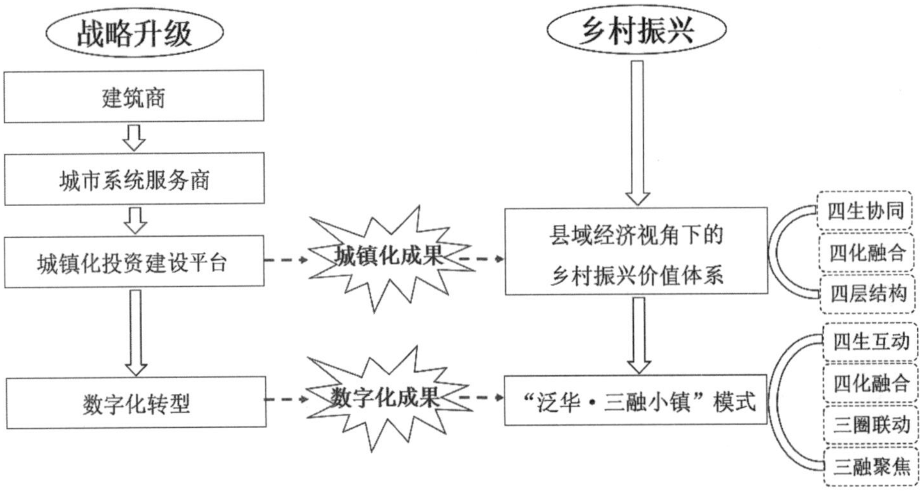

图 15-4 泛华集团战略升级与乡村振兴的关系示意图

泛华的乡村振兴战略完全跳出了“救济式扶贫”圈套。以案例正文 6.1.2 小节介绍的“泛华·三融小镇”模式为例，该模式采用了“四化融合”的驱动机制，即以信息化为手段，整合当地农业资源形成产业链，推进新型城镇化的进程。具体而言，案例正文中图 6-4清楚地描述了泛华集团是如何利用自身资源优势为乡镇搭建产业链，从而实现“开发式扶贫”的全过程：（1）基础设施建设；（2）营生规划设计；（3）产业孵化；（4）社会效益。它授人以渔的基本设计思路充分体现了泛华以“开发式扶贫”理念践行乡村振兴工作的时代精神。

再以案例正文 6.1.3 小节泛华在湖北麻城的乡村振兴实践为例简要分析。负责麻城项目的张总及其团队所提出的“智慧农业谷”本质上也是打造农业相关产业链（见图 15-5），帮助乡镇从根本上消除造成贫困的根源，实现稳定脱贫，走上致富大道的设计理念。

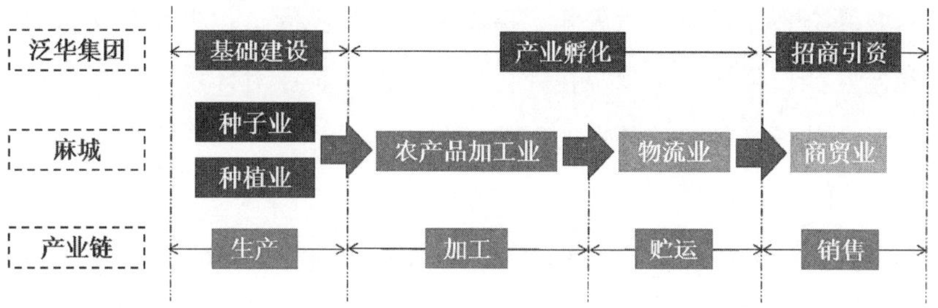

图 15－5　麻城产业链示意图

综合以上分析，泛华集团通过自身战略升级为自己积累了丰厚的资源基础，打造了更丰富、更广阔的业务空间，发展了良好的业务合作伙伴……这些独家成果是泛华构建乡村振兴体系的前提条件。利用完善的战略体系，泛华在乡村振兴实践中才能够因地制宜地为当地设计规划特色产业链。

15.4.3　问题3：泛华集团积极助力乡村振兴对于自身的发展有什么意义?

15.4.3.1　理论依据

（1）经济价值。

企业作为经济组织，追求经济价值的最大化是其首要目标，因此，在企业社会责任价值体系中，其自身的经济价值是核心。一方面，企业承担社会责任，使企业与社会公众保持良好的关系，不仅可以为企业赢得良好的社会信誉和知名度，还可以产生长期可用的社会资本，从而保障企业经营的顺利发展，减少企业经营的交易成本，降低企业的经营风险，提高企业的市场占有率和竞争力。另一方面，企业积极承担社会责任能让企业在已饱和的市场中脱颖而出，找到更加得力的合作伙伴，获得更多投资者和金融机构的支持，从而给企业带来更多的商业机会和长远的经济利益。另外，企业履行社会责任，可以合理地开发企业的员工资源，吸引和留住高素质的人才，优秀的员工是产品和服务的制造者和价值的创造者，是企业经济价值的直接来源。

（2）社会价值。

企业社会责任的社会价值是指企业通过践行社会责任在政治、经济、生态等社会层面问题上产生的宏观影响。在社会政治层面，企业通过对劳工权益、环境保护等问题的关注可以帮助健全我国民主法治，企业积极履行社会责任也可以促进社会的公平、安定、团结，为政治体制改革奠定良好的社会基础。在社会经济层面，企业承担社会责任能够为社会培养大量富有社会责任感的优秀人才，提高了全体人民的道德素质和文化素质，为社会经济的快速稳定发展提供智力保障。在社会生态层面，企业对环境和资源负责可以促进生态平衡，实现对公共环境和自然环境的有效保护。

（3）共享价值。

“共享价值”（creating shared value，CSV）概念是由 Porter 和 Kramer 在其早期的研究成果中提出的，他们认为“共享价值”是指能够提升企业竞争力并同时改善企业所在地区的经济和社会状况的一系列政策和运营实践。根据此定义，共享价值可以视为企业既能够获得一定的经济成果，又能够造成一定的社会影响。为确切地衡量共享价值驱动的举措给企业及社会带来的影响程度，Porter 等（2012）提出了共享价值的测度方案（见表 15－4），能够衡量不同企业基于自身情况所制定的特定战略的执行效果。

表 15－4　　共享价值测度方案

共享价值的层级	经济价值	社会价值
产品和市场	增加利润	提高顾客关注
顾客关注	增加市场份额	减少碳排放
	增加市场增长水平	改善营养水平
	提高盈利能力	提高教育水平
生产力	提高生产力	减少能源使用
内部运作管理	降低后勤和运营费用	减少水资源使用
	保障供应	减少原材料
	提高质量	提高工作技能
	提高盈利能力	增加员工收入
集群发展	降低成本	提高教育水平
企业外部社会状况	保障供应	增加就业机会
	改善基础设施分布	改善卫生健康水平
	改进员工访问	提高收入
	提高盈利能力	

15.4.3.2　案例分析

根据案例正文 6.1.3 所述，泛华集团的乡村振兴战略是嵌入企业商业模式中进行的，即通过构建“泛华·三融小镇”模式，充分调动企业自身资源，帮助乡镇打造特色全产业链，实现强县富民的战略目标。在此过程中，泛华不仅收获了企业自身的经济价值增值，也为社会创造了价值（见图 15－6）。

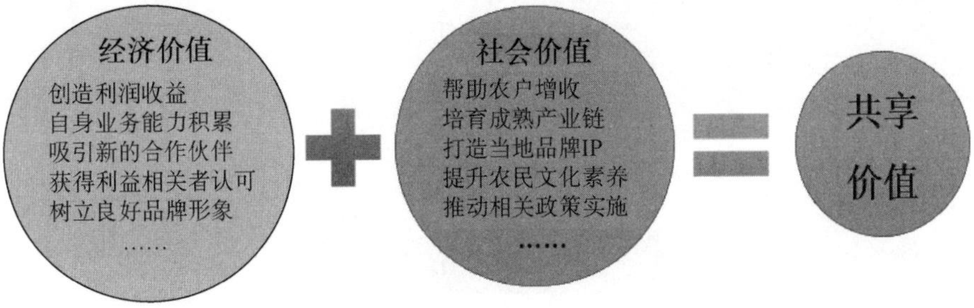

图 15－6　泛华集团乡村振兴战略的共享价值

泛华集团从“基础设施建设”入手，承包当地所有的市政设施、景观风貌升级改造工程，能够为泛华创造利润；“营生规划设计”阶段需要泛华为当地乡镇提供多维度的特色产业链培育方案，从本质上讲，这是一个反哺的过程，能够促进泛华自身业务经验的积累，加深企业内各部门之间的合作交流，激发企业创新，充分体现隐性价值创造的收益；“产业孵化”阶段建立在为乡镇成功招商引资的基础上，泛华不仅可以借此机会巩固与已有合作伙伴的联系，还可以广泛建立新的合作关系，从而给自己带来更多的商业机会和长远的经济利益。最终，当地乡镇成功实现富甲一方的梦想，泛华的帮扶业务能够吸引政府部门、社会媒体、广大合作者的关注，获得他们的认可，帮助泛华树立良好的品牌形象。

在整个社会范围内，泛华集团通过乡村振兴战略直接帮助乡镇强县富民，为贫困地区农户提供生计手段，打造当地品牌网际互连协议（IP），在产业兴旺的基础上，通过丰富的业余文化活动和基础教育辅助，激发村民参与、组织各种文化活动的动力，提升村民整体的文化素养。另外，泛华集团积极响应我国全面推进乡村振兴战略的号召，间接推动了相关政策建议在企业层面的施行。

15.4.4　问题4：请结合你对企业社会责任概念的了解，为泛华集团未来继续扮演好“社会公民”角色提供可行的方案。（开放式问题）

15.4.4.1　理论依据

（1）企业社会责任。

企业社会责任（corporate social responsibility，CSR）是指企业在其商业运作里对其利害关系人应负的责任。企业应该根据社会目标和价值观来进行商业决策和运作，而这一举措恰恰属于企业的社会义务，同时，在企业的决策能够认识到更加广泛的社会目标这一前提下，企业的商业行为会为广大社会大众带来更多的社会利益和经济利益。美国经济发展委员会提出的企业社会责任“金字塔模型”（见图 15－7）具有一定代表性。

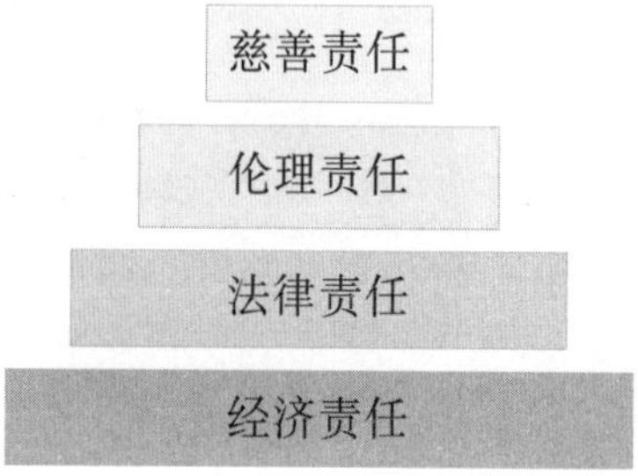

图 15－7　企业社会责任“金字塔模型”

（2）利益相关者。

在利益相关者站位解读企业社会责任是一种被普遍认可的视角。在现代市场经济的条件下，企业本质上是各利益相关者缔结的一组契约。这就意味着企业的目标是追求企业价值最大化，而不仅仅是追求股东财富最大化，企业的利益是各利益相关者的共同利益，而不仅仅是股东的利益。利益相关者有一个被学术界广泛认可的较为经典的定义：一个组织里的利益相关者是能够影响到组织目标的实现或受其实现影响的个人或者群体，具体包括债权人、股东、客户、供应商、企业所在地的社区，以及处于代理角色的管理者（政府社区、部门、环境保护等公益组织）等（见图 15－8）。该定义同样突破了股东利益至上的传统观点，同时，较为清晰地界定了企业履行社会责任的对象，并且在明确的基础上有了一定的操作性。

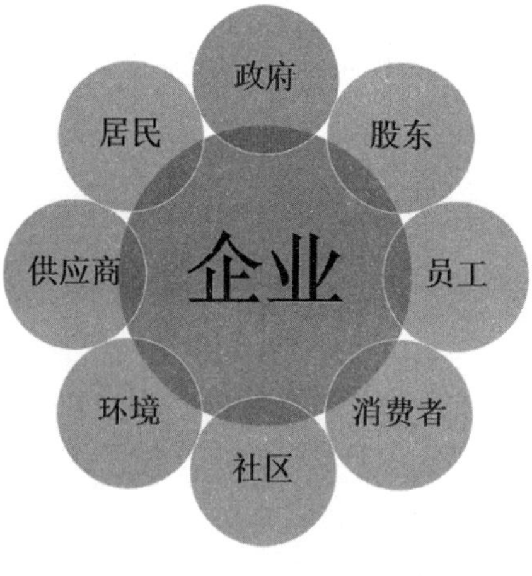

图 15－8　利益相关者模型

（3）合法性。

合法性是解读企业社会责任的另一个经典视角。传统的理性经济人假设倡导企业行为的经济理性，但是忽略了人对价值认知的多元化特点，忽视了人与人之间的社会交往关系。如前所述，现实中的企业嵌入在利益相关者构建的社会情境中，不仅仅是为了节约交易成本而存在，也不仅仅是生产性契约，而是作为“企业公民”存在。

企业在社会情境中会面临不同的“制度环境”。所谓制度环境，是指企业所处的社会规范、法律制度、观念制度、文化期待等人们认为顺理成章的社会事实，是由顾客、投资者、政府、合作企业、环境团体等各种利益相关者的规范构成。制度环境要求企业不断接受外界公认和赞许的形式、做法，而不管这些形式和做法对企业内部运作是否有效，这就是合法性之所在。可见，合法性视角着重关注企业与外部制度环境的一致性、适当性，认为企业社会责任行为会受到制度环境的影响。

15.4.4.2 案例分析

本道启发思考题为开放式问题，学生可以从利益相关者视角和合法性视角为泛华集团履行企业社会责任设计实施方案。以下案例分析为一种可能的思路，仅供参考。

案例正文 6.1.1 小节中“乘‘数字化’东风”部分的内容描述了泛华集团积极承担社会责任的情景，泛华未来可以考虑继续做优做强已有的相关业务，努力实现项目工程的高质量发展。泛华目前拥有水生态、环境治理、绿色建筑、区域能源、文化旅游这五个与社会责任相关的业务板块，未来的一个可行发展方向是实现板块之间的联动。例如，可以考虑将环境治理板块的业务与乡村振兴业务相融合，形成绿色生产方式和产业结构，推动农业投入品减量、农业废弃物资源化运用和农业资源养护，为社区中的利益相关者打造绿色的人居空间，还可以考虑文化旅游板块业务与乡村振兴齐头并进，发挥文化力量促进产业兴旺，提高乡镇居民文化素养，此举符合传承发展乡土文化、树立乡土文化自信的社会期待，也是对我国乡村文化振兴政策的积极响应。通过这些社会导向型业务的相互融合，泛华将惠及周边居民、社区、政府、生态环境等众多利益相关者，同时也有助于自身合法性的获取。

15.5 关键点

15.5.1 案例关键点

(1) 促使泛华集团选择战略升级的内外部因素及主观因素。

（2）泛华集团通过自身战略基础参与乡村振兴的具体机制。

（3）践行乡村振兴为泛华集团带来的经济价值和社会价值。

15.5.2 知识关键点

主要涉及的关键知识点包括：战略升级的动因；乡村振兴；开发式扶贫；产业链理论；共享价值；企业社会责任。

15.5.3 能力关键点

（1）学生能够较好地掌握企业战略升级动因、企业社会责任、乡村振兴、共享价值等相关概念和理论，并能够应用于战略管理实践中，以指导企业经营活动。

（2）学生能够较好地运用批判性思维，分析企业社会责任的经济价值和社会价值的共享。

（3）启发学生形成对企业社会责任进行战略管理的决策能力。

15.6 案例使用建议

本案例可以作为专门的案例讨论课来进行，也可以随课堂内容作为讲解案例，参与案例讨论的人数建议控制在30人以内，整个案例课堂时间控制在90分钟以内。从案例教学实施过程来看，涉及课前计划、课堂讨论、课后评估三个阶段。

15.6.1 课前准备

（1）课前3天分发纸质版案例正文，并提出思考题，请学生在课前完成案例阅读和初步思考。

（2）根据班级学生人数分成若干组，每组成员3—5人。

（3）要求学生通过公开途径收集本案例涉及的知识点与背景信息，提前了解案例整体框架。

15.6.2　课堂讨论

课程用时控制在90分钟以内，完成系列知识教学环节：案例引入、小组讨论、点评互动、深入思考、案例总结。表15－5是按照时间进度提供的课堂计划，仅供参考。

表15－5　　　　课堂计划

序号	内容	用具	教学活动	时间
1	案例引入	投影仪	说明案例背景，介绍本案例的大致内容、所涉及的思考问题、案例整体逻辑与脉络等	10分钟
2	小组讨论	PPT	①按照课前分组进行讨论； ②随机抽取几个小组，汇报启发思考题讨论结果	30分钟
3	点评互动	投影仪	授课教师结合小组讨论结果对问题的分析及解决方案作出点评，也可以加入小组互评环节	10分钟
4	深入思考	投影仪	授课教师结合小组讨论和点评互动两个环节的表现，引导学生深入思考，挖掘背后的理论基础	20分钟
5	案例总结	白板	授课教师对本案例的知识要点进行梳理和总结，形成案例板书	10分钟

15.6.3　课后评估

（1）各小组自行选择一家拥有乡村振兴战略部署的企业，尝试分析该企业具体是通过怎样的机制来实现乡村振兴目标的（3000字左右）。

（2）针对最后一道开放式思考题，结合课堂中所学到的利益相关者理论、合法性、共享价值等理论知识，为泛华集团未来继续做“社会好公民”设计合理可行的战略方案（2000字左右）。

15.6.4　课堂提问逻辑

课堂提问是案例教学中一个重要环节，有效的课堂提问能激发学生对案例学习的兴趣，提高案例分析能力。因此，授课教师在提问的过程中需要有一定的逻辑性。

对于本案例的提问可以采用“纵向递进式”结构，即哪些因素可能导致泛华集团进行战略升级、战略升级又如何促进泛华乡村振兴体系的形成、乡村振兴体系如何进一步在麻城实践、实践为泛华带来哪些收益。这样的提问逻辑环环相扣，不仅将案例描述与理论知识点贯穿在一起加深学生理解，还能够引导学生形成发散性思维。

15.6.5　板书设计

板书设计见图 15 –9。

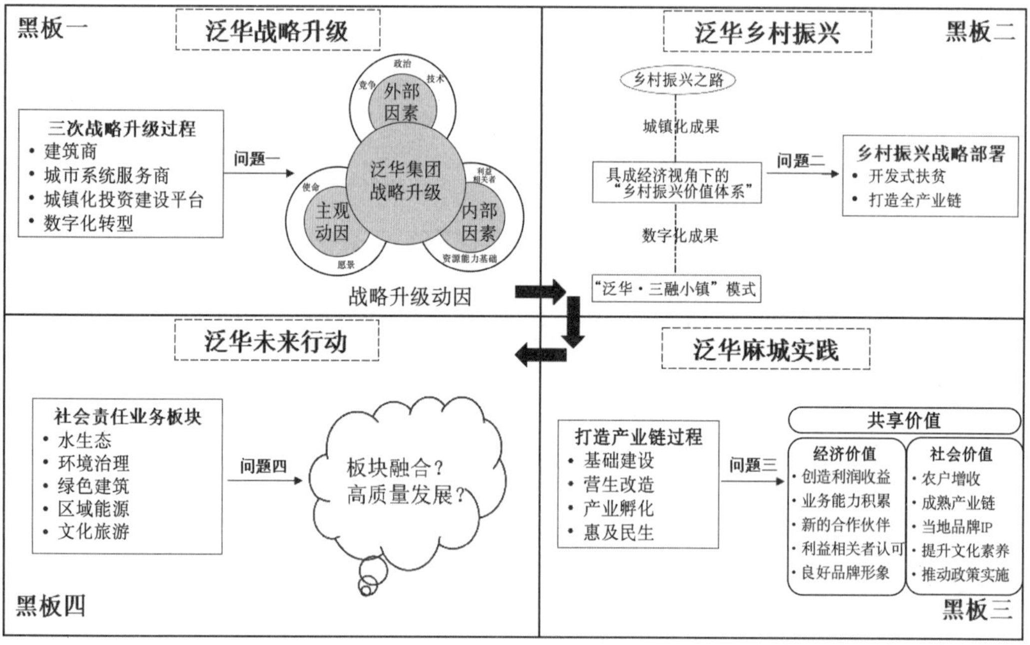

图 15 –9　板书设计

【参考文献】

［1］［美］理查德 . L. 达夫特（Richard L. Daft）. 组织理论与设计［M］. 王凤彬，石云鸣，张秀萍，译 . 北京：清华大学出版社，2012.

［2］陈宏辉，贾生华 . 企业利益相关者三维分类的实证分析［J］. 经济研究，2004（4）：80 –90.

［3］盖文启，蒋振威 . 基于不同模式产业链的价值增值理论探析［J］. 经济管理，2009（12）：39 –47.

［4］郁义鸿 . 产业链类型与产业链效率基准［J］. 经济与管理研究，2005（11）：

25 – 30.

[5] 张全有. 开发式扶贫刍议 [J]. 甘肃农业, 1998 (7): 7 + 6.

[6] Bowen H R. Social Responsibility of the Businessman [M]. New York: Harper & Row, 1953.

[7] Carroll A B. The pyramid of corporate social responsibility: Toward the moral management of organizational stakeholders [J]. Business Horizons, 1991, 34 (4): 39 – 48.

[8] Collins J C, Porras J I. Building your company's vision [J]. Harvard Business Review, 2011, 74 (5): 65 – 77.

[9] Freeman R E. Strategic Management: A Stakeholder Approach [M]. Boston: Pitman, 1984.

[10] Jensen M C, Meckling W H. Theory of the firm: Managerial behavior, agency costs, and ownership structure [J]. Journal of Financial Economics, 1976, 3 (4): 305 – 360.

[11] Kanter R M, Stein B A, Jick T D. The Challenge of Organizational Change [M]. New York: The Free Press, 1992.

[12] Meyer J, Rowan B. Institutionalized organizations: Formal structure as myth and ceremony [J]. American Journal of Sociology, 1977, 83 (2): 340 – 363.

[13] Oliver Sheldon. The Philosophy of Management [M]. London: lsaac Pitman Sons, 1923.

[14] Porter M E, Hills G, Pfitzer M et al. Measuring shared value: How to unlock value by linking business and social results [J]. Harvard Business Review, 2012.

[15] Porter M E, Kramer M C. Strategy and society: The link between competitive advantage and corporate social responsibility [J]. Harvard Business Review, 2006, 84: 78 – 92.

[16] Robbins S P. Management: 4th Ed [M]. Prentice Hall Inc, 1994.

16. 案例五：中蔼万家数智工厂升级之路案例分析

16.1 教学目标

通过引导学生思考中蔼万家的战略模式，提升分析和解决能力。具体而言，通过本案例应掌握：

（1）如何利用产业转移的契机，依托河南省“巧媳妇”工程的优惠政策实施成本领先战略，以应对国内劳动力成本快速上升、产业竞争日益激烈的现状，从而实现履行社会责任和降本增效双重效益的过程。

（2）企业如何在制度环境和竞争环境双重作用下制定战略，以及劳动密集型中小企业如何实现降本增效。

16.2 问题回顾

（1）从制度环境和竞争环境角度分析中蔼万家面临的外部环境。

（2）从制度环境和竞争环境角度，对中蔼万家进行战略分析，判断中蔼万家在特定环境下如何制定竞争战略。

（3）中蔼万家为实现其竞争战略，采取了哪些具体措施？

（4）在全球化趋势下，面对日益激烈的竞争环境，中蔼万家如何进行战略变革以保持竞争优势，从而进一步提升核心竞争力？

16.3 分析思路

本案例结构及知识点梳理见图 16－1。

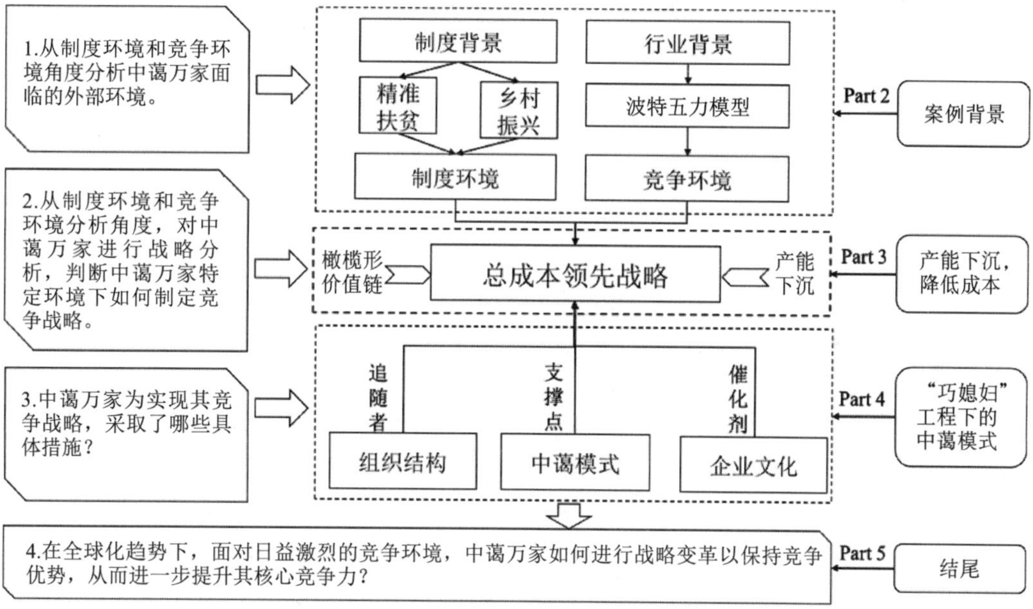

图 16－1　案例结构及知识点梳理

问题 1 旨在引导学生分析中蔼万家所处的制度环境和竞争环境，为中蔼万家制定竞争战略提供充分依据，为下文的战略分析作铺垫。

问题 2 旨在引导学生识别中蔼万家在外部环境的影响下采取了何种竞争战略，是案例分析的核心内容。

问题 3 旨在引导学生结合案例内容，分析中蔼万家如何实施竞争战略，考查学生综合分析能力和提取关键信息的能力。

问题 4 旨在引导学生通过总结中蔼万家的竞争优势和多变的外部环境，对中蔼万家下一步战略举措进行讨论，启发学生提出应对挑战的主要思路。

16.4 理论依据及分析

16.4.1 问题1：从制度环境和竞争环境角度分析中蔼万家面临的外部环境

16.4.1.1 理论依据

（1）制度基础观。

“制度基础观”这一概念最早在《基于制度基础观的经营战略》（Towards an institution - based view of business strategy）和《文化、制度与战略选择：从制度视角看经营战略》（Cultures, institutions, and strategic choices: Toward an institutional perspective on business strategy）两篇文章中提出，并进一步形成了基于制度基础观的战略理论。该理论认为，基于制度基础观的战略理论可以与基于产业基础观的战略理论和基于资源基础观的战略理论并驾齐驱，制度不应是一个企业战略进行分析时的背景条件，而应是直接决定企业战略及绩效的一个重要方面。

前人在总结相关研究成果的基础上，归纳出了制度、组织与战略选择的关系（见图16-2）。制度和组织之间存在着动态的相互作用，制度影响组织，组织对制度也产生影响。制度通过正式和非正式的限制与组织所处的产业基础和组织资源一起影响企业的战略选择，企业的战略选择是制度和组织相互作用的结果，也影响着制度和组织。

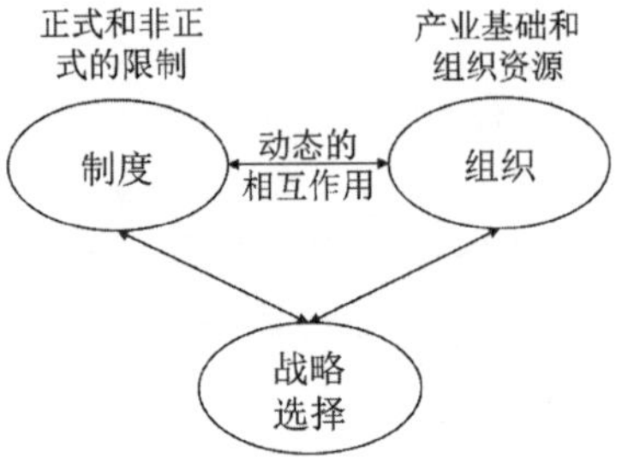

图16-2 制度、组织与战略选择的关系

（2）波特五力模型。

波特五力模型是用于行业分析和商业战略研究的理论模型。它认为，行业中存在着决定竞争规模和程度的五种力量，这五种力量综合起来影响着产业的吸引力和现有企业的竞争战略决策。

波特五力模型将大量不同的因素汇集在一个简便的模型中（见图 16－3），以此来分析一个行业的基本竞争态势。五种力量模型确定了竞争的五种主要来源，即供应商和购买者的讨价还价能力、潜在进入者的威胁、替代品的威胁，以及来自同一行业的公司间的竞争。波特五力模型五种竞争力量的抗争蕴含着三类成功的战略思想，即成本领先战略、差异化战略和目标集聚战略。

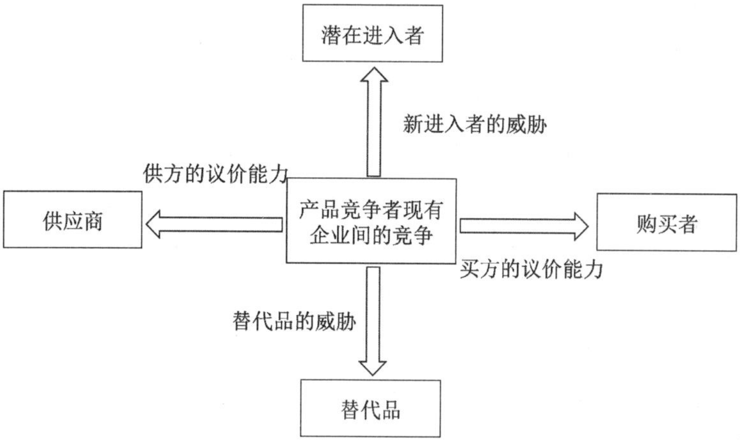

图 16－3　波特五力模型

竞争战略从一定意义上讲是源于企业对决定产业吸引力的竞争规律的深刻理解。任何产业，无论是国内的还是国际的，无论是生产产品的还是提供服务的，竞争规律都将体现在这五种竞争的作用力上。因此，波特五力模型是企业制定竞争战略时经常利用的战略分析工具。

16.4.1.2　案例分析

（1）制度环境分析。

党的十八大以来，党中央、国务院高度重视扶贫工作。2013 年 11 月，习近平总书记赴湘西调研扶贫攻坚，表示“扶贫要实事求是，因地制宜。要精准扶贫，切忌喊口号，也不要定好高骛远的目标”。2015 年 10 月，习近平在 2015 减贫与发展高层论坛上强调：“我们重点抓六个精准……坚持分类施策，因人因地施策，因贫困原因施策，因贫困类型施策，通过扶持生产和就业发展一批，通过易地搬迁安置一批，通过生态保护脱贫一批，通过教育扶贫脱贫一批，通过低保政策兜底一批。我们广泛动员全社会力量，支持和鼓励全社会采取灵活多样的形式参与扶贫。”在2017年10月18日召开的党的十九大上，习近平总书记再次把扶贫提高到新的战略高度，并提出“农业农村农民问题是关系国计民生的根本性问题，必须始终把解决好‘三农’问题作为全党工作重中之重”。

河南省政府落实中央精准扶贫战略思想和乡村振兴战略，实施“巧媳妇”工程以促进妇女就业创业，该工程坚持政府主导、行业促进、妇联参与、社会协同、市场导向的原则，以全省农村留守妇女、失地妇女、城镇失业妇女等为对象，依托河南省服装加工资源及承接产业转移，积极引导龙头企业开展委托加工、订单生产。中蔼万家紧紧抓住政策契机，依托政府资源发展壮大，从而实现履行社会责任和降本增效的双重效益。

（2）竞争环境分析。

①潜在进入者威胁。

纺织服装制造行业主要为劳动密集型行业，一般对企业的规模没有特别要求，且基本不涉及政治资源，技术难度和机械要求不高，所以进入的壁垒较小。服装行业需要一定的固定投入，对于大企业存在退出壁垒，中小企业退出较为容易。但因为纺织服装制造行业的企业数量太多，所以中蔼万家对于潜在进入者持消极防御的态度，潜在进入者威胁较大。

②现有企业的竞争。

纺织服装制造行业内部现有企业的竞争较为激烈，市场份额较为集中。大量中小企业为了很少的市场份额努力拼杀。由于进入壁垒较小，所以服装行业的企业数量较多，竞争较为激烈。加之全球化趋势下，纺织品进口大国有地缘优势，有双边协议的纺织服装生产或贸易国都对中国纺织服装制造业产生冲击，竞争不仅表现在价格方面，软实力竞争更为重要，如产品质量、售后服务、交货及时与否等。所以，对于中蔼万家来说，来自行业内竞争者的竞争压力很大。

③替代品的威胁。

纺织服装行业的特点为每季推陈出新，服装款式、面料和剪裁根据技术更新和其他不确定因素而快速变化，因此服装行业的产品替代威胁较大。一般大型服装企业会在新品开发时投入较多人力、物力，使用新型面料如低碳环保面料、引入或开发新技术，使企业立于不败之地。而中蔼万家在新品研发的投入较少，只能紧跟潮流变化产品，因此其替代品威胁较大。

④购买者议价能力。

对纺织服装制造行业来说，其购买者为位于供应链下游的品牌商。从国际市场来看，由于纺织服装制造业所从事的生产活动处于价值链的低端，极易被原材料和劳动力更低廉的国家取代，因此国际购买者具有较强的议价能力。从国内市场来看，由于纺织服装制造业所提供的产品同质化倾向严重，竞争激烈，且价格波动小，因此国内购买者仍具有较强的议价能力。总的来说，中蔼万家的客商议价能力较强。

⑤供应商议价能力。

服装行业所需原材料主要为棉麻面辅料等，由于棉等纺织原料价格的大幅上涨，服装企业原料采购成本增加已成定局，因此供应商整体议价能力较强。但中蔼万家股份有限公司实行了前向一体化，设立了棉纺集团，解决了大部分的原材料采购问题，因此中蔼万家的供应商议价能力相对于其他没有实行前向一体化的服装加工企业来说较弱。

16.4.2 问题2：从制度环境和竞争环境角度，对中蔼万家进行战略分析，判断中蔼万家在特定环境下如何制定竞争战略

16.4.2.1 理论依据

（1）橄榄形价值链模式。

橄榄形价值链模式是企业将主要的人力、物力和财力投入到生产环节，而研发和营销主要依赖其他企业，即所谓两头小、中间大，两头在外，中间在内，抓中间、放两头的经营模式，因此形状上中间大、两头小，恰似橄榄状，故称为“橄榄形”，如图16－4所示。

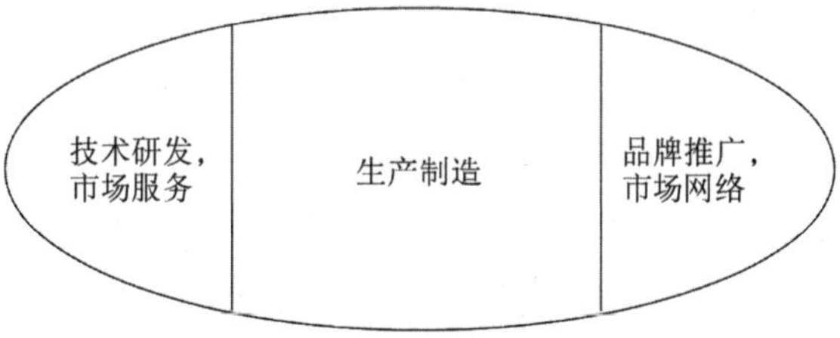

图16－4　橄榄形价值链模式

该模式的主要特点是企业抓住制造环节，前面的设计、研发环节和后面的营销环节则依靠其他企业完成。这类企业按照设计环节的要求，根据营销环节的订单加工产品，企业仅负责一种或者几种产品或零件的生产，对于产品设计则不过多涉足。他们在成品上贴上其他企业的品牌（OEM），再以该企业品牌在市场上进行销售。

（2）总成本领先战略。

总成本领先战略（以下简称成本领先）于《竞争战略》一书中被首次提出，并在《竞争优势》一书中加以展开。

成本领先是指通过有效途径，使企业的产品单位成本低于竞争对手的成本，以获得同行业平均水平以上的利润。成本领先要求建立高效规模的生产设施，在经验的基础上全力以赴降低成本，抓紧成本与管理费用的控制，以及最大限度地减少研究开发、服务、推销、广告等方面的成本费用。为了达到这些目标，就要在管理方面对成本给予高度重视。尽管质量、服务和其他方面也不容忽视，但贯穿于整个战略中的是使成本低于竞争对手。

成本领先地位非常吸引人。一旦公司赢得了这样的地位，所获得的较高的边际利润又可以重新对新设备、现代设施进行投资以维护成本上的领先地位，而这种再投资往往是保持低成本状态的先决条件。

16.4.2.2 案例分析

在整个纺织服装产业的价值链中，有面料供应、辅料供应、服装生产、服装贸易、服装品牌等多个环节。由于资源的有限性，企业不可能将资源均衡地分配到各个链条，一般只能集中于一到两个环节，这样才能形成比较优势，而链条的选择必须考虑企业的优势和劣势，使企业资源充分发挥效率并与外在环境相适应。中蔼万家作为一个新兴企业，选择了符合现阶段发展的橄榄形价值链模式。这种紧抓生产制造的经营模式需要中蔼万家具有柔性的智能制造能力，以及相对同类企业的低成本比较优势，这是促使中蔼万家制定成本领先竞争战略的原因之一。

另外，面对纺织服装行业现今日益严峻的竞争环境，中蔼万家也意识到不可以走那些已经倒闭的纺织服装企业的老路，如果想要在市场上立足，就必须制定适合自身发展的战略。而此时“巧媳妇”工程政策的出台，对中蔼万家来说无疑是一个千载难逢的机遇，该工程产能下沉的发展模式不仅可以为中蔼万家提供充裕的劳动力，而且政府对在乡镇开办“巧媳妇”加工基地机位达到20台以上、就业达到30人以上的企业，利用培训资金给予以奖代补资金支持。因此，河南省的“巧媳妇”工程政策、产业集聚和劳动力低成本的优势使中蔼万家制定总成本领先的竞争战略更加契合自身发展。

16.4.3 问题3：中蔼万家为实现其竞争战略，采取了哪些具体措施？

16.4.3.1 理论依据

（1）结构跟随战略。

钱德勒在1962年出版的《战略与结构：美国工业企业史上的篇章》一书中指出：“战略性增长来自更加有利可图地利用现存的或扩张中的资源。如果要有效率地经营一个被扩大了的企业，新的战略就要求一个新的或至少是重新调整过的结构……没有结构调整的增长只能导致无效率。”该书通过研究四个美国公司（杜邦公司、通用汽车公司、新泽西标准石油公司和西尔斯·罗巴克公司）的发展历史发现，随着公司的成长、地理区域的扩大和多样化程度的增加，公司的组织结构实际上会被迫出现变化以适应公司战略的改变。因此，出现了通用汽车公司总裁阿尔福莱德·斯隆进行的变革：在中央集权控制下，进行分权化、部门化管理，从此“结构跟随战略”的“钱德勒命题”诞生了。

钱德勒命题认为，企业在多样化扩张战略的引导下，规模逐步扩大，当积累一定资源后，会开始向不同地区或者向不同产品市场的方向发展。由于经营业务增加，高层经理的工作也日益复杂，决策的多样性和复杂性都会加大，管理人员很容易淹没在这些复杂的决策里，从而忽略真正重要的东西。因此，多部门结构的出现，可以将高层管理人员从日常的经营活动中解脱出来，使他们有时间和精力去关注真正与企业命运有关的长期计划和决策。具体运营则由各个事业部的经理人员负责，他们处理日常管理事务，承担管理责任，享有一定权威。在这种模式下，公司总部更多地偏重战略决策，分部经理更多地偏重具体管理决策。多部门结构可以更有效地协调大规模的生产和分配，适应越来越多样化并复杂化的企业活动。否则，当企业的经营扩大、新的战略制定后，不能进行相应的结构调整，组织面临的只能是无效率。要想避免这种无效率，无论企业怎样扩大经营业务，根据业务制定出怎样的决策，组织都必定要做出相应调整与变化。

（2）企业文化。

企业文化是一种从事经济活动的组织内部的文化，它所包含的价值观念、行为准则等意识形态和物质形态均为该组织成员所认可。企业文化的结构应包括物质文化、行为文化、制度文化和精神文化四个部分，它们共同组成企业文化的结构，如图 16－5 所示。

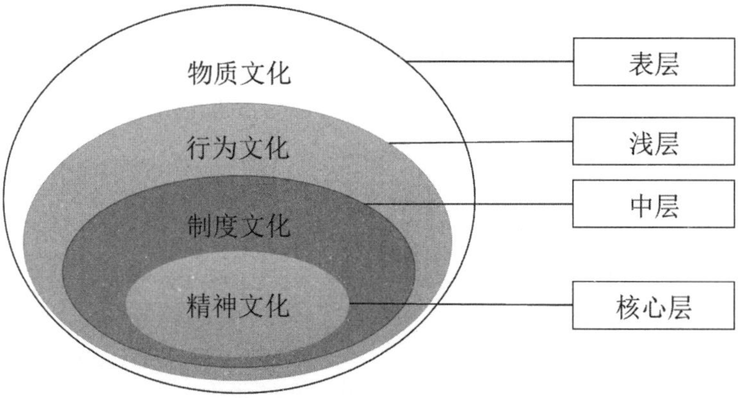

图 16－5　企业文化四层次结构

存在即合理，企业文化的存在是因为企业文化具有发生作用的能力。企业文化主要具有五大功能：①导向功能，即企业文化能够对企业整体和企业每个成员的价值取向和行为取向起到导向作用，使之符合企业的愿景、宗旨和目标；②凝聚功能，即企业文化能把全体员工聚合在一起，让他们为了实现共同目标和理想、为了共同的事业而同心协力、共同发展；③激励功能，即企业文化对强化员工的工作动机，激发员工的工作积极性、主动性和创造性所产生的推动作用；④约束功能，主要通过制度文化和道德约束起作用；⑤辐射功能，即企业文化会通过各种渠道向社会辐射和扩散。

16.4.3.2 案例分析

中蔼万家主要通过生产结构、运营模式和企业文化三部分具体措施来实现总成本领先战略。作为战略的“追随者”，中蔼万家采用“中心基地 + 卫星工厂”的生产结构服务于总成本领先战略的实施；作为战略的“支撑点”，中蔼万家采取“6 + 1”的创新运营模式支撑总成本领先战略的实施；作为战略的“催化剂”，中蔼万家的企业文化充分发挥其导向功能、凝聚功能、激励功能、约束功能和辐射功能，促进总成本领先战略的实施。中蔼万家总成本领先战略的实施路径如图 16 – 6 所示。

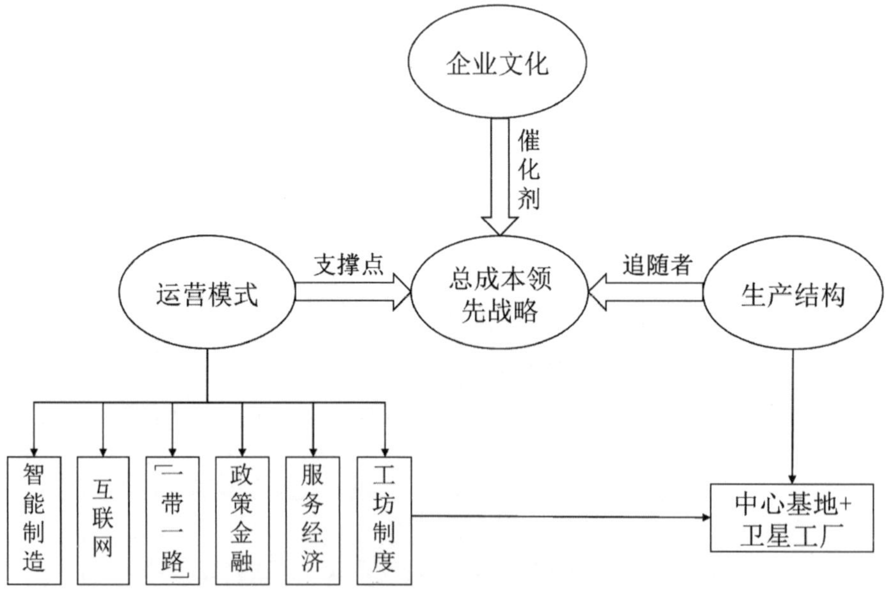

图 16 – 6 中蔼万家总成本领先战略的实施路径

(1) 总成本领先战略的“追随者”——生产结构。

目前，中蔼万家处于成长期阶段，企业规模正在扩张中，所以应该主要采取集权的组织结构形式，适当分权。中蔼万家总部实行直线职能制，以直线为基础，在各级行政主管之下设置相应的职能部门，各级行政领导人逐级负责，呈现高度集权的状态。

服装集团事业部作为中蔼万家的主营业务，按照地区设立四个子事业部（豫东、豫西、豫南、豫北）进行不同地区的管理。每个地区采用“中心基地 + 卫星工厂”的生产结构。中蔼万家作为服装产业供应链上游的生产商，实现总成本领先战略的重点是改进生产模式、提高生产效率。中蔼万家创新的“中心基地 + 卫星工厂”结构实质是一种附属性的“分包关系”，镇上建立中心基地，村里建立卫星工厂，提供大规模的就业岗位，不仅解决了劳动力供给不均衡的问题，降低了要素成本，还通过两头在园区、缝制在农家、能人挑头、骨干领办、跟单督导、规范运营的模式，提高了生产效率和订单响应能力，服务于总成本领先的战略目标。

（2）总成本领先战略的“支撑点”——运营模式。

中蔼万家“6 + 1”的运营模式是中蔼万家实现总成本领先战略的支撑点，是促使中蔼万家迅速发展的基本条件。运营是组织的核心，智能制造、互联网、“一带一路”、政策金融、服务经济、工坊制度共同组成了中蔼万家独特的运营模式。首先，科技是第一生产力，智能化的装备和互联网信息技术提升了中蔼万家对工人的包容度，降低了对劳动力的技能和经验要求，使中蔼万家可以通过产能下沉的方式降低成本；其次，“一带一路”和政策金融为中蔼万家提供了更加广阔的市场和政策支持，降低了中蔼万家的融资成本和营销成本；再次，在服务经济时代，人力资本成为经济增长的主要来源，而人力资本作为中蔼万家的主要投入，降低人力成本成为企业实施总成本领先战略的主要途径；最后，工坊制度使中蔼万家形成了“中心基地 + 卫星工厂”的生产模式，进一步促使中蔼万家实现降本增效。

（3）总成本领先战略的“催化剂”——企业文化。

企业文化是企业的灵魂，是推动企业发展的不竭动力。中蔼模式的快速复制，得力于一个优秀的团队，得力于每一个员工的付出。从这个层面上说，中蔼万家的成功不仅是模式的成功、用人的成功，更是执行力、文化力的成功。

根据企业文化的分层理论，中蔼万家的企业文化分为物质文化、行为文化、制度文化和精神文化四个层次。优质产能形成了中蔼万家的物质文化，中蔼进万村、就业百万人目标形成了中蔼万家的行为文化，厂村一家形成了中蔼万家的制度文化，为河南打造万亿服装产业“世界工厂”的愿景构成了中蔼万家的精神文化。

中蔼万家完善的企业文化系统是促进总成本领先战略实施的催化剂。孟子曰：“天时不如地利，地利不如人和。”“人和”是成功的第一要义。中蔼万家推行厂村一家的制度使工厂、工人与村里深度融合，成为一家，血脉相连，共享共赢。这种“家”文化提高了员工的组织忠诚度，“三位一体”的党建文化使员工始终坚持中国共产党的领导，坚定社会主义理想信念，坚持“一个中心、两个基本点”的基本路线。中蔼万家通过其文化体系不断激发员工的使命感、凝聚员工的归属感、加强员工的责任感、赋予员工的荣誉感、实现员工的成就感，促进企业不断发展壮大。

16.4.4　问题4：全球化趋势下，面对日益激烈的竞争环境，中蔼万家如何进行战略变革以保持竞争优势，从而进一步提升核心竞争力？

16.4.4.1　理论依据

“企业如人，都会经历出生、成长、成熟、衰退的一般过程，具有自己的成长规律。”该理论源于用生物学中的“生命周期”观点来看待企业，即企业的发展也符合生物学中的成长曲线。随后，L. E. 葛雷纳在《组织成长中的演变和变革》一文中第一次正式提出了企业生命周期概念。

企业生命周期理论认为，企业存在生命周期现象，而且企业生命周期各阶段都遵循大致相同的规律。到目前为止，有20多种不同的生命周期理论模型，大多数模型都将企业生命周期简单划分为四个阶段，即导入期、成长期、成熟期和衰退期，企业的生命周期曲线如图16－7所示。企业在不同阶段所追求的目标、关注的重点问题和存在的风险不同。

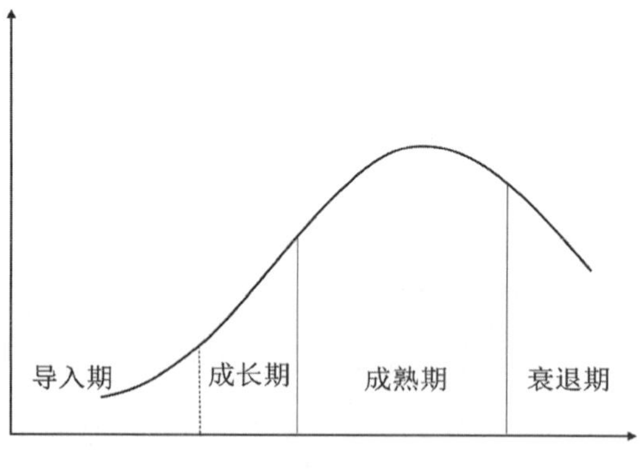

图16－7　企业生命周期曲线

16.4.4.2　案例分析

中蔼万家目前正处于成长期，在精准扶贫、乡村振兴相辅相成、共同发力的政策助推下，中蔼模式正在快速复制，中蔼万家的规模正在迅速扩张。然而，作为服装产业链上游的生产商，虽然成功地实施了总成本领先战略，但长期被动地接受下游订单，距离市场端较远，极少考虑市场端的需求，相对下游的品牌商，其毛利率仍然较为微薄，这也导致了中蔼万家在越发激烈的市场竞争中缺少独特的核心竞争力。尤其是在中美贸易战的经济背景下，中蔼万家的海外订单将会受到影响，相对于产业配套相对完善、生产成本更低、劳动力更充裕的越南，中蔼万家产能下沉带来的低成本优势也将不再是其竞争优势，因此中蔼万家进行战略变革、向代工厂经营自有品牌模式（OBM）转移、培养自主品牌刻不容缓，以保证自己不会过早地进入衰退期。

16.5 关键点

第一，要求学生有识别企业实施何种战略的能力，并能阐述战略制定的依据。即通过利用制度理论和波特五力模型分析中蔼万家外部环境，判断中蔼万家的战略选择。

第二，要求学生掌握有关竞争战略、价值链分析、结构追随战略、企业文化、企业生命周期等相关理论，理解企业通过实施哪些具体措施来落实其战略目标。

第三，要求学生能够开拓思路，为中蔼万家下一步如何进行战略变革、产业转型升级并打造独特的核心竞争力建言献策。

16.6 案例使用建议

16.6.1 课程计划

本案例课程建议在 100 分钟内完成，具体时间安排见表 16－1，授课教师也可根据实际情况作出相关调整。

表 16－1 课堂计划

课程阶段	课程内容	时间安排
第一阶段	授课教师通过介绍精准扶贫、乡村振兴的制度背景和中国纺织服装业的行业背景，引出案例企业。提出思考题，启发学生初步阅读和自主思考	20 分钟

续表

课程阶段	课程内容	时间安排
第二阶段	分小组搜集资料，讨论案例的思考题，小组按顺序派代表发言	20 分钟
第三阶段	授课教师介绍竞争战略类型、战略制定和实施等知识点，引导学生对中藹万家所处的外部环境进行分析，从中识别出中藹万家的主要竞争战略，并分析其战略如何实施，以及对中藹万家的未来发展提出建议	30 分钟
第四阶段	授课教师对思考题进行归纳概括，引导学生对所学知识进行总结提炼和拓展	30 分钟

16.6.2 板书设计

板书设计见图 16－8。

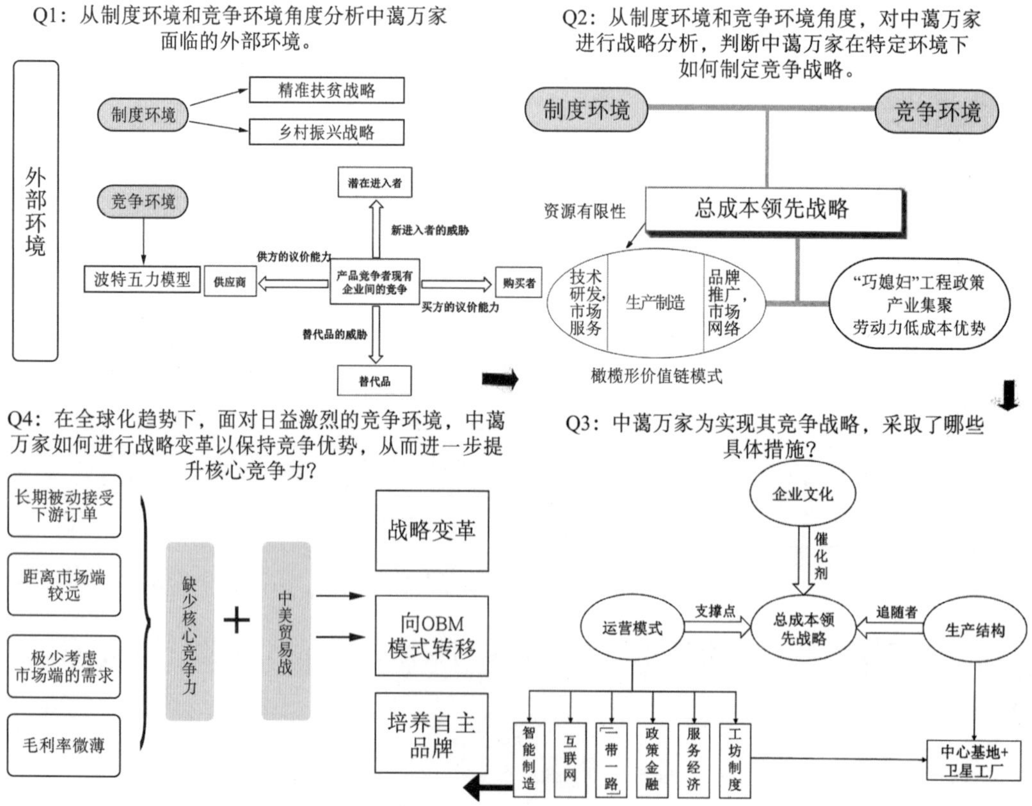

图 16－8　板书设计

【参考文献】

[1] [美] 埃德加·沙因，[美] 彼得·沙因. 组织文化与领导力 [M]. 陈劲，贾筱，译. 北京：中国人民大学出版社，2011.

[2] [美] 拉瑞·格雷纳. 组织成长的演变和变革 [J]. 哈佛商业评论，1972.

[3] [美] 迈克尔·波特. 国家竞争优势 [M]. 李明轩，邱如美，译. 北京：华夏出版社，2002.

[4] [美] 迈克尔·波特. 竞争战略 [M]. 陈小悦，译. 北京：华夏出版社，1997.

[5] 李少惠. 企业文化 [M]. 上海：上海财经大学出版社，2013.

[6] 廉志端. 公司战略管理 [M]. 北京：经济科学出版社，2014.

[7] 罗红雨. 基于企业生命周期的成本战略研究 [J]. 财会月刊，2009 (6)：75 – 76.

[8] Greiner L E. Evolution and revolution as organizations grow [J]. Harvard Business Review，1972，50 (3)：37 – 46.

[9] Peng，M. W. Business Strategies in Transition Economies [M]. Thousand Oaks，CA：Sage，2000.

[10] Peng，M. W. Institutional transitions and strategic choices [J]. Academy of Management Review，2003 (2)：275 – 296.

[11] Peng，M. W. Towards an institution – based view of business strategy [J]. Asia Pacific Journal of Management 2002 (2/3)：251 – 267.

[12] Peng，Mike W，Peng Michael W. Business Strategies in Transition Economies [M]. Thousand Oaks；Sage Publications，1999.

17. 案例六：飞友科技基于数据资源的平台演化过程案例分析①

17.1 教学目标

通过案例教学过程的研讨、互动，使学生理解企业战略转型的内涵；通过引导学生思考企业战略转型的核心要素，提升学生分析和解决企业战略转型管理实践问题的能力。具体而言：

（1）通过对本案例进行分析和讨论，理解企业战略转型的动因，掌握如何搭建企业战略转型理论的分析框架，探讨如何围绕核心能力推动战略转型，如何通过战略转型提升竞争优势等问题；

（2）掌握分析企业战略转型内外部环境的方法，通过市场机会的识别和组织内外部环境的分析，利用动态能力理论深入理解战略转型的过程，以及分析战略转型关键要素之间的内在联系；

（3）掌握平台型企业如何在互联网时代通过价值共创，以及如何通过构建多方利益群体的价值链体系，使企业能够在市场中把握战略转型关键要素，打造企业持续的竞争力。

17.2 问题回顾

（1）结合案例，试分析飞友科技具备哪几种核心能力，飞常准进入市场后为何能取得

① 改编自：严子淳、王伟楠、梅亮：《“飞常准”如何非常准——飞友科技数字时代的战略型逻辑》，中国管理案例共享中心，编号 STR－1046。

成功。

(2) 运用价值共创有关理论，分析飞友科技如何通过数据的收集、应用和公开实现价值共创。

(3) 运用宏观环境（PEST）分析模型，讨论影响飞友科技战略转型的内外部关键因素有哪些。

(4) 识别与分析飞友科技四个阶段战略转型的过程逻辑，并思考对我国平台型企业有何启示。

(5) 试想如果你是郑洪峰，结合态势分析法（SWOT），针对飞友科技现阶段面临的挑战，提出飞友科技下一阶段发展的思路和路径。

17.3 分析思路

企业战略的形成是实现组织内外部环境匹配的过程，适时地调整企业战略以满足环境的动态性，是企业在竞争日益激烈的市场环境中寻求可持续发展必须慎重考虑的问题。习近平总书记在2021年世界互联网大会乌镇峰会的贺信中指出："数字技术正以新理念、新业态、新模式全面融入人类经济、政治、文化、社会、生态文明建设各领域和全过程，给人类生产生活带来广泛而深刻的影响。"近年来，数字技术创新和迭代速度明显加快，在提高社会生产力、优化资源配置的同时，也带来一些新问题、新挑战，迫切需要对数字化发展进行治理，营造良好数字生态。本案例通过对飞友科技不同时期战略的制定和战略实施历程的描述，引导学生思考飞友科技这一创业企业的成长阶段和发展规律，并从价值导向和动态能力的视角理解动态环境下的企业战略转型过程中所遵循的基本逻辑，构建企业动态环境下的战略思维。

在飞友科技进行战略转型过程中涉及两个重点：一是明确飞友科技战略转型的动因。具体从内部因素和外部因素入手分析，以飞友科技创始人郑洪峰对市场状况的认知为标志，对企业发展的真实前景和行业市场整体情况进行重新判断，从而识别出当前的战略导向是否符合企业的发展目标，充分理解战略转型的动因；二是在战略转型的全过程中，企业为适应实现动态环境下的竞争态势所采取的战略步骤，以及转型的每个阶段战略实施的过程与效果。

本案例的分析可以围绕飞友科技"打破信息壁垒—数字信息商业化—数字信息移动终端化—构建商业生态系统"这一逻辑链条进行。引导学生按照"基于信息平台的公司战略—基于数据平台的公司战略—基于移动互联网平台的公司战略—基于商业生态系统的公司战略”的战略路径，对企业战略发展的四个阶段进行分析讨论，启发学生结合本案例的思考题，针对四个阶段发展所面临的决策性问题进行思考。

根据案例中飞友科技的发展脉络，可以归纳出以下 4 个决策点（见图 17－1）：

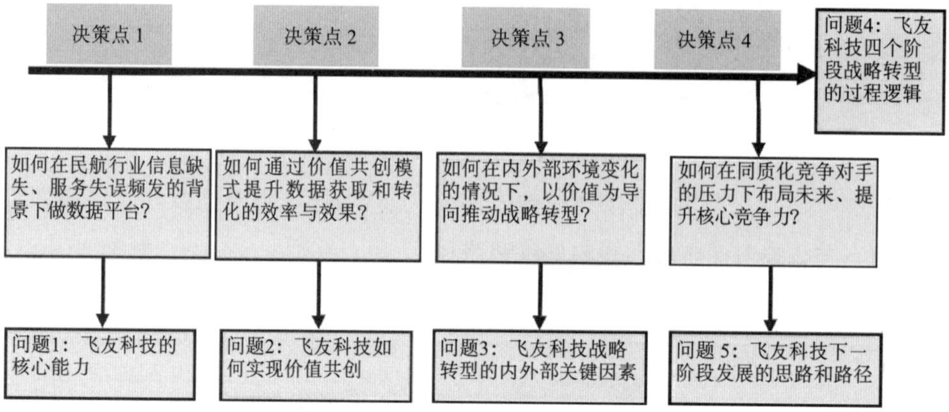

图 17－1　飞友科技四阶段战略发展决策点

结合这些决策点体现出时间特征，从价值共创、动态能力等理论的角度引导学生对案例中企业转型的全过程进行分析。具体分析思路如下：

首先，结合民航业的行业特点，从其所面临的问题和挑战出发，分析民航业的困境给飞友科技带来的机遇和挑战。引导学生从企业战略转型的动因出发，把握企业战略转型的时机选择。

其次，引导学生思索飞友科技如何发挥优势，弥补民航行业运营服务领域的缺口与不足，引出飞友科技“如何在民航行业信息缺失、服务失误频发的背景下做数据平台”这一决策点，是学生思考企业战略转型方向选择分析的主要环节。启发学生针对问题 1——飞友科技核心能力的思考，加深对于相关理论基础的理解。

再次，从动态能力理论中企业持续进化能力的角度出发，梳理飞友科技如何通过与航空公司、机场、乘客、政府部门、科研院所合作，获取和开发数据价值，从而引导学生思考问题 2——飞友科技如何在行业内实现价值共创的布局，并进一步通过讨论“飞友科技如何通过价值共创模式提升数据获取和转化的效率与效果”这一决策点，加深对企业战略转型概念的系统理解，以及深化对动态能力的理论认知。

之后，通过识别案例中飞友科技在战略实施过程中面临的新挑战，引导学生对“如何在内外部环境变化的情况下，以价值为导向推动战略转型”这一决策点进行思考。结合飞友科技发展过程中的行业外部环境和组织内部环境，从价值导向视角组织学生总结归纳问题 3——飞友科技战略转型的内外部关键因素。通过战略环境分析，从动态能力的理论视角，引导学生分析飞友科技转型过程中制定战略的内外部动因，进一步讨论问题 4——飞友科技四个阶段战略转型的过程逻辑，使学生意识到企业的战略是一个持续改进与创新的动态过程。

最后，抛出决策点“如何在同质化竞争对手的压力下布局未来、提升核心竞争力”。针对目前飞友科技所面临的挑战，可选择借助“一带一路”倡议中的政策红利，进行国际化战略布局决策的展望与讨论，引导学生把握企业战略转型的关键因素。启发学生思考问题5——提出飞友科技下一阶段发展的思路和路径，使学生认识到企业战略转型不仅要明确转型的方向，还要对转型进行具体的规划设计，更要针对市场环境制定切实可行的实施策略，从而形成企业战略转型理论整合分析的逻辑思维框架，同时进一步启发学生对于问题4的深入思考。

具体的决策点分析思路如图17－2所示。

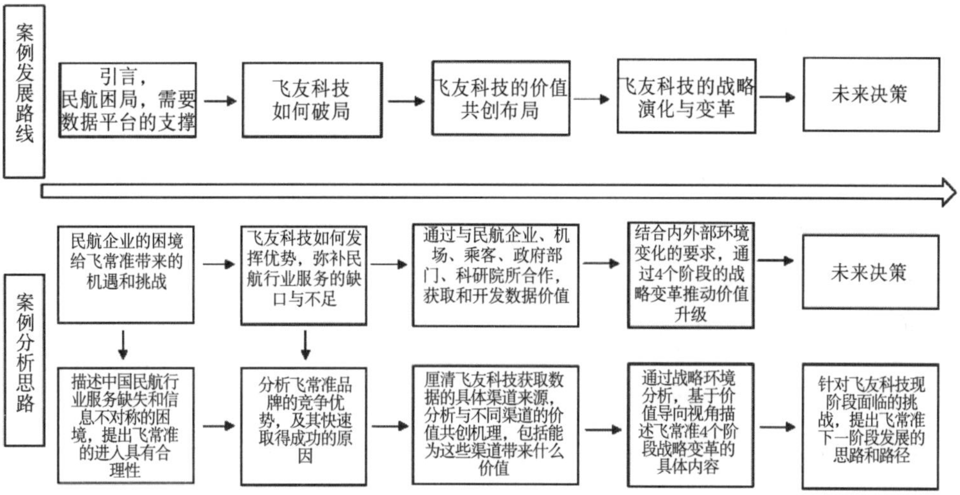

图17－2　决策点分析思路图

17.4　理论依据及分析

17.4.1　理论依据

17.4.1.1　战略转型

战略的本质是选择，也是资源和精力的分配。企业的资源和能力有限，因此战略选择的好坏将直接决定公司未来的发展方向和速度。企业战略转型是指企业为提高持续竞争能力以及产品、服务的附加价值，寻找新的经营方向而不断变革的过程。通过持续的改革，使领导者思考未来的经营方向，为组织注入新的活力，让企业更具竞争力与应对环境转变的弹性。一方面，战略转型是企业经营出现危机的情况下，为保证生存对组织的使命目标、结构、企业文化等方面做出重大改变；另一方面，战略转型是企业为适应变化重大的环境或摆脱经营危机从根本上放弃原有的战略思维和构架，重新制定包括改变环境感知、组织使命和任务、业务与服务、组织与人力资源、文化与理念、管理模式等组织因素的行为及过程。同时，战略转型需要从管理者认知、企业行动两方面理解，其中能力重塑是战略转型的重要方面。战略转型是包括：战略定位及与定位相匹配的资源与能力的改变；企业技术流程、制度、作业方法的改变；组织结构及职务内容的重新设计，以及设计带来的权利结构变化；企业价值观、行为规范的改变，以及人员的理念、技能、知识水平等的改变。

影响企业战略转型的关键因素多种多样。从一种视角来看，企业战略的形成是实现组织内外部环境之间的匹配过程，企业的战略发展过程就是不断对内外部条件变化进行动态平衡的过程。因此，企业内外部的环境变化推动了企业的战略转型。企业战略转型既受外部环境的影响，也受企业内部环境的驱动。内生理论强调“自主成长”，可以概括成组织资源能力、组织学习、组织复杂行为三个方面的因素。外生理论强调“强迫成长”，包括市场结构、组织种群和超竞争三个方面。从另一种视角来看，战略转型是外部的制度环境与高层管理者团队共同变化并演进的。推动企业战略转型的六种环境力量分别为：竞争者力量、科技力量、客户力量、供应商力量、协作者力量和营运规范力量。

航空业属于相对传统和重资产的经济实体，如何在数字信息的时代下，有机糅合管理、资源、技术等的投入，合理架构和布局建设蓝图，将其综合为数字化能力，是行业转型变革的重要动力。通过分析飞友科技四个阶段的转型与发展，及其快速取得成功的原因，启发学生系统性地理解企业战略转型的概念，引导学生把握企业战略转型的关键因素。

17.4.1.2 动态能力

企业能够获得持续竞争力的关键，在于企业拥有能够迅速根据市场变化持续地调整战略、整合企业各种资源的动态能力。因此，在资源基础观的基础上演化出了动态能力的概念，即动态能力是企业整合、建立和重构内外部资源，以适应快速变化环境的能力。动态能力作为一种组织过程或战略惯例，能够使企业通过获取、释放、整合或重组自己的资源来适应或创造市场变化，或者凭借战略惯例不断更新资源配置以满足环境变化的需要。很多学者和企业家认为，动态能力是当代企业获得持续竞争优势的根基，动态能力可以适应企业经营环境的变化，使能力的更新和培育成为一个不断的连续动态过程，这对于企业获得持续竞争优势至关重要。

动态能力对企业战略转型造成的影响，主要源于转型动因、动态能力、转型准备、转型实施、转型整合这些影响战略转型的主要因素及其相互关系。其中，由环境洞察能力、规划设计能力、组织学习能力和变革领导能力构成的动态能力是关键。我们基于动态能力的视角，认为战略转型过程包括转型准备、转型实施与转型整合三个连续的过程。

现今的航旅生态系统无疑受到数字信息技术的影响，通过数字信息技术的革新和进步，使民航一线部门的运营和管理都变得更快捷、高效。在本案例中，飞友科技的动态能力体现在适配具有新时代特色平台生态系统开放、数据交换、数据资产价值再造上，能够将企业架构和技术融入行业特色企业架构方案和设计中，指导行业内企业逐步改造和价值再造升级，这也是飞常准品牌的竞争力所在。

17.4.1.3 核心能力

核心能力是指公司的主要能力，是公司在竞争中处于优势地位的强项，是其他对手很难达到或者无法具备的一种能力。核心能力是构成企业竞争能力和竞争优势基础的多方面技能、互补性资源和运行机制的有机融合，是识别和提供竞争优势的知识体系。同时，核心能力是一个系统，包括员工掌握的知识和技能、企业技术系统中的知识、管理系统和价值观四种形式的技术竞争力。核心能力主要关乎各种技术和对应组织之间的协调和配合，可以给企业带来长期竞争优势和超额利润。在企业选择新的业务时，真正起作用的是可以从现有业务向新业务转移的核心能力。在技术方面，核心能力主要是对多种技术和功能进行调整和整合。在组织方面，核心能力强调组织的整体协调。核心能力具有价值性、独特性、延展性、长期性、难以模仿和不可替代性。

一般来说，企业获取核心能力的方法有两种：内部积累与外部获取。企业可以从市场上获得部分核心能力，但通过外部获取只能获得核心能力要素，而不是真正的核心能力。企业通过任何途径获取的核心能力要素，都必须通过企业内部的有效整合后，才能植根于企业，成为企业自身的核心能力。企业应该根据其所拥有的核心能力明确业务范围，只有以核心能力为主要依据，企业管理者才可能就资源配置和业务组合问题作出更好的决策。

飞友科技的核心能力即主导行业体系相关的核心数据结构及系统间的信息共享与交换：通过与内外部资源共享来发展业务。随着开放系统的普及，航旅生态系统中连接和使用数据的便利性变得前所未有得简单，而飞友科技的服务与产品可以为航旅生态系统带来突破性的创新和效率，改善行业的沟通模式，并提升沟通效率。

17.4.1.4 价值共创

价值共创的一般含义是用户与企业或企业与企业之间，在产品设计、生产和消费等价值创造过程中的互动和合作。根据资源基础观，组织资源需要经过一系列的有效管理才能形成相应的能力体系，最终为组织带来竞争优势，为顾客创造价值。价值共创过程是指采用不同的方式，通过对企业原有的资源及新获取的资源进行合理配置，最终使资源得到有效配置，发挥其最大的效能，为企业带来较高的绩效。在价值共创的研究中，价值的含义是最核心的概念。与传统产品的主导逻辑不同，价值是由企业主导的，顾客是价值的破坏者或者消耗者，顾客和企业只是处于交易层面实现交换价值。

其中，产品和价值是由生产者与消费者共同创造的，从经营战略角度来看，共创价值是用于研发、生产、服务各个阶段，通过消费者对自身产品进行重塑，以互动创造消费者的体验价值。从一种视角来看，价值共创过程可以分为互动和资源整合两个阶段，互动水平越高，企业整合顾客资源的能力就越强，而知识密集型产业的价值共创过程框架，可以从需求诊断、设计和提出解决方案、整合资源、管理价值冲突以及达成目标五方面开展。从另一种视角来看，企业的价值创造过程，是产品主导逻辑和服务主导逻辑。

目前，几乎所有行业都在运用价值共创理论来解释如何维持企业自身可持续的竞争优势。在互联网信息时代，企业对价值共创过程提出了新的逻辑，形成了价值共创动态发展的可能性，具体为：企业互动行为是价值共创的基础，并且是实现价值共创的依托手段与重要前提。在互联网信息时代的大背景下，以平台为依托，企业互动行为包含以下两个方面的内容：一是基于平台企业和用户之间的关系考虑，指的是用户提供信息从而对平台作出贡献的行为；二是基于用户之间的相互关系考虑，指的是用户之间通过互动交流促进彼此关系和群体凝聚力形成的行为。这两种行为都可以作为价值共创的依托路径。

航空业内部各航司、机场、空管和空中下载技术（OTA）等相关航旅纵深业务部门是相对分散的，因此在行业内持有开放态度，有助于在行业内创造全新的价值链体系。然而，行业内各航司、机场和空管等业务部门，作为资源有限的经济实体，只是位于航旅生态的一个节点，从而难以依靠自身去完成这个价值再造的过程。飞友科技的商业模式就是利用现有的有限资源去创造更多更新的价值，这不仅是其自身革新和转型的过程，更是在全行业实现价值共创的过程。

17.4.1.5 平台型企业

平台的不断发展，使用户、资源、知识、合作方式和信息都在以不同程度进行整合。资源整合使企业走向“社会时代”，不再局限于企业自身的资源，拓宽了企业获取资源的渠道。借助平台数据池可以识别多方用户的需求，整合不同用户的相同需求，实现规模效应和多层级的价值共创，极大程度地节约成本。

平台型企业可以看作是运用信息和网络技术，通过各种创新生产方式整合多个利益相关者实现价值交换，并从价值交换中获取超额利润的互联网平台组织。平台型企业概括来讲主要包含三个方面的特征：一是双边或多边市场，即两个或多个市场群体或利益相关群体参与；二是网络效应，即网络中的一边会因其他边的规模和特征而获益；三是开放性，即平台型企业拥有支持不同市场群体交互以及影响其机会识别的开放性系统。从战略管理的视角来看，平台型企业是协调安排不同利益群体，成功构建发展平台、承担治理功能并处于平台生态系统中心位置的组织；从产业组织经济学视角来看，平台型企业是为双边或多边市场塑造公共交易界面并提供嵌于界面中的产品、服务或技术的经济组织；从技术管理视角来看，可以将平台型企业视为公共技术架构或模块系统的开发者与运营者。平台型企业边界随互联网技术的进步而不断开放，从封闭走向开放的过程需要平台上的商业生态圈不断磨合、进化，确定标准、技术和资源等要素之间的协调。

基于平台型企业的概念，飞友科技基于功能、管理、技术、用户特质等清晰的层级式组织架构，在平台的边界通过定向的数据开放，逐一提供针对性解决方案和网络对接，为行业内提供服务能力，并最终产生新的经济形态。在案例讨论过程中，引导学生在形成基于通用战略管理理论与方法的企业战略转型方向分析框架的基础上，思考如何保证企业战略转型的成功，进而了解平台型企业与一般企业战略选择的异同。

17.4.2 问题分析

17.4.2.1 问题1：结合案例，试分析飞友科技具备哪几种核心能力，飞常准进入市场后为何能取得成功？

飞友科技的核心能力主要体现在两个方面：一是核心技术的研发。飞友科技依靠资源禀赋和行业优势，整合分散的数字信息资源，并突破关键算法技术。飞常准的主要优势集中体现在“准”上，即能够精准地预测时间，包括航班落地时刻、取消情况、延误和返航时间等，并详细告知航班延误的理由，很大程度上减轻了旅客的焦虑感。二是数字信息的公开化。在民航市场的应用推广上，飞常准不仅提供详细的航班数据，同时致力于与商旅业、大交通业、物流运输业，以及传播、科技等行业进行合作，通过开放式的平台战略，以利益共享的合作方式共同开发产品和系统。

从8.2.1可知，传统民航业的痛点是核心行业的数字信息无法传递，造成了行业企业之间（机场、航空公司）以及企业（机场、航空公司）与乘客之间的信息双重不对称。飞常准进入市场后，开辟了民航市场的一个新领域，即数据服务领域，针对性地解决了传统民航业的痛点。

飞常准作为国内领先的数字信息服务商，提供基于时间与地点的全场景民航数字信息。数字信息商业化的核心在于客户的细分，为不同的客户群体制定不同的营销和服务策略。飞常准的定位是致力于为用户提供“省时、省心”的一站式多元化航班出行解决方案。在一定时期内，飞常准垄断了国内航班动态数字信息服务供应市场，并且发挥自身已有的数字信息和自研算法的特有优势，提供更加准确的出行服务信息。飞常准不仅涵盖数字信息查询功能，还增加了机场信息导航和预报等一系列服务，使民航行业内部工作人员的时效性得到了保证，同时还能够随时随地将数字信息传递给消费者，为用户出行提供更可靠的保障服务。此外，飞常准不仅面向航空公司和乘客，它的商务构成分为五个板块，包括航空公司、商业、旅客、数据和媒体服务。飞常准不仅提供详细的航班数据，同时将处理过的数字信息与交通、物流等合作共享，形成一个闭合回路，相互促进推动，实现价值共创，从而持续为飞友科技带来更大的利润。

17.4.2.2 问题2：运用价值共创有关理论，分析飞友科技如何通过数据的收集、应用和公开实现价值共创

从国内民航业的实际情况来看，数字信息在行业间的传递存在巨大的壁垒，而数字信息只有在不断地重复使用中才能更好地发挥其潜在价值。飞友科技将民航业务与互联网相结合，把不同部门的数字信息进行协同匹配，通过数字信息的汇集形成了开放平台，让机场各个部门、各大航空公司等供给端的数据信息在开放平台上实现连通，使数字信息流动由单边变成了多边。而且，飞常准通过一套基于民航场景的核心算法对数字信息进行处理，将极为精准的数字信息提供给行业内外，使数字信息不仅在封闭的行业内实现了传递，还借助移动互联网扩散到了行业外，在平台上构建了由行业到平台再反哺需求端的数字信息流动路径。此外，飞友科技还输出了整体解决方案，通过对数字信息进行匹配和分析，与商旅业、大交通业、物流运输类、保险金融业、电信、传播、科技等行业深入合作，主打产品飞常准还加入了延伸服务功能，形成了需求端的社群网络效应，提高了用户的黏性，加深了数字信息应用和公开化的程度。

航空业本质是分散的，因为各个机场、航空公司等企事业单位部门只是整个行业中的一环。飞友科技在固有的分散行业起到连接点的作用，在现有的数字信息资产上，产生全新的价值点和增长，而价值多少就在于高效的数据交换。飞友科技利用自身在行业内的独特资源，通过渠道整合平台上各个机场、航空公司等企事业单位部门间的数字信息资源，通过算法优化数字信息来达到用户需求。飞友科技的服务产品有助于行业各部门在数据信息脱节的情况下，对接无法连接的点，获取实时数据，从而实现平台上企业、部门、个体用户等各方利益群体的价值共创，如图 17－3 所示。

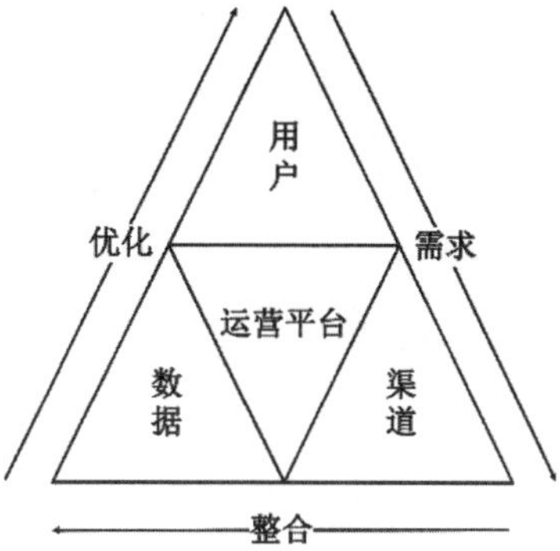

图 17－3　飞友科技数字信息平台的价值共创

17.4.2.3　问题3：运用宏观环境（PEST）分析模型，讨论影响飞友科技战略转型的内外部关键因素有哪些

宏观环境（PEST）分析模型是战略环境分析中用来帮助企业检阅外部宏观环境的。宏观环境又称一般环境，是指一切影响行业和企业的宏观因素，一般包括政治（political）、经济（economic）、社会（social）和技术（technological）这四大类影响企业的主要外部环境因素，如图 17－4 所示。

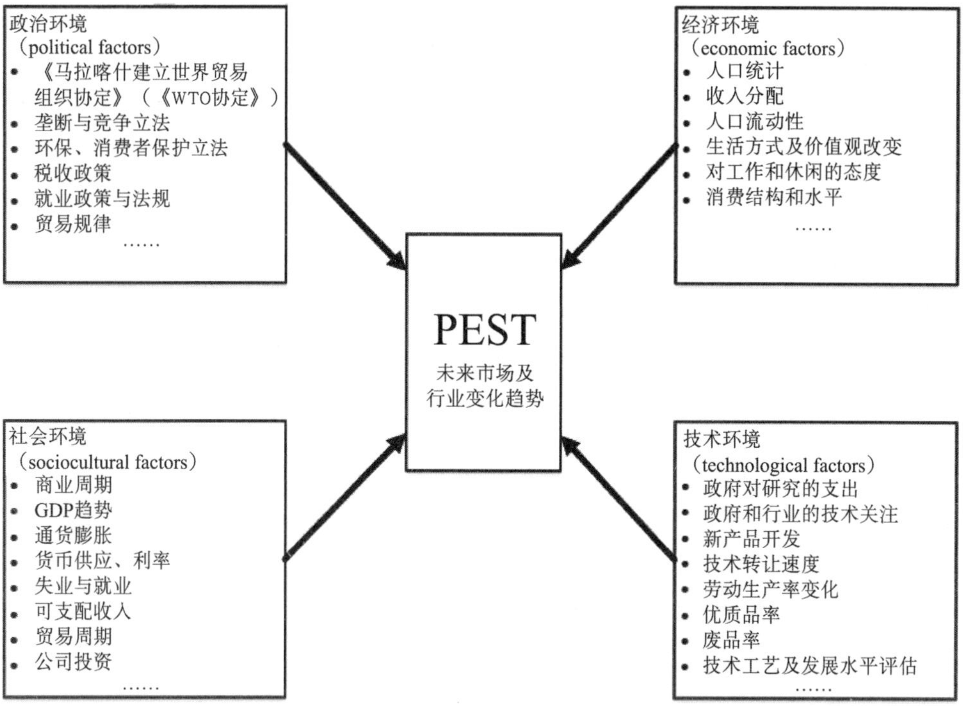

图 17－4　宏观环境（PEST）分析模型

飞友科技是目前国内最大的专门为飞行旅客服务的网上平台，主要为用户提供航空数据服务及其衍生业务。飞友科技旗下拥有飞常准应用程序、智慧机场协同系统、航班与空域时刻工具、民航数据分析平台等众多业务与产品。结合 PEST 分析模型，基于民航业的发展和商业环境，我国航旅服务领域的外部环境呈现如下特点：

政治（political）：民航业是影响社会发展的重要行业，随着国民经济发展而不断发展壮大。一方面，航线网络不断扩大，航空运力持续增长，使航空出行受众普及；另一方面，我国民航受空域容量、航班时刻等因素制约，激增式的发展使航班延误日益加剧。

经济（economic）："互联网+"政策促进产业升级与经济转型，使航旅服务网络平台全产业化发展形成新的经济形态。消费升级背景下，新一轮产业结构调整展开使消费结构和消费水平升级，乘客对于出行质量有了更高的需求。

社会（social）：一方面，随着我国经济的快速发展，我国民航业已进入快速发展期；另一方面，我国智能手机的普及、网络基础设施建设的提升，以及三大运营商流量价格不断下降，为移动类信息平台的应用提供了土壤。

技术（technological）：我国大数据产业处于快速发展期，经济总量逐年激增，民航业也被推到了数据革命的风口浪尖，使用大数据及互联网技术获得的智能型业务竞争优势逐渐成为民航运输市场增长的新的驱动点。

当今数字信息时代，开放数据衍生出的新生态经济模式，是未来所有企业面对的新趋势。无论是制造业、金融业、服务业还是航空业，所有企业最后都将演变成为信息技术企业，因为所有的服务和产品都要通过信息技术传递出去。飞友科技就是航空业随着互联网的兴起而衍化催生的产物，其业务核心就是将行业内的数字资产合理、安全地开放出去，与行业标准及部门间组织融合形成"连接，协同，共享"的行业资源，提升行业服务效率，进而从数字经济的商业模式中赚取有形与无形的经济价值。

在引导学生运用宏观环境（PEST）分析模型分析飞友科技内外部环境的基础上，进一步引导学生从动态能力理论的视角，思考企业战略转型的驱动因素，让学生了解到以下核心内容：（1）企业战略转型成功与否的关键在于环境识别能力，对于企业内外部环境要有充分认识；（2）战略制定并非企业对环境变化的盲从，而是基于企业所进行的一系列分析和认识基础上的理性行为；（3）环境识别能力是在对环境信息收集、综合分析的基础上，对企业面临的机遇和威胁进行识别，化解企业危机。

17.4.2.4 问题4：识别与分析飞友科技四个阶段战略转型的过程逻辑，并思考对我国平台型企业有何启示

飞友科技四个阶段战略转型的主线始终围绕着如何完成数字信息的公开化展开，通过数字信息跨越平台型组织边界与外部环境交互的过程实现组织目标。飞友科技四个阶段战略转型的过程可以归纳为数字信息供给端和需求端的打通过程，在这一过程中，战略转型的发展脉络主要是沿着数字信息公开化的方向和商业环境的改变进行的。

首先，从电子布告栏系统（BBS）建立开始到民航资源网的成立，都属于封闭性行业社群平台，数字信息在封闭性行业社群平台流动，数字信息公开化的载体是计算机。互联网时代的到来为数字信息流动创造了有利的外部环境，此时主要是利用互联网平台汇集行业内的信息。但是，郑洪峰发现单纯以汇聚行业内部网站信息，再由客户主动检索的方式，并不能完全解决行业外用户的痛点，最明显的就是时效性，即飞机延误与乘客时间安排之间涌现出来的痛点。同时，数字信息源获取不完整和向乘机旅客公开数据的工具（短信等）价格高等问题，给飞友科技的经营带来了严重的负面影响，所以其无法高质量地完成数字信息公开的整个过程。这一阶段，飞友科技通过互联网社群平台，实现了初步的数字信息公开化，但是数字信息的公开化质量较低。

其次，随着民航行业发展，我国航班体量不断激增。但是，信息化水平没有跟上行业的发展速度，各个政府管理部门、机场与航空公司之间的数字信息无法有效协同问题激化，而且同一机场或航司的不同部门间数字信息也无法协同。加之外部环境激发了飞机延误与乘客时间安排之间涌现出来的痛点，这一阶段飞友科技的核心是获取政府管理部门、机场、航班的相关信息，打通数字信息供给端的内部壁垒。为了能够给数字信息供给端的参与者提供价值，进而吸引更多的参与者，飞友科技将数字信息向供给端的参与者进行了有目的的开放，起到了行业内对数字信息获取和协同的职能，并构建了价值共创基础上的数字信息开放平台。这一阶段，飞友科技的主要工作从建立封闭的行业社群平台，转换到对民航产业数字信息供给端的获取和协同，通过开放平台将数字信息进行汇聚，完善了数字信息的供给端，建立了数字信息从外到内的获取路径。

再次，随着移动互联网时代全面到来，飞友科技为了将供给端和需求端打通，借助时效性较强的手机应用程序，构建了移动互联网时代民航数字信息需求端的载体，此时信息公开化的载体是智能手机。飞友科技将供给端的数字信息与应用程序的用户信息进行匹配和协同后，通过精准的算法，将有价值的数字信息向应用程序用户公开，解决了用户的痛点。同时，开放平台还对数字信息进行了功能上的划分，对行业内和行业外不同使用目的的群体，开放了不同的使用权限，定向化解决了飞机延误与乘客时间安排之间行业痛点关

键环节上的问题。这一阶段，开放平台的数字信息流动变成了多边的，在整个平台多方向上进行了数字信息的公开，并实现了高质量的数字信息公开化。

最后，飞友科技通过与其他行业合作，提高了数字信息的价值，延伸了应用程序的服务边界。基于此，飞友科技不但形成了“行业数字信息汇聚—乘客个人需求收集—开放平台匹配和协同—反哺解决乘客痛点”的数字信息公开化解决方案，还基于和多行业的合作，实现了需求端的社群网络效应，推动了行业数字信息公开化的程度，形成了商业生态系统，增加了用户黏性和企业利润。

在当今社会，海量链接的信息网络使企业与用户间通过平台相互链接实现信息的分享与传播，进而实现价值共创。在企业进行平台化的过程中，企业可以拥有更多的社会资源与信息连接，构建平台化的商业生态系统。在这一过程中，数字信息在平台间的流通发挥着决定性的作用：

一方面，企业可以向云端迁移，构建共享服务平台，打破数字信息流动的壁垒，实现数字信息应用的灵活部署与调用，提升企业的运营和服务能力。通过平台汇聚产业上下游各环节资源，依托数据采集与网络互联优势，构建互联管理平台，为企业提供供需对接、协同等智能化信息服务；通过发挥云计算、大数据等信息技术的优势，提升企业运用数字信息的能力；通过强化数字信息的职能，构建行业连接平台，将已有平台向其他相关领域延伸。

另一方面，通过打破数字信息壁垒、互联互动和重构驱动的三条价值共创主线，构建柔性价值网。在柔性价值网中，用户的链接、互动和重构活动会产生海量的信息，平台可通过对这些信息的收集、组织、挑选、合成和分发，作用于自身开展的研发、生产、销售和服务等环节，从而加快价值共创的速度，提升价值共创的效果，为企业塑造平台化商业生态系统中的竞争优势。

17.4.2.5 问题5：试想如果你是郑洪峰，结合态势分析法（SWOT），针对飞友科技现阶段面临的挑战，提出飞友科技下一阶段发展的思路和路径

态势分析法常常被用于制定企业的发展战略和分析竞争对手情况，是通过对企业本身的优势、劣势、机会和威胁进行评估与分析，从而客观、准确地分析和研究一个企业现实情况的方法。

结合当前飞友科技面对的市场环境和行业竞争态势，引导学生运用态势分析法并结合企业核心能力，思考飞友科技下一步的战略选择。其中，运用态势分析法（SWOT）分析飞友科技的发展战略如图17－5所示。我们分别分析飞友科技的优势、劣势、机会和威胁，再将外部机会和威胁与企业内部优势和劣势进行匹配，形成四种不同类型的可行战略

组合："劣势—机会（SO）"组合、"劣势—机会（WO）"组合、"优势—威胁（ST）"组合和"劣势—威胁（WT）"组合。

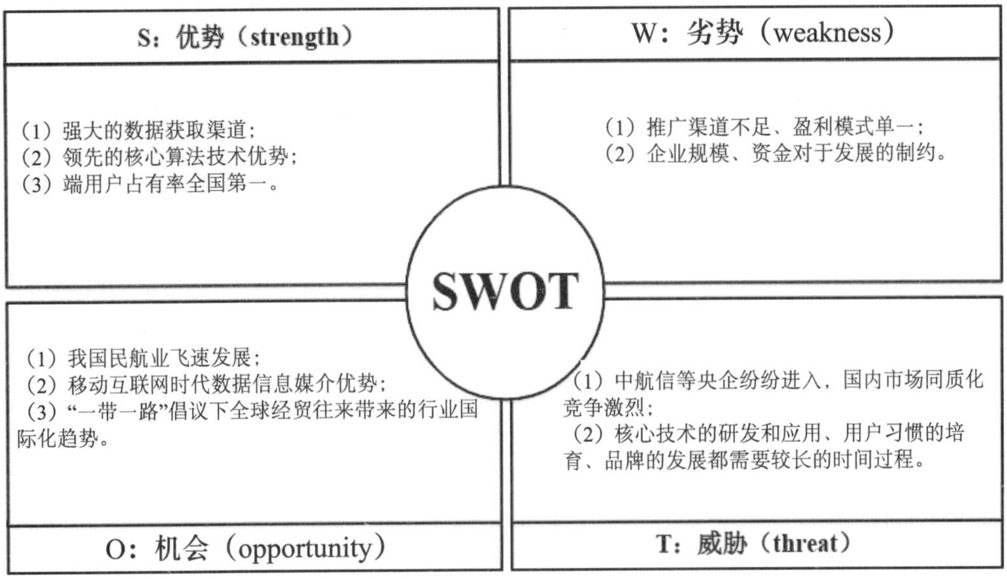

图 17－5　飞友科技 SWOT 分析

由于企业的资源和能力有限，在制订未来发展战略规划时，要充分考虑多种因素，因此在进行战略选择时不能过于发散，考虑的因素主要包括企业过去的战略、内外部环境变化、自身资源、核心能力，竞争对手的战略举措、企业风险的承担能力等。学生可通过梳理飞友科技四个阶段战略转型升级的发展脉络，结合飞友科技目前发展的具体情况，思考飞友科技下一阶段的战略转型方向。从而启发学生结合飞友科技面临的机遇和挑战，通过思考方案的利弊来权衡决策。下面列举两种未来战略的分析方案，仅供参考。

（1）方案一：定位于技术服务型公司。引导学生讨论行业内外部环境、企业目前在提供技术服务方面的资源和能力，竞争对手的资源禀赋与战略态势等影响因素，以及在专业技术服务方面存在的优势与弱势。飞友科技的优势在于专注研发民航业数字信息领域核心技术，为 B 端（包括航班管家、中航信移动科技有限公司等具有同质化竞争的企业）提供专业航班技术服务。基于中国民航信息服务的巨大市场前景，飞友科技未来发展定位于技术服务的战略也符合公司多年来的发展模式。劣势在于在收入增长方面存在极大的压力，通过单纯的技术输出难以实现向高价值服务的转型。对此，要引导学生针对目标服务市场的定位、实现高价值的附加服务策略等相关问题展开讨论。

（2）方案二：获取海外市场数据，拓展国际业务。引导学生讨论企业国际化发展的影响因素，并分析优势与劣势。优势在于飞友科技可以借助"一带一路"倡议为民航业带来的政策红利，将技术优势移植到“一带一路”共建国家，通过开发海外市场，避免与国内同质化竞争的企业正面交锋，实现更高的商业利润。劣势在于从技术见长到核心产品面向海外市场的二次创业问题，更多的是对企业市场能力的挑战和考验。对此，要引导学生对国际市场的制度环境、政策法规、市场体量，以及企业在进入新市场时产品研发和销售方面的资源和能力等问题展开讨论。

本题目为开放性题目，旨在引导学生深度思考。在讨论过程中，学生可以结合自身工作经验参与讨论，但讨论的主旨应始终围绕飞友科技在战略转型选择时，在组织体系、人员结构、管理模式、企业文化等方面作出的调整展开。

17.5 关键点

本案例主要知识点包括企业战略转型、动态能力理论和价值共创等。通过引导学生对飞友科技如何通过开展数字信息公开化，在民航业多方利益群中实现价值共创这一过程进行梳理，总结这一过程的关键要素，一方面加深学生对相关理论的理解，另一方面提升学生分析问题的逻辑思维能力。

在引导学生分析的过程中，可以从企业战略转型过程逻辑这条贯穿案例全文的主线出发，利用动态能力理论这一知识暗线将飞友科技战略转型过程中四个阶段串联起来。

（1）企业战略转型过程逻辑明线。这条明线主要在学生课前阅读案例时起作用。本案例详细描述了飞友科技四个阶段发展历程，按照战略制定与实施过程的内在逻辑进行划分，目的是让学生在阅读案例的同时能够了解到企业进行战略转型的过程，以及战略与环境动态匹配对于企业可持续发展的重要性。

（2）动态能力理论知识暗线。案例正文按照飞友科技“环境动因识别、管理认知构建、战略方案制定与实施和战略改进”的逻辑撰写，过程脉络与动态能力理论相匹配。这条暗线主要用于引导学生构建案例分析的框架，让学生结合动态能力理论，清晰梳理飞友科技战略转型四个阶段所体现的机制特征，探索飞友科技如何通过数字信息的公开化，跨越平台型组织边界与外部环境交互实现价值共创的路径。

17.6 案例使用建议

17.6.1 课堂计划

本案例可以作为专门的案例讨论课来进行。表 17－1 为课堂计划建议，供参考。整个案例课的课堂时间控制在 90 分钟左右。

表 17－1 **课堂计划**

序号	内容	教学活动	时间安排
1	课前准备	提前发放案例，请学生在课前完成案例的阅读，并查阅与案例相关的资料、行业知识，在课前完成初步思考	课下时间
2	课堂讨论前沿	由授课教师简述本案例内容，阐述本次案例授课的教学目的、要求和具体安排，并初步明确案例分析主题	10 分钟
3	课堂引导，分组讨论	学生分为 4—8 人的小组对案例进行讨论，启发学生就身边航班延误的现象提出自己的看法，以此为契机，通过提问互动的方式提出案例的启发思考题	20 分钟
4	小组发言	通过互动提问的方式回归案例关键信息，根据讨论结果由小组轮流发言，授课教师记录发言并稍作点评	30 分钟
5	深入分析	针对小组讨论过程梳理思考题理论知识点、与学生进行深入讨论互动	20 分钟
6	案例总结	授课教师对案例讨论进行归纳总结，对整个案例的知识要点进行再次简明阐述	10 分钟

17.6.2 板书设计

板书设计见图 17－6。

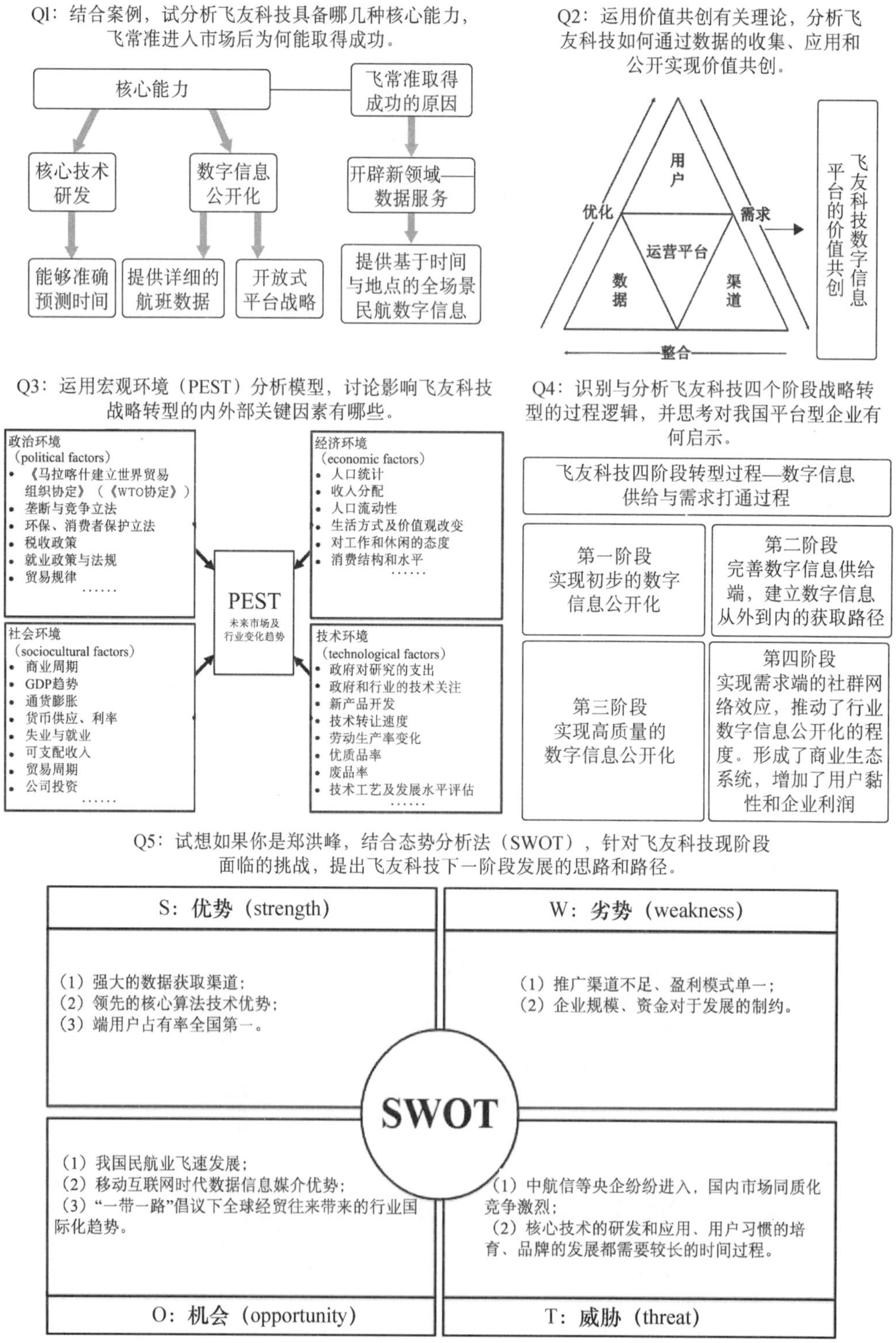
Q1：结合案例，试分析飞友科技具备哪几种核心能力，飞常准进入市场后为何能取得成功。
核心能力
飞常准取得成功的原因
核心技术研发
数字信息公开化
开辟新领域——数据服务
能够准确预测时间
提供详细的航班数据
开放式平台战略
提供基于时间与地点的全场景民航数字信息
Q2：运用价值共创有关理论，分析飞友科技如何通过数据的收集、应用和公开实现价值共创。
用户
优化
需求
运营平台
数据
渠道
整合
飞友科技数字信息平台的价值共创
Q3：运用宏观环境（PEST）分析模型，讨论影响飞友科技战略转型的内外部关键因素有哪些。
政治环境（political factors）
• 《马拉喀什建立世界贸易组织协定》（《WTO协定》）
• 垄断与竞争立法
• 环保、消费者保护立法
• 税收政策
• 就业政策与法规
• 贸易规律
……
经济环境（economic factors）
• 人口统计
• 收入分配
• 人口流动性
• 生活方式及价值观改变
• 对工作和休闲的态度
• 消费结构和水平
……
PEST
未来市场及行业变化趋势
社会环境（sociocultural factors）
• 商业周期
• GDP趋势
• 通货膨胀
• 货币供应、利率
• 失业与就业
• 可支配收入
• 贸易周期
• 公司投资
……
技术环境（technological factors）
• 政府对研究的支出
• 政府和行业的技术关注
• 新产品开发
• 技术转让速度
• 劳动生产率变化
• 优质品率
• 废品率
• 技术工艺及发展水平评估
……
Q4：识别与分析飞友科技四个阶段战略转型的过程逻辑，并思考对我国平台型企业有何启示。
飞友科技四阶段转型过程—数字信息供给与需求打通过程
第一阶段 实现初步的数字信息公开化
第二阶段 完善数字信息供给端，建立数字信息从外到内的获取路径
第三阶段 实现高质量的数字信息公开化
第四阶段 实现需求端的社群网络效应，推动了行业数字信息公开化的程度。形成了商业生态系统，增加了用户黏性和企业利润
Q5：试想如果你是郑洪峰，结合态势分析法（SWOT），针对飞友科技现阶段面临的挑战，提出飞友科技下一阶段发展的思路和路径。
S：优势（strength）
（1）强大的数据获取渠道；
（2）领先的核心算法技术优势；
（3）端用户占有率全国第一。
W：劣势（weakness）
（1）推广渠道不足、盈利模式单一；
（2）企业规模、资金对于发展的制约。
SWOT
（1）我国民航业飞速发展；
（2）移动互联网时代数据信息媒介优势；
（3）“一带一路”倡议下全球经贸往来带来的行业国际化趋势。
（1）中航信等央企纷纷进入，国内市场同质化竞争激烈；
（2）核心技术的研发和应用、用户习惯的培育、品牌的发展都需要较长的时间过程。
O：机会（opportunity）
T：威胁（threat）

图 17－6　板书设计

【参考文献】

[1] [加] 亨利·明茨伯格. 战略过程：概念、情境、案例 [M]. 徐二明，译. 北京：中国人民大学出版社，2005.

[2] [加] 亨利·明茨伯格，[加] 布鲁斯·阿尔斯特兰德，[加] 约瑟夫·兰佩尔. 战略历程：穿越战略管理旷野的指南 [M]. 魏江，译. 北京：机械工业出版社，2012.

[3] 陈威如，余卓轩. 平台战略：正在席卷全球的商业模式革命 [M]. 北京：中信出版社，2013.

[4] 邓少军，焦豪，冯臻. 复杂动态环境下企业战略转型的过程机制研究 [J]. 科研管理，2011 (1).

[5] 欧阳桃花，曾德麟，崔争艳，翟宇宏. 基于能力重塑的互联网企业战略转型研究：百度案例 [J]. 管理学报，2016 (12).

[6] 唐孝文，刘敦虎，肖进. 动态能力视角下的战略转型过程机理研究 [J]. 科研管理，2015 (1).

[7] Kaplan R S, Norton D P. Using the balanced scorecard as a strategic management system [J]. Harvard Business Review, 1996 (1).

[8] Prahalad C K, Ramaswamy V. Cocreating unique value with customers [J]. Strategy & Leadership, 2004, 32 (3).

[9] Teece D J, Pisano G, Shuen A. Dynamic capabilities and strategic management [J]. Strategic Management Journal, 1997 (7).

[10] Teece D, Pisano G. The dynamic capabilities of firms: An introduction [J]. Industrial and Corporate Change, 1994 (3): 537 -556.

18. 案例七：重庆加加林创业之路的合法性获取案例分析[①]

18.1 教学目标

通过描述重庆加加林股份公司在“互联网+”背景下，将互联网与医疗器械销售相结合以打造“线下体验馆+网上商城”线上到线下（O2O）新商业模式的过程，对该公司在商业模式创新过程中的合法性获取经验进行总结，从而为创业企业的商业模式创新及民营企业在发展过程中的合法性获取提供可以借鉴的思路和方法。

18.2 问题回顾

（1）试分析重庆加加林商业模式创新的内容。

（2）重庆加加林商业模式创新的过程可划分为哪些阶段？

（3）重庆加加林在商业模式创新的不同阶段所需要的合法性是否存在差异？

（4）在不同阶段，重庆加加林是采用何种战略获取合法性的？

① 改编自：王凯、武立东、柳学信、王琪、曹燚、黄海昕：《重庆加加林商业模式创新路上的合法性获取》，中国管理案例共享中心，编号STR-0716。

（5）试分析不同类型合法性的获取对重庆加加林企业成长的影响。

（6）未来重庆加加林实现可持续发展还需要获取哪些方面的合法性？

18.3 分析思路

整个案例的分析思路如图 18－1 所示。在图 18－1 中，我们按顺序将思考题与具体知识点进行了对应，同时将知识点和案例正文内容进行了对应，以便使用案例材料。

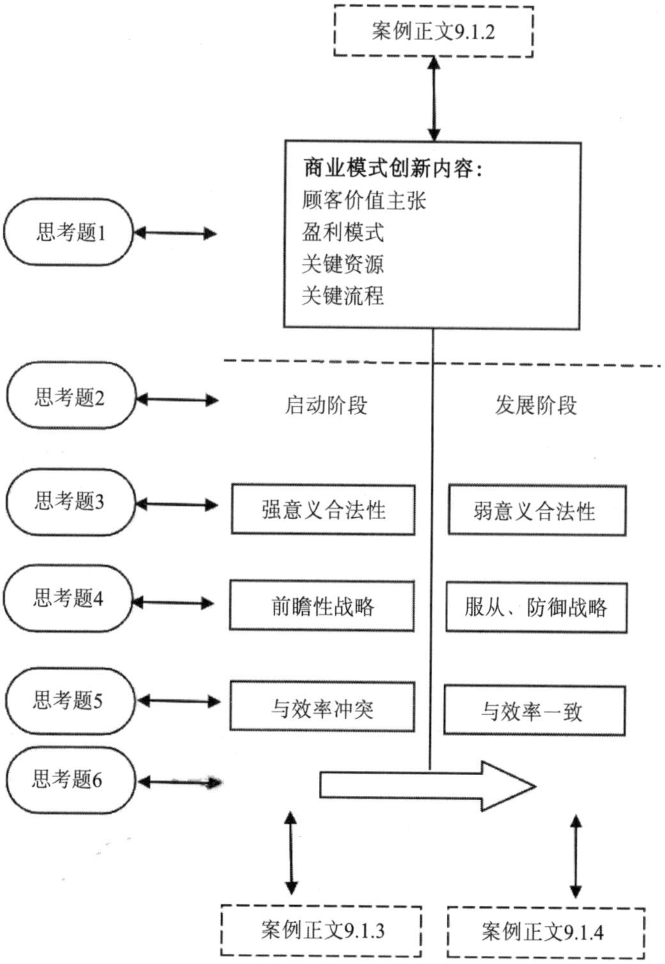

图 18－1　案例分析思路

首先，根据思考题 1 来分析重庆加加林商业模式创新的具体内容。关于商业模式创新的内容，已有教材和文献对其所包含的多种要素进行了分析。我们可以在了解典型的商业模式创新要素之后，进一步分析重庆加加林的商业模式创新不同要素的具体表现，从而加深对这一知识点的理解。

其次，利用思考题 2 尝试将重庆加加林的商业模式创新过程划分为不同的阶段。在商业模式创新的不同阶段，企业的着眼点也不同。对这一问题的讨论，有助于充分理解商业模式创新的持续、动态特征。

再次，利用思考题 3 和思考题 4 来分析民营企业（初创企业）在通过商业模式创新实现成长过程中的合法性获取问题，这是本案例分析的重点内容。我们可先了解已有教材和文献中对合法性类型的划分，并进一步分析重庆加加林在成长过程中，需要获取来自哪些利益相关者的合法性认可，以及这些合法性属于何种类型。进一步地，可以分析在重庆加加林商业模式创新的启动阶段，其游说政府以获取医疗器械网络销售许可的做法可归纳为何种战略。在发展阶段，加加林旨在通过在履行社会责任、开展党建活动、打造创客空间和参与法规制定等方面不断努力，以获取顾客、政府和竞争者对其发展的支持，这些又可归纳为何种战略？我们可以结合在回答思考题 2 时对企业商业模式创新过程不同阶段的划分，进一步分析在商业模式创新的不同阶段，企业所需获取的合法性以及采取的相应战略存在何种差异。对这两个问题的讨论，有助于学生理解合法性的类型以及企业为获取不同合法性所采用的不同非市场战略。

之后，分析思考题 5。在重庆加加林的商业模式创新过程中，该企业通过采取一系列措施，获取了来自不同利益相关者的不同类型的合法性。那么，这些战略措施的采取在保证企业获得合法性的同时，是促进了企业有效率地发展，还是对企业资源的浪费呢？通过分析重庆加加林合法性获取与企业成长之间的关系，有助于学生掌握合法性机制与效率机制之间的关系，同时有助于为其他民营企业（初创企业）采取合法性战略提供借鉴。

最后，利用思考题 6 来预测重庆加加林未来可能在哪些方面遇到合法性危机，以及企业应该采取何种策略以实现合法性修复（legitimacy repair）。对这一问题的分析，有助于学生掌握关于合法性修复的知识，并有助于案例企业及其他相似企业未雨绸缪，通过不断地获取合法性实现可持续发展。

18.4 理论依据及分析

本部分按照思考题的顺序，结合已有理论和案例材料，依次对这些问题进行分析、回答。

18.4.1 商业模式创新的内容

18.4.1.1 相关理论

关于商业模式创新的内容，已有研究主要从商业模式的构成要素角度进行分析。例如，可以根据改变公司原有经营模式的程度，将商业模式创新分为四种类型，即实现模式、更新模式、扩张模式和履行模式。同时，商业模式创新关注的是企业系统性的整体变革，而不只是简单的技术、产品的创新。商业模式的创新是对企业的现有价值链进行调整和创新的过程。更具体地，商业模式是由四个独立的要素组成，包括顾客价值主张、盈利模式、关键资源和关键流程。因此，商业模式创新应该包含企业在这些方面的变化。

18.4.1.2 案例分析

我们从顾客价值主张、盈利模式、关键资源和关键流程四个方面讨论重庆加加林商业模式创新的内容。如案例正文 9.1.2 所述，无论是“全国线下连锁店 + 网上商城”的 O2O 商业模式，还是“线下健康体验馆 + 网上商城”的 O2O 新商业模式，重庆加加林旨在为顾客提供快捷、方便的医疗器械购买体验。与传统的医疗器械销售企业相比，加加林这种顾客价值主张是一种创新。与传统医疗器械销售企业的盈利模式不同，重庆加加林旗下的网络销售平台医流巴巴的盈利，实现了盈利模式的创新。为了支撑这种盈利模式，该企业的关键资源和关键业务流程也与传统企业存在较大差异。通过分析商业模式四个构成要素的变化，我们能够有效地识别重庆加加林商业模式创新的内容。

18.4.2 商业模式创新的过程

18.4.2.1 相关理论

已有关于商业模式创新过程的研究尚不完善。近年来，一些学者开始从企业案例中提炼商业模式创新的过程。例如，部分研究指出新企业商业模式构建的过程可以划分为启动、重构和确立三个阶段。

18.4.2.2 案例分析

在本案例中，考虑到重庆加加林的成立时间并不长，我们认为该企业的商业模式创新过程可以划分为启动和发展两个阶段。在启动阶段，企业创始人任志鸿董事长识别了“互联网+医疗器械销售”的市场机会，并通过自己的努力拿到了开展经营的相关许可。在发展阶段，该企业通过采取一系列措施保证了商业模式的可持续性，实现了企业的成长。

18.4.3 商业模式创新过程中不同阶段所需的合法性类型

18.4.3.1 相关理论

组织社会学中的新制度理论近年来开始在战略管理、创业、公司治理等领域得到广泛应用。新制度理论指出，组织的外部环境既包括技术环境，也包括制度环境。面对技术环境，组织需要基于最大化的原则运营，以提高自身效率。而面对制度环境，组织需要采纳一些结构或行为提升自己的合法性，不管这些结构和行为是否能够带来效率的提高。进一步地，有学者将合法性机制细分为强制机制、规范机制和模仿机制。一些研究通过分析公司为什么采取M形结构实证检验了上述趋同机制。部分研究同时对强制、规范及模仿三种趋同机制进行了验证。具体地，在验证强制机制时，进一步分析了公司M形结构的采纳是否受该公司所依赖的其他公司是否已采纳这一结构的影响；在验证规范机制时，进一步检验了公司M形结构的采纳是否受其高管教育背景的影响；在验证模仿机制时，进一步分析了公司M形结构的采纳是否受该公司所处行业中已采纳M形结构的公司比例影响。与这三种机制相对应，将合法性划分为规制合法性、规范合法性和认知合法性。其中，规制合法性来源于政府部门等机构制定的规章、规则、标准和期望；规范合法性来源于社会价值观和社会道德规范；认知合法性来源于利益相关者对组织的认知。通过对合法性进行细分，将其划分为强意义合法性与弱意义合法性。其中，前者与规制合法性相对应，即强制企业采取某种行为；后者与规范合法性和认知合法性对应，即企业可以能动地进行选择。

18.4.3.2 案例分析

在本案例中，我们采用强意义合法性和弱意义合法性的划分方法对重庆加加林商业模式创新不同阶段所需的合法性类型进行分析。在启动阶段，重庆加加林的商业模式打造需要获得来自政府的医疗器械网络销售许可，即获取强意义合法性；在发展阶段，商业模式的持续发展需要顾客的认可，也需要政府的支持，还需要竞争对手的尊重，即获取弱意义合法性。加加林通过不断努力，获得了来自不同利益相关者的两方面的合法性。

18.4.4 商业模式创新过程中不同阶段获取合法性的非市场战略

18.4.4.1 相关理论

为了在技术环境中获取竞争优势，企业需要采取一定的市场战略，而为了在制度环境中获取合法性，企业则需要采取一定的非市场战略。关于市场战略，相关理论已经非常成熟。关于非市场战略，近年来有学者开始进行深入研究，如将企业常见的非市场战略划分为四类：前瞻性战略、服从战略、防御战略和反抗战略。前瞻性战略是指企业主动预测并关注能够为企业提供关键资源或对企业有重要影响的利益相关者的全部利益诉求，优先配置资源以主动满足其利益诉求。服从战略是指企业在利益相关者因其利益诉求未被满足而对企业形成明显社会压力的情形下，企业被动优先满足其全部利益诉求，以解除社会压力或防止社会压力扩散。防御战略是指企业在利益相关者的利益诉求未被满足而有可能形成明显社会压力的情形下，企业仅满足其基于法律或契约的最低限度利益诉求，或将其利益边缘化，以阻止社会压力的形成或缓解社会压力。反抗战略是指在利益相关者的利益诉求未被满足但对企业不构成实质性威胁的情形下，特别是在其利益诉求缺乏法律和契约依据时，企业可能消极对抗或完全忽略利益相关者。或者，企业虽然承认其利益诉求的合法性或合理性，但拒绝满足。

18.4.4.2 案例分析

在本案例中，重庆加加林在商业模式创新过程中的不同阶段为获取不同类型的合法性，采取了多种非市场战略。具体来说，在商业模式创新的启动阶段，任志鸿董事长通过不同渠道对政府进行游说，最终获取了强意义合法性。这一过程具有前瞻性，表现为企业主动满足能够为之提供关键资源的政府的需求，属于前瞻性非市场战略。在商业模式创新的发展阶段，重庆加加林主动迎合顾客的需求开展社会责任活动，主动迎合政府关于非公企业开展党建活动、创新创业的政策，以获取顾客和政府的支持，这与蔡曙涛所归纳的服从战略是一致的。与此同时，重庆加加林参与相关监督管理办法的制定，为未来与对手竞争提供了有力保障，属于蔡曙涛所归纳的防御战略。总体来看，在启动阶段，重庆加加林采用前瞻性战略获取了强意义合法性；在发展阶段，加加林采用服从战略和防御战略获取了弱意义合法性。

18.4.5 不同类型合法性与企业效率成长之间的关系

18.4.5.1 相关理论

在一定的现象中，制度环境作用于组织的合法性机制与技术环境作用于组织的效率机制是相互冲突的。然而，也有学者在分析其他组织现象时，得出了不同的结论。例如，部分研究在分析城市是否采纳公务员制度的影响因素时，指出两种机制作用的发挥在时序上存在差异。具体地，早期采纳公务员制度的城市主要是基于效率机制做出的选择，而随着时间推移，合法性机制开始发挥主导作用。此外，还有一些关于组织 M 形结构扩散的研究也得出了相似的结论。另有学者认为，合法性机制和效率机制可以同时发挥作用。例如，对竞争者的模仿可以为组织带来社会认可（合法性机制），而其所模仿的组织管理实践也可以为组织带来效率（效率机制）。

18.4.5.2 案例分析

合法性机制与效率机制之间的关系究竟是怎样的呢？通过分析本案例可以发现，这取决于合法性的类型。企业为获取强意义合法性的努力往往会消耗企业和管理者的资源，且并不能直接为企业创造价值，如任志鸿董事长在获取政府许可过程中的努力。因此，强意义合法性的获取与效率的增长是冲突的。相反，弱意义合法性获取的过程，也是企业能够获取顾客、政府及竞争者认可的过程。尽管公益活动、党建活动的开展，以及众创空间的打造都需要成本，但这些都能给企业带来直接的益处。例如，公益活动的开展可以为企业带来更多的顾客；党建活动的开展对凝聚员工有很大帮助；通过众创空间打造的企业可以为医流巴巴提供配送服务，既迎合了政府的“双创”政策，也有利于企业效率提升；监督管理办法的出台可以为进入者提供更高的竞争壁垒等。

18.5 关键点

（1）在分析重庆加加林的商业模式创新时，需要认识到企业的商业模式创新是一个动态过程。重庆加加林的商业模式创新过程包含启动和发展两个阶段。启动阶段是新商业模式形成的阶段，而发展阶段是新商业模式持续发展的阶段。

（2）在分析重庆加加林的合法性获取时，需要认识到该企业在商业模式创新的不同阶段所追求的合法性类型不同。在商业模式创新的启动阶段，加加林追求的是来自政府的强意义合法性。而在商业模式创新的发展阶段，加加林追求的则是来自顾客、政府和竞争者的弱意义合法性。此外，需要认识到为获取不同类型的合法性，所采用的非市场战略也是不同的。为获取强意义合法性，需要前瞻性战略；为获取弱意义合法性，需要服从战略和防御战略。

（3）在对本案例进行分析时，还需要厘清不同类型的合法性获取与效率提升之间的关系。对于强意义合法性而言，加加林在获取这种类型合法性的过程中消耗了一定成本，且这种合法性并不能带来直接的效率提升，因此二者之间为冲突关系。而对于弱意义合法性而言，加加林既通过采取一系列措施获得了相关合法性，又带来了企业效率的提升。

18.6 案例使用建议

18.6.1 课堂计划

本案例可以作为专门的案例讨论课来进行。表 18－1 为课堂计划，仅供参考。整个案例课的课堂时间控制在 90 分钟左右。

18.6.1.1 课前计划

提出思考题，请学生在课前完成案例和相关理论的阅读与初步思考。

18.6.1.2 课中计划

（1）简要的课堂前言，明确主题（3—5 分钟）；
（2）分组讨论，在讨论前告知发言要求（30 分钟）；
（3）小组发言（每组 5 分钟，控制在 30 分钟）；
（4）引导学生进一步讨论，并进行归纳总结（15—20 分钟）。

18.6.1.3 课后计划

如有必要，请学生采用报告形式给出更加具体的分析报告。

表 18－1 课程计划

序号	内容	教学活动	时间安排
1	课前准备	提出思考题，请学生在课前完成案例和相关理论的阅读与初步思考	课下时间
2	课堂讨论前言	由授课教师简述本案例内容，初步明确案例分析主题	5 分钟
3	分组讨论	学生分为 4 人的小组对案例进行讨论，每个学生针对案例提出观点，最后明确小组观点	30 分钟
4	小组发言	通过互动提问的方式回归案例关键信息，根据讨论结果由小组轮流发言，授课教师记录发言并稍作点评	30 分钟
5	深入分析	针对小组讨论过程，梳理思考题理论知识点，与学生进行深入讨论互动	20 分钟
6	归纳总结	授课教师对案例讨论进行归纳总结，对整个案例的知识要点进行再次简明阐述	10 分钟

18.6.2 板书设计

板书设计见图 18－2。

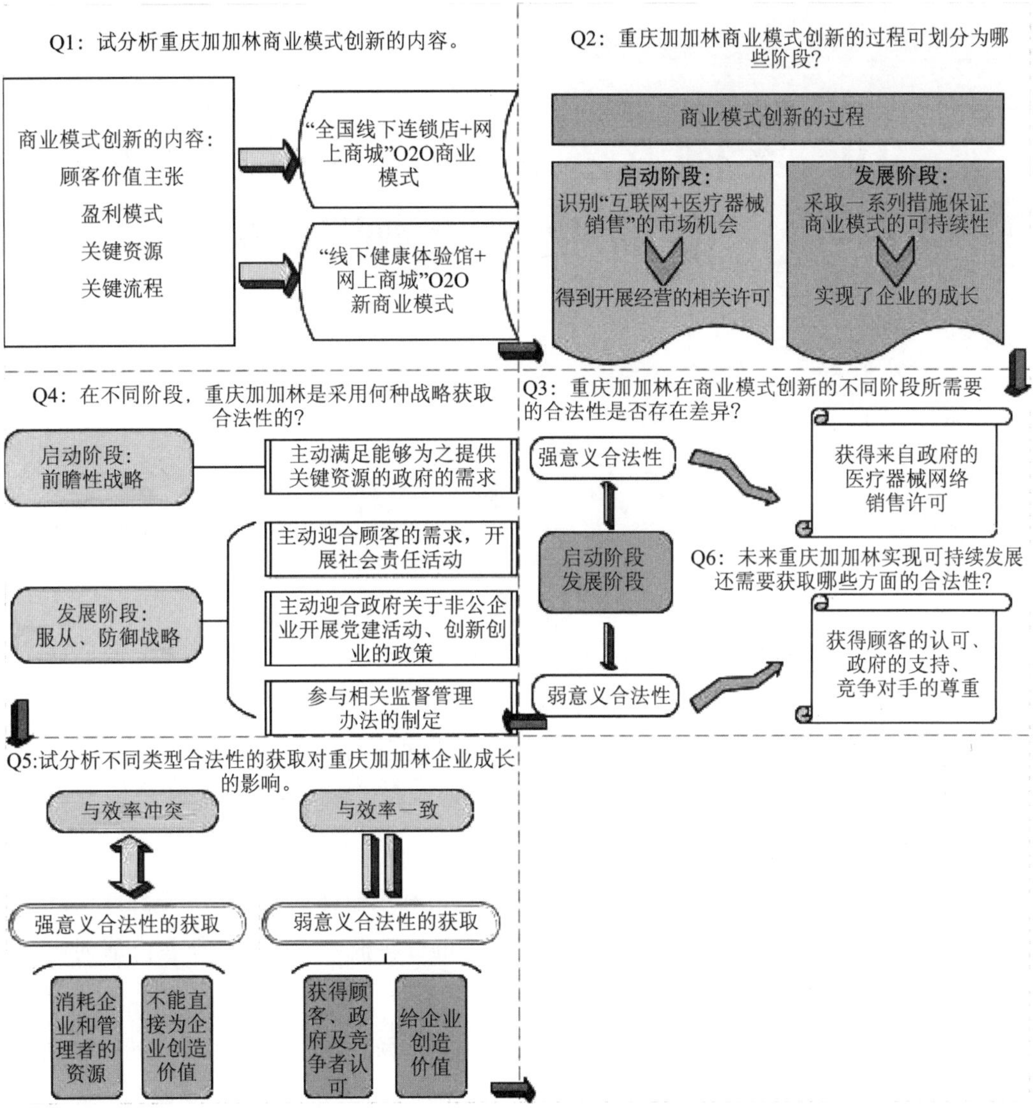
Q1：试分析重庆加加林商业模式创新的内容。
商业模式创新的内容：
顾客价值主张
盈利模式
关键资源
关键流程
“全国线下连锁店+网上商城”O2O商业模式
“线下健康体验馆+网上商城”O2O新商业模式
Q2：重庆加加林商业模式创新的过程可划分为哪些阶段？
商业模式创新的过程
启动阶段：
识别“互联网+医疗器械销售”的市场机会
得到开展经营的相关许可
发展阶段：
采取一系列措施保证商业模式的可持续性
实现了企业的成长
Q4：在不同阶段，重庆加加林是采用何种战略获取合法性的？
启动阶段：前瞻性战略
主动满足能够为之提供关键资源的政府的需求
发展阶段：服从、防御战略
主动迎合顾客的需求，开展社会责任活动
主动迎合政府关于非公企业开展党建活动、创新创业的政策
参与相关监督管理办法的制定
Q3：重庆加加林在商业模式创新的不同阶段所需要的合法性是否存在差异？
强意义合法性
获得来自政府的医疗器械网络销售许可
启动阶段
发展阶段
Q6：未来重庆加加林实现可持续发展还需要获取哪些方面的合法性？
弱意义合法性
获得顾客的认可、政府的支持、竞争对手的尊重
Q5:试分析不同类型合法性的获取对重庆加加林企业成长的影响。
与效率冲突
与效率一致
强意义合法性的获取
弱意义合法性的获取
消耗企业和管理者的资源
不能直接为企业创造价值
获得顾客、政府及竞争者认可
给企业创造价值

图 18－2 板书设计

19. 案例八：厦航“拓荒”生鲜电商业务案例分析[①]

19.1 教学目标

通过案例教学过程的研讨、互动，使学生了解企业内部创业的过程、方式和内涵，掌握内部创业相关理论。具体的教学目标包括：

（1）通过分析厦航跨界生鲜电商进行内部创业的过程与要点，引导学生理解企业内部创业中机会识别、资源整合、价值创造的过程，进一步掌握内部创业的环境影响因素模型，了解企业进行内部创业过程中的三维行动要素。

（2）分析厦航鹭鲜生企业内部创业过程中，如何利用内部创业的优势进行商业模式的设计与创新，引导学生搭建企业内部创业商业模式的分析框架，思考企业在内部创业过程中如何构建内部生态的价值创造体系。

（3）探讨鹭鲜生在进一步发展中该如何规划以面对市场竞争，并思考鹭鲜生进一步成长时该如何处理与母公司厦航的关系。通过深入分析、讨论和思辨，学生可以将所学的内部创业相关知识应用到企业内部创业的实践中去，提升学生盘活资源、价值创造和模式创新的能力。

19.2 问题回顾

（1）请思考鹭鲜生的创始人郑晖是如何发现并捕获内部创业机会的。

---

① 改编自：严子淳、梁馨月、王伟楠、冯永春：《大树底下好乘凉——厦航“拓荒”生鲜电商业务》，中国管理案例共享中心，编号 EPSM－0589。

(2) 分析鹭鲜生定位中高端生鲜电商市场的战略依据，并分析其市场定位优势。

(3) 对比其他生鲜电商的运营模式，分析鹭鲜生如何避免生鲜电商红海市场的“烧钱”模式。

(4) 目前，鹭鲜生成功盈利依靠的是什么？这种盈利模式未来能否持续？

(5) 如果你是郑晖，在规划未来进一步发展中，该如何处理鹭鲜生与厦航的关系，以更好地应对市场竞争？（开放性问题）

19.3 分析思路

本案例的分析应围绕厦航跨界生鲜电商的鹭鲜生内部创业过程展开（见图 19－1）。首先，对鹭鲜生的创业背景进行全面、系统地介绍；其次，启发学生思考鹭鲜生创业过程的动因、市场环境、设计实施的行动过程和创业效果评价；最后，引导学生探讨鹭鲜生内部创业成功的商业逻辑，启发学生对企业内部创业的思考。

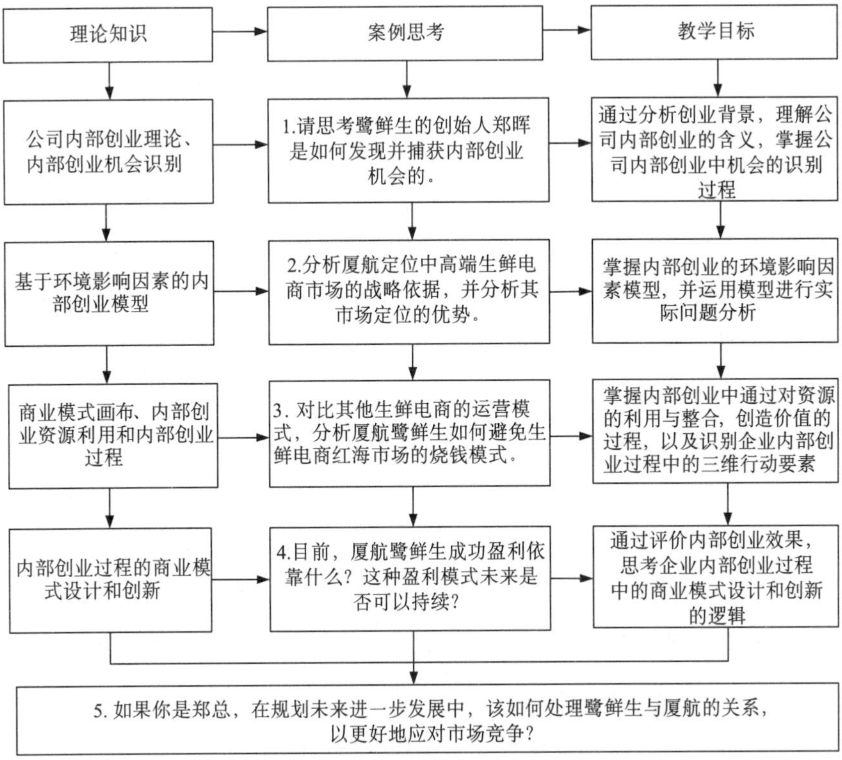

图 19－1　案例分析思路与步骤

19.4 理论依据及分析

19.4.1 理论依据

19.4.1.1 内部创业相关理论

关于内部创业的概念，在20世纪80年代，随着市场竞争环境越发激烈，产品生命周期越来越短，以强调职能为核心、实施计划控制管理理论的传统大公司的生存空间逐渐被竞争柔性的中小企业所侵蚀。而实现大公司“基业长青”的关键步骤之一就是推动内部创业。内部创业是企业成长和多元化的途径，是产品扩展与更新的源泉，也是开发新事业与创造新收益的源头，能使企业在迅速变化的市场上保持竞争力。内部创业普遍定义为“在现存组织内部进行创业”，是发生在大公司或独立事业部内的、以创建内部试验市场、改进管理和技术为目的的创新活动。

（1）基于内部创业机会识别视角。

机会识别对公司的内部创业十分重要，内部创业企业家基于自身的过往经历、个性特质、社交网络等，对产品市场和生产要素市场中需求的变化、机会的感知，产生创新、创业的想法。然而，并不是所有机会都可以付诸实践，机会的市场价值诉求和个体或组织的价值创造能力两个维度对创业机会会产生一定影响，即在价值诉求明确、价值创造能力已界定的情况下，机会才能够创造创业者对有利要素进行集合的实践条件。

（2）基于内部创业资源视角。

资源可以分为三大类：有形资产、无形资产和组织能力，它们决定企业经营活动的效率和效果，是战略的实质和持续竞争优势的本质。内部创业资源就是与内部创业相关的有形资产、无形资产和组织能力的总和。组织能力指组织可利用的一切资源，包括人力资源、物质资源、财务资源、时间资源、技术资源、声誉资源、渠道资源和信息资源等。

（3）内部创业的环境影响因素。

推动或阻碍内部创业的因素有很多，其中环境的影响作用尤为重要。影响内部创业的因素主要可以归纳成两个方面：组织内部因素和外部环境因素。组织内部因素和外部环境因素的相互作用，对管理者发起了挑战，使他们创造性地做出反应，并且以创新的方式来展开行动。

①外部环境因素。

影响内部创业的外部环境按其性质可分为四个维度：动态性（dynamism）、异质性（heterogeneity）、敌对性（hostility）和复杂性（complexity）（Hornsby 等，2009），见表19－1。通过这四个维度来界定影响企业内部创业外部环境因素的特征。

表 19－1　　影响内部创业的外部环境因素

维度	定义
动态性	企业所处环境快速变化的程度
异质性	企业所涉及的各细分市场中存在有差异的因素数目
敌对性	企业进入不同经营领域的竞争程度的差异
复杂性	企业面对环境不定因素的数目

②组织内部因素。

影响内部创业的组织内部因素很多，能够直接影响到内部创业的组织内部因素可以归纳为：管理层支持度、激励报酬机制、员工工作自主性和组织边界模糊化，通过这四个维度来界定影响企业内部创业的组织内部因素的特征，并在本研究中验证，见表 19－2。

表 19－2　　影响内部创业的内部环境因素

维度	定义
管理层支持度	企业高级管理层在内部创业方面的意愿和对推动内部创业的积极性
激励报酬机制	对于新创意和流程改进给予的奖励、报酬是否合适
员工工作自主性	允许员工可以自主创新工作方法，在新项目的开发实践中可以自主决策，可以自主组织团队创新活动
组织边界模糊化	基于新产品开发、知识吸收和技术改进而进行的联盟合作

（4）内部创业过程中的三维行动要素。

内部创业作为一种在现有组织内部所推动的非正规活动，不仅要有组织中高管人员的大力支持，还要得到企业在组织与管理上的诸多配合。决定内部创业过程中的行动要素有以下三个：内部创业精神（corporate entrepreneurship）、内部创业家（corporate entrepreneur）和创新（innovation），见图 19－2。

①内部创业精神。

内部创业精神是指在现存的组织内部，凭借集体力量，追求组织共同愿景，通过集体性的组织创新活动促进组织的再生力量汇总。内部创业精神同时也代表了一种在现有组织

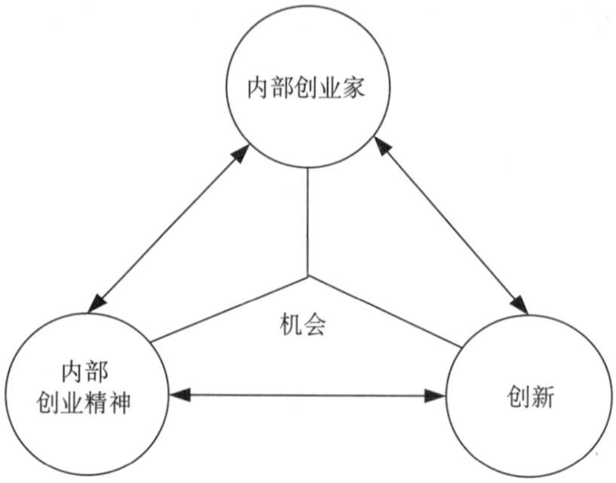

图 19-2 内部创业过程和三维行动要素互动体系

中发掘机会，并组织资源建立新事业，进而创造市场新价值的一种历程，它有助于企业在市场竞争中取得领先优势，对于形成核心竞争力有一定的促进作用。

②内部创业家。

企业内部具有创业精神的组织成员通常被称为内部创业家，他们通过支配一定数量的企业生产资源，对生产要素进行重新组合，在组织内部创造性地建立生产函数，从而在实现自身价值的同时，促进企业的创业活动与持续成长，并最终推动经济的发展。其特征为：在公司中从事创业活动的人；被公司所雇用；要承担一定的财务风险。

③创新。

传统的内部创业中的“创新”被认为是组织创新的一部分，包括产品、服务、生产技术和工艺的发展和提高，以及将内部创业中创新维度的一部分看作创业姿态（entreprencurial posture），即在产品创新上的广度和频率上，成为相关技术的领导者。随着市场中技术的不断创新与发展，内部创业中的创新要素不仅发生在有形的产品和无形的技术等方面，还包括了制度上的创新。例如，谷歌公司已经创新了内部工作生态环境，布满大大小小的新创企业，构筑了一个“内部硅谷”的内部创新文化。

19.4.1.2 企业内部创业的商业模式

商业模式是一个业务活动的有机系统，创业模式的创新是创业企业价值创造的内部驱动力。内部创业商业模式就是根据业务特征，识别商业模式创新的内生机会与障碍因素，设计和选择创业团队适合的业务配置方式与制度体系，与企业战略创新形式形成最佳的适配。

（1）商业模式画布。

商业模式画布（见图 19-3）可以清晰地描述出该创业企业能为顾客提供的价值以及实体的内部结构、合作伙伴网络和关系资本等用以实现价值并产生可持续收入的要素，包括：价值主张、客户细分、客户关系、核心资源和能力、关键业务、重要伙伴、渠道通路、收入来源和成本结构。但是，商业画布的“九宫格”是对商业模式的静态描述，没有突出对各要素之间动态互动关系的描述。

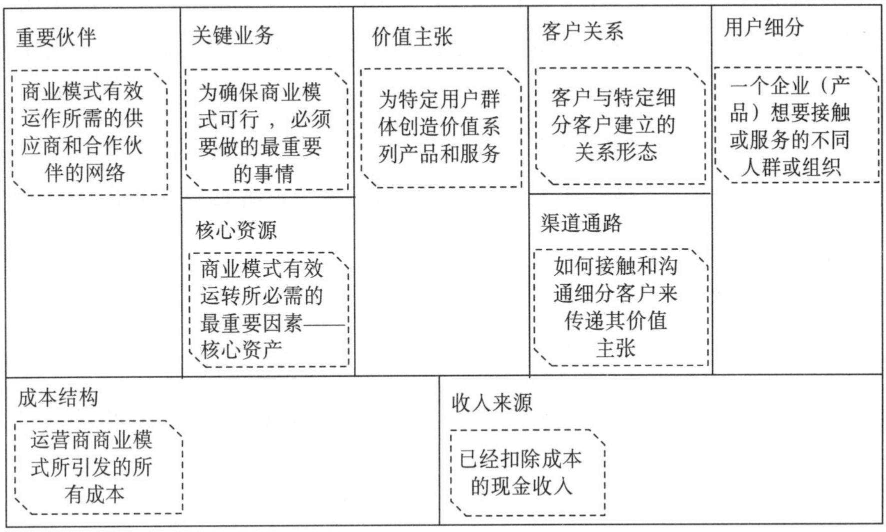

图 19－3　商业模式画布

（2）商业模式四要素模型。

随着商业模式不断创新与发展，商业模式四要素模型被创造出来，该模型认为商业模式由价值主张、盈利模式、优势资源和关键流程四个相互锁定的要素构成。具体模型如图 19－4 所示。

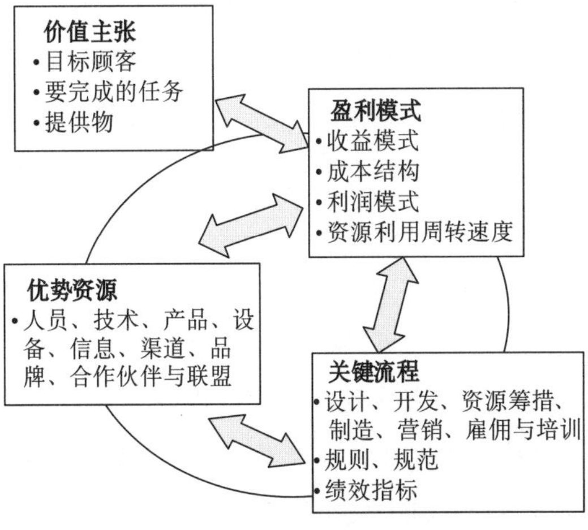

图 19－4　商业模式的四要素模型

其中，价值主张旨在描述企业如何帮助顾客完成重要的任务，是商业模式的首要因素和起始点。在内部创业过程中，企业要对机会进行识别并与内部创业资源相结合，实现价值创造、价值获取和价值传递的过程。盈利模式旨在描述企业如何为自身创造价值。在内部创业过程中，创业企业要特别关注收益模式、成本结构、利润模式和资源利用周转速度。优势资源是企业向目标细分市场传递价值主张的必备要素，内部创业的企业应利用自身优势资源构建稳定的商业模式。关键流程是企业成功运营和管理的元素，也是保证创业企业能够重复运营业务和管理活动并增加销售收入的关键。这四个要素不是简单罗列而是存在相互锁定的关系，商业模式的威力就在于不同要素之间的复杂互动、协调与互补，最终实现某一要素的变化会影响整个系统，不同要素之间的冲突也会显著影响系统的整体绩效。

19.4.2 案例分析

19.4.2.1 问题1：请思考鹭鲜生的创始人郑晖是如何发现并捕获内部创业机会的

郑晖作为鹭鲜生平台的创始人，在创业过程中基于生鲜电商市场多元信息的敏锐捕捉和发散性思维引导的良好商业逻辑产生的交互作用，助推了鹭鲜生电商平台创业进程。

（1）基于机会的市场价值诉求视角。

面对外部市场，目前市场上盒马鲜生、京东生鲜等生鲜电商平台竞争激烈，其中物流是生鲜电商发展的关键制约问题，而脱胎于航空公司的鹭鲜生在这方面具有很大优势，厦航的货运空仓可以有效保障鹭鲜生的物流运输。作为鹭鲜生雏形的厦航员工微信团购群，由于信誉、商品质量有保障而深受员工信赖，并逐渐推广至亲友圈，使团购微群规模日益扩大。加上消费升级和新中产崛起的外部环境，生鲜市场的顾客对于产品品质的要求日益提升。郑晖在感知到美食团购微群的潜在商机后，通过对现有资源以及自身和组织能力等各方面能力进行综合分析，认为生鲜电商平台的未来发展具有很大潜力，加深了创立生鲜电商平台的新想法，具有较高的创业警觉性。

（2）基于个体及组织价值创造能力视角。

郑晖既博学又好学，拥有充足的知识储备，多年的民航工作经历也让他积累了丰富的行业经验和管理技能，加上之前作为乘务员往返国内外，对各地美食有一定了解和认识，并考取了厨师证，具备专业技能。因此，他能够从厦航利用货舱物流优势帮助员工团购各地美食的团购微群中敏锐感知到商机。结合郑晖多年的工作经验和组织与管理能力，他对创业活动具有深入思考。

鹭鲜生创立初期，厦航在多方面为鹭鲜生的发展提供了良好的资源性支持。在有形资产方面，厦航腹舱运力具有先天的优势；在无形资产方面，厦航客运在中高端商旅中具备的较高知名度与流量也为鹭鲜生的发展助力。这些有形资产与无形资产都成为郑晖进行内部创业的可利用资源，也为鹭鲜生早期经营效率和效果的取得奠定了良好基础。

综上所述，郑晖抓捕到了创业的机会，创立以航班的白鹭标志命名的“鹭鲜生”生鲜电商，正式开始内部创业活动。在内部创业团队的共同努力下，利用公司各种有形、无形资产发展壮大鹭鲜生，创业之初取得了很不错的营业成效，同时由于员工的努力，吸引了更多的粉丝，为鹭鲜生的进一步扩张奠定了基础。鹭鲜生机会识别流程见图 19－5。

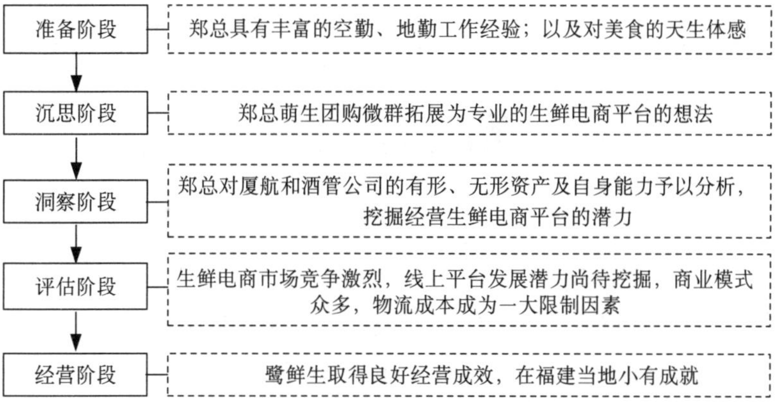

图 19－5　鹭鲜生机会识别流程

19.4.2.2　问题 2：分析鹭鲜生定位中高端生鲜电商市场的战略依据，并分析其市场定位优势

（1）鹭鲜生定位中高端生鲜电商市场的战略依据。

鹭鲜生的内部创业过程采取的主要是稳定型和增长型战略。厦航依靠自身良好的公司品牌形象，拥有高净值私域流量和丰富的货运资源，为鹭鲜生跨入生鲜电商行业奠定了扎实的基础。

鹭鲜生作为厦航内部创业的电商平台，继承了厦航作为国有企业追求“稳”的风格，也使鹭鲜生在发展过程中倾向稳定型战略。由于厦航知名的品牌影响力，客源稳定在一定程度上利于鹭鲜生利润增长的稳定。在追求盈利方面，鹭鲜生主要采取的是增长型战略，中高端市场的客源具有稳定的收入来源，价格敏感度相对较低，避免了面对下沉市场的电商平台依靠补贴扩大市场的“烧钱”模式。因此，鹭鲜生定位于中高端市场优势诸多。

（2）鹭鲜生市场定位优势。

鹭鲜生市场定位优势见图 19－6。

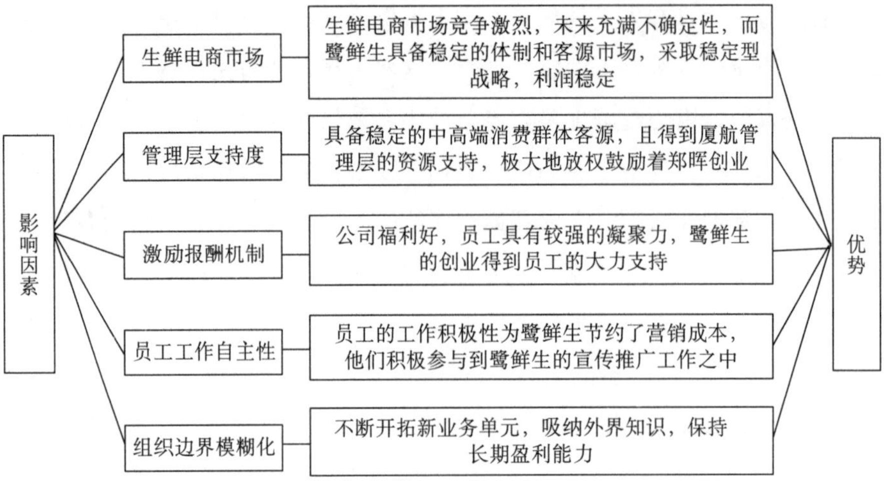

图 19－6　鹭鲜生市场定位优势

基于外部环境而言，鹭鲜生的发展机遇与挑战并存。虽然生鲜类商品为生活必需品，但是生鲜电商的红海市场玩家较多，竞争较为激烈，鹭鲜生面临较强的市场动态性和复杂性，而且，电商平台大多依靠资本的前期补贴，“烧钱”价格战激励，市场敌对程度高，因此鹭鲜生定位中高端市场，采取精细化管理，拒绝依靠资本的“烧钱”模式。由于生鲜的特点以及生鲜电商的经营特点，生鲜电商市场竞争激烈，各种市场及产品定位的垂直电商层出不穷，细分市场具有一定程度的异质性。因此，更加要求鹭鲜生提高企业警觉能力以应对不断变化的市场环境。鹭鲜生定位中高端市场，以稳定的经营体制与客源市场取胜，所以其优势便是以“稳”来应对动态的环境。

从内部环境影响因素来看，厦航带来的资源优势显著。

①管理层支持度：厦航作为知名的国有企业，其本身的市场定位就是中高端商旅人群。根据相关数据，中高端消费群体在生鲜电商市场领域占有不小的比例。鹭鲜生将新业务定位于中高端市场利于业务的开展与市场的开拓。因而总公司管理层的支持增强了郑晖的创业积极性。

②员工工作自主性：厦航的企业文化使鹭鲜生员工拥有较强的工作自主性。在鹭鲜生创业的过程中，员工为鹭鲜生的宣传与粉丝的积累做出了很大贡献，使鹭鲜生节约了广告成本，这也是其市场定位的优势之一。员工积极参与头脑风暴，积极为鹭鲜生拓展客户，使“鹭粉”的数量大幅增加。郑晖经过多年的工作已经和同事形成了合力、统一的整体。在创业中，同事们紧紧围绕郑晖共同努力，不仅各司其职还能一专多能，稳健经营有序，可见郑晖拥有较强的组织控制能力。事实证明，员工工作的积极性和较强的组织控制能力利于内部创业的成功，这也是鹭鲜生创业成功的优势之一。

③组织边界模糊化：鹭鲜生定位于中高端市场。鹭鲜生不断开发新产品并吸纳外界知识，使自身的商业逻辑不断更新迭代，还扩展了洗涤、烘焙和美食学院等业务。这些业务也同样定位于中高端市场，是鹭鲜生另一个获得利润的优势。

综上所述，郑晖及其团队在对内外部的资源条件进行分析之后，开始创业做生鲜电商，并取得了很好的成效。对资源和条件分析的过程也进一步反映了郑晖较强的扫描与识别能力，所以也是其自身的能力促进创业取得成功。

19.4.2.3　问题3：对比其他生鲜电商的运营模式，分析鹭鲜生如何避免生鲜电商红海市场的“烧钱”模式

厦航鹭鲜生的运营模式是创业者郑晖及鹭鲜生创业团队共同努力、协同作业，充分发挥各自的创新、创业精神，通过内部现有资源的整合利用，成功打破传统生鲜电商平台靠资本入驻的“烧钱”模式。鹭鲜生盈利的模式可通过商业模式画布进行如下总结，见图19－7。

<table>
<tr><td rowspan="2">重要伙伴
厦航相关业务部门、厦航大客户</td><td>关键业务
中高端生鲜电商平台</td><td rowspan="2">价值主张
优质的生鲜选品；客户体验；精细化生鲜供应链管理</td><td>客户关系
依靠厦航品牌赋能和新媒体营销的粉丝经济</td><td rowspan="2">用户细分
厦航白鹭会员、中高端美食爱好者</td></tr>
<tr><td>核心资源
厦航私域流量、厦航品牌影响力、厦航空运资源</td><td>渠道通路
厦航私域流量、新媒体流量</td></tr>
<tr><td colspan="2">成本结构
——物流、仓储、运营</td><td colspan="3">收入来源
——电商平台产品销售</td></tr>
</table>

图19－7　鹭鲜生商业模式画布

内部创业作为一种在现有组织内部推动的非正规活动，不仅需要组织内部高管人员的大力支持，还需要公司在组织与管理上给予诸多配合，因此，内部创业的成功往往是内部创业家、内部创业精神和创新三维行动要素共同作用的结果。鹭鲜生之所以能够避免生鲜电商红海市场的“烧钱”模式，也正是由于这三要素的驱动作用，更为重要的是对于内部资源的拼凑整合和价值挖掘。

首先，内部创业家郑晖的创业精神在鹭鲜生的创立过程中发挥着重要作用。多年的空勤工作经历和地勤经历，加上自身对美食的极大喜爱，使郑晖从美食团购微群中敏锐识别出生鲜电商平台的潜在价值发展机会，并且凭借自身积累的知识与经验，敏锐地感知到传统生鲜电商平台“烧钱”模式经营的不可持续性。尽管京东生鲜、本来生活、每日优鲜等生鲜电商平台各自选择了前置仓、店仓一体化、社区拼团、门店到家等不同类型的生鲜电

商模式，但是由于生鲜高昂的物流成本和运营成本，这些平台前期均投入了大量资本，比如平台补贴引流的前置仓模式。因此，生鲜电商普遍存在高投入、高风险、高额补贴的特征，这也成为当前很多生鲜电商的痛点，正如盒马鲜生因初期流量大带来的高额补贴导致后期出现亏损。在目前迭代迅速的生鲜电商完全竞争市场中，一般生鲜电商的“烧钱”模式不具备长期可行性，鹭鲜生需要创新生鲜电商平台模式。

其次，在内部创业家作出的初步评估基础上，鹭鲜生团队成员集思广益，积极建言献策，发挥公司内部创业精神，打破岗位限制，一人身兼多岗，共同致力于打破现有生鲜电商平台模式。内部创业家与创业团队创造性地在组织内部把现有资源的潜在价值重新整合，构建轻资产、不“烧钱”的生鲜电商模式。面对生鲜电商平台依靠外部资本引入来解决平台前期引流难关的问题，鹭鲜生创业团队选择延续厦航的精细化管理传统，依托鹭鲜生的前身团购微群积累的职工粉、客户粉和一部分拓展粉形成基本盘。此外，互联网等信息技术蓬勃发展，抖音、微博等新兴平台成为重要的营销渠道，鹭鲜生团队充分利用郑晖在抖音、微博等平台积攒的粉丝人气，实现互联网时代的全新精细化引流渠道，避免了生鲜电商平台引流上的“烧钱”问题。鹭鲜生的引流渠道见图 19－8。

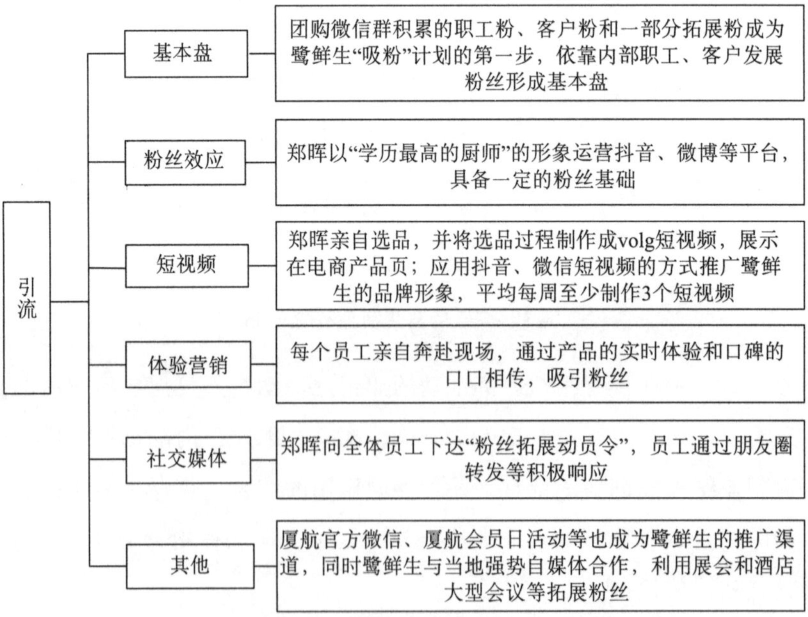

图 19－8　鹭鲜生的引流渠道

再次，除了引流环节的“烧钱”问题，郑晖从自身对生鲜行业的认知中总结出，生鲜电商平台的“烧钱”很大程度上源于供应链管理问题，只有解决这一问题才能建立鹭鲜生的市场竞争优势。有形资产、无形资产和组织能力等资源决定着企业经营活动的效率和效果，是战略的实质和持续竞争优势的本质。因此，创业团队从人力资源、物质资源、财务资源、时间资源、技术资源、声誉资源、渠道资源和信息资源等内部资源出发，通过有效的资源整合与利用，精细化管理采购、仓储、运输、配送等供应链各环节，避免供应链环节上的“烧钱”。团队成员创造性地利用厦航和酒管公司内部可供利用的现有资源，创新生鲜产品的供应链管理。采购环节，不同于传统电商平台选择单一果径售出，创业团队选择承包整片果园，利用酒管公司内部资源整合整条果品供应的生态链，分类、分层销售，让利终端消费者，在市场同类产品中获得价格优势。仓储环节，利用厦航闲置的航材仓库资源，改造成生鲜冷仓，减少储藏成本开支，同时采用预售模式，减少不必要的库存。运输环节，高昂的冷链物流成本限制着很多生鲜电商的发展，鹭鲜生则“近水楼台先得月”，利用厦航的舱位运力资源，有力保障偏远地区应季特色生鲜产品的物流，获得产品优势。在“最后一公里”的配送环节，厦航遍布全国各地的营业部成为鹭鲜生布局线下销售网点的重要可用资源，并且与京东物流的合作伙伴关系，也帮助鹭鲜生成功解决配送问题，并开设美味分享馆等线下体验店支持自提，通过 O2O 模式有力保障生鲜产品供应。鹭鲜生的供应链流程见图 19－9。

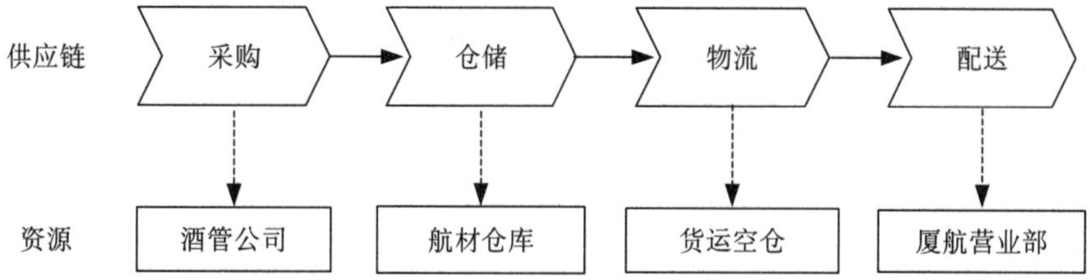

图 19－9　鹭鲜生的供应链流程

最后，在内部创业家、内部创业精神、创新三维行动要素的综合作用下，创业团队利用鹭鲜生前身团购微信群积累的客户资源和内部创业家郑晖所具备的粉丝基础，解决了引流环节的“烧钱”；通过整合厦航运力资源、品牌资源、客户资源等，创新性地提出精细化管理的生鲜产品供应链，避免了供应链管理上的“烧钱”。内部创业家郑晖在实现自身价值的同时，帮助鹭鲜生在电商红海市场的竞争中获得领先优势，成功建立了航空公司内部轻资产、不“烧钱”模式的生鲜电商平台。

19.4.2.4　问题 4：目前，鹭鲜生成功盈利依靠的是什么？这种盈利模式未来能否持续？

鹭鲜生成功盈利主要依靠厦航内部优势运力、品牌资源，精细化管理生鲜产品供应链，通过在微信公众号平台为中高端顾客提供优质、低价的精选生鲜产品获得竞争优势并创造价值。这正是鹭鲜生实现商业模式创新的过程，鹭鲜生商业模式创新的路径主要围绕价值主张、盈利模式、优势资源和关键流程商业模式四要素进行（见图 19－10）。

价值主张 • 优质的生鲜选品 • 客户体验 • 精细化生鲜供应链管理	优势资源 • 厦航私域流量 • 厦航品牌影响力 • 厦航空运资源
关键流程 • 平台打通供应链上下游，为消费者提供优质、低价的生鲜产品	盈利模式 • 成本结构 ——物流、仓储、运营 • 收入来源 ——电商平台产品销售

图 19－10　鹭鲜生商业模式

其中，盈利模式是创业企业实现盈利、创造价值的关键，主要包含企业收益模式、成本结果、利润模式等关键部分，该模式的建立与顾客价值主张、优势资源和关键流程密不可分，四者相互作用才能实现企业价值。顾客的价值主张作为商业模式的首要因素和起始点，贯穿内部创业整个过程，是构建盈利模式创造价值的出发点，同时也是落脚点。鹭鲜生旨在为福建省内消费能力较强的中高端顾客提供优质、低价的精选产品，如新疆本地酸奶、各地应季鲜果、高端海鲜、各地土特产等，而厦航的现有资源成为鹭鲜生为福建省内中高端顾客创造价值必不可少的要素。在满足中高端目标顾客需求的过程中，鹭鲜生充分利用厦航内部优势资源，有效整合、深入挖掘潜在价值，实现采购、储藏、运输、配送等供应链流程的精细化管理，实现成本最小化，最终为企业创造价值，这也正是鹭鲜生价值主张的实现过程。

具体而言，在生鲜电商平台创立初期的关键引流流程上，鹭鲜生所利用的核心资源优势就是厦航的品牌口碑、厦航多年积累的优质客户资源，以及鹭鲜生前身团购微群积累的职工粉、客户粉和拓展粉，这些均成为鹭鲜生引流的关键渠道资源，减少了运营成本。此外，微信朋友圈、微博、抖音等社交及多媒体平台的多渠道推广宣传，以及线下美味体验馆的体验推广，帮助鹭鲜生建立起良好的客户关系，使平台实现低成本引流，实现了营销成本最小化。同时，提高了平台产品的性价比，在同类商品中获得绝对价格优势，以及较高的顾客黏性。

除了电商平台前期必不可少的引流流程，鹭鲜生在采购、运输、仓储、配送等关键供应链流程上也整合厦航内部资源，有效降低运营成本，为消费者提供优质、低价的生鲜产品。在采购上，鹭鲜生自建生鲜物流冷链，利用厦航及酒管公司的内部资源，采取承包整片果园、分类处理的方式，在内部整合整条供应链，让利终端消费者，实现物流成本最小化，同时获得价格优势。在仓储上，鹭鲜生利用厦航的闲置航材仓库资源，减少生鲜冷仓的高昂成本开支，并采用预售模式，实现库存滞销最小化，削减储藏成本。鹭鲜生最重要的核心资源优势就是利用厦航的舱位运力资源，解决生鲜产品物流成本高的问题，同时在一些独特的生鲜产品上获得产品优势，如仅有空运可以运输的新疆应季蟠桃等。厦航遍布全国的营业部也成为鹭鲜生销售网点的最佳选址，与京东物流等的合作也顺利解决生鲜电商平台产品“最后一公里”问题。总体而言，通过在关键流程上的优势资源整合，鹭鲜生的成本相对其他电商平台较小，通过在微信公众号平台为顾客提供优质低价精选生鲜产品服务，将客户流量变现，获得主要收入，以此获得较高的盈利水平。

当前，鹭鲜生依托厦航的优势资源支持，在引流、供应链管理等关键流程上建立起较好的盈利模式，并为福建省内的中高端目标顾客创造了价值。但是，生鲜电商市场迭代迅速、竞争激烈，随着鹭鲜生的日益发展，国有企业本身的机制体系对其发展的限制也逐渐凸显。当前，鹭鲜生依托优势资源、关键流程、价值主张和盈利模式四要素构建的创新商业模式也需适时而变，适当转换产业结构，开拓新的业务板块，延伸业务范围，才能够长久发展下去。

19.4.2.5 问题5：如果你是郑晖，在规划未来进一步发展中，该如何处理鹭鲜生与厦航的关系，以更好地应对市场竞争？（开放性问题）

在当前越发激烈的市场竞争中，越来越多的企业开始谋求多元化的发展来分散经营风险，实现企业长期而稳定的发展。生鲜电商行业属于竞争激烈的红海市场，鹭鲜生虽然选择了风险相对较小的轻资产模式，但是市场竞争不会停止。因此，在经营业务范围上，除了在生鲜电商方面继续做大做强，鹭鲜生未来可以继续延伸产业链，扩大自己的业务板块。在原有运营的生鲜电商平台基础上，鹭鲜生现今也已涉及洗涤、摄影和美食学院的教育培训，开始从单一的经营产品中抽离出来，将自身经营扩大到不同的领域或行业中，进行多元化的投资探索，未来也将规划鹭鲜生相关产业链上的其他业务板块，如医养业务，多个业务协同发展、实现共赢，以期达到获取更多的市场资源、提高自身核心竞争力、提升企业价值的最终目的。

2015 年，国务院发布的《关于国有企业发展混合所有制经济的意见》中，圈定包括民航在内的七大领域为混改的重点行业。2019 年，国有三大航在不同层面都进行了混改尝试，航司混改进入快车道，以推进股权多元化改革，引入非国有资本。此外，对于内部创业企业而言，资本是影响创业公司发展的重要因素，倘若内部创业的资本主要来自企业内部资本，长此以往，企业的内部创业活动往往不可避免地被打上集团企业的烙印，并由此影响内部创业项目的进一步成长，如战略制定过多受集团企业影响、对创业项目持续支持的不确定性、既有制度体系与文化体系的束缚等。因此，单一的企业内部投资对于内部创业企业的成长来说并非百利而无一害。这也使很多企业开始思索如何搭建从外部市场中获取资本支持的渠道和平台，来推动内部创业活动的展开。如今的鹭鲜生依靠厦航国有企业的资源，取得良好的发展成果，但这并非长远规划，对厦航资源的过度依赖容易导致“内卷化”，影响鹭鲜生的持续性发展。因此，鹭鲜生未来可以考虑寻求新的合作伙伴，引入外部资源，更好地吸引和利用外部资本来服务于鹭鲜生，改变目前盈利结构，减少资源依赖程度。适时引入外部市场化资本对于鹭鲜生的成长和发展有一定的必要性和重要意义。

除了业务多元化、外部资本引入等，目前鹭鲜生作为区域性生鲜电商平台，在福建厦门已小有成就，其成长速度、品牌和团队奋斗创业的精神，也引起很多一线城市供应商的关注。地域空间的局限性，势必也会影响鹭鲜生的发展。在业务经营区域上，随着厦航子公司在全国多个省市的开设，“一轴两翼”发展战略布局的日益完善，以及鹭鲜生电商平台并入厦航大平台系统，系统全面升级，能力也越来越强，未来可以考虑将业务延伸至除福建省之外的国内其他省市，如与“北上广”这些经济活跃度较高的一线城市合作，由区域性生鲜电商平台向全国性平台发展，推动鹭鲜生进入新的发展阶段。而且，随着厦航洲际航线拓展与国际化战略不断推进，未来鹭鲜生可以依靠厦航丰富的航线资源实现电商的跨境购。

鹭鲜生未来可能的发展方向如表 19－3 所示。

表 19－3　　鹭鲜生未来可能的发展方向

维度	发展方向	发展目标
业务范围	除了生鲜电商，鹭鲜生现今也已涉及洗涤、摄影和美食学院的教育培训，未来将规划相关产业链上的其他业务板块，如医养业务等	从单一的经营产品扩大到不同的领域或行业中，进行多元化的投资探索
资本来源	鹭鲜生未来可以考虑寻求新的合作伙伴，引入外部资源，更好地吸引和利用外部资本来服务于鹭鲜生	减少资源依赖程度
经营区域	未来可以考虑将业务延伸至除福建省之外的国内其他省市，如与“北上广”这些经济活跃度较高的一线城市合作；可以依靠厦航丰富的航线资源实现电商的跨境购	由区域性生鲜电商平台向全国性平台发展

19.5 关键点

19.5.1 案例关键点

本案例的核心在于公司内部创业战略的基本内容和商业模式创新的相关理论。此外，本案例还帮助学生理解公司内部创业的机会识别、影响内部创业的外部和组织内部因素、内部创业行动三维要素等，并启发学生对内部创业过程在商业模式设计及创新方面的思考。

19.5.2 关键知识点

公司内部创业的含义，内部创业的机会识别，影响内部创业的外部环境因素、组织内部因素、内部创业行动三维要素，内部创业的商业模式。

19.6 案例使用建议

19.6.1 课堂计划

本案例可以作为专门的案例讨论课进行。课堂计划按照时间建议如下。

19.6.1.1 课前计划

给出思考题，请学生带着问题在课前完成案例和相关理论的阅读和初步思考。

19.6.1.2 课中计划

课堂引言：明确主题，介绍教学目标、课堂要求和课堂安排（5 分钟）。

案例背景介绍：通过观看鹭鲜生视频，组织学生讨论日常中的生鲜网购，引起学生兴趣，辅以案例分析，营造积极的课堂讨论氛围（10 分钟）。

分组讨论：分小组讨论思考题，授课教师在巡视小组讨论过程中可参与学生讨论，初步了解学生讨论结果（15 分钟）。

集中发言：对思考题进行个人观点陈述，组织课堂小组讨论（控制在 20 分钟）。

对于第 5 题可进行小组讨论（每组 10 分钟，控制在 20 分钟）。

授课教师总结：梳理案例涉及的知识点，对于案例讨论进行点评和归纳总结（10 分钟）。

19.6.2 案例提问逻辑

通过提问激发学生思考，对案例情景中涉及的知识点和重难点进行引导分析，帮助学生将案例故事发展脉络与理论知识结构相互融合，使案例分析的思路问题化。本案例课堂提问逻辑的具体问题如下：

（1）郑晖在创立鹭鲜生的过程中是如何发现机会的？

（2）鹭鲜生的市场定位是怎样的？

（3）鹭鲜生为什么定位中高端生鲜电商市场？

（4）鹭鲜生定位中高端市场的优势有哪些？

（5）鹭鲜生为什么在生鲜电商领域不“烧钱”？

（6）目前鹭鲜生为什么成功盈利？

（7）鹭鲜生这种盈利模式未来能否持续？

（8）请帮郑晖参谋一下，在鹭鲜生今后的发展中如何处理好与厦航的关系？

（9）如果你是郑晖，未来将怎样带领鹭鲜生团队继续发展？

19.6.3 板书设计

本案例教学说明提供的参考板书内容如图 19 - 11 所示，授课教师请根据具体情况进行调整。

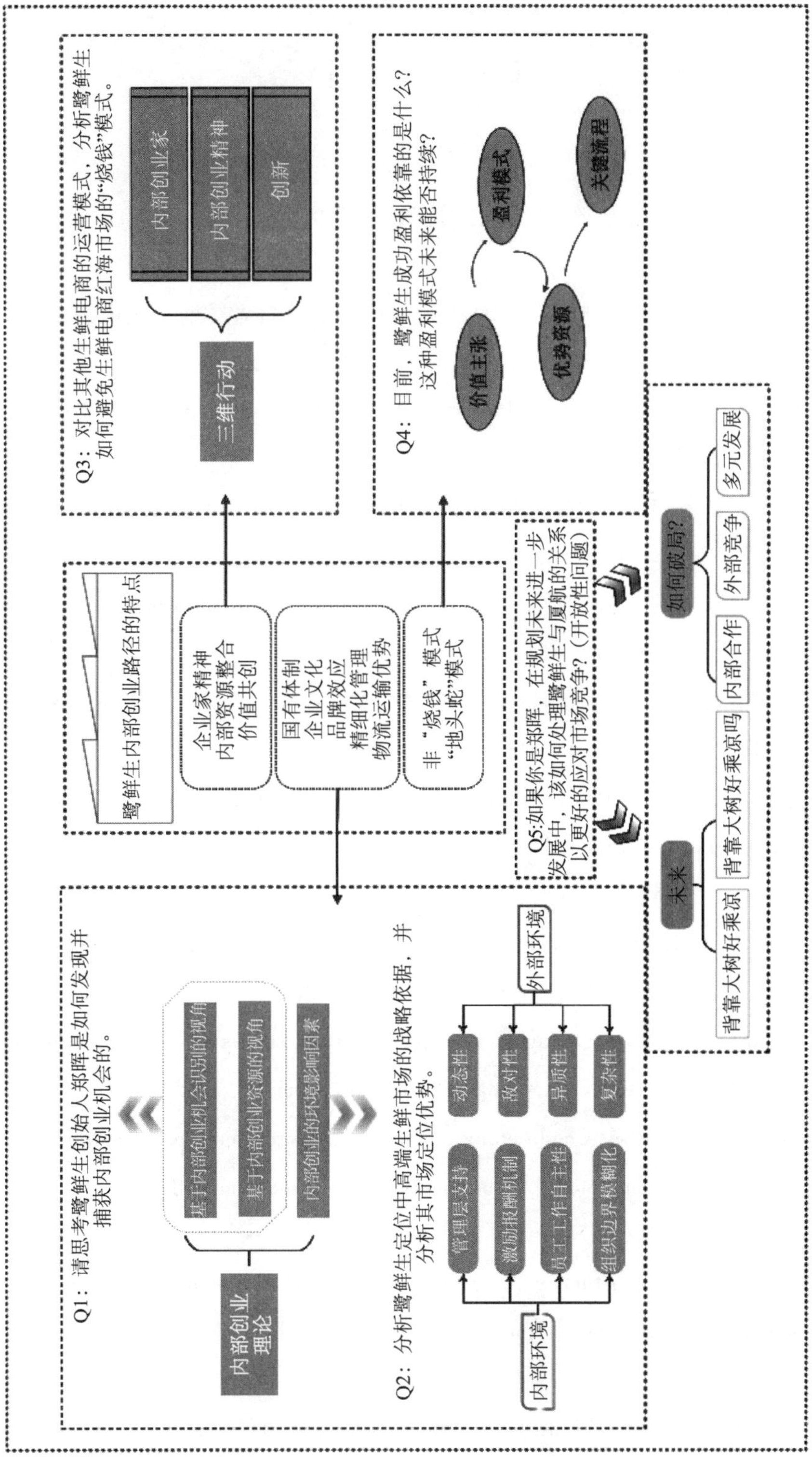
Q1：请思考鹭鲜生创始人郑晖是如何发现并捕获内部创业机会的。
内部创业理论
基于内部创业机会识别的视角
基于内部创业资源的视角
内部创业的环境影响因素
Q2：分析鹭鲜生定位中高端生鲜市场的战略依据，并分析其市场定位优势。
内部环境
管理层支持
激励报酬机制
员工工作自主性
组织边界模糊化
外部环境
动态性
敌对性
异质性
复杂性
鹭鲜生内部创业路径的特点
企业家精神
内部资源整合
价值共创
国有体制
企业文化
品牌效应
精细化管理
物流运输优势
非“烧钱”模式
“地头蛇”模式
Q3：对比其他生鲜电商的运营模式，分析鹭鲜生如何避免生鲜电商红海市场的“烧钱”模式。
三维行动
内部创业家
内部创业精神
创新
Q4：目前，鹭鲜生成功盈利依靠的是什么？这种盈利模式未来能否持续？
价值主张
盈利模式
优势资源
关键流程
Q5:如果你是郑晖，在规划未来进一步发展中，该如何处理鹭鲜生与厦航的关系以更好的应对市场竞争？(开放性问题)
未来
背靠大树好乘凉
背靠大树好乘凉吗
如何破局？
内部合作
外部竞争
多元发展

图 19－11　板书设计

【参考文献】

[1] 陈劲，郑刚．创新管理：赢得持续竞争优势［M］．北京：北京大学出版社，2016.

[2] 涂洪波，胥草森，赵晓飞．O2O 生鲜电商平台消费者重购意愿影响机制［J］．中国流通经济，2021，35（4）：38 –47.

[3] 昝梦莹，陈光，王征兵．我国生鲜电商发展历程、现实困境与应对策略［J］．经济问题，2020（12）：68 –74.

[4] 张武保，任荣伟．藉以内部创业战略提升企业竞争力：行为与绩效——中国华为公司内部创业行动案例研究［J］．华南理工大学学报（社会科学版），2011（4）：24 –32.

[5] 张玉利，史宇飞，薛刘洋．数字经济时代大型企业驱动的创业创新实践问题研究［J］．理论与现代化，2021（1）：14 –20.

[6] 朱亚丽，郭长伟．创业即冒险：基于多层次视角的内部创业研究述评［J］．外国经济与管理，2021，43（2）：123 –139.

[7] Behrens J，Patzelt H. Corporate entrepreneurship managers' project terminations：Integrating portfolio – level，individual – level，and firm – level effects［J］．Entrepreneurship：Theory and Practice，2015，40（4）：815 –842.

[8] Covin J，Slevin D. A conceptual model of entrepreneurship as firm behavior［J］．Entrepreneurship and Practice，1991，16（1）：7 –25.

[9] Kuratko F，Hornsby S，Hayton J. Corporate entrepreneurship：The innovative challenge for a new global economic reality［J］．Small Business Economics，2015，45（2）：245 –253.

[10] Urbano D，Turro A. Conditioning factors for corporate entrepreneurship：An in（ex）ternal approach［J］．International Entrepreneurship & Management Journal，2013，9（3）：379 –396.

[11] Vanacker T，Zahra Shaker A，Holmes R. Michael. Corporate entrepreneurship，country institutions and firm financial performance［J］．Journal of World Business，2021（3）：101 –162.

[12] Zahra S，Dess G G. Entrepreneurship as a field of research：Encouraging dialogue and debate［J］．Academy of Management Review，2001，26（1）：8 –10.

20. 案例九：中航信移动科技的数据资源“利用”之道案例分析①

20.1 教学目标

通过对案例企业的深入解构与分析，了解数字经济时代企业的数据资源作为新型生产要素，在企业创新中产生、流动、增值的战略过程，理解以数据要素为基础的企业发展所需，掌握相关理论，提升理论结合实际运用能力。具体如下：

（1）了解企业结合自身背景利用数据要素资源进行动态创新的过程。

（2）追踪式观察企业的价值创造过程，在了解企业数据资源要素利用途径的基础上，深入理解价值共创、产业数字化战略等概念。

（3）引导学生从数据要素流动角度出发，探索数据要素赋能企业价值升级的原因和逻辑。

（4）启发学生思考数字化时代，企业利用数据要素提高竞争优势的路径方式和未来趋势。

20.2 问题回顾

以下思考题可在课前布置给学生，引导学生带着问题对案例进行阅读，帮助其更好地

① 改编自：严子淳、李凡、练奕洋、王凯：《航旅纵横如何纵横航旅？——中航信移动科技的数据资源“利用”之道》，中国管理案例共享中心，编号 TEC－0109。

掌握案例核心和脉络。

（1）航旅纵横应用程序开发过程中，如何利用数据要素实现内外部资源的协同互补？

（2）分析总结航旅纵横的成长过程，对比其与传统互联网创业企业成长过程的异同。

（3）梳理民航行业数据要素产生、流动的因果逻辑，总结航旅纵横在这一过程中数据生产要素获取并利用的价值创造过程。

（4）分析航旅纵横如何在数字经济下更好发挥底层技术优势，并提炼航旅纵横的竞争优势。

（5）请基于对未来数字民航的市场预测，提出航旅纵横未来发展的规划建议。

20.3 分析思路

授课教师可以根据自己的教学目标来灵活使用本案例。这里提出本案例的分析思路，仅供参考。分析思路供在教学课堂上基于思考题展开案例教学使用。本案例基于“案例问题—理论知识点—教学目的”的逻辑展开具体的案例分析。案例分析思路如图 20－1 所示。

首先，从描述民航行业信息不对称现象入手。随着我国经济和民航事业的发展，乘客和运营矛盾不断涌现，航班延误现象时有发生。旅客、航空公司、机场信息管理部门三方信息交流闭塞问题成为主要导火索。其次，重点分析中航信移动科技是如何通过科技手段来解决上述问题的。2023 年 3 月，习近平总书记在参加他所在的十四届全国人大一次会议江苏代表团审议时指出，大力发展战略性新兴产业，加快发展数字经济。2023 年《政府工作报告》也明确指出，大力发展数字经济，提升常态化监管水平，支持平台经济发展。同时，新组建的国家数据局将统筹推进数字中国、数字经济、数字社会规划和建设等。这表明，数据要素的作用将进一步凸显，数字经济有望步入发展快车道，释放更强劲动能。中航信移动科技以数据要素为基础，不断进行航空产业链价值重构策略的研究，利用信息技术手段，打通民航信息部门交流渠道的同时，面向 C 端用户提供航旅纵横民航信息服务一体化应用程序。在这一过程中，航旅纵横通过功能服务输出成功打通行业各部门之间数据流通渠道，构建数据流通规则，逐步将数据资产转化为核心竞争力。与此同时，航旅纵横也完成从数据服务提供者到数据通道构建者，再到行业引领者的战略演化。最后，引导学生理解企业从技术角度、资本角度进行未来布局的思路和原因，启发学生从产业数字化战略出发，思考企业利用数字化获取市场优势的战略思维和未来趋势。

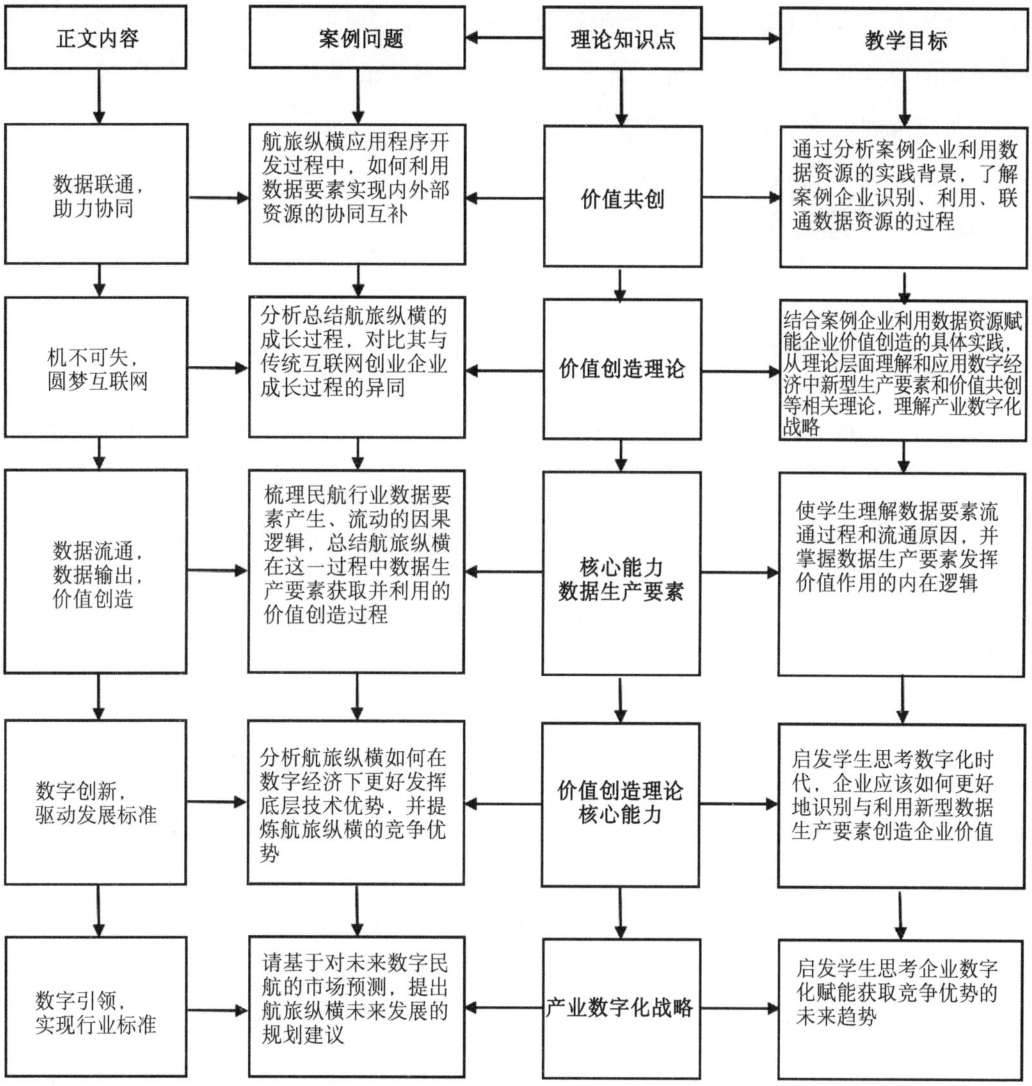

图 20－1　案例分析思路

教学手册的设计要让学生在实际应用场景中深刻理解价值共创、核心能力、数据生产要素、产业数字化等概念内涵以及相关的理论意义，在此基础上引导学生依次分析，从而深入理解航信集团在数据资源利用上的宝贵经验。

20.4　理论依据与分析

本案例立足于中航信移动科技的数据资源利用发展历程，从航信集团企业本身架构地位特殊性入手，梳理企业如何完成数据资源要素的全流程使用，继而进一步做好以数据要素为基础的行业价值提升。因此，价值共创、产业数字化战略、数据生产要素、核心能力、价值创造理论是本案例的主要理论依据。

20.4.1 理论依据

20.4.1.1 价值共创

随着数字经济时代的到来，企业间的联系越发紧密，往往需要多个企业在同一个行业共同提升以此获得更大利润；不同行业间的利益交叠也因数字经济的广泛性而更重合，一个行业想要战胜其他来自各个方向的竞争对手，就需要本行业企业共同完成提升。价值共创将价值创造定义为多方利益相关者共同努力创造价值，强调价值创造中的多方互动合作。Levy 和 Merry（1986）提出，企业和用户共同参与产品或服务的构思、设计和营销传播环节，最终促成新产品或服务产生，并获得预期收益，其目的在于提高顾客满意度，增强市场竞争力，促进经济增长。

从已有文献来看，关于多方利益相关者的价值共创，目前的研究还十分有限。当前有关多方利益相关的价值共创主流研究为多元系统理论，其认为：任何一个主体都是由多种要素构成的复合整体，不同类型的主体具有不同的特征。Lambert 等（2012）提出，将价值共创的参与者从顾客扩展到其他所有利益相关者。现有研究拓展了价值共创的参与主体层面，但更多侧重于营销方面的运用。平台企业是一类特殊的商业模式创新主体，作为一种新型的社会经济组织形态，其参与价值共创具有独特的特点，其内部存在着复杂多样的价值共创模式，其基于整合协同过程中的合作关系构建价值创造系统，基于交易关系构建价值传递系统，并融入利益相关者的多向关系，通过互动、授权和资源整合促进价值创造和价值传递，从而实现组织间的价值共创。

20.4.1.2 产业数字化战略

在数字经济时代，数据的产生和流通速度前所未有，整个经济系统呈现出巨大的复杂性，消费者需求碎片化和个性化，供应链体系趋于数字化和智能化。此时，企业家们面临着更多的不确定性，他们不仅要面对瞬息万变的外部环境，还要进行复杂的组织管理与数据搜集工作，以实现精准决策，应对经济系统中存在的各种不确定性。技术战略有助于传统服务业的转型和升级，加快产业数字转型。特别是在数字经济时代，云计算、人工智能、物联网为主导的数字技术，能够打破行业壁垒，模糊产业边界，加快产业融合，推动基础行业转型升级（Manyika，2011）。除此之外，以上高新数字技术将作为产业数字化基础设施，不同行业通过数字技术能够充分抢占市场先机，助力传统行业在数字经济时代的产业数字化转型升级。

在基础数字技术助力企业数字化战略转型发展的同时，传统服务业数字化转型已成为全球经济增长的新动能（谭洪波，郑江淮，2012）。互联网信息分享经济模式使传统服务业的供需能够即时、精准匹配，催生了大量新业态，涌现出了一大批新型数字服务型企业（Pisano 等，2015），其改造提升传统产业价值链，实现了消费需求的长尾效应（曾世宏，高亚林，2016）。但需要认清的事实是，产业转型是一个动态过程，需要通过一系列步骤、过程才能完成，在短时间内试图一步完成产业数字化战略转型发展难度较大（吴勇毅，2018）。若能完成产业数字化战略转型，将非常有利于提升产业效率和效益，推动企业间跨界融合，创新产业组织竞争模式，并赋能产业升级。

20.4.1.3 数据生产要素

在数字经济快速发展的时代，数据的非竞争性使其成为提高知识生产效率、促进经济增长的重要手段。同时，在大数据背景下，以用户为中心的商业模式逐渐取代传统商业形态成为市场发展主流方向，而作为市场主体的企业则面临着巨大的竞争压力与挑战。为此，企业必须不断优化自身资源，通过研究外部环境和需求的变化，避免劳动力、资本、技术等方面的盲目性，形成灵活多变的生产方式，最大化地提高资源配置效率。数据作为一种新的生产要素，已经被挑选出来参与收入分配，同时，数据被称为在数字经济时代的“石油”，在数字经济底层支撑中起到重要作用。然而，目前我国的数据要素市场体系和数字基础设施尚不完善，数据要素所有权制度、数据要素立法制度和收益制度缺失，数据定价和交易市场体系不完善，数据共享和安全隐私保护体系相对滞后，技术标准和基础设施支撑体系尚处于起步阶段，众多不利因素严重限制了数据生产要素的发展。为此，《国家中长期科学和技术规划纲要（2006—2020 年）》明确提出，要积极推进数据要素市场化改革，促进数字经济健康快速发展。李曦（2019）从数据参与分配、数据政策环境、数据产权确认、数据共享和数据保护五方面为促进数据生产要素发展提出对策建议。

想抓住数据生产要素的发展，需要对其流动过程有清晰的认知，分析出流动过程关键环节，才能促进数据生产要素的提升。王晓庆等（2022）提出的主流理论认为，数据要素流动过程分为四个阶段：数据资源、数据产品、数据资产和数据资本化。数据要素的流动是创造数据价值的关键，数据流通元素可以是简单易懂的阅读，也可以是大量数据的演算分析。在数字技术推动下，全球范围内形成了新一轮数字科技革命和数字产业变革浪潮。陈国青等（2022）提出，数据生产要素中的代表——大数据带来的颠覆性力量，成为新时代产业结构优化升级、推动产业链和创新链代际跃升的主力军，特别是数据规模、数据采集、存储和处理能力、数据基础设施已经成为大国竞争的“制高点”。

20.4.1.4 核心能力

数字经济时代，企业经营环境表现出与工业经济时代明显不同的特征，企业价值创造方式也表现出一系列新的特征。在此大环境下，企业想要实现价值提升，必须抓住其本质核心能力。核心能力是指公司的主要能力，普拉哈拉德和哈默尔（1990）提出，核心能力是公司在竞争中处于优势地位的强项，是其他对手很难达到或者无法具备的一种能力。核心能力是构成企业竞争能力和竞争优势基础的多方面技能、互补性资源和运行机制的有机融合，是识别和提供竞争优势的知识体系。Barton（2000）提出，核心能力是一个系统，包括员工的技能、物理体系中的知识、管理系统和价值观四种形式的技术竞争力。核心能力主要关乎各种技术和对应组织之间的协调和配合，从而给企业带来长期竞争优势和超额利润。在企业选择新的业务时，真正起作用的是可以从现有业务向新业务转移的核心能力。在技术方面，核心能力主要是对多种技术和功能进行调整和整合。在组织方面，核心能力强调组织的整体协调。核心能力具有价值性、独特性、延展性、长期性、难以模仿性和不可替代性。

一般来说，企业获取核心能力的方法有两种：内部积累与外部获取。随着经济全球化趋势不断加快，国际市场竞争日趋激烈，传统的以产品为中心的经营模式已不能满足现代市场要求。潘佳等（2017）研究表明，在突破企业边界约束的基础上，构建企业核心能力的因素已不仅仅局限于单纯的内部学识的累积，识别和获取外部资源能力已日益成为企业获取竞争优势的重要途径，这也使企业突破对内部资源的过度依赖和对风险的锁定。除此以外，企业可以从市场上获得部分核心能力，但通过外部获取核心能力的企业只能获得核心能力要素，无法获得真正的核心能力。企业通过任何途径获取的核心能力要素，都必须通过企业内部的有效整合，才能植根于企业，成为企业自身的核心能力。因此，企业应该根据所拥有的核心能力明确业务范围，并且不断通过外部资源获取来强化内部核心优势，只有以核心能力为主要依据，企业管理者才可能就资源配置和业务组合问题作出更好的决策。

20.4.1.5 价值创造理论

对于企业来说，构建竞争优势、最大限度地获取价值是经营企业的根本目的所在，而其最重要的理论依据之一就是价值创造理论。特别是对于以数据要素为基本底层关键逻辑的当代数字经济企业来说，如何发掘构建竞争亮点、完成企业价值提升是企业发展的关键。从20世纪90年代起，西方学者对价值创造问题展开了持续研究，并取得丰硕成果，但至今尚未形成完整的理论体系。目前的理论主要是基于波特的整合价值创造理论和价值链分析模型，通过价值创造理论和价值链分析模型为企业价值创造及企业竞争优势研究提供指导方法。金帆（2014）基于波特价值链模型进行纵向、横向和空间延展，分别提出了价值星系、虚拟价值链、价值网、价值生态系统等新兴概念，使价值创造理论体系不断丰富，这些理念共同为企业发掘核心要素、创造价值提供一定的指导。

除了为企业价值创造指明方向外，价值创造理论还揭示了价值活动的内容以及利润的产生，该部分内容对企业实现价值提升也具有重要意义。Amit、Zott（2001）认为，对于企业来说，活动的价值作用表现为对绩效的作用。商业模式即企业价值创造的商业逻辑，即企业利润实现机制和价值创造机制，其实质是以系统的方式创造价值，并通过价值创造实现企业、顾客、伙伴和社会价值，带领企业系统化地完成价值创造过程。目前，商业模式研究已经成为学术界关注的焦点问题之一。盛亚等（2015）认为，商业模式的核心要素是能够创造价值和获取价值的资源能力，通过资源转换提升价值，且创造价值的过程包含了从资源获取到产品服务的整个过程，这个过程对于企业创造价值至关重要，这在理论上很好地为企业如何完成价值创造提供了针对性建议。张敬伟、王迎军（2010）将商业模式与企业目标相结合，对商业模式中的价值主张、价值创造与传递、价值获取之间的逻辑关系进行了解释，以此更好阐释企业应当通过怎样的商业模式完成价值创造，助力企业稳步提升。

20.4.2 问题分析

20.4.2.1 问题1：航旅纵横应用程序开发过程中，如何利用数据要素实现内外部资源的协同互补？

本题希望学生能深入了解价值共创理论，学习企业如何通过价值共创提升自身发展以及带动行业整体价值提升；结合案例内容分析航旅纵横在数字经济时代如何充分践行价值共创理论，以及如何完成基于数据要素的内外部资源协调互补（见图20－2）；读者通过分析企业利用数据资源的实践背景，了解案例企业识别、利用、联通数据资源的过程。

内部资源	外部资源
·集团提供稳定薪资	·挖掘数据技术人才
·集团提供内部数据	·研发大数据系统
·集团提供服务器	·形成数据交换通道
·总部给予极大自主权	·协同行业资源

图20－2 航旅纵横内外部资源协调互补

航信集团曾经为航运行业、机场、代理商提供服务，为它们进行操作系统搭建，但在航空工业诞生之前从未扩大过航空信息服务业务。随着互联网应用的不断普及，大数据技术已渗透到各行各业之中，在逐渐改变人们的工作与生活方式的同时，也在不断推动企业进行数字化转型。此时，各企业利用计算引擎和相关算法对数据要素进行处理，实现数据要素之间的互联协同，进而通过价值共创效应带动行业内所有企业快速发展是十分必要的。然而，多方数据独占性会给数据结果共享带来诸多不便，因此需要借助先进的技术手段来实现对数据的整合、分析和处理，从而为客户提供更精准的服务与更好的产品或方案，这也是各公司所面临的巨大挑战之一。

就内部资源利用来说，在航旅纵横应用程序起步之时，航信集团内部的“枪支弹药”让团队有了前进的动力，集团公司持续为团队成员提供稳定的薪资保障、内部数据和服务器资源，让团队获得了前进的“助燃剂”，并毫无畏惧地专注于项目开发。同时，总部给予航旅纵横极大的自主权，其作为数字资源型创新企业，可以从总部现有文化基因中跳出，走更接近互联网数据要素资源发展的道路。除此之外，在内部数据资源的使用方面，总部给予了航旅纵横较大的权限，工作上也分配较为独立的空间，这让航旅纵横在管理制度等层面上拥有更强的灵活性和自主性。

就外部资源联通来说，航旅纵横深入挖掘数据技术人才，组建了超过 200 人的技术团队研发大数据系统。研发团队在解决“数据困难”问题方面掌握着丰富经验，特别是通过引入联邦学习算法等方式，可以让数据拥有者在私有化的同时进行数据共享，有效地提高了企业对数据资源的使用效率。在此过程中，航旅纵横技术团队通过对各类数据资源进行采集、存储、加工、转换等处理，形成了统一的数据交换通道，实现了航旅纵横各数据生产要素之间的流通、吸收与共享，并最终完成航旅纵横各数据生产要素的集成。在此背景下，航旅纵横大数据系统对联通和整合两大开放平台提出了更高要求。

就行业资源整合来说，航旅纵横利用其数据要素资产，在技术上独占优势，并且不断致力于协同行业资源，不断突破创新。为此，航旅纵横自被列入我国混改单位以来，便不断走向增资扩股之路，以合理化行业内资源互通的行为。2020 年中，中航信移动科技完成 2.737 亿元人民币战略融资，本轮投资由招商启航资本领投，南方航空、空管投资公司、易程科技等跟投。增资完成后，航信集团、易程科技、南航资本、空管投资公司和启航资本将分别持有中航信移动科技 31.61%、8.39%、12%、12% 和 36% 的股权。在股权合作的基础上，行业内的实体巨头进行利益捆绑，有助于更好地发挥协同效应，助力航旅纵横综合价值链升级。

在航旅纵横诞生之前，航空领域各个实体部门属于相对分散的状态，因此在行业内构建开放合作的新渠道，有助于各个实体之间进行内外资源协调，进而创造全新的价值链体系。为此，航旅纵横一直致力于转变为一个行业的基础性公司，通过股权合作、业务关联等契机，将行业实体间的内外部资源联通，构建行业交流的桥梁。这不仅是其自身的革新和转型过程，更是为全行业实现价值共创提供入口和契机的过程。航旅纵横通过数据融通、内外部资源互补，成功搭乘互联网顺风车而华丽诞生，还以更高的格局带动多方利益体共同成长，成为行业新一代的标杆。

20.4.2.2　问题2：分析总结航旅纵横的成长过程，对比其与传统互联网创业企业成长过程的异同

本题希望学生根据价值创造理论和二者实际发展过程中重点关注的问题，对比诞生于国有企业的航旅纵横与传统互联网创业企业的成长过程。学生需要深入探寻两种企业发展异同（见图20－3），同时比较不同企业尝试价值创造和价值提升阶段关注的不同重点及采取的不同措施。

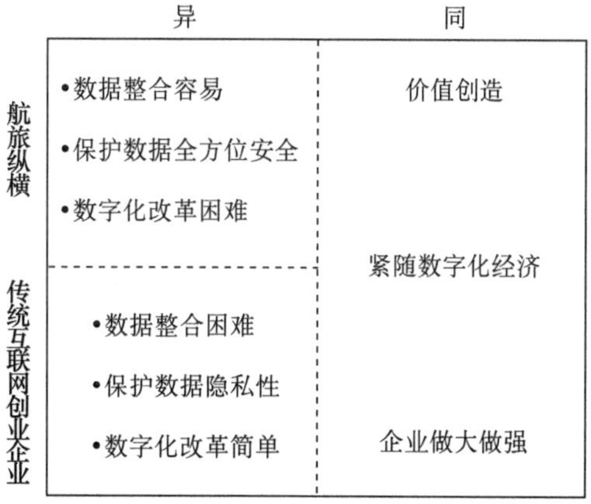

图20－3　航旅纵横与传统互联网创业企业发展异同

从数据利用角度出发，随着大数据处理技术日渐成熟，数据利用已经成为互联网企业的持续性话题。这是因为大数据的核心旨在挖掘并分析用户行为背后所隐含的规律，其可以为互联网企业进行有效的结论产出，为企业进行持续的价值创造提供线索。因此，随着计算引擎和算力的发展，越来越多的传统互联网企业开始涉足这一领域。但是，由于企业背景和实力不同，其利用数据进行价值创造的方式存在一定差异。具体而言，由于航空行业数据比较分散，私有化和数据割裂现象明显，导致算法开发难度大，需要投入大量资金。因此，对于传统互联网企业来说，要想打破行业数据割裂现象，独立完成行业数据先整合再利用的过程非常困难。与此同时，传统互联网企业对数据的应用往往更聚焦于内部数据分析上，以数据分析结果更好地支撑其以产品开发为重点导向铺设业务。而航旅纵横

身处体制内，拥有先天的资源优势和信誉优势，使其在该领域发展较为顺利。航旅纵横主要优势在于，通过股权融合、业务合作等方式将多方利益体进行捆绑，同时敢于投入大量资金进行研发，通过研发联邦算法，在保障各方数据资产安全的基础上，解决了数据获取的难题。同传统互联网企业类似的是，航旅纵横的技术团队同样抓住了2008年我国网民达到2.53亿人、普及率逼近20%、成为世界第一的利好环境，搭乘上了这波互联网发展的顺风车，借助信息时代电子产品广泛使用所产生的海量数据，完成了初步数据要素的生产和积累。

从数据安全角度出发，不管是体制内企业还是传统的市场环境下成长起来的互联网企业，在当下个人信息隐私监管越来越严格的情况下，均对数据安全技术不断进行深入研究，以防止数据泄露导致的用户损失。对于用户来说，越安全的平台越值得信任，因此会更倾向于使用个人数据隐私受到更强保护的平台，这也是企业完成价值升级需要重点关注的一个要点。传统互联网企业因局限于实力背景，对于数据安全并没有太多的考量，大多仍停留在保护数据隐私性阶段，通过建立独立控制机房及签署一系列隐私协议来完成用户隐私保护。相比于市场竞争压力对产品迭代速率的要求，安全技术的突破往往需要沉下心去做长时间的研究，因此在多方市场竞争压力下诞生的传统互联网企业只能把有限的精力聚焦到能更快出成果的产品迭代上，这也是大多数互联网企业没有从技术上解决数据安全问题的重要原因。相比之下，在更为严谨的体制内环境下，数据安全解决方案则有更突出的表现。随着航空公司对信息安全的重视程度越来越高，大多航空公司通过使用基于深度置信网络的方法构建模型，来进一步辅助数据安全模型的训练和预测。中航信移动科技更是将信息安全视为公司未来发展中最具成长性的领域之一。针对数据安全问题，航旅纵横自2020年起就成立了专门的专业团队对其现有的数据要素流通方式进行改革，将区块链技术融入该过程中，以保障数据要素安全。

从数字化改革角度出发，传统的互联网企业有自己独特的行业特点和商业模式，可以根据自身特点选择适合本公司的模式，并且无须经过层层审批，往往具有较高的效率。而航旅纵横作为国有企业，在国企改革和数字化发展方面与其他传统互联网企业天然存在很大不同。国企改革会涉及国企的治理结构和管理层的改制等问题，程序和手续上较为复杂。但得益于国家发改委大力推动国企转型及内部创业孵化，中航信移动科技作为互联网公司能够拥有较大的自主创新权，在一些细节和创新领域方面有着较高的自由度，因此得以快速发展。

尽管目前看来航旅纵横仍和传统互联网企业有着较多异处，但是双方都围绕价值创造展开诠释和实践，努力跟进数字化经济的时代浪潮，从不同角度把企业做大做强。航旅纵横充分利用自身的资源和技术优势参与到国家体系中去，通过信息技术来帮助解决一些

“卡脖子”难题，其战略方向和企业发展布局与国家战略高度契合，这也是航旅纵横成为国内最大的分改企业之一的重要原因。在做大做强的过程中，航旅纵横会以一种全新的模式出现在社会大众面前，成为一个具有代表性和影响力的企业。对航旅纵横来说，做大做强不仅是事业的成功，更是对国家的重大贡献，为国家发展大战略提供了有力支撑。航旅纵横的发展离不开国家整体战略的支持，同时也需要国有企业和新兴企业共同参与其中，实现资产的保值增值，为客户提供切身实地的服务。这是航旅纵横义不容辞的责任和义务，也是资本驱动的传统互联网企业值得学习的地方。

20.4.2.3 问题3：梳理民航行业数据要素产生、流动的因果逻辑，总结航旅纵横在这一过程中数据生产要素获取并利用的价值创造过程

本题希望学生能将核心能力理论与数据生产要素相结合，深入探寻梳理以航旅纵横为代表的民航行业数据要素产生、流动的因果逻辑。学生需要建立数据生产要素流动模型、确立关键核心能力，了解中航信移动科技在数字经济时代以底层数字技术为主的数据生产要素的获取方式，以及如何整体化利用核心能力创造价值。

作为信息服务企业，中航信移动科技其现有的业务对数据生产要素形成了强大的依赖，其主要业务围绕数据要素从“联通”到“整合”再到“输出”的流通链路展开（见图20-4），数据要素生产成为中航信移动科技的核心能力。当前数据已作为核心资产，使信息化行业有着天然的垄断性。特别是对于民航而言，数据是最重要的资源之一，因为它包含了所有业务所需的全部数据要素。然而，现在的运营系统并没有将这些数据很好地利用起来，主要原因在于各公司之间缺乏有效的沟通与协作，导致大量信息无法被整合到一个平台中去，就无法为整个企业提供精准的服务，更不能为企业的决策提供可靠的基础数据。由此可见，整个行业在数据要素流通性及价值提升方面下功夫是至关重要的。对于整个行业来说，完善数据生产要素的流通是提升整体核心能力的重要手段，也是完成价值共创的必经途径。

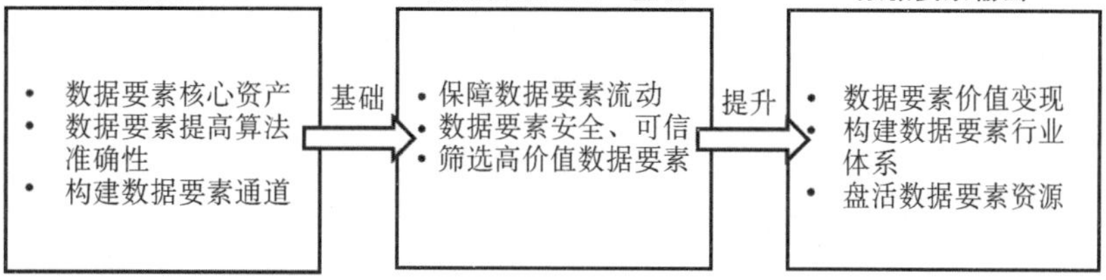

图20-4 中航信移动科技数据要素流通链路

从最初的数据要素产生来看，随着互联网时代的到来和大数据技术的发展，数据的重

要性越来越凸显。数据要素已成为民航产业的重要生产要素和核心战略资产，是支撑企业创新的底层建筑。对于航旅纵横技术团队而言，其引以为傲的计算引擎和算法都是以数据要素为核心，对最基础的数据要素获取要求较高，因此为了提高算法准确性，就必须实现数据要素之间的互联协同。在此背景下，以航旅纵横技术团队为主的各企业团队纷纷开始将数据要素进行整合，并与其他合作企业实现在数据私有化基础上的数据通道构建，以此实现行业数据要素资源联通共享。

在完成数据要素联通之后，要想盘活数据资源的价值，就要对数据要素进行整合，保障进入数据流动阶段的顺畅。特别是对于航旅纵横这类将数据作为生产要素进行创业的企业来说，确立数据要素生产的核心能力在企业发展方向中的重要地位，完善围绕核心能力提出的各类措施，是其命脉所在。因此，在数据整合阶段，原材料运输流通的环节十分关键。对于将数据要素作为核心生产能力的企业来说，数据整合阶段的主要目的是保障完成数据资源传输，因此需要解决以下两个问题。第一，解决数据信息的安全问题。早在航旅纵横上线初期，整个团队就开始布局数据安全之路。针对数据安全问题，航旅纵横团队认为，区块链技术所具备的分布式、去中心化、不可篡改等特点是解决数据安全问题的突破口。航旅纵横技术团队的数据源很多，基本涵盖了整个行业。第二，解决数据信息的可靠性问题。由于航旅纵横自身业务的特殊性和复杂性，所以在数据采集方面需要使用多种来源的数据源，以实现数据质量控制，多数据源可以提供有关航旅纵横的最全面信息，但也同样需要一一筛选出有价值的数据，因此在数据采集过程中必须严格按照相关规范和要求去执行。针对这一问题，航旅纵横团队选择了十余名经验丰富的民航工作者组成团队，凭借行业经验和敏锐的洞察力，对航班动态、未来趋势等行业数据进行洞察，并及时纠正错误，确保应用程序可靠性，而且通过持续改进和完善，不断提升用户体验。目前，航旅纵横技术团队开发的产品主要围绕数据采信、多维存储分析、溯源等全过程自主研发，涉及数据共享、数据流动治理、可靠性判断数据交换、数据分析等综合功能。

解决了数据要素联通及整合两大基础问题，将数据要素进行输出及价值创造是航旅纵横技术团队核心能力变现的重要环节。技术团队利用多年沉淀的系统数据，去打磨系统推荐算法，致力于对每一个用户进行精准刻画，在适合的场景下为用户提供最匹配的信息，为其提供使用价值。除了在数据要素输出方面下功夫，航旅纵横对于整体价值提升也有独到的见解。目前，航旅纵横正在努力完成体系的构建，形成标准化的体系，让多方共同参与到数据构建中，成为完整的航空行业服务提供商，打通服务提供者（航旅纵横）到服务接受者（消费者）的路径，盘活数据资源作为驱动行业整体化发展的新型生产要素，推动行业进步，并形成全行业的标准体系，与中国联通等服务商为“一带一路”共建国家机场提供一体化机场平台，凸显航空信息服务行业在数字化时代的珍贵价值和独特地位。

20.4.2.4 问题4：分析航旅纵横如何在数字经济下更好发挥底层技术优势，并提炼航旅纵横的竞争优势

本题希望读者充分理解价值创造和核心能力理论。读者应当从案例中航旅纵横底层技术优势的发展出发，抓取数字技术发展过程中价值创造的关键点，明确核心能力对于企业价值提升的重要性，并结合二者重点讨论数字经济时代下其数据要素发展的主要竞争优势。（见图20－5）

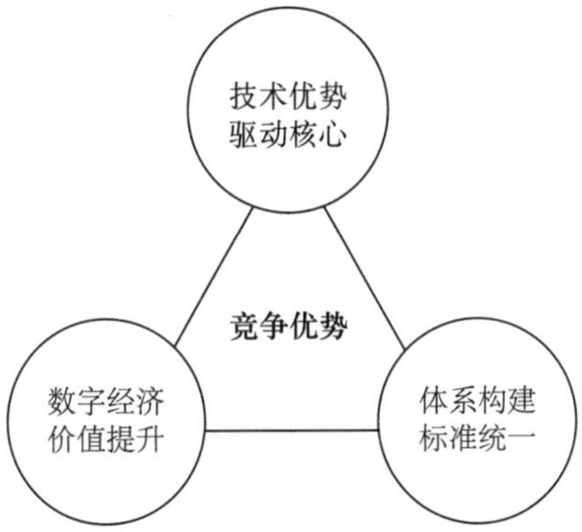

图20－5　航旅纵横主要竞争优势

随着数字经济时代的来临，航空企业面临更为严峻的挑战，一方面要维系好原有系统稳定运行，另一方面更要紧随时代步伐，充分利用数字经济时代红利，深挖数据要素底层优势，提升要素价值。目前，中航信移动科技在未来技术规划上，初步打算根据算法做基于行程推送服务的功能，在不同的场景推送不同的信息，场景内容包括行程、登机这类影响用户行程状态的隐私，并单独为用户提供不同应用菜单，个性化地为用户在合适的时间提供合适的信息服务。同时，在对用户精准刻画的基础上，通过实时计算，判断以何种方式来提供个性化的信息服务。

首先，航旅纵横技术团队准备以技术优势为驱动核心，将其作为企业的核心能力，利用数字经济下的底层优势不断扩大业务范围，增强交流合作，以此完成新赛道的价值创造。在行业资源加持下，航旅纵横在完善底层数据驱动发展道路的同时，不断突破创新，逐渐开发出独有的技术方案，例如，算法引擎，包括智能通达、人脸识别等。航旅纵横也在与酒店合作，为酒店打造一体化的出行解决方案。除此之外，航旅纵横不断致力于企业合作。通过与不同企业合作，航旅纵横将技术作为核心能力实现平台共享及价值共创，同时利用好技术优势，充分做好数据要素的价值提升环节。

其次，航旅纵横为了在数字经济时代实现价值提升，必须利用好底层数据及技术优

势，特别是将一些包括资产保障、技术分配、流量监控、知识服务等在内的技术面向整个行业，在扩大影响力的同时为其标准化战略铺路。同样地，航旅纵横需要开辟多个发展方向，在不同方面确立垂直领域核心能力，并且做好底层驱动，提升企业整体竞争实力。

再次，航旅纵横还在争取成为一个行业性的公司，目的是使价值提升最大化，并且能够带动国内航空业数字经济转型。目前，中航信移动科技正在努力完成体系的构建，形成标准化的体系，从而成为完整的行业服务提供商。航旅纵横的技术团队着力构建以数据共享、数据治理、数据交换、数据分析为核心的新平台，与航空运输业各方合作，提高数据系统的可靠性和稳定性，确保全国数百个机场航空服务系统顺畅运行，帮助航空用户享受"一站式"出行服务。

最后，在当前"一带一路"建设的大背景下，航旅纵横团队同样在积极开拓国外市场，进行技术输出。我国的技术输出主要集中在机场建设、修楼修桥等方面，而民航体系还处于发展初期，未来的发展方向就是建立可持续的中国标准，在高科技领域向世界输出价值。而对于民族企业来说，标准化更是一种从更高维度提升公司价值、稳固企业核心能力的方式。所以今天，构建国内外行业标准已经成为航旅纵横团队最重要的战略之一。在可预见的未来，凭借其独特的技术优势和超前理念，不难实现对整个国际航空客运行业的标准化管理，航旅纵横不仅可以在国内航行，也可以在国际上航行。

20.4.2.5　问题5：请基于对未来数字民航的市场预测，提出航旅纵横未来发展的规划建议

本题希望学生充分理解产业数字化战略，根据理论分析预测未来数字民航的市场前景。学生应当结合数字经济时代特点及理论指导，为航旅纵横前景发展进行规划建议，以此提升自身对于数字经济市场敏感度和企业产业数字化战略的领悟程度。

首先，为了提供全面化的航空服务，航旅纵横应当充分利用大数据在行业服务、航班动态勘查以及飞行器智能化飞行预测模拟和推断等方面的应用，为用户提供从起飞到降落的全面飞行预测，缩短飞行等待时间。这也符合航旅纵横在当前数字经济大环境下制定的产业数字化战略：重点完成数字技术的底层支撑，将数据要素作为企业核心能力进行重点研究，从而提升企业价值并且能够带动行业整体发展，做到价值共创协同提升。

其次，产品背后的技术是同质企业的核心竞争力。作为航旅纵横产业数字化战略的一部分，广泛应用的技术更是指引着航旅纵横将数据要素作为核心能力的发展方向。随着大数据时代的到来，民航运输行业迎来了一场前所未有的变革。作为民航重要组成部分之一的民航业信息化建设也在不断加快推进之中。"数据就是生产力！"已成为业界共识。航空业正在努力建设一个以数据要素为核心的数据共享、数据治理、数据交换和数据分析的新

平台，航旅纵横亟须与航空运输业各方共同努力，提高数据系统的可靠性和稳定性，确保全国数百个机场的航空服务系统顺利运行，帮助航空用户享受“一站式”出行服务。

再次，在航旅纵横的数字化之路中，不仅仅涉及其一家公司。因此，航旅纵横需要在未来吸引更多的行业实体进入，进行多方战略融合和更深度的资本合作，进一步促使航旅纵横转变为基础性公司后被纳入该行业的所有关联体公司。这样才能更好地带动行业的主要参与主体共同发展，成为航空信息服务行业的领军者。

最后，作为国有企业，航旅纵横需要抓住数字经济时代背景下改革发展的机遇，构建符合数字经济要求的数字化战略架构。航旅纵横借助移动互联网的风潮诞生，借助混改政策进行更自由地创新，今天又借助“一带一路”建设进行国际化布局。时代的浪潮和国家政策为其助力，造就了其今天的成果。未来，航旅纵横的战略布局也应该更加顺应时代背景，强化自身核心优势的同时搭乘时代顺风车，一路纵横航旅。

20.5 关键点

本案例主要知识点包括价值共创、产业数字化战略、数据生产要素、核心能力、价值创造理论等。通过引导学生对案例企业的深入解构与分析，了解数字经济时代企业的数据资源作为新型生产要素，在企业创新中产生、流动、增值的战略过程，理解以数据要素为基础的企业发展所需。一方面，加深学生对相关理论的理解；另一方面，提升学生分析问题的逻辑思维能力。

授课教师在引导学生分析过程中，可以从中航信移动科技的数据资源利用发展历程入手。基于中航信移动科技本身架构地位的特殊性，梳理企业如何完成数据资源要素的全流程使用，继而进一步做好以数据要素为基础的行业价值提升的整个过程。

学生在学习过程中，应当重点关注企业结合自身背景利用数据要素资源进行动态创新的过程，并且需要追踪式观察企业的价值创造过程，在了解企业数据资源要素利用途径的基础上，深入理解价值共创、产业数字化战略等概念。同时，结合理论从数据要素流动角度出发，探索数据要素赋能企业价值升级的原因和逻辑，从而深入思考数字化时代，企业利用数字要素提高竞争优势的路径方法和未来趋势。

20.6 案例使用建议

20.6.1 课堂计划

本案例可以作为专门的案例讨论课来进行。表 20－1 是按照时间进度提供的课堂计划建议，仅供参考。整个分析过程建议控制在 90 分钟左右。

表 20－1　　课堂计划

序号	内容	教学活动	时间安排
1	课前准备	提前发放案例，请学生在课前完成案例的阅读，并查阅与案例相关的资料、行业知识，在课前完成初步思考	课下时间
2	课堂阅读	授课教师简要介绍航旅纵横的发展背景，明确教学目标和要求。让学生仔细阅读案例材料，明确案例分析主题	15 分钟
3	课堂讨论	授课教师简述本案例内容，引导学生就 5 个思考题进行讨论	10 分钟
4	分组讨论	授课教师安排学生以 3—5 人为一个小组的形式对 5 个问题进行讨论，引导学生列出回答问题的提纲或者制作课堂展示 ppt	15 分钟
5	小组发言	针对案例问题，邀请每个小组派代表依次上台发言，采用积分制度给每个小组打分，对每个小组回答问题按照采分点给分	20 分钟
6	开放性讨论	所有小组代表发言之后，授课教师引导其余学生就刚才小组代表的回答进行补充，发表其余看法	20 分钟
7	归纳总结	授课教师结合案例对全班同学的回答进行点评，对涉及的知识点进行总结	10 分钟

课后作业：请学生根据案例和课堂讨论情况，课后搜集相关资料，再寻找一些类似的围绕“科技创新”“价值赋能”等相关主题展开的企业，对这些企业进行纵向和横向维度的比较。

20.6.2 板书设计

板书设计见图 20－6。

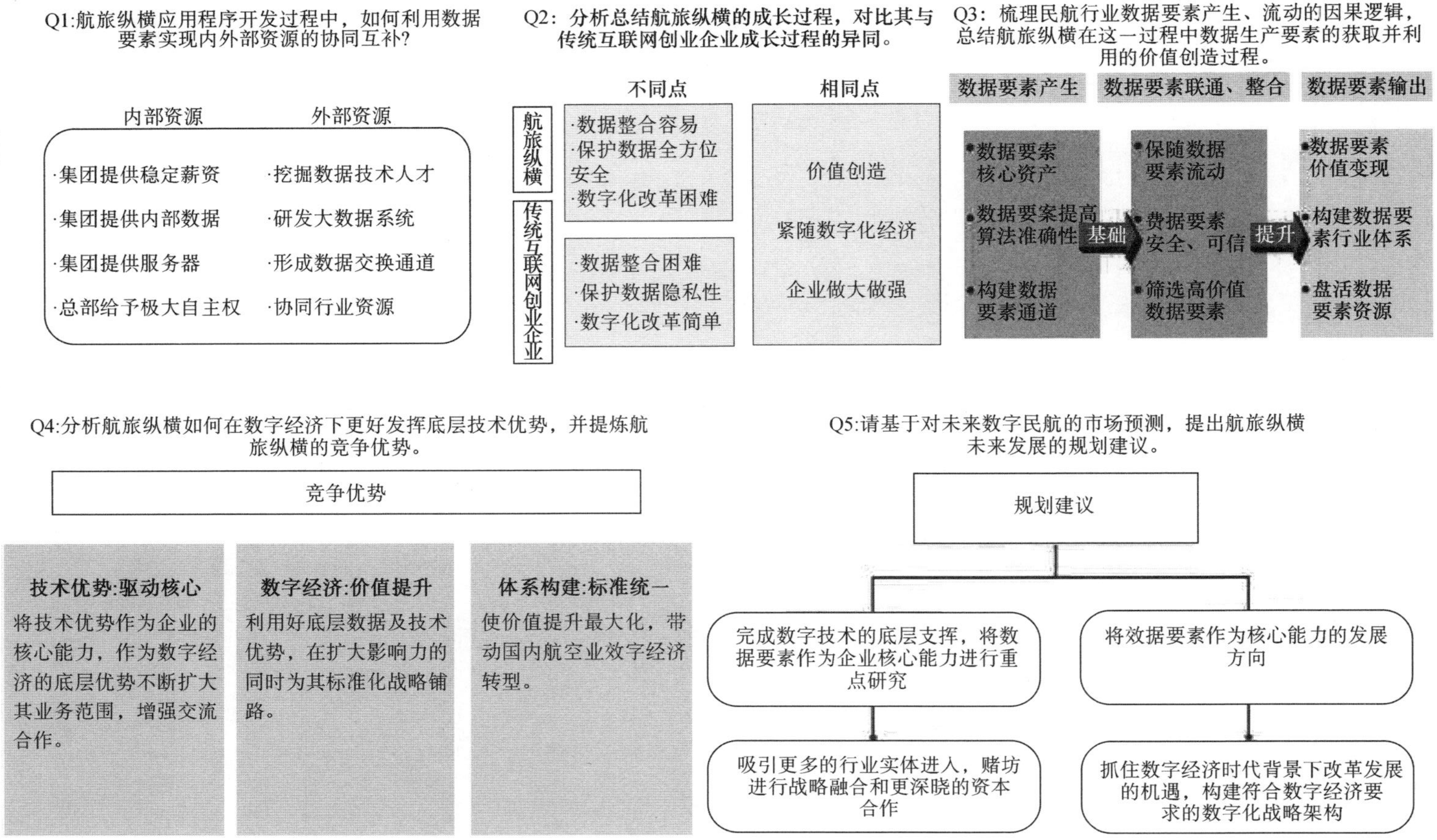
Q1:航旅纵横应用程序开发过程中，如何利用数据要素实现内外部资源的协同互补?
内部资源
外部资源
·集团提供稳定薪资
·挖掘数据技术人才
·集团提供内部数据
·研发大数据系统
·集团提供服务器
·形成数据交换通道
·总部给予极大自主权
·协同行业资源
Q2：分析总结航旅纵横的成长过程，对比其与传统互联网创业企业成长过程的异同。
不同点
相同点
航旅纵横
·数据整合容易
·保护数据全方位安全
·数字化改革困难
传统互联网创业企业
·数据整合困难
·保护数据隐私性
·数字化改革简单
价值创造
紧随数字化经济
企业做大做强
Q3：梳理民航行业数据要素产生、流动的因果逻辑，总结航旅纵横在这一过程中数据生产要素的获取并利用的价值创造过程。
数据要素产生
数据要素联通、整合
数据要素输出
数据要索核心资产
数据要案提高算法准确性
构建数据要素通道
基础
保随数据要素流动
费据要素安全、可信
筛选高价值数据要素
提升
数据要素价值变现
构建数据要素行业体系
盘活数据要素资源
Q4:分析航旅纵横如何在数字经济下更好发挥底层技术优势，并提炼航旅纵横的竞争优势。
竞争优势
技术优势:驱动核心
将技术优势作为企业的核心能力，作为数字经济的底层优势不断扩大其业务范围，增强交流合作。
数字经济:价值提升
利用好底层数据及技术优势，在扩大影响力的同时为其标准化战略铺路。
体系构建:标准统一
使价值提升最大化，带动国内航空业效字经济转型。
Q5:请基于对未来数字民航的市场预测，提出航旅纵横未来发展的规划建议。
规划建议
完成数字技术的底层支挥，将数据要素作为企业核心能力进行重点研究
将效据要素作为核心能力的发展方向
吸引更多的行业实体进入，赌坊进行战略融合和更深晓的资本合作
抓住数字经济时代背景下改革发展的机遇，构建符合数字经济要求的数字化战略架构

图 20－6　板书设计

【参考文献】

［1］祝合良，王春娟．“双循环”新发展格局战略背景下产业数字化转型：理论与对策［J］．财贸经济，2021，42（3）：14－27.

［2］邓少军，焦豪，冯臻．复杂动态环境下企业战略转型的过程机制研究［J］．科研管理，2011，32（1）：60－67＋88.

［3］陈威如，余卓轩．平台战略：正在席卷全球的商业模式革命［M］．北京：中信出版社，2013.

［4］欧阳桃花，曾德麟，崔争艳，翟宇宏．基于能力重塑的互联网企业战略转型研究：百度案例［J］．管理学报，2016，13（12）：1745－1755.

［5］唐孝文，刘敦虎，肖进．动态能力视角下的战略转型过程机理研究［J］．科研管理，2015，36（1）：90－96.

［6］明茨伯格、布鲁斯·阿尔斯特兰德、约瑟夫·兰佩尔．战略历程：穿越战略管理旷野的指南［M］．北京：机械工业出版社，2012.

［7］周兴华．供给侧改革下航空公司发展战略转型［J］．港口经济，2016（8）：46－47.

［8］杨凯靖，陈章旺．战略转型理论及其发展［J］．质量技术监督研究，2009（4）：15－20.

［9］赵文红，李垣．企业人力资源对战略变化幅度的影响分析［J］．科学学与科学技术管理，2004（3）：86－89.

［10］冯海龙．企业战略变革：概念、整合理论模型和测量方法［J］．经济管理，2007（5）：34－38.

［11］弋亚群，李垣，刘益．企业动态能力的构建及其对战略变化影响的理论框架［J］．企业战略管理，2006（10）：30－34.

［12］胡子超．基于动态能力理论的企业相对优势分析［J］．当代经济，2021（7）：76－79.

［13］关鑫，吴维库．相对核心能力：概念内涵与理论框架［C］．第六届（2011）中国管理学年会——组织与战略分会场论文集，2011：362－368.

［14］周文辉，程宇．数字平台如何通过边界跨越构建价值共创型组织？［J］．研究与

发展管理，2021，33（6）：31－43.

［15］王晓庆，孙战伟，吴军红，杜自然，钱城江．基于数据要素流通视角的数据溯源研究进展［J］．数据分析与知识发现，2022，6（1）：43－54.

［16］杨琴．数字经济时代数据流通利用的数权激励［J］．政治与法律，2021（12）：12－25.

［17］尹西明，林镇阳，陈劲，林拥军．数据要素价值化动态过程机制研究［J］．科学学研究，2022，40（2）：220－229.

［18］于立，王建林．生产要素理论新论——兼论数据要素的共性和特性［J］．经济与管理研究，2020（4）：62－73.

［19］武常岐，施浪，张昆贤．数字经济背景下众筹平台国际化研究——基于价值共创的视角［J］．经济与管理研究，2020，41（6）：3－18.

［20］宋铁波，姚浩．数字经济时代企业核心能力的新诠释［J］．商业经济研究，2022（3）：129－132.

［21］刘力钢，刘建基．大数据情境下企业价值创造路径及效果评价［J］．企业经济，2017，36（4）：54－59.

［22］程艳，严俊杰，尹晨璐，陈凯．可持续商业模式研究——基于价值创造理论［J］．资源开发与市场，2021，37（8）.

［23］Teece D，Pisano G. The dynamic capabilities of firms：An introduction［J］．Industrial and Corporate Change，1994（3）：537－556.

［24］Teece D J，Pisano G，Shuen A. Dynamic capabilities and strategic management［J］．Strategic Management Journal，1997，18（7）：509－533.